THEORIES DE LA FIRME ET STRATEGIES ANTICONCURRENTIELLES

Firme et Marché

Collection Économie et Innovation

dirigée par Sophie Boutillier et Dimitri Uzunidis

Dans cette collection sont publiés des ouvrages d'économie industrielle, financière et du travail et de sociologie économique qui mettent l'accent sur les transformations économiques et sociales suite à l'introduction de nouvelles techniques et méthodes de production. L'innovation se confond avec la nouveauté marchande et touche le cœur même des rapports sociaux et de leurs représentations institutionnelles. Ces ouvrages s'adressent aux étudiants de troisième cycle, aux chercheurs et enseignants chercheurs.

Les séries *Krisis*, *Clichés* et *Cours Principaux* font partie de la collection.

La série *Krisis* a été créée pour faciliter la lecture historique des problèmes économiques et sociaux d'aujourd'hui liés aux métamorphoses de l'organisation industrielle et du travail. Elle comprend la réédition d'ouvrages anciens et de compilations de textes autour des mêmes questions.

La série *Clichés* a été créée pour fixer les impressions du monde économique. Les ouvrages contiennent photos et texte pour faire ressortir les caractéristiques d'une situation donnée. Le premier thème directeur est : mémoire et actualité du travail et de l'industrie ; le second : histoire et impacts économiques et sociaux des innovations (responsable : Blandine Laperche)

La série *Cours Principaux* comprend des ouvrages simples et fondamentaux qui s'adressent aux étudiants des premiers et deuxièmes cycles universitaires en économie, sociologie, droit, et gestion. Son principe de base est l'application du vieil adage chinois : « le plus long voyage commence par le premier pas ».

ISBN : 2-7475-3410-3

Faruk ÜLGEN

THEORIES DE LA FIRME ET STRATEGIES ANTICONCURRENTIELLES

Firme et Marché

INNOVAL
21, Quai de la Citadelle
59140 Dunkerque, France

Éditions L'Harmattan
5-7, rue de l'École Polytechnique
75005 Paris
FRANCE

L'Harmattan Hongrie
Hargita u. 3
1026 Budapest
HONGRIE

L'Harmattan Italia
Via Bava, 37
10214 Torino
ITALIE

À

Billur'um,

partout et pour toujours.

AVANT-PROPOS

Cet ouvrage est le fruit d'un travail qui s'étend sur une période allant de 1995 à 2002. Sa structure et son contenu ont été déterminés grâce au concours des étudiants de deuxième et de troisième années en sciences économiques de l'Université de Grenoble 2, mais aussi avec l'aide des étudiants de quatrième année d'économie de l'Université francophone de Galatasaray à Istanbul, où j'ai eu le plaisir d'effectuer des enseignements en délégation semestrielle durant la période 1998-2000. Que tout(e)s ces étudiant(e)s trouvent ici ma reconnaissance profonde envers leur effort et leur patience.

Cet ouvrage a fait aussi l'objet d'une série de séminaires de recherche au sein du laboratoire de recherche, *Centre d'Etudes de la Pensée et des Systèmes Economiques (CEPSE)*, de l'Université de Grenoble 2 en 1998-1999 où l'intervention des doctorants et des enseignants-chercheurs m'a permis d'en améliorer le contenu scientifique.

Je tiens à remercier le Professeur Seyfettin Gürsel ainsi que le corps enseignant de l'Université de Galatasaray, qui m'ont agréablement accueilli dans leur institution, les Professeurs Jean-Pierre Angelier (Université Grenoble 2), Jean Cartelier (Université Paris X – Nanterre) et Michel Rainelli (Université de Nice) d'avoir bien voulu lire une version antérieure de ce livre et me faire part de leurs remarques et suggestions.

Je me dois aussi d'exprimer ma reconnaissance à Christian Genthon (Université Grenoble 2) qui, par son travail minutieux sur la partie portant sur les stratégies anticoncurrentielles des firmes, m'a permis de corriger de nombreuses erreurs, au Professeur Michel Damian (Université Grenoble 2) qui a consacré nombre de ses week-ends à discuter avec moi aussi bien sur la forme que sur le contenu de l'ouvrage, à Jean-Marc Clerc

(CEPSE) et à Christian Rentzsch (CEPSE) pour leurs remarques sur le premier chapitre. Ma dette restera toujours inestimable envers le Professeur Ramòn Tortajada (Université Grenoble 2) qui a accepté de lire avec une attention et une patience sans limite plusieurs versions de cet ouvrage.

Ma gratitude envers ma compagne, Billur Altin, qui a su me supporter et m'encourager pendant de nombreuses années dans ce travail, restera inexprimable.

Bien entendu, toutes les insuffisances, erreurs et omissions relèvent de ma seule responsabilité, même si cette formule de politesse ne correspond que très partiellement à la vérité.

Mon seul souhait est que ce livre plaise intellectuellement et, si possible, pédagogiquement, à celles et à ceux qui se donneront la peine de le lire.

INTRODUCTION GENERALE

L'Economie politique n'offre pas, comme les sciences de la nature, plus avancées, un corps de doctrine qui s'impose au profane. La plupart des faits économiques sont trop généraux pour n'être pas évidents (il faut manger pour vivre), à moins qu'ils ne soient trop limités pour être intéressants (le taux d'escompte officiel à Londres est fixé le jeudi). Les « lois économiques » ne sont généralisées qu'au prix de tant de réserves qu'elles deviennent circulaires, n'étant plus soutenues que par leurs définitions mêmes ; au contraire, si elles dépendent d'une myriade d'exceptions, on ne peut plus se guider d'après elles dans les affaires pratiques. (...)

Pour le meilleur et pour le pire, l'Economie politique existe. Au cours de son évolution, on a mis au point certaines méthodes de pensée, utiles pourvu que leurs limites soient bien comprises, et qui ne laissent pas d'être amusantes.

Joan Robinson
Exercices d'Analyse Economique

L'économie de l'entreprise et l'économie industrielle sont souvent étudiées d'une façon distincte. La première est considérée comme une analyse des structures hiérarchiques de fonctionnement et de gestion. Quant à la deuxième, elle correspond à une analyse approfondie des comportements des firmes sur les marchés. Or, ces deux domaines sont intimement liés entre eux tant dans leur conception que dans leur objet commun, la firme. Cette dernière est définie comme une organisation économique qui rassemble et met en rapport des individus différents avec, en général, des intérêts et des objectifs différents. Son but, en tant qu'entité, est une valorisation marchande de son (ses) activité(s). Pour atteindre ce but, elle développe des formes d'organisation diverses et intervient sur des marchés.

Elle définit des objectifs et des stratégies et entre en rapport d'entente ou de conflit avec d'autres firmes. Par conséquent, il paraît possible de procéder à l'analyse de la firme en deux niveaux :

1) Au niveau individuel interne, analyser la firme en tant qu'organisation économique. C'est le domaine de l'économie de l'entreprise ou des théories de la firme ;

2) Au niveau sectoriel, national ou international, analyser la firme en tant qu'entité économique qui intervient sur des marchés. C'est le domaine de l'économie industrielle.

Ces deux niveaux de raisonnement ne sont pas exclusifs l'un de l'autre. L'organisation interne de la firme est déterminée en fonction de ses activités économiques et donc, des marchés sur lesquels elle intervient. Réciproquement, ses actions et stratégies sur les marchés sont déterminées en fonction de sa structure organisationnelle interne, sur le plan à la fois technique et humain.

Il suffit, pour s'en convaincre, de rappeler les phénomènes sur lesquels l'économie industrielle porte son attention :

* l'explication des frontières mouvantes entre les marchés et les organisations ;

* la nature des comportements et des modes de coordination à travers les stratégies des individus qui forment les firmes, mais aussi à travers les stratégies des firmes qui forment les marchés ;

* les déterminants des changements des performances agrégées mais aussi individuelles.

Ces sujets font tous partie intégrante de l'analyse de l'entreprise.

Cet ouvrage a comme principal objectif la mise en commun de ces deux niveaux de raisonnement sans pour autant omettre leurs spécificités respectives. Il a une double préoccupation :

1) Questionner d'abord, en termes rationnellement intelligibles, la logique des rapports qui s'établissent entre les individus rassemblés à l'intérieur d'une structure qui est économiquement, techniquement et hiérarchiquement organisée et qui est destinée à dégager un gain monétaire net. Coase ne précise-t-il pas (1995) que ce qu'il a mis en évidence « était de montrer l'importance de ce que l'on peut appeler la structure institutionnelle de production sur le fonctionnement du système économique » ?

Cette recherche aboutit à une première affirmation fondamentale : *Réussit, la firme qui a une organisation adéquate.*

2) Questionner ensuite, la rationalité des choix stratégiques des firmes sur les marchés, choix qui visent à établir des positions avantageuses, voire dominantes en vue de contrôler une part plus importante du marché ou des activités stratégiques. Le but en est d'atteindre l'objectif de dégager un gain monétaire élevé.

Une deuxième affirmation fondamentale découle de ces observations : *Réussit, la firme qui peut éviter au maximum la concurrence.*

Voilà les deux faces d'une même pièce. La rationalité d'une firme ne peut être comprise que dans une logique anticoncurrentielle : maîtriser ses moyens et capacités et affecter les marchés.

Mais, avant d'expliciter ces affirmations, prenons un peu de recul et essayons de combler un vide à la fois théorique et pédagogique qui existe entre la théorie économique traditionnelle de référence et les travaux qui prétendent à plus de réalisme et qui veulent s'en démarquer. Ce recul est d'autant plus nécessaire que, implicitement ou explicitement, nombre de travaux sur la firme ou en économie industrielle cherchent à reproduire les propriétés fondamentales du modèle de référence.

La théorie économique donne une image de la société fondée sur deux hypothèses :

- Les relations interindividuelles, à travers l'échange des marchandises, sont supposées résulter d'accords volontaires, autonomes de toute intervention extérieure ;
- La logique générale qui sous-tend les décisions et choix individuels est une logique maximisatrice (Cartelier, 1998).

La préoccupation centrale des classiques, fondateurs de l'Économie politique comme discipline autonome, était de répondre à la question fondamentale suivante : Comment une société, constituée d'individus libres, qui prennent leurs décisions indépendamment les uns des autres, peut aboutir à un fonctionnement économique, dans son ensemble préférable à d'autres formes de société ? En d'autres termes, comment les choix individuels séparés peuvent se révéler compatibles les uns avec les autres de façon à atteindre une cohérence globale ? Avec les développements des travaux sur le plan analytique, cette question que Walras présenta d'une manière relativement rigoureuse vers la fin du dix-neuvième siècle a pris une tournure particulière en se transformant en un modèle normatif d'équilibre général en état stationnaire.

Utilisons pour l'instant, la définition de l'équilibre général proposée par Eatwell et Robinson, deux grandes figures de la théorie économique. Pour une liste de biens, de dotations initiales (capacité de travail, possession de machines, matières premières, etc.) et de méthodes de production définies :

« Tous les individus se rencontrent et, par une série de marchandages et de palabres sur la place du marché, les quantités produites et les prix de tous les biens sont fixés ; dans la position alors atteinte, aucun individu ne peut améliorer sa situation en modifiant la quantité du bien qu'il achète, ou l'usage qu'il fait de son travail ou de ses moyens de production.

Walras comprenait bien que l'accession à l'équilibre par une suite d'essais et d'erreurs n'est pas praticable, mais il imaginait que les acheteurs et les vendeurs procéderaient par échanges à la criée (comme à la Bourse) et atteindraient le point d'équilibre des quantités et des prix avant que la production et les échanges n'aient lieu.

Ses émules modernes semblent avoir renoncé à prétendre que cela est possible, et ils se contentent de trouver les conditions nécessaires pour assurer qu'il existe au moins une position d'équilibre. » (1976, p. 49).

Les objectifs des modèles d'équilibre général peuvent être résumés en trois points :

- Le premier objectif est de montrer que l'équilibre existe. Il convient alors de montrer ses propriétés d'optimalité ;
- Le deuxième objectif est de montrer comment l'équilibre peut être atteint. Il s'agit d'étudier alors l'unicité de l'équilibre ;
- Le troisième objectif est de montrer comment l'équilibre va se modifier lorsque les conditions de demande, la technologie et les ressources changent, ce qui renvoie à l'étude de sa stabilité.

Par rapport à ce schéma fondamental et exhaustif, cet ouvrage se situe dans un but précis.

Il cherche à s'interroger sur l'image que l'économiste donne de l'une des sphères constitutives de la société économique : la firme. Plusieurs approches qui considèrent cette entité seront prises en compte afin de montrer non seulement les différences de conceptions qui existent sur cette notion mais aussi les conséquences différentes de ces conceptions sur la façon de comprendre les comportements économiques des firmes et les résultats de ces comportements.

Les modèles établis, qu'il s'agisse de la théorie de l'équilibre général dans sa version pure ou de l'approche en termes d'équilibre partiel, dans ses nombreuses versions appliquées, ne semblent pas satisfaisants pour comprendre ce qu'est une firme et ses éventuelles stratégies observables. Cette insatisfaction provient avant tout de l'incapacité du corpus théorique établi à considérer les agents économiques en termes actifs et dynamiques.

Deux questions fondamentales doivent être rappelées. La première question est de savoir comment on peut appréhender le fonctionnement d'une économie décentralisée, supposée constituée d'individus séparés. Elle est constitutive de l'Economie politique. Ici, nous poserons cette question au niveau des firmes et des rapports économiques qui s'établissent entre les individus qui les forment. La deuxième question porte sur la difficulté de comprendre la logique des choix individuels. Dans cet ouvrage, cette question concernera les choix stratégiques des firmes. La rationalité de ces choix, aussi bien sur le plan de la logique formelle que sur le plan des pratiques observées, sera liée alors à l'existence d'une logique anticoncurrentielle.

Sans ambitionner de construire une théorie alternative de l'économie entrepreneuriale, nous tenterons cependant d'ouvrir quelques pistes cohérentes dans cette direction.

Lorsque nous supposons que l'économie est globalement décentralisée, la question de coexistence d'individus, ou de groupes d'individus, distincts dans leurs caractéristiques, mais aussi différents au niveau des moyens et objectifs qui les motivent, se pose. Il apparaît que le principal problème de l'économie est la réalisation d'une coordination entre les individus. Dans la théorie de l'équilibre, cette coordination est supposée réalisée par le marché. Essayons de définir ce dernier.

Ce mot, d'origine latine (le Petit Robert le situe aux alentours de 1080), peut avoir plusieurs significations. Il peut signifier les conventions portant sur la fourniture de marchandises, de services, etc. Il peut correspondre à un lieu public de vente. Il peut aussi être utilisé dans un sens particulier : « mettre à quelqu'un le marché en main », c'est-à-dire le sommer d'accepter ou de rejeter sans autre délai les conditions du marché, le placer devant une alternative, sans plus admettre de discussion. Quant à la définition de la théorie économique, le marché est l'ensemble des offres et des demandes concernant un ensemble de biens, de services ou de capitaux (Le Petit Robert).

Pour leur part, Clower et Howitt (1995a) proposent une définition plus large du marché. Le marché est considéré comme une organisation créée et gérée par des agents qui fournissent des facilités physiques comme l'emplacement et les moyens de communication afin de rendre possibles les activités d'échange d'autres agents. Dans ce sens, les auteurs décrivent le marché type comme un ensemble de services. Les agents qui établissent les marchés (les « créateurs de marché », p. 25) agissent aussi comme créateurs de prix qui précisent unilatéralement un prix auquel des unités de marchandises données seront échangées contre la monnaie. Cette approche implique cependant un nombre important de questions fondamentales comme l'intégration de la monnaie dans les modèles économiques ou la détermination des prix sur les marchés ou en dehors des marchés. Toutefois, dans la lignée de la vision de Clower, cette approche présente l'intérêt de souligner que

« alors que Walras chercha à développer, même de manière informelle, une théorie de l'économie dans laquelle les agents économiques font entre eux de réels échanges de biens et services sur des lieux réels et dans un temps réel au travers d'un mécanisme de tâtonnement, pour les économistes néoclassiques et néo-walrasiens, les marchés sont absents, aucune communication directe n'existe entre les agents économiques et les intentions d'échange sont arbitrées au centre par un secrétaire de marché 'un coordinateur démon' » (1995a, p. 28).

En économie industrielle, la définition du marché est aussi imprécise que les définitions précédentes. Lorsque le marché est identifié par un produit spécifique différencié des autres, il paraît trop étroit pour l'analyste. Lorsqu'il est défini par un ensemble de biens plus ou moins semblables et donc substituables, il devient trop large puisque tout bien peut être le substitut des autres à des degrés divers[1]. Pour sortir de cette dif-

---

[1] Cette difficulté de définition du marché avait été soulignée aussi par Joan Robinson (1975). La définition adéquate du marché n'est pas seulement une préoccupation théorique. Elle constitue un domaine de recherche très important en matière de découpage précis de l'activité économique en différents marchés qui sont qualifiés de *marchés pertinents (relevent markets).* Ce découpage est un outil précieux pour les autorités de la concurrence qui cherchent à garantir une allocation optimale des ressources productives, la promotion du progrès économique et une diffusion suffisante des pouvoirs de marché comme le précise Glais (1998, p. 266). Cependant, comme les débats publics l'ont à nouveau montré en 2001 (voir l'interdiction par la Commission européenne des projets de fusion entre Schneider et Legrand et entre Tetra Laval et Sidel), les projets de fusion entre grands groupes industriels et les décisions des autorités de la concurrence opposent des arguments qui s'affrontent notamment sur la « bonne » définition du marché pertinent et, par conséquent, sur le degré de concurrence qui en découle après les fusions. Toutefois dans ce livre, nous ne considérerons pas explicitement les politiques de la concurrence et les politiques industrielles. Le lecteur peut consulter à ce

ficulté, on peut admettre que « la 'bonne' définition d'un marché dépend de l'usage qui en sera fait » (Tirole, 1993, p. 25).

L'usage que l'on fait du marché dans la théorie d'équilibre correspond plutôt à la définition du marché donnée sous la forme d'une expression : mettre à quelqu'un le marché en main. Le modèle d'équilibre place les agents économiques devant l'alternative (l'équilibre) sans plus admettre de discussion. Dès lors, il devient difficile de penser la raison d'être d'une firme en dehors d'un aspect technique qui fait d'elle un transformateur d'inputs en outputs. Le marché, défini de cette façon, aboutit à un équilibre général et aucun problème de coordination n'apparaît. Les conditions de fonctionnement de ce schéma sont définies par les hypothèses de concurrence pure et parfaite. En général, les travaux sur la firme se situent par rapport à ces hypothèses et cherchent à déterminer les modalités de fonctionnement lorsque l'une ou plusieurs de ces hypothèses sont relâchées. Les théories de la firme s'interrogent sur l'imperfection de l'information et sur l'apparition des comportements opportunistes dans les rapports intra-firmes. Les systèmes de contrôle et les différentes structures hiérarchiques assurent, dans ces théories, une plus grande efficacité économique dans le fonctionnement des firmes. Les travaux d'économie industrielle envisagent des situations de monopole, d'oligopole ou d'autres formes de concurrence « imparfaite » et cherchent à définir les écarts qui s'y produisent par rapport à la référence concurrentielle.

Si les économistes avaient au moins un fil conducteur en commun, celui-ci devrait concerner les deux questions suivantes : comment les individus fonctionnent et comment les marchés fonctionnent ? Lorsque l'on travaille sur la concurrence imparfaite, il convient de considérer les comportements des individus et des firmes en termes de stratégies conscientes. Lorsqu'il s'agit de rapports économiques, ces stratégies ont un but général précis : gagner beaucoup et gagner bien. Le dernier adverbe n'a pas un sens moral. Il signifie tout simplement que l'obtention du gain doit se faire dans de bonnes conditions durables. Il devient difficile dans ce cas de montrer que l'agrégation d'individus séparés et 'économiquement' rationnels correspond *ipso facto* à un ensemble cohérent. Un problème de coordination se pose avec acuité dans le fonctionnement effectif de l'économie de marché (décentralisée). Le marché n'est pas mis aux agents économiques en main. Le marché est à la fois un

sujet de nombreux travaux français, notamment Glais (1992, 1998, 2000) et Lévêque (1998).

lieu (en général mal) défini et un moment de rencontre entre individus ou unités économiques différentes et séparées qui s'y présentent afin de voir si les décisions qu'elles ont prises et les engagements qu'elles ont déterminés peuvent se révéler judicieux ou non. Le marché n'a donc pas de vocation de centraliser les décisions individuelles séparées, mais de les confronter une fois qu'elles ont été fixées.

L'existence des systèmes de coordination privés dont l'exemple le plus avancé est la firme, se comprend aisément lorsque l'on s'éloigne de l'univers référentiel de la théorie économique usuelle. Même si la comparaison entre un univers de concurrence parfaite et un univers de concurrence imparfaite engendre des problèmes analytiques difficilement traitables, dans l'analyse économique, des conséquences importantes découlent de la comparaison des deux univers dans la mesure où l'univers réel semble se concevoir exclusivement sous la domination de l'univers *notionnel* du modèle référentiel. Les mesures prises dans l'univers réel se situent par rapport à l'univers notionnel (normatif). Comme Stackelberg le remarque

« si la réalité économique consistait principalement en des formes de marchés qui, selon la théorie, ne menaient pas à un équilibre automatique ni à une formation économique des prix, alors l'économie cesserait d'être un système autonome et requerrait un pouvoir intervenant de l'extérieur qui rendrait l'équilibre possible » (1935, p. 16).

La structure de l'ouvrage[1] est fondée sur une séparation logique de l'objet en deux sous-ensembles. Il ne s'agit pas de

---

[1] Des notions-clé et des références (signalées par « * » pour les références de base ou pour les manuels et par « - » pour les lectures d'approfondissement) sont données avant l'introduction spécifique de chaque chapitre.

Nous demandons au lecteur de bien vouloir considérer avec précaution les exemples donnés ici et là qui visent à lui permettre de « visualiser » les évolutions observées sur les marchés. Ces exemples n'ont pas de vocation démonstrative. Cet ouvrage est destiné à déterminer une (ou des) logique(s) générale(s) et dominante(s) qui sous-tend(ent) les décisions et les comportements des intervenants dans une économie définie. Il n'a pas de prétention à l'exhaustivité ni à l'universalité.

Nous signalons aussi au lecteur que les citations empruntées à des ouvrages écrits en langue étrangère sont des traductions personnelles. Les citations en début de chaque chapitre, ainsi que celles qui sont insérées dans le texte, visent, d'une part, à montrer l'intérêt de la problématique étudiée dans les débats aussi bien actuels que passés et, d'autre part, à inciter le lecteur à consulter les travaux fondamentaux des auteurs cités. Ainsi, les sujets traités apparaissent non seulement centraux sur le plan des théories modernes et des pratiques contemporaines des économistes et des praticiens, mais ils montrent distinguer deux réalités différentes. La séparation correspond à un raisonnement en deux niveaux du même objet : le niveau des relations internes et le niveau des relations externes.

Signalons brièvement les contenus des six chapitres qui forment cet ouvrage. Les trois premiers chapitres présentent le premier niveau de raisonnement.

Le premier chapitre est consacré à une présentation des fondements du modèle d'équilibre et à l'étude néoclassique conventionnelle du producteur. Les approches présentées dans ce chapitre définissent une structure *ad hoc* de marché qui est la concurrence pure et parfaite. L'analyse des hypothèses de cette structure de marché montrera le rôle central joué par l'une d'entre elles, l'information parfaite. A travers l'utilisation de fonctions de production spécifiques, qui définissent le comportement rationnel de l'agent producteur, le modèle présente une conception particulière de la firme. Cette conception conditionne à son tour le rôle attribué à cette dernière dans l'économie. Les choix et les décisions de la firme sont précisés *a priori* et ne lui laissent pas de possibilité d'agir réellement d'une façon stratégique. Comme Jensen et Meckling le soulignent (1976, pp. 306-307), dans la théorie néoclassique traditionnelle, nous avons une théorie des marchés dont font partie les firmes en tant qu'acteurs producteurs de biens et de services. Mais en tant que telle, la firme apparaît plutôt comme une « boîte noire » dans la mesure où il ne paraît pas possible d'expliquer la façon dont les objectifs conflictuels des différents individus participants peuvent ou non se révéler compatibles entre eux en vue d'obtenir le résultat espéré. Ce problème avait déjà été souligné, entre autres, par A. Smith et par A. Marshall.

Le chapitre II considère les problèmes d'information et d'incertitude. L'étude du contexte économique en incertitude montrera l'existence d'une asymétrie d'information fondamentale entre les agents. Les relations entre agents économiques sont étudiées en termes de la théorie de l'agence (relations de Principal-Agent). Les questions qui en apparaissent et les solutions incitatives envisagées semblent montrer une incapacité du seul marché à permettre l'établissement des contrats optimaux. Cette incapacité concerne aussi bien les relations

---

aussi l'intérêt porté à ces domaines par les économistes de renom dans le passé.

Par ailleurs, pour chaque chapitre, les équations et les figures sont numérotées à nouveau afin de simplifier au lecteur les éventuelles comparaisons entre différents niveaux de raisonnement.

interindividuelles que les relations entre les individus et les biens. L'analyse du problème de signalisation de la qualité et de réputation, dans un contexte d'information asymétrique, interrogera les possibilités d'établissement d'échanges « satisfaisants ». Notre attention sera portée ensuite sur l'effet des formes de propriété sur le fonctionnement efficace des firmes. La séparation de la propriété et du pouvoir de décision et de gestion, qui correspond à la structure organisationnelle de la firme moderne, est un domaine d'étude privilégié sur ce point. Les conflits entre les propriétaires et les dirigeants et ceux qui existent entre ces derniers et les subordonnés traduisent l'existence des problèmes d'incompatibilité entre intérêts divergents.

Le chapitre III porte sur la théorie des organisations et la firme. Nous étudierons d'abord le débat *Firme versus Marché* à travers les fondements analytiques proposés par Coase et par Williamson. De l'arbitrage entre les coûts respectifs des deux modalités de coordination, le marché (coordination externe, anonyme) et la firme (coordination interne), on aboutira à la distinction entre la rationalité substantive (ou parfaite) du modèle économique référentiel et la rationalité limitée des agents économiques différents. Cette distinction est le fondement du problème de décision optimale en univers incertain. L'intelligence de l'organisation économique qu'est la firme sera considérée selon l'approche d'efficacité-X.

Les difficultés de coordination entre intérêts et informations privés concernent les modalités particulières de fonctionnement des firmes. Ces dernières ont une structure organisationnelle qui devrait permettre la mise en place des coalitions d'individus autour d'objectifs communs. Mais nous verrons que la nécessité de réunir les objectifs individuels distincts autour d'un objectif commun débouche sur l'apparition des structures hiérarchiques de décision, de gestion et de contrôle. Dès lors, la comparaison des deux modalités de coordination, le marché (externaliser) et la firme (internaliser), à partir de leurs coûts respectifs, ne suffit pas, à elle seule, à expliquer le choix de fonctionnement des unités économiques en termes d'arbitrages volontaires.

L'analyse interne de la firme, autour des problèmes d'information asymétrique et de coordination entre intérêts séparés, montre les possibilités (les modalités) de fonctionnement des organisations économiques, mais elle en détermine aussi les difficultés et les limites. Plus fondamentalement, cette analyse met en évidence la raison d'être de l'organisation de la firme : Mieux maîtriser ses moyens disponibles ou pouvoir créer des moyens supplémentaires en vue de réduire l'incertitude sur les capacités individuelles d'agir sur le marché.

Passons maintenant à l'aperçu de l'analyse du deuxième niveau qui porte sur les relations de conflit ou d'entente entre des firmes sur les marchés. Ces relations s'inscrivent dans le cadre des stratégies anticoncurrentielles dans la mesure où l'amélioration des résultats des activités des firmes est positivement corrélée au degré de leur domination sur les marchés.

Le chapitre IV est une analyse des structures oligopolistiques et monopolistiques de marché. Les marchés d'oligopole traduisent un mode de fonctionnement actif qui dépend des stratégies conscientes des firmes. Les hypothèses faites sur les places et pouvoirs respectifs des firmes, dans un secteur donné, déterminent fortement les conditions de fonctionnement du marché. Elles affectent aussi les résultats que l'économie considérée peut obtenir en terme d'équilibre ou de déséquilibre. L'asymétrie entre les firmes et l'absence de coordination sur les marchés peuvent provoquer des conflits. Cette possibilité est analysée à partir du modèle de Stackelberg. Il en ressort que le problème de coordination n'apparaît pas seulement au niveau intra-firme dans l'organisation, mais aussi au niveau inter-firmes sur le marché. L'entente ou la constitution d'un cartel se présente alors comme une alternative à la coexistence agressive (marché concurrentiel). La recherche de gains plus élevés pousse les firmes à éviter la concurrence au moyen d'accords de coordination anticoncurrentiels dont la forme pure est atteinte avec le monopole. Toutefois, on montrera la fragilité analytique des modèles usuels de monopole. En effet, dans ces modèles, le monopole est présenté sous une forme discutable puisque son étude est généralement effectuée en parallèle avec un marché de concurrence pure et parfaite à partir des mêmes hypothèses concernant les formes des courbes de coût et de rendement. La théorie des marchés contestables semble proposer une vision différente du monopole. Cette théorie, qui a le mérite de souligner le poids d'une structure de marché *a priori* donnée sur les comportements des firmes, aboutit néanmoins à une représentation peu satisfaisante de l'économie. Elle minimise le caractère actif des stratégies. L'étude des comportements stratégiques des firmes s'avère alors nécessaire pour la compréhension des structures qui résultent de ces comportements. La structure du marché est une variable en grande partie endogène aux comportements des firmes. Elle est dominée par la constitution d'obstacles à la concurrence, suivant les stratégies rationnelles des firmes.

Le chapitre V présente les stratégies anticoncurrentielles des firmes sous deux modalités particulières.

La première modalité consiste à renforcer une position sur un marché donné de façon à augmenter le pouvoir ou le degré de monopole. Les phénomènes de différenciation et de concentration s'inscrivent dans cette logique. Une étude du marché de concurrence monopolistique en fournira une explication analytique.

La deuxième modalité correspond à l'extension des activités sur plusieurs marchés. Lorsqu'il s'agit d'élargir le champ d'activité de la firme, ce sont les stratégies de diversification qui sont prises en compte. Cette modalité d'expansion correspond aussi à l'émergence de grands groupes comme les conglomérats. Ces derniers produisent des biens non substituables et ont l'avantage de disposer d'un portefeuille d'activités diversifié qui, lorsque les coûts d'organisation et de contrôle de la grande taille ne l'emportent pas, permet aux firmes de se couvrir contre les risques de marché. La stratégie d'expansion peut correspondre aussi à une expansion internationale des activités avec l'apparition des firmes multinationales. L'accès à des marchés supplémentaires et en croissance permet aux firmes de renforcer leur pouvoir économique à l'échelle planétaire.

Le dernier chapitre traite du temps et de la dynamique d'évolution économique. La prise en compte du temps dans un environnement qui change en continu nous oblige à considérer les politiques de restructuration stratégique des firmes. Ces politiques tendent vers une plus grande flexibilité technique et organisationnelle. Toutefois, il convient de comparer les avantages et les faiblesses des organisations flexibles du point de vue de la viabilité des firmes dans le temps. Dans un contexte d'évolution rapide, la recherche de position dominante ne passe pas toujours par des stratégies d'intégration et d'extension. L'évolution des stratégies peut aussi conduire à transformer les structures internes intégrées en des structures plus souples et plus décentralisées. L'apparition des modes d'organisation et de gestion bilatérales ou multilatérales, par la constitution de réseaux de sous-traitance ou de Recherche et Développement (R&D) implique un éclatement des formes d'organisation hiérarchique établies. Mais cette nouvelle modalité organisationnelle continue de fournir aux firmes des moyens de fonctionnement toujours contrôlés et relativement prévisibles.

Les stratégies solides sont des stratégies qui s'inscrivent dans le temps. Les positions dominantes sont des positions structurées et planifiées. L'importance des innovations et de la R&D dans l'obtention d'un plus grand pouvoir de marché montre le bien-fondé de cette logique. Le système de financement requis pour les investissements lourds, nécessaires à la mise en place des stratégies d'innovation, ne peut pas apparaître sous une forme stable et soutenue dans le temps si les structures sont temporaires et fragiles. Ce point est central dans la réalisation d'un sentier de croissance qu'une firme peut espérer établir et, au-delà, qu'une économie peut connaître. A côté de l'analyse de la sphère productive, il convient aussi de préciser le rôle joué par les systèmes de financement des activités industrielles. L'imbrication des activités industrielles innovantes et des modifications dans le système bancaire et financier est une réalité non négligeable. Une analyse de la dynamique économique en termes schumpétériens montrera que l'évolution économique s'inscrit dans une dynamique qui est à la fois réelle et monétaire.

Les trois dernières décennies qui ont suivi les *Trente Glorieuses* se présentent comme la scène de modifications fréquentes dans les modalités d'évolution des firmes. La dynamique économique, accompagnée d'un environnement instable, accroît le degré d'incertitude des décisions et opérations économiques et pose le problème de choix rationnel dans l'incertain. Notre point de départ rejoint ainsi le point d'arrivée de ce travail : comment fonctionner dans un monde décentralisé ? L'organisation interne des firmes et les stratégies anticoncurrentielles qu'elle détermine ont un but fondamental : réduire l'incertitude en affectant l'évolution de façon à ce qu'elle se rapproche le plus possible des capacités d'action des firmes.

CHAPITRE I : EQUILIBRE, CONCURRENCE PURE ET PARFAITE ET PRODUCTEUR NEOCLASSIQUE

L'analyse de l'équilibre général des marchés parfaitement concurrentiels joue un rôle central dans la plupart des tentatives de l'économie positive pour décrire ce qui se passe dans une économie de marché. Il est habituellement admis qu'il existe des obstacles à la concurrence, que les marchés peuvent être incomplets et que l'information non obtenable. Néanmoins, comme idéal théorique qui peut approximer la réalité, l'analyse d'équilibre général est un outil largement utilisé.

P. J. Hammond
The Efficiency Theorems and Market Failure

Concurrence signifie lutte, combat, manœuvre, bluff, dissimulation d'informations, et c'est précisément ces termes qui sont utilisés pour décrire une situation dans laquelle personne n'a d'influence sur rien, où il n'y a *ni gain ni perte*, où tout le monde est confronté à des *conditions fixées*, à des *prix donnés*, et ne peut que s'adapter pour atteindre un maximum individuel.

O. Morgenstern
Thirteen Critical Points in Contemporary Economic Theory : An Interpretation

La spécificité de la vision néo-classique peut aussi être appréhendée sous deux angles, en notant, d'abord, que grandeurs et prix y sont co-déterminés et ensuite que, lorsqu'on y parle de production, il faut entendre « projet de production » plutôt que de production réalisée. Le problème décisionnel rencontré par le producteur néo-classique peut être formulé comme suit : vais-je produire ou non et, si oui, dans quelle quantité, sachant que cette décision sera à prendre simultanément aux décisions d'autrui dont elle est tributaire ? Dans un tel cadre, aucune surprise ne pourra se produire, c'est comme si toute la production se faisait à la commande. Toutes les décisions ne forment qu'une seule décision multilatérale. Offre et demande sont dès lors mises sur le même pied. Toutes deux se réfèrent à des projets, n'existant que dans la tête des agents, à leur stratégie face au marché, élaborée avant que celui-ci ne commence.

M. De Vroey
S'il te plaît, dessine-moi...un marché

Notions-clé :

équilibre économique général - information-prix - bien-être - concurrence pure et parfaite - équilibre partiel - producteur néoclassique - productivités - techniques de production - rendements d'échelle - facteurs substituables - TMS - courbe d'offre du producteur - équilibre de la firme

Références :

* ABRAHAM-FROIS, G., *Economie Politique*, Economica, 1996.

- ARROW, K. J., HAHN, F. H., *General Competitive Analysis*, Holden-Day, Inc., 1971.

* BEGG, D., FISCHER, S., DORNBUSCH, R., *Microéconomie*, Ediscience, Traduction Française, 1996.

* CLOWER, R., HOWITT, P., Les fondements de l'économie, in A. d'Autume et J. Cartelier (éd), *L'économie devient-elle une science dure ?,* Economica, 1995, pp. 18-37.

* EARL, P. E., *Microeconomics for business and marketing*, Edward Elgar, 1995.

* GUERRIEN, B., *La microéconomie*, Editions du Seuil, 1995.

* KIRMAN, A. P., LAPIED, A., *Microéconomie*, PUF,1991.

- KIRMAN, A. (ed), *Elements of General Equilibrium Analysis*, Blackwell Publishers, 1998.

* KREPS, D. M., *Leçons de Théorie Microéconomique*, PUF, 1996.

* MALINVAUD, E., *Leçons de Théorie Microéconomique*, Dunod, 1986.

* McKENZIE, L. W., General Equilibrium, in J. Eatwell et al., 1987, pp. 498-512.

- MORGENSTERN, O., Thirteen Critical Points in Contemporary Economic Theory : An Interpretation, *Journal of Economic Literature*, December 10 (4), 1972, pp. 1163-1189.

* PICARD, P., *Eléments de microéconomie*, Montchrestien, 1991.

* VARIAN, H., *Introduction à l'analyse microéconomique,* De Boeck, Traduction française,1992.

- WALKER, D. A., *La théorie de l'équilibre général. De nouveaux éclairages,* Economica, 1999.

Deux grandes figures contemporaines de la théorie économique, Kenneth J. Arrow et Frank H. Hahn commencent *General Competitive Analysis* par ces termes :

« La grande partie de ce livre concerne l'analyse d'une économie décentralisée, idéale. En particulier, il est supposé, principalement, qu'il existe une concurrence parfaite et que les choix des agents économiques peuvent être déduits de certains axiomes de rationalité. (...)

Notre intention est de donner une présentation systématique du sujet. En l'effectuant, il est devenu évident qu'un nombre considérable de terrains intellectuellement non explorés devrait être traversé *sans sacrifier* les objectifs fondamentaux de l'ouvrage » (1971, p. V).

En laissant posée la question de savoir si les simplifications et les hypothèses particulières utilisées dans le modèle sont ou non appropriées pour traiter du sujet, les auteurs précisent que depuis Adam Smith, les économistes se sont efforcés de montrer qu'une économie décentralisée, motivée par l'intérêt personnel et guidée par les signaux prix, pourrait se révéler compatible avec une disposition cohérente des ressources économiques et devrait être considérée, dans un sens bien défini, comme étant supérieure à un ensemble de situations alternatives. De plus, les signaux prix devraient fonctionner de telle façon que ce degré de compatibilité soit atteint :

« La réponse immédiate de bon sens à la question de savoir quelle sera l'allure d'une économie motivée par des comportements individuels et contrôlée par un nombre assez élevé d'agents différents, est de dire qu'il y aura du chaos. Il existe une réponse différente (...) possible. Cette réponse, qui signifie explicitement qu'au lieu d'une situation de chaos, une telle économie atteindra une situation de compatibilité, non seulement du point de vue de la véracité de la proposition mais surtout en ce qui concerne les conditions sous lesquelles [cette proposition] peut être démontrée, constitue les fondements de l'économie politique » (id. p. vii).

Cette interrogation a été renouvelée plus récemment par Debreu, dans un ouvrage publié en l'honneur de son 75ème anniversaire :

« La complexité d'une économie contraste nettement avec la simplicité de la question qui doit apparaître au sujet de son fonctionnement. De nombreux agents forment l'économie et ils ont affaire à un grand nombre de biens. Chacun de ces agents prend des décisions sur les quantités de chacun des biens qu'ils vont produire ou consommer. Le nombre de variables impliquées est alors le produit du nombre d'agents et du nombre de biens. De plus, dans ce processus de prise de décision, les agents agissent indépendamment les uns des autres et sont guidés par leurs propres intérêts. Pourquoi un grand désordre n'en résulte pas ?

Les agents économiques sont comptés par millions, sinon par milliards. Le nombre de biens aussi est grand. Les intérêts individuels des preneurs de décisions indépendants sont quelquefois compatibles et quelquefois en conflit. Pourquoi ne peut-on observer, pour chaque bien, un grand excès de la demande sur l'offre, traduit par une attente longue des commandes à satisfaire, ou par un grand excès de l'offre sur la demande, traduit par la constitution massive de stocks ? » (1998, p. 10).

La réponse à cette question est donnée à partir d'un ensemble d'hypothèses précises dont une partie concerne la façon dont la firme est considérée dans le modèle. Nous essayerons de montrer dans cet ouvrage que « cette façon » n'est appropriée ni pour comprendre la raison d'être de la firme, ni pour appréhender la rationalité de ses stratégies sur les marchés.

Dans ce chapitre, nous présenterons d'une façon synthétique, mais aussi fidèlement que possible, les fondements des modèles d'équilibre et de la représentation néoclassique du producteur sur un marché de concurrence pure et parfaite. Cette étude nous permettra de déterminer la portée de ces modèles dans l'analyse de l'entité économique particulière qu'est la firme.

La première section de ce chapitre porte sur les notions d'équilibre général, de bien-être et de concurrence pure et parfaite. Nous présenterons d'abord le cadre statique de l'approche d'équilibre général qui décrit les conditions sous lesquelles les décisions agrégées conduisent à un fonctionnement efficace de l'économie. Faisant abstraction de toute interaction stratégique et de toute influence perceptible des comportements individuels sur les variables économiques, le modèle aboutit à une situation générale de bien-être.

Ensuite, nous exposerons et discuterons des hypothèses qui définissent un marché de concurrence pure et parfaite. L'hypothèse cruciale sur laquelle notre attention sera dirigée est l'information parfaite. On soulignera que l'interdépendance entre la structure du marché et les comportements des agents (ainsi que leur caractère évolutif dans le temps) est généralement ignorée dans le modèle d'équilibre. Dès lors, il devient extrêmement difficile de cerner explicitement la place et le rôle respectifs des agents dans l'économie et la dynamique dans laquelle ces agents évoluent. Par conséquent, nous nous interrogerons sur l'intelligibilité de cette approche pour appréhender le fonctionnement de l'économie dans laquelle l'agrégation des décisions individuelles devrait être obtenue, logiquement, en fin du processus de rencontres et ne devrait pas être imposée *a priori*.

La deuxième section est consacrée à la conception de l'économie en termes d'équilibre partiel. Nous soulignerons que même lorsque l'hypothèse d'interdépendance des marchés est relâchée au profit d'une analyse en termes d'équilibre partiel, les fondements conceptuels des modèles ne changent pas radicalement. Le raisonnement marshallien des *Principes* en termes de marchés successifs, qui s'ouvrent les uns après les autres, admet, lui aussi, l'établissement d'un prix et d'une quantité d'équilibre après agrégation de l'ensemble des échanges[1]. Nous retrouvons alors les modèles néoclassiques d'équilibre partiel. Sous des hypothèses particulières concernant les rendements d'échelle et les productivités des facteurs de production, le modèle néoclassique d'équilibre partiel présenté ici traite d'une fonction de production donnée. L'agent représentatif, la firme, est étudié d'une façon symétrique par rapport au consommateur dans le cadre des hypothèses d'un marché concurrentiel au-dessus de toute influence personnelle perceptible. La firme subit, comme tout autre agent économique, le contexte institutionnel implicite. Comme Coase le fait remarquer, la firme et le marché apparaissent par leur nom mais n'ont pas de contenu substantiel spécifique. Cette modalité de raisonnement est appelée par Coase « l'économie du tableau noir » (1995, p. 645)[2]. Dans cet univers, il s'agit d'appliquer à la firme un critère unique de décision et une capacité totale pour obtenir et traiter toute l'information provenant de l'extérieur (le marché). La firme subit une contrainte technologique donnée par une fonction de production objective[3] et prend ses décisions sur la base du critère de maximisation du profit. Au sens plus général,

---

[1] C'est pourtant chez Marshall (1971) que l'on pourrait trouver un début d'analyse des marchés où les quantités effectivement échangées ne sont pas celles de l'équilibre général. Puisque les vendeurs proposent des prix différents des prix d'équilibre, les prix appliqués ne permettent pas l'égalisation des offres et des demandes. Les vendeurs ont un statut particulier par rapport aux consommateurs. Mais malheureusement cette piste n'a pas été suffisamment développée par le maître de Cambridge. Pour une présentation synthétique de l'évolution de la théorie de la firme depuis Marshall, le lecteur peut consulter O'Brien (1996).

[2] *The blackboard economics.*

[3] Ici, le qualificatif « objectif » signifie que la fonction ou la technique de production est une donnée exogène et n'est pas déterminée par une décision stratégique spécifique à la firme considérée.

la structure du marché est donnée *a priori* et l'étude des problèmes d'organisation et des processus de prise de décision stratégique est absente de la construction. Le niveau optimal de production correspond à l'équilibre de long terme du marché considéré.

EQUILIBRE GENERAL ET CONCURRENCE PURE ET PARFAITE

La théorie économique de l'équilibre prétend donner une réponse précise à la question de savoir comment une société décentralisée peut aboutir à un fonctionnement économique globalement cohérent. La société économique décentralisée est définie comme étant composée d'individus séparés et libres qui prennent leurs décisions indépendamment les uns des autres. Depuis le travail pionnier de Walras (1874), la formalisation rigoureuse du modèle établit une description de l'économie dans laquelle un nombre très élevé d'agents, n'étant tournés que vers leurs propres intérêts et répondant seulement à un système d'information condensé dans les prix, peut atteindre une allocation économique cohérente et efficace des ressources (Hahn, 1984). Pour un niveau donné de dotations initiales et dans les conditions concurrentielles des marchés, la confrontation des offres et des demandes agrégées permettent d'établir simultanément des prix d'équilibre pour l'ensemble des biens sur l'ensemble des marchés. Ce modèle a comme cadre général la concurrence pure et parfaite. Cette structure de marché dépend fondamentalement de l'hypothèse d'information parfaite.

Equilibre économique général

L'équilibre est la situation de référence dans la théorie économique. L'apparition de la notion d'équilibre général date des *Éléments* de Walras (1874)[1]. Ce sont les travaux d'Arrow et de Debreu (1954), de Debreu (1987) et d'Arrow et de Hahn (1971) qui ont permis d'élaborer une présentation formelle rigoureuse des premiers travaux d'équilibre général.

Le système économique est constitué des ménages et des firmes. Les activités des agents sont considérées sous une forme agrégée au travers d'une liste de biens et de services donnée

[1] Il convient de signaler aussi qu'à la même époque, Stanley Jevons et Carl Menger proposaient indépendamment l'un de l'autre et de Walras, la notion d'équilibre général. Schumpeter (1983, vol. 1, p. 304) cite aussi l'ouvrage d'A. N. Isnard (1781, *Traité des richesses*) qui avait proposé cette notion.

(que l'on peut appeler la nomenclature des biens et services). Les biens sont définis par leurs caractéristiques physiques et par leur localisation dans l'espace et dans le temps :

« Les biens qui diffèrent par rapport à l'une de ces caractéristiques seront considérés comme des biens différents » (Arrow et Hahn, 1971, p. 17 et Debreu, 1998, p. 11).

Les décisions de demande et d'offre sont prises par deux groupes d'agents, ménages et firmes. Les ménages sont les propriétaires des firmes. Ces deux groupes sont distingués : « par une caractéristique que les firmes ont et que les ménages n'ont pas : prendre des décisions de production. Cette distinction est convenable » (Arrow et Hahn, 1971, p. 17).

Si les goûts, les technologies et les dotations sont donnés, les seules variables qui affectent les décisions des agents correspondent aux prix observés sur les différents marchés. La décision d'offrir un bien est une décision d'échanger ce bien pour d'autres biens (id., p. 23).

Chaque ménage (appelé agent économique ou consommateur, dans la terminologie contemporaine) dispose d'un ensemble de ressources (y compris le travail) utilisables pour la consommation ou la production. Pour tout ensemble de prix donné, le ménage a un revenu provenant de la vente de ses ressources. Avec ce revenu, il peut choisir parmi tous les paniers composites de biens de consommation dont le coût, aux prix donnés, ne doit pas excéder son revenu. C'est la contrainte budgétaire de l'agent économique. La demande des biens de consommation est une fonction des prix des biens de consommation et des ressources (les dotations). Quant aux firmes, elles sont supposées (dans les premières versions du modèle) opérer selon des coefficients de production fixes. La demande de biens de consommation détermine la demande de ressources et les hypothèses combinées de coefficients fixes et de profits nuls, pour un système concurrentiel, impliquent des relations entre les prix des biens de consommation et les ressources :

« Spécifiquement, supposons que l'économie est composée de « l » biens et de « m » agents. Chacun de ces agents choisit une liste l de quantités de ces biens qu'il va produire ou consommer (des signes différents distinguent les inputs et les outputs), au total l.m variables. A ces inconnues, on doit ajouter une liste l de prix des biens, amenant le total à l.(m+l). En raison du nombre important de ces variables, comme résultat des interactions complexes des agents dans l'économie à travers les marchés des biens, un modèle mathématique est requis pour tenter une explication de l'équilibre économique » (Debreu, 1998, pp. 10-11).

Il y a une interdépendance entre les offres et les demandes des marchés telle que les offres et les demandes sur chaque marché dépendent des offres et des demandes sur l'ensemble des autres marchés. Les agents prennent des décisions indépendantes et formulent des propositions d'offre et/ou de demande sur les marchés des biens. Ces propositions anonymes déterminent la différence entre l'offre et la demande. La condition d'équilibre pour chacun des marchés est que la demande excédentaire, définie formellement comme la demande totale moins l'offre totale, soit nulle. L'équilibre général est obtenu sur l'ensemble des offres et des demandes agrégées telles qu'il n'existe pas de demandes agrégées de signes opposés non nulles. Il existe alors un ensemble de signaux – prix de marché – qui amènent les agents à prendre des décisions qui sont mutuellement compatibles (Arrow et Hahn, 1971, p. 29). L'objectif consiste donc principalement à définir un système de prix capables de permettre cette compatibilité générale. Cet équilibre est supposé atteint grâce à un processus de « tâtonnement » à travers la confrontation des offres et des demandes sur les marchés. Il s'agit d'une détermination (en statique comparative) des lois qui gouvernent les variations des prix et des quantités pour un ensemble de données préalablement établies concernant les ressources, les conditions de production et les fonctions d'utilité[1].

Le développement « pédagogique » du modèle est principalement fondé sur une présentation simplifiée de l'économie à partir d'un agent représentatif, le consommateur, qui se trouve face à un ensemble donné de prix et/ou d'opportunités d'échange (McKenzie, 1987). Le modèle considère la détermination de la demande d'un bien par un consommateur doté d'une fonction d'utilité qu'il maximise sous la contrainte de son budget. Cette fonction d'utilité, supposée positive, continue et décroissante, correspond à l'ensemble des consommations possibles des con-

---

[1] Pour étudier la question de l'allocation optimale des ressources par tâtonnement, Edgeworth (1881) considère deux individus qui entrent en rapport d'échange. Edgeworth suppose qu'aucun individu n'échange s'il pense qu'il peut y avoir d'autres échanges plus profitables. Edgeworth établit sous ces conditions la courbe des contrats correspondant à un ensemble d'allocations possibles. En élargissant le modèle, il suppose deux groupes d'individus. Les individus appartenant à chaque groupe ont les mêmes ressources et les mêmes fonctions d'utilité. L'auteur en conclut qu'aucun échange multilatéral ne peut avoir lieu s'il existe un sous-groupe d'individus qui, en utilisant leurs dotations initiales, pourraient réaliser des échanges plus profitables entre eux-mêmes. En supposant un grand nombre d'individus présents et l'absence de coûts de rencontre et de transaction, Edgeworth montre que les marchandages qui ont lieu tendent vers un équilibre concurrentiel.

sommateurs et contient leurs goûts et préférences. Les fonctions de demande des individus, qui participent au marché par l'intermédiaire de leurs propositions d'achat et de vente, donnent les quantités d'équilibre échangées en fonction des prix du marché.

Il est supposé que la fonction de demande du marché satisfait à la condition d'homogénéité. Si f(p) est cette fonction de demande (i.e., la somme de toutes les demandes émanant des échangistes), on a : $f(\lambda p)=f(p)$ pour tout $\lambda>0$. Ceci traduit le fait que l'équilibre de l'agent représentatif n'est pas affecté lorsque les prix sont multipliés par λ. L'équilibre général correspond au point où une modification infinitésimale des dotations initiales ne peut augmenter l'utilité d'un agent économique sans réduire celle d'un autre. C'est l'implication immédiate du fait que l'utilité est maximisée sous la contrainte du budget, i.e., l'allocation totale ne peut excéder l'offre totale (la dotation initiale des biens).

L'introduction de la production correspond à la transformation des facteurs productifs en biens et services, transformation supposée se réaliser d'une façon atemporelle. La fonction de production, qui est donnée par l'état des techniques, est continue, convexe (absence de rendements croissants), irréversible et admet la libre disposition (ne rien faire appartient à l'ensemble de production) et elle est bornée. Il s'agit de poser une liste de quantités de services productifs nécessaires pour élaborer une unité d'un bien donné. Les fonctions d'utilité des consommateurs incluent alors les services productifs dans leurs arguments. L'économie peut être représentée à partir des seuls échanges entre individus qui sont propriétaires de leurs services productifs. *L'offre des services productifs doit être égale à la quantité requise pour produire juste la quantité de biens demandée. Cette égalité assure le respect des conditions d'interdépendance des marchés et de la généralité de l'équilibre.* Comme McKenzie le souligne (1987, p. 499), il n'y a pas d'incertitude dans cette économie et, par conséquent, les services productifs nécessaires dans l'organisation de la production n'ont pas de rôle particulier à jouer par rapport aux autres biens de consommation.

La généralisation du modèle est obtenue sous la condition qu'à l'équilibre concurrentiel, aucune activité ne peut offrir un profit et aucune activité ne peut engendrer des pertes. C'est la condition walrasienne : ni bénéfices ni pertes, appelée aussi la loi de Von Neumann (McKenzie 1987, p. 500)[1]. Sous cette condition, la production devient efficace. Une production est efficace à l'équilibre lorsque, aux prix donnés, les services productifs utilisés sont exactement ceux qui sont requis pour produire le produit correspondant à l'équilibre général des marchés.

Dans le modèle de Hicks (1939), la firme est associée à chaque agent économique qui est un consommateur mais qui peut aussi bien être un travailleur, un propriétaire de ressources ou encore un entrepreneur. Comme entrepreneur, le consommateur a un ensemble donné de productions possibles. Mais McKenzie remarque (id. p. 500) qu'il paraît peu réaliste de traiter l'entrepreneur comme un maximisateur de profit sans que toutes les ressources puissent être vendues ou achetées par lui-même sur le marché. Mais dans ce cas, il suffit de considérer les activités ou les services producteurs (ou productifs) d'une façon impersonnelle, anonyme, plutôt que de parler des firmes.

Dans le modèle d'Arrow et de Debreu (1954), où l'existence d'un équilibre général est rigoureusement démontrée[2], le secteur productif de l'économie est à l'équilibre lorsque chaque firme choisit une combinaison d'inputs et d'outputs dans son ensemble de productions possibles de façon à maximiser son profit aux prix du marché. Les outputs d'une firme peuvent être, dans ce modèle, les inputs d'une autre firme. Comme le même bien peut être à la fois un input et un output pour au moins deux firmes différentes, les biens sont distingués en biens d'input et en biens d'output, non par des listes séparées particulières, mais par des signes (- pour input et + pour output) dans la même nomenclature. Toutefois, lorsque les firmes sont considérées à partir d'un ensemble de biens détenus par les propriétaires (avec des signes - ou +), il devient nécessaire de préciser le critère qui distingue les firmes. Sans cette précision, la formation de nouvelles firmes ou la disparition des anciennes n'est pas concevable dans le modèle. La production des firmes peut tout simplement être considérée comme n'importe quelle autre activité, par exemple, de consommation. Dans ce cas, la loi de Von Neumann s'applique sans difficulté et on revient à la présentation d'équilibre statique.

---

[1] Walras souligne, dans la Leçon XVIII des *Éléments*, qu'il ne s'agit pas d'une réalité mais d'une tendance générale sous les mécanismes des prix de concurrence pure et parfaite.

[2] Bien entendu, il convient de signaler aussi les travaux de Wald sur l'existence d'un équilibre dans les années trente. Le lecteur intéressé peut en trouver une liste complète dans Arrow et Hahn (1971) et dans Schumpeter (1983, vol. 3, ch. VII).

Cependant, il existe de nombreuses interprétations du modèle d'équilibre qui tentent d'intégrer la dynamique temporelle dans la présentation formelle. Sans entrer dans les détails, nous en rappellerons l'orientation commune.

Le mécanisme de tâtonnement des modèles d'équilibre général suppose que les transactions ne sont pas réalisées tant que l'équilibre n'est pas atteint. Les participants aux marchés modifient leurs propositions d'achat ou de vente à chaque nouveau prix affiché tant que celui-ci ne permet pas d'apurer le marché (d'égaliser les offres et les demandes). Cette procédure, supposant qu'elle soit envisageable, nécessite un temps infiniment long étant donné le grand nombre d'individus et de biens. La méthode proposée par Hicks divise le temps en des marchés hebdomadaires et suppose le même mécanisme de tâtonnement pour un jour de la semaine. Hicks (1939) introduit la séparation entre l'économie élémentaire ou au comptant (*spot economy*) et l'économie future (*futures economies*). La première économie est celle qui a lieu chaque lundi et toutes les transactions se concluent simultanément et les livraisons correspondantes s'effectuent dans la semaine. Ce type d'équilibre est appelé aujourd'hui l'équilibre temporaire[1]. Il est supposé que les transactions, la consommation et la production sont réalisées dans une période très courte[2]. La question qui se pose est de savoir comment les marchés hebdomadaires se succéderont. Dans le cas où l'économie est considérée non comme un seul grand marché d'interdépendance générale mais comme une succession de marchés au comptant, qui ont lieu d'une façon continue à chaque nouvelle semaine, les prix du marché courant, à l'instant initial, dépendront des anticipations que les agents feront sur les prix des marchés futurs. Lorsque le temps est un élément de différenciation entre biens (le bien x en t est différent de celui en t+1), deux marchés à deux dates différentes peuvent avoir des prix respectifs différents. Pour que ceci soit un équilibre à chaque marché, il faut que le prix du marché suivant soit prévu avec exactitude (en fonction des contingences prévues). Lorsque cette prévision est possible, la « dynamique » des marchés successifs se réduit à l'équilibre statique puisque dès le premier marché, les conditions des marchés futurs sont quasi-définies. Mais lorsque cette prévision ne peut pas avoir lieu, les arbitrages peuvent apparaître sur le futur et affecter la détermination des prix du marché au comptant initial. Ce

---

[1] Pour une étude approfondie des modèles d'équilibre temporaire, nous nous permettons de renvoyer le lecteur aux travaux de Grandmont (1977) et de Green (1973), entre autres.

[2] Pour Morishima, une telle hypothèse est absente chez Walras. (1996, p. xiii).

problème apparaît clairement dans l'étude de l'économie future de Hicks. En effet, les biens sont supposés disponibles à des périodes différentes et doivent être considérés comme des biens différents. Pour qu'un calcul prévisionnel soit envisageable sur ces marchés futurs, le nombre de biens, et donc l'horizon économique, doivent être finis. Si l'on suppose que les anticipations des agents sont parfaites, alors toutes les transactions peuvent être conclues à l'instant premier et aucun marché futur n'a besoin de s'ouvrir, sauf pour les livraisons effectives. Mais si les anticipations ne sont pas parfaites, s'il existe des contingences non définissables avec précision et si l'incertitude est présente, alors la détermination des prix d'équilibre, mais aussi celle des stratégies des agents, deviennent problématiques. Le seul moyen de résoudre ce problème d'anticipation est de considérer l'horizon temporel et le nombre de contingences finis et connus par tous les participants. Dans ce cas, le modèle ne peut plus être qualifié de dynamique puisque toutes les données du problème sont connues au temps initial et toutes les transactions sont immédiatement prévisibles[1].

L'aboutissement final du modèle d'équilibre général se trouve dans la détermination des deux théorèmes du bien-être. Ces théorèmes renforcent davantage la prétention du modèle à se généraliser pour devenir une représentation rigoureuse d'une société économique optimale.

L'économie du bien-être a pour objectif de déterminer, parmi plusieurs états possibles, le meilleur état pour l'ensemble de la société. La difficulté de comparer les utilités individuelles les unes aux autres a poussé Pareto (1909) à proposer une règle de détermination générale du bien-être à partir de l'agrégation des situations d'équilibre des individus. Cette règle définit un état optimal comme la situation où il n'est pas possible d'augmenter le bien-être d'un individu sans réduire celui d'un autre. Mais il ressort deux limites de cette définition. Premièrement, cette règle ne signifie pas que tous les individus atteignent un niveau de bien-être désiré. Il s'agit de l'observation d'une situation donnée avec des répartitions différentes entre les individus, ce qui fait d'elle un critère conservateur (Abraham-Frois, 1996). Deuxièmement, cette règle permet d'éliminer les situations mauvaises mais ne permet pas de

[1] Il existe aussi des modèles avec un horizon infini. Le nombre de biens est infini et les consommateurs sont supposés être remplacés à la fin de leur vie par les générations suivantes. Ce sont des modèles à générations imbriquées proposés pour la première fois en 1958 par Samuelson. Ces modèles ne sont pas présentés ici dans la mesure où ils n'ajouteraient rien de plus à notre problématique.

définir une situation meilleure parmi un ensemble de situations possibles[1]. Cette difficulté est évitée en utilisant les axiomes sur les comportements des agents économiques, maximisateurs sous contrainte.

Sans entrer dans les détails, on rappellera que sous les hypothèses de concurrence pure et parfaite, le consommateur maximise son utilité lorsque son taux marginal de substitution entre deux biens est égal au rapport des prix relatifs de ces biens. Comme à l'équilibre les prix sont les mêmes pour tous les consommateurs, les taux marginaux de substitution aussi seront les mêmes. Cette égalité est obtenue grâce à l'hypothèse de détermination des prix d'équilibre sur les marchés et grâce au respect de la contrainte budgétaire. Les hypothèses du modèle aboutissent alors à l'obtention des niveaux de satisfaction (différents) pour chaque consommateur au sens de Pareto. D'une façon totalement symétrique, un producteur maximise son profit si son taux marginal de substitution entre deux facteurs de production est égal au rapport des prix de ces mêmes facteurs (cf. la section suivante). Comme à l'équilibre, les prix des facteurs sont les mêmes pour tous les producteurs et comme les contraintes de coût découlent de l'utilisation des techniques efficaces données, l'allocation optimale des ressources est assurée trivialement.

Ainsi s'annoncent les deux théorèmes de l'économie du bien-être :

1) L'équilibre général concurrentiel est un optimum de Pareto[2].

2) La situation optimale atteinte par cet équilibre sur le marché est celle qui aurait été obtenue si un planificateur bienveillant avait calculé les valeurs de l'optimum de Pareto pour la collectivité dans son ensemble. Aucune intervention exogène n'est donc nécessaire pour que l'économie puisse aboutir à l'état optimal.

---

[1] Qu'est-ce qui détermine que deux situations différentes peuvent être distinguées par le critère d'optimalité ? Afin d'expliciter ce problème, supposons une économie constituée de deux individus, A et B, avec des niveaux de satisfaction correspondant à deux états du monde, I et II :
état I : A obtient 50 et B obtient 20
état II : A obtient 30 et B obtient 40
On voit ici que, en supposant les satisfactions agrégeables, la société atteint un niveau de satisfaction totale de 70 dans les deux cas. Mais lorsque l'on veut améliorer le bien-être de l'individu B par rapport à l'état I, on est obligé de réduire celui de A (et *vice versa*). Rien ne permet *a priori* de déterminer l'état optimal ou l'équilibre de cette économie lorsqu'il convient de choisir entre deux options possibles.

[2] Ce théorème est appelé aussi le théorème d'équivalence d'Allais.

Ces résultats dépendent intimement des axiomes du modèle et leur validité nécessite le cadre de concurrence pure et parfaite.

Concurrence pure et parfaite

Contrairement aux auteurs classiques, comme Adam Smith, qui considéraient le contexte comme une économie de compétition entre individus qui cherchent à prendre les meilleures décisions pour augmenter leur bien-être personnel, la concurrence des modèles néoclassiques est une norme imposée *a priori*. Il ne s'agit pas de penser une structure particulière observée de l'économie à partir des comportements des individus, mais de poser *ex ante* une condition hypothétique qui détermine comment les agents doivent se comporter.

a) A la recherche d'une définition

Nous présentons ici le marché de concurrence pure et parfaite à partir d'un ensemble d'hypothèses qui peuvent être distinguées en deux blocs, celles qui portent sur la pureté de la concurrence et celles qui déterminent le degré de perfection de la concurrence.

Concurrence pure :

*Atomicité des agents : les individus ont une dimension négligeable par rapport à la dimension du marché. Chaque agent agit comme si les prix étaient donnés ;

*Homogénéité du produit : sur un marché donné, tous les producteurs offrent un bien identique. Les consommateurs ne font aucune distinction entre les produits des différents producteurs pour un bien donné ;

*Liberté d'entrée sur les marchés : il n'existe pas de barrières technique, institutionnelle, etc., à l'entrée.

Concurrence parfaite :

*La transparence du marché : l'information est parfaite et est disponible pour l'ensemble des échangistes. Elle est véhiculée par les prix. Tous les producteurs sont donc en mesure d'évaluer correctement les coûts du travail et des autres facteurs lorsqu'ils font leurs offres ;

*La parfaite mobilité des facteurs de production. Toutes les ressources peuvent être déplacées d'un marché à un autre en réponse à des signaux-prix et en fonction des opportunités qui se présentent.

Afin de mieux saisir la signification et l'importance de ces hypothèses, il convient de nous interroger davantage sur la définition d'un marché de concurrence pure et parfaite. Pour ce faire, nous pouvons suivre les différents manuels dont certains « datent déjà »[1]. Ce travail est plus que nécessaire puisque le modèle concurrentiel constitue la référence en matière économique. Toutes les structures de marché différentes et tous les comportements économiques, qu'il s'agisse des travaux théoriques (théories de la firme ou de l'économie industrielle) ou des propositions de politique économique, sont étudiés par rapport aux « impuretés » et aux « imperfections » observées sur les marchés à l'égard du cas « idéal ». A ce titre, Salanié (1998) précise que :

« les termes de 'concurrence imparfaite' et d''économie industrielle' sont à peu près synonymes. On peut les définir par antithèse en rappelant les quatre conditions classiques de la concurrence parfaite : -le nombre d'acheteurs et de vendeurs sur chaque marché doit être élevé ; - il ne doit pas y avoir de barrières à l'entrée sur le marché ; - l'échange doit concerner un bien homogène ; - l'information sur les prix pratiqués doit être parfaite. On entre dans le domaine de l'économie industrielle dès qu'une de ces conditions cesse d'être vérifiée » (p. 131).

Joan Robinson, dans *Exercices d'Analyse Economique* (1963), considère la concurrence pure dans le cadre du marché d'un petit village :

« Lorsqu'un vendeur découvre qu'il ne peut attirer assez d'acheteurs, il propose sa marchandise à un prix relatif plus bas, pour enlever de leur clientèle à ses rivaux. Il n'y a aucune différence de qualité dans les marchandises offertes, et aucun lien personnel entre les acheteurs et les vendeurs. Un acheteur individuel est donc toujours attiré par le meilleur marché » (p. 98).

Remarquant que cette concurrence « purement au marché » est tout à fait différente de celle qui se joue entre les manufactures, Robinson précise plus loin (p. 129) :

« La concurrence entre les vendeurs ne se borne pas à proposer un prix plus bas d'une marchandise identique, mais touche la définition même de cette marchandise, et elle va à l'entourer de toutes sortes d'appâts propres à séduire l'acheteur ».

A l'exception de celui d'Abraham-Frois (1996) où l'on retrouve les deux blocs distincts d'hypothèses que nous avons présentées en début du paragraphe, les ouvrages parlent en général de concurrence parfaite et ne font pas de distinction

[1] Voir les références bibliographiques.

entre la pureté et la perfection. Par exemple, Malinvaud (1986, p. 55) définit la concurrence « parfaite » comme suit :

« Nous dirons encore que l'entreprise se trouve dans une situation de concurrence parfaite :

- si le prix de chaque bien est parfaitement défini et exogène pour l'entreprise, donc indépendant des décisions de production de celle-ci ;

- et si, à ce prix, l'entreprise peut acquérir toute quantité du bien dont elle a besoin, ou écouler toute quantité qu'elle aura produite ».

Mais l'auteur ajoute que cette définition sous-entend l'atomicité des agents et la flexibilité des demandes et des offres.

Quant à Salvatore (1993, p. 200), il définit la concurrence parfaite à partir du nombre des agents présents, de l'homogénéité des biens offerts, de la mobilité des facteurs et de la parfaite connaissance des prix et des coûts. De la même façon, Gould et Ferguson (1982, p. 247) définissent la concurrence « parfaite » comme :

« un modèle économique d'un marché possédant les caractéristiques suivantes : chaque agent agit comme si les prix étaient donnés, le produit homogène, les ressources sont parfaitement mobiles, ce qui signifie notamment la libre entrée et sortie des entreprises, et tous les agents économiques du marché disposent d'une connaissance complète et parfaite ».

Pour leur part, Begg, Fischer et Dornbush (1996, pp. 166-167) notent qu'un marché de concurrence parfaite est un marché sur lequel aussi bien les acheteurs que les vendeurs pensent que leurs propres décisions d'achat ou de vente n'ont aucun effet sur le prix de marché.

Dans cette lignée, Kreps (1996), après avoir cité quatre éléments : homogénéité, parfaite information sur les prix, parfaite information des vendeurs sur les autres vendeurs et sur leurs prix et absence de réglementation de la revente de bien (vente et revente n'entraînent pas de coûts additionnels), précise que :

« Ces quatre règles nous garantissent que *toutes les transactions portant sur ce bien se sont conclues au même prix*, et que *le prix est* linéaire, *c'est-à-dire que le prix unitaire du bien sur le marché est unique.* » (p. 273).

Une recherche de définition plus approfondie peut être observée chez Chamberlin. La définition de la concurrence que cet auteur nous propose dans son ouvrage de 1953 (1933) prend comme point d'appui la comparaison entre la concurrence et le monopole :

« Nous prendrons comme point de départ de notre analyse la « concurrence pure », l'adjectif « pur » étant choisi délibérément pour décrire la concurrence qui n'est pas entachée d'éléments de monopole. C'est un concept beaucoup plus simple et beaucoup plus étroit que celui de concurrence « parfaite », car il peut y avoir perfection dans beaucoup d'autres sens que la seule absence de monopole. La concurrence parfaite peut impliquer, par exemple, une absence de frictions, dans le sens d'une fluidité idéale ou d'une mobilité des facteurs telle que les adaptations à des changements de conditions qui, en fait, prennent du temps, s'accomplissent instantanément en théorie. Elle peut impliquer aussi une connaissance parfaite du futur, et par conséquent l'absence d'incertitude » (p. 4).

Chamberlin refuse donc de confondre la concurrence pure et la concurrence parfaite et donne l'exemple suivant (p. 5) :

« Le prix réel du blé ne correspond que très inexactement à son prix normal ; pourtant le producteur individuel de blé n'a pas l'ombre de pouvoir de monopole. Bien que très imparfait, le marché est purement concurrentiel ».

Allons plus loin dans ce raisonnement, car il nous permettra de mieux comprendre l'analyse que nous allons proposer par la suite :

« La concurrence ne requiert que l'absence de monopole, qui est réalisée lorsqu'il y a de nombreux acheteurs et de nombreux vendeurs pour un *même* produit (parfaitement standardisé). La concurrence parfaite a des exigences différentes : mobilité des ressources, information parfaite, etc. (...) Il en résulte qu'on peut appliquer l'idée de perfection au monopole et à la concurrence monopolistique aussi bien qu'à la concurrence pure » (ouvrage cité, p. 26).

Du coup :

« Si un marché de concurrence pure est aussi parfait, des écarts à l'équilibre ne peuvent strictement pas se produire, même momentanément. Il faut donc tenir la preuve générale, qu'aucun prix autre que celui de l'équilibre ne pourrait se maintenir, comme une preuve qu'un tel prix ne pourrait s'établir même pour un temps très court. Il ne saurait y avoir de mouvement vers un équilibre, pas plus que d'oscillation autour de ce point. Le prix d'équilibre ne serait pas le résultat du « jeu » de l'offre et de la demande ; il apparaîtrait dans la stabilité réalisée dès que le marché commence à fonctionner » (id., p. 27).

Lorsque l'on présente la concurrence pure et parfaite sur un graphique dont l'axe des abscisses correspond à la quantité et l'axe des ordonnées au prix, avec une courbe de demande décroissante avec le prix et une courbe d'offre croissante, si le prix est supérieur à l'intersection (en supposant qu'il y en ait une) de ces deux courbes, l'offre est supérieure à la demande et le prix doit baisser. Dans le cas contraire, il doit augmenter et ce, jusqu'à ce qu'il s'établisse sur le point d'intersection. On dit alors que les offres et les demandes sont égalisées. Mais de deux choses l'une :

- ou bien il n' y a pas d'échange avant le point d'équilibre, dans ce cas, comme sur ce graphique à deux dimensions, une troisième, le temps, est absente, on ne peut pas parler d'un ajustement, d'une « tendance » vers le prix d'équilibre. Ce dernier est donné et le graphique ne sert pas à démontrer la tendance mais à illustrer, de « façon imagée », le point d'équilibre ;
- ou bien la troisième dimension est intégrée, alors :

« les tendances vers et les fluctuations autour de l'équilibre inévitablement laissent une constellation de prix réels qui ne seront peut-être pas révisés et qui sont définitifs » (Chamberlin, id., p. 28).

Ces prix correspondent alors à des offres et demandes différentes de celles de l'équilibre et peuvent changer, pour la période suivante, en fonction des prix observés à la période courante.

D'une façon générale, une situation concurrentielle est définie comme une structure de marché dans laquelle le mécanisme des prix ne subit aucune entrave et est censé permettre l'obtention d'un état optimal. Or, une fois que nous avons dit ceci, nous n'en savons pas plus qu'avant sur le marché et son fonctionnement. Comment peut-on définir précisément ce mécanisme et le marché « sous-entendu » ? Dans l'univers du modèle d'équilibre, le marché est l'instant de rencontre entre les offres et les demandes des biens appartenant à une liste donnée. Il n'est pas un (ou des) lieu(x) sur lequel (lesquels) des agents économiques se rencontreraient et établiraient librement des contrats effectifs. Au contraire, pour les entreprises, le marché est un lieu précis, géographiquement, historiquement, psychologiquement et physiquement déterminé. Il comprend toutes les caractéristiques des producteurs et des consommateurs puisqu'il détermine les caractéristiques des biens qui y seront offerts. Les agents doivent obtenir des informations sur ces caractéristiques. Une fois que les producteurs sont engagés en fonction de leurs anticipations, le marché devient un lieu de « sentence », d'évaluation sociale des activités et décisions séparées. Par conséquent, la définition de la structure de marché va de pair avec la définition même du marché. Lorsque le marché est l'instant d'égalisation des offres et des demandes, c'est-à-dire l'instant d'établissement d'un équilibre général atemporel, sa structure est donnée par la situation concurrentielle.

Considérons une à une les hypothèses d'un marché de concurrence pure et parfaite pour en déterminer la pertinence.

b) L'information comme variable déterminante

La concurrence est dite pure lorsque les individus sont « petits », les biens homogènes et l'entrée et la sortie libres. Elle est dite parfaite lorsque le marché est transparent (l'information y est parfaite) et les facteurs mobiles. Nous montrerons que ces hypothèses peuvent se réduire globalement à l'une d'entre elles: l'information parfaite et le qualificatif « parfait » revêt un sens bien particulier. Procédons par étape.

1) Considérons l'hypothèse d'homogénéité des biens. L'information parfaite consiste à pouvoir distinguer les caractéristiques des biens offerts. Les agents savent qu'une tomate provençale n'est pas la même chose qu'une tomate hollandaise. Mais cette différence est déjà inscrite dans la nomenclature des biens. L'homogénéité des biens va de soi et n'est pas une hypothèse nécessaire mais une conséquence logique de l'hypothèse de nomenclature puisque les connaissances requises sur les biens sont incluses dans l'information détenue par les agents à partir de la liste des biens disponibles dans l'économie. Si l'on accepte l'idée que les biens se différencient non seulement physiquement mais aussi en fonction de leur localisation dans le temps et dans l'espace et que les consommateurs sont conscients et *informés* de ces différences, les prix des marchés tendront vers les prix d'équilibre. Les prix contiennent toute l'information nécessaire pour des décisions rationnelles. Par conséquent, les marchés sont dits transparents.

2) Considérons l'atomicité des agents. Comme ces derniers sont assez « petits » par rapport à la taille du marché (ce qui est très vague comme description), ils ne peuvent pas influencer les conditions des autres agents. Il y a donc obligatoirement absence de barrières à l'entrée en ce qui concerne les obstacles que les agents privés peuvent mettre en place pour empêcher l'entrée de concurrents potentiels, sauf en ce qui concerne les barrières institutionnelles exogènes au marché. Dans ce cas, l'hypothèse de libre entrée devient une conséquence de l'hypothèse d'atomicité. Hammond remarque que certaines firmes ou d'autres agents ont des comportements monopolistiques et qu'ils ne prennent pas les prix comme fixes ou donnés. L'explication qu'il en donne est liée au nombre d'agents sur le marché. Contrairement à l'ensemble des consommateurs, pour lequel les préférences sont supposées convexes même lorsque certains

d'entre eux ont des préférences non convexes (les comportements « bizarres » de quelques-uns n'affectent pas la demande du marché) :

« il n'est pas plausible de supposer qu'il existe un grand nombre de petites firmes dans les industries telles que l'offre de chaque bien puisse être considérée comme étant continue. Les économies d'échelle dans certaines industries, comme l'industrie chimique, l'électronique, etc., impliquent qu'il est inefficace d'avoir plus d'un petit nombre de firmes sur le marché » (1998, p. 251).

L'explication d'un marché non parfaitement concurrentiel est liée dans cette vision à l'apparition d'un petit nombre de producteurs en raison d'une donnée exogène (conditions de production particulières) et non à cause des comportements des agents[1]. Or, l'atomicité n'est pas *a priori* une question de nombre d'agents présents sur les marchés, ni une question de taille, mais dépend avant tout du niveau de l'information que les agents détiennent[2]. Si les agents pensent qu'ils sont insignifiants sur le marché, ils vont se comporter comme tels. C'est implicitement ce que cherche à assurer, dans le modèle d'équilibre référentiel, la condition d'interdiction d'échanges effectifs avant qu'un prix d'équilibre ne soit atteint. Les individus n'observent que les variations des prix et ne connaissent que leur propre proposition d'offre ou de demande. Sous les hypothèses de fonctionnement à partir d'un crieur de prix (ou d'un secrétaire de marché) et d'échange aux prix d'équilibre, les agents n'ont pas d'autres choix que d'accepter les conditions des marchés. Ils sont fondamentalement passifs car « ignorants ». Il ne peut donc pas y avoir de barrières à l'entrée pour des concurrents potentiels. A l'opposé, lorsque les agents se considèrent comme capables d'affecter les comportements des autres parce qu'ils ont une information spécifique sur leurs interdépendances, ils peuvent alors chercher à mettre en place des stratégies afin d'établir des barrières et de modifier l'image de leur produit qui n'est plus homogène à l'égard des autres produits. Et les consommateurs, ne disposant pas de cette information, ne pourront décider de leur choix d'une façon adéquate. Il y a une asymétrie entre les producteurs (du moins pour certains d'entre eux) et les consommateurs qui provient d'une asymétrie d'information. Donc, il suffit que l'information sur les positions respectives des agents sur les marchés ne soit pas disponible, pour que les

---

[1] Ce point sera repris au chapitre IV avec le monopole naturel et la théorie des marchés contestables.

[2] Arrow aussi souligne l'importance des hypothèses que le modèle fait sur l'information (Arrow, 2000. Notamment le chapitre 2).

comportements restent passifs, du moins, pour un certain temps (cf. paragraphe suivant). Par conséquent, les hypothèses d'absence de barrière à l'entrée et d'atomicité (grand nombre d'agents sur le marché) ne paraissent pas centrales car elles dépendent de la définition implicite de l'information parfaite dans le modèle concurrentiel.

3) Continuons notre raisonnement et considérons l'hypothèse de parfaite mobilité des facteurs. Ceci est, avant tout, une question technique. Cette hypothèse admet la possibilité d'allouer les facteurs (tout type de bien qui entre dans la production, donc tous les biens de la nomenclature et non seulement le capital et le travail) à n'importe quelle utilisation qui paraîtrait avantageuse. Mais acceptons un instant cette position, dont la portée est extrêmement limitée, comme un cas général. La parfaite mobilité suppose que les agents détiennent toute l'information sur les différentes possibilités de production existantes de façon à pouvoir arbitrer entre les utilisations concurrentes des facteurs. Cette hypothèse aussi peut être réduite en grande partie à celle de l'information parfaite dans la mesure où elle présuppose une connaissance totale des techniques disponibles et des marchés pour l'ensemble de l'économie.

Nous voyons que dans le modèle concurrentiel, la perfection de l'information a une définition précise et ne signifie pas une perfection sur l'ensemble des variables qui interviennent dans l'économie[1]. Il suffit que l'information soit d'un certain type : parfaite en ce qui concerne la liste des biens et les différentes utilisations que l'on peut en faire *mais* inexistante sur les interdépendances et positions individuelles respectives, pour que la concurrence soit pure et parfaite au sens des modèles d'équilibre. La fragilité de cette hypothèse devient évidente puisque la perfection de l'information n'est valable qu'en ce qui concerne les hypothèses qui permettent d'établir l'équilibre concurrentiel. Pour tous les paramètres qui empêcheraient l'économie

---

[1] La perfection ou la transparence de l'information doit être considérée aussi à la lumière des processus cognitifs. Les travaux sur ce sujet sont surtout développés dans le domaine de la théorie financière. Ces travaux formulent en général deux objections à l'encontre du principe de transparence. Premièrement, ils considèrent que même lorsque l'information est transparente pour l'ensemble des intervenants, si les agents ont une réactivité limitée, ils ne pourront pas traiter toutes les informations en temps réel et sans inertie. Deuxièmement, l'hypothèse de captation et d'interprétation univoque de l'information peut être contredite par la manière dont se forme la psychologie des marchés qui est fondée sur des croyances et des comportements mimétiques pouvant déboucher sur des comportements d'« aveuglement au désastre fondés sur la myopie des opérateurs » (Plihon, 2000). Voir aussi Orléan (1999).

d'atteindre cet équilibre, l'information doit être cachée et ce de façon uniforme pour l'ensemble des agents économiques. L'objectif caché de l'hypothèse néoclassique d'information parfaite est donc d'imposer aux agents économiques un type particulier de comportement en vue d'assurer l'obtention d'un équilibre général. Mais cet objectif semble enlever aux individus toute liberté d'action et de stratégie individuelles et, par voie de conséquence, toute possibilité de rechercher les moyens (les informations) d'accroître leur satisfaction personnelle.

Il suffit de redéfinir l'hypothèse d'information parfaite pour que notre concurrence idéale disparaisse. On peut supposer, par exemple, que l'information est quasi parfaite sur les interdépendances et positions respectives des individus, au moins pour certains d'entre eux – ces derniers peuvent alors prendre des décisions stratégiques –, et imparfaite en ce qui concerne la liste des biens (qui n'est donc plus une donnée *a priori*) et les comportements des autres.

On remarquera que nous n'avons pas eu besoin de parler de la question hautement centrale de la théorie économique, à savoir la formation des prix des biens, pour la simple raison que le niveau que les prix vont atteindre dépendra des hypothèses que l'on fait sur les conditions de fonctionnement des marchés.

Se dégage ainsi la structure du reste de l'ouvrage : problème d'information dans la constitution d'entités productrices de biens et services et problème d'information sur les marchés. Toutes les propositions de ce que l'on appelle la concurrence imparfaite peuvent alors être réduites à l'information. Lorsque l'information n'est pas de la forme du modèle référentiel, on rencontre un problème fondamental : le prix n'est plus une information suffisante car sa détermination n'a pas les mêmes caractéristiques (lesquelles ? Cette question reste toujours posée) que dans les modèles d'équilibre :

« Après tout, lorsque l'information est privée, les vraies fonctions de demande et d'offre des consommateurs et des producteurs individuels ne sont pas connues. Ce fait leur donne l'opportunité d'agir d'une façon monopolistique et de manipuler les prix de marché, en sous-annonçant leur vraie disposition à échanger. De la même façon, les aptitudes réelles des travailleurs ne sont pas connues. Ceci rend impossible la mise en place d'un système de redistribution des richesses à partir des capacités de gain productives réelles des individus, comme le serait l'idéal théorique » (Hammond,1998, p. 256).

Ces problèmes affectent bien sûr les travaux des économistes, qu'il s'agisse des études en économie industrielle ou des recherches purement théoriques. Les modèles d'équilibre partiel étudient les marchés isolés à partir de telle ou telle imperfection. Toutefois, ils rencontrent les mêmes types de difficultés que les modèles d'équilibre général. Les solutions sont obtenues sous des conditions très strictes telles que la situation de départ (problème d'information, inégalité des pouvoirs économiques respectifs entre les concurrents, etc.) « imparfaite » perd de son originalité[1].

c) Questions supplémentaires rattachées

Avant de terminer notre présentation de l'équilibre général, revenons au modèle représentatif de base et soulignons les problèmes supplémentaires qui subsistent et qui rejoignent les remarques du paragraphe précédent.

Dans le modèle de base d'Arrow et de Debreu (1954) et d'Arrow et de Hahn (1971), on suppose que :

- chaque bien a un prix unique connu de tous les agents. Ce prix est « affiché » au vu de tous et constitue la base sur laquelle les agents établissent leurs offres et leurs demandes ;
- les prix constituent la seule information transmise aux agents par le marché. Chacun établit son plan à partir de cette unique information et ne tient pas compte (ne peut pas tenir compte) de l'éventuelle incidence de ses actions sur les prix ou sur les plans des autres agents ;
- il existe un système complet de marchés. Les agents, munis de fonctions-objectifs *inter-temporelles*, interviennent sur des marchés à terme, pour tous les biens et pour toutes les dates futures en formulant leurs offres et leurs demandes.

Cette dernière hypothèse engendre quelques difficultés. L'organisation d'un si grand nombre de marchés entraînera des coûts élevés[2], chaque agent devant établir un grand nombre de contrats, le liant aux autres pour le présent et pour le futur. L'absence des coûts de transaction dans les échanges devient une hypothèse nécessaire. Ceci pose un problème plus compliqué dans le cas où il existe des marchés contingents dépendant de la réalisation ou non d'états de la nature spécifiés à l'avance. La prise en compte des marchés contingents fait intervenir une certaine forme d'incertitude, mais celle-ci reste limitée puisque

[1] Nous le verrons au chapitre IV, sur les oligopoles. On considère un marché dominé par deux firmes mais on suppose que celles-ci ne tiennent pas compte de leurs interdépendances stratégiques. Le cas le plus pur du raisonnement réducteur reste celui de la détermination d'un équilibre concurrentiel pour un marché et une firme donnés.

[2] En supposant qu'une telle organisation soit faisable.

l'on suppose que les agents connaissent les divers états de la nature qui sont susceptibles de se réaliser dans le futur :

« Les marchés complets nécessitent des agents économiques capables de faire tous les calculs prospectifs sur leur offre et sur leur demande pour toute leur vie en incluant toutes les contingences futures. Il est aussi absurde de supposer que les agents établissent des transactions pour tous les temps pour leurs générations futures (même pour leur arrière arrière arrière-...enfant) » (Hammond, 1998, p. 254).

Les variables constitutives du modèle sont choisies en vue d'élaborer une théorie élégante en termes de la demande du consommateur sous la contrainte budgétaire (en fonction des prix et du revenu) ou de la production des entreprises cherchant à maximiser leur profit. Ces conditions sont établies par les prix qui permettent d'égaliser les offres et les demandes. Chaque agent est supposé s'intéresser uniquement à son propre niveau de satisfaction et n'est pas affecté par et n'affecte pas les choix des autres agents. Les possibilités de production des firmes et leurs comportements sont considérés comme étant indépendants des activités des autres firmes. Certes, dans le modèle, les agents sont supposés conscients de la dépendance des décisions individuelles dans la mesure où les prix qui sont donnés à l'équilibre dépendent des choix de tous les intervenants. Mais sur le plan individuel, les agents ne cherchent pas à évaluer les effets des interactions sur leur décision. Les interactions, considérées sous cet angle naïf, définissent l'organisation de *transactions passives*.

Cette position théorique dépend de l'hypothèse d'atomicité des agents. On suppose que chaque agent a une dimension suffisamment petite par rapport à la taille du marché de façon à ne pas pouvoir affecter les prix du marché individuellement. Et ceci est en général assimilé à l'hypothèse d'un grand nombre d'intervenants sur le marché. Or, le facteur important qui fait qu'un marché peut être affecté ou pas par des décisions individuelles ne dépend pas, à notre avis, du nombre d'individus présents mais des caractéristiques des informations détenues par les agents comme nous l'avons montré au paragraphe précédent. Lorsque ces derniers n'ont pas une information suffisante sur leur position et sur celle des autres sur le marché (leurs possibilités d'action, leurs pouvoirs de marché respectifs, etc.), même peu nombreux, ils agiront comme des agents atomistiques du marché concurrentiel. A l'opposé, même lorsqu'il existe un nombre élevé d'agents sur le marché, si au moins certains d'entre eux sont conscients de leur position particulière, alors ces derniers pourront agir comme *leader* capable d'affecter les données du marché en prenant des décisions d'arbitrage en fonction des informations qu'ils détiennent ou qu'ils collectent à chaque instant. Dans ce cas, ils ne seront plus considérés comme des preneurs de prix mais comme des faiseurs de prix. Par conséquent, dans le modèle d'équilibre général, lorsque les agents économiques considèrent les prix comme donnés, ce n'est pas *a priori* parce que le nombre d'agents est élevé mais c'est parce que les règles et les institutions du marché, implicitement données, les y obligent. Ce point a été souligné par Walker (1999, p. 72) :

« les résultats concurrentiels ne dépendent pas du nombre d'échangistes qui se trouvent, soit dans l'économie de manière globale (équilibre général - F.Ü-), soit sur n'importe quel marché particulier (équilibre partiel -F.Ü-), mais de la structure du marché et des règles qui précisent comment le processus de fixation du prix est conduit ».

L'objectif du modèle d'équilibre se limite à montrer l'existence d'un système de prix rendant compatibles les plans des agents. Mais comme le lecteur s'en apercevra aisément, jusqu'ici, on n'a fait aucune hypothèse sur la façon dont les prix étaient formées. Dans la conception néoclassique, tous les agents sont preneurs de prix mais la fixation et les modifications des prix ne sont pas précisées. Dire qu'à un vecteur de prix, les offres et les demandes s'égalisent, ne nous dit rien sur la façon dont ce vecteur est effectivement obtenu. La réponse intuitive walrasienne consiste à proposer un processus de tâtonnement qui sous-entend une structure institutionnelle implicite permettant que seuls les échanges d'équilibre puissent s'effectuer. L'image la plus connue de cette infrastructure est le secrétaire du marché ou le crieur des prix, agent extérieur à l'économie, qui modifie les prix jusqu'à l'annulation des demandes excédentaires[1].

En dehors des tentatives des modèles de « non-tâtonnement » (voir par exemple, Arrow et Hahn, 1971 et Fisher,

---

[1] A côté du mécanisme de tâtonnement notionnel d'équilibre, considérons un mécanisme de tâtonnement effectif. Supposons qu'il n'y ait pas de crieur des prix. Une personne A annonce au marché qu'elle veut acquérir 500 unités d'un bien pour 1 euro l'unité. Une autre personne, B, annonce à son tour qu'elle est prête à offrir 100 unités de ce bien à 1 euro. A et B s'entendent sur 100 unités à 1 euro l'unité. Comme A reste insatisfaite quantitativement, elle révise sa demande et annonce au marché qu'elle veut acquérir 300 unités à 1,5 euro l'unité. Une autre personne, C, qui désire vendre 400 unités à 1,5 euro l'unité, accepte la transaction et fournit A. A la fin du marché, C reste avec 100 unités non vendues et qui ne trouvent pas d'acheteur. A chaque transaction, un prix effectif est appliqué. Le prix final du marché, 1,5 euro est un prix parmi d'autres pour le même bien.

1983), l'étude des trajectoires (les comportements effectifs des agents avant qu'un point d'équilibre ne soit atteint) qui mènent à l'équilibre n'a pas encore atteint le niveau de rigueur du modèle de base. Il existe des modèles particuliers, comme les modèles de négociation (*bargaining)* qui introduisent une (ou plusieurs) sorte(s) de monnaie et qui cherchent à étudier le déroulement des transactions sur le marché (Bolton, 1991). Nous avons aussi des modèles de négociation conçus dans le cadre de la théorie des jeux. Dans ces modèles (Rubinstein, 1982, 1985, Ritter, 1995), fondés sur les négociations déroulant entre deux individus qui n'ont pas des intérêts entièrement identiques et convergents, la question consiste à déterminer le contrat pertinent (acceptable) et optimal en supposant que les deux individus se comportent d'une façon rationnelle. Mais lorsqu'il existe des échanges effectifs avant l'équilibre[1], les données du problème devront être modifiées, ce qui changera aussi les coordonnées du point d'arrivée (l'équilibre ?) pour l'ensemble de l'économie. Si les comportements des agents pendant la période transitoire affectent les variables économiques, l'équilibre général ne pourra pas être *a priori* prévu avec exactitude ou il ne pourra pas être atteint (dans ce cas l'économie connaîtra une situation de déséquilibre). La théorie des jeux permet aujourd'hui de prendre en compte un certain nombre de questions de ce type. Toutefois, sa généralisation nécessite des hypothèses particulières qui ne seront pas étudiées ici[2].

Les hypothèses du modèle d'équilibre général ont des conséquences directes sur la façon dont les agents sont considérés, chacun étant assimilé à une fonction-objectif s'appliquant à des domaines particuliers (ensembles de production ou de consommation). Ainsi, la tâche du producteur est de combiner des inputs en choisissant la technique la plus appropriée, *compte tenu des prix des divers biens* observés sur les marchés. Le rôle de l'entrepreneur se réduit à celui d'un combineur d'inputs avec choix optimal, puisqu'il y a information parfaite grâce au système complet de marchés et au caractère impératif des contrats signés par les agents et information imparfaite sur les possibilités d'affecter les décisions des autres. Il n'y a pas de spécificité de cet agent considéré. L'analyse en termes d'équilibre partiel n'échappe pas à cette image particulière du producteur.

---

[1] Voir F. M. Fisher (1976, 1983).
[2] cf. Fudenberg et Tirole (1991) et Osborne et Rubinstein (1994).

EQUILIBRE PARTIEL ET PRODUCTEUR NEOCLASSIQUE

Dans l'équilibre partiel, l'analyse porte sur une partie (un marché, une industrie, une firme) spécifiée de l'économie et les interactions avec le reste de l'économie sont considérées soit absentes soit données. Les agents qui entrent en rapports d'échange sont ceux appartenant au secteur étudié.

Les modèles représentatifs du producteur (ou de la production) raisonnent en général en équilibre partiel et adoptent la représentation néoclassique de la firme. La firme est assimilée à un individu, le décideur, qui est capable d'avoir des objectifs clairs et d'étudier toutes les alternatives possibles. Ceci suppose qu'il détient des critères de choix qui lui permettent de déterminer d'une façon rationnelle des décisions infaillibles. Dans ce processus linéaire, le choix correspond *ipso facto* au résultat maximal dans un contexte d'information parfaite (particulière) avec une fonction stable de décision. Il s'agit du calcul économique standard d'optimisation. Le contexte d'excellence est celui de la concurrence pure et parfaite qui est une donnée imposée aux acteurs.

Equilibre partiel

La paternité de l'équilibre partiel est en général attribuée à Alfred Marshall qui, dans ses *Principes*, adopte une méthode d'analyse de détermination des prix en termes de périodes. Marshall traite la demande et l'offre différemment du modèle walrasien. Le raisonnement qui considère les biens « un à la fois » n'est pas celui de Walras qui se fonde sur l'idée que la demande de tout bien dépend forcément de la disponibilité et du prix de tous les autres. Le marché quotidien du blé du Livre V des *Principes* de Marshall fonctionne différemment du cadre d'interdépendance walrasien. Les prix, à chaque marché, varient et diffèrent du prix d'équilibre général. Mais la recherche d'un prix d'équilibre empêche l'auteur d'approfondir cette piste. Les marchands de blé proposent à chaque marché un nouveau prix (ils ne sont donc pas *a priori* des preneurs de prix) et se trouvent ainsi dans une position asymétrique par rapport aux consommateurs. Mais à long terme, si les conditions sont supposées conservées sur le marché, un équilibre est obtenu au point d'intersection des courbes d'offre et de demande.

Dans les modèles d'équilibre partiel, le raisonnement est effectué à partir des firmes représentatives de dimension moyenne sans influence sur les agrégats de l'économie. Pour une industrie donnée, il s'agit de voir les conditions d'établissement d'un équilibre. Comme cet équilibre ne porte que sur un compartiment de l'économie, il est qualifié de partiel. On remarque que cette façon d'approcher le problème d'équilibre est très commode car elle permet de supposer l'absence d'interdépendances entre les différents agents et les différents secteurs[1]. Pour justifier l'utilisation des modèles d'équilibre partiel, Salanié (1998, p. 135) avance deux raisons :

« D'une part, la prise en compte de la complexité des interactions stratégiques est un problème suffisamment difficile sans qu'on y introduise des considérations d'équilibre général. D'autre part, même si on se limite aux concepts stratégiques les plus simples (ce que nous appellerons concurrence à la Cournot et à la Bertrand), leur plongement dans un cadre d'équilibre général pose des problèmes délicats auxquels aucune solution satisfaisante n'a encore été trouvée ».

Le raisonnement, qui consiste à étudier les conditions de détermination d'un niveau de production et de profit optimal sur un marché isolé, ne permet pas d'obtenir par agrégation et d'une façon triviale l'équilibre pour tous les marchés. Il est commode pour effectuer des études sectorielles en économie industrielle mais paraît incohérent lorsqu'il s'agit d'intégrer l'équilibre général. A partir des marchés distincts, montrer par agrégation l'aboutissement à un équilibre rencontre la même difficulté que dans le cas où on doit montrer comment des individus séparés agissent de façon à obtenir un état général socialement optimal.

Les économistes ont réduit leur prétention d'établir des lois économiques générales et adoptent une approche en termes partiels qui consiste à se donner *a priori* des courbes d'offre et de demande ayant un certain nombre de propriétés et à raisonner en considérant des biens isolés. Toutefois, les hypothèses fondamentales sous-jacentes sur les comportements des agents ne sont pas différentes de celles de l'équilibre général. C'est principalement le niveau d'analyse qui est rendu plus réduit, les hypothèses concernant la technologie, les préférences et les structures suivent le même mode de raisonnement[2].

---

[1] Mais comme le souligne Abraham-Frois (1996, p. 106), cette hypothèse d'absence d'interdépendance « pratique » dépend des secteurs. Entre certains secteurs techniquement ou organisationnellement reliés entre eux, les effets des variations peuvent immédiatement affecter les autres.

[2] Les modèles de concurrence parfaite, mais aussi ceux de concurrence imparfaite, comme les modèles de duopole, sont des représentations en équilibre partiel. Mais le problème de détermination de la trajectoire d'équilibre reste posé.

Producteur, production et productivités

L'objet de l'analyse du producteur est de modéliser l'activité économique de production dans sa dimension physique et les décisions relatives à cette activité. Le problème auquel le producteur est confronté est de savoir comment produire, i. e., quelles techniques utiliser (le choix de la technologie) afin de maximiser le profit (la finalité).

a) Une précision sur les fonctions de production utilisées

La fonction de production étudiée dans cette section vise à présenter un outil communément utilisé dans les manuels. Toutefois, elle pose de sérieux problèmes. C'est pourquoi nous prions le lecteur de la considérer avec la plus haute précaution et de se référer, entre autres, à l'ouvrage de Joan Robinson, *Contributions à l'Economie Contemporaine* (1984), qui rappelle et analyse les débats fondamentaux qui ont eu lieu dans les années cinquante et soixante sur la théorie du capital et de la répartition :

« Le professeur Ferguson, dans *The Néoclassical Theory of Production and Distribution,* affirme que le fait de croire dans la théorie néo-classique est affaire de foi, « personnellement, j'ai la foi » déclare-t-il, de telle sorte que nous pouvons apprendre de lui ce que les néo-classiques pensent qu'est leur théorie » (p. 82).

Les hypothèses du modèle correspondent à une idée de répartition entre, notamment, le capital et le travail. Par conséquent, elles ont des conséquences importantes sur la définition et l'attribution des facteurs de production à des utilisations concurrentes. Si l'on suit Eatwell et Robinson, la théorie néoclassique de la répartition tire son origine d'une adaptation de la théorie de la rente de Ricardo. Les néoclassiques appliquent la notion de productivité marginale à chaque facteur considéré séparément. Or, chez Walras, il n'y a pas de productivité marginale du travail en général :

« Chaque groupe de facteurs d'un type spécial – par exemple, des hommes d'une certaine qualification, ou des machines ayant certaines caractéristiques – reçoit une rémunération par unité, fixée par la production marginale du groupe considéré. Ici, la production marginale d'un facteur équivaut au montant de la production qui serait perdue si une unité disparaissait, et si tous les autres facteurs étaient réorganisés de manière appropriée. Dans ce raisonnement, si une unité d'un facteur pouvait être obtenue contre une rémunération inférieure à la production marginale, on demanderait davantage de ce facteur, si la rémunération était supérieure à la production marginale, on en demanderait moins. Ainsi, les marchandises et les palabres du marché établissent un équilibre où chaque facteur obtient pour ses services une rémunération égale à la productivité marginale du groupe auquel il appartient » (Eatwell et Robinson, 1976, pp. 53-55).

Marshall applique différemment le concept de productivité marginale. Il décrit l'homme d'affaires, qui décide du nombre de travailleurs qu'il embauchera à un taux de salaire donné. Cela dépend du prix du produit qu'il vend, du coût des moyens de production qu'il projette d'utiliser, et du taux d'intérêt qu'il doit payer pour ses emprunts. Marshall donne la règle selon laquelle le salaire tend à s'ajuster sur le produit marginal net du travail. Le produit marginal net est la valeur de l'accroissement de production attendu de l'emploi d'un travailleur, diminuée des dépenses supplémentaires qui seraient engendrées par l'emploi de ce travailleur. Mais, précisent Robinson et Eatwell :

« Par évidence, cette doctrine est un cercle fermé. Elle pose que quand un homme d'affaires maximise ses profits dans une certaine situation du marché, il combine les facteurs de production d'une manière telle qu'il ne pourrait pas faire plus de profit en les combinant autrement.

A la même époque, Marshall travaillait beaucoup sur l'aspect moral de la vie économique et faisait beaucoup de belles déclarations sur ce thème. (...)

Aux Etats-Unis, John Bates Clark[1] (1847-1938) ne partageait aucune des hésitations et réserves de Marshall. Il proclama la « loi de la productivité finale » qui, en régime de libre concurrence, « tend à donner au travail ce que crée le travail, aux capitalistes ce que crée le capital, et aux entrepreneurs ce que crée la fonction de coordination » (1976, pp. 53-55).

La question des productivités marginales des facteurs a longtemps été un objet central dans les débats des économistes. Elle est directement liée à la définition de la rémunération des facteurs. Ce point est important puisque tout ce qui va suivre dans cette section présuppose une certaine modalité de détermination des prix des facteurs.

Terminons ce paragraphe par un autre passage de l'ouvrage de Eatwell et de Robinson (1976, p. 55) :

« La productivité marginale du capital rencontre certaines difficultés (laissons de côté la « fonction de coordination »). Le capital incorporé dans des « biens-capitaux » : ce sont les

[1] Ici, Eatwell et Robinson se réfèrent à l'ouvrage de Clark : *The Distribution of Wealth*, Londres, MacMillan, 1899.

moyens de production fabriqués, telles les machines. Désormais, l'équipement incorpore la technologie, qui rend le travail plus productif. Comment déterminer une productivité propre aux biens-capitaux ? En outre, l'intérêt n'est pas payé aux machines, mais aux possesseurs de richesse qui ont prêté de l'argent aux entrepreneurs. Quelle est la relation entre les prêts en monnaie et la supposée « fonction productive » des « biens-capitaux » ? L'analyse n'était pas du tout convaincante mais la métaphysique en était agréablement lénifiante ».

Dans les années soixante-dix, ces discussions sont « laissées » de côté et les modèles techniques de production néoclassiques se sont imposés comme des références théoriques pour l'analyse économique des firmes.

b) Production efficace et techniques de production

Le point de départ de l'analyse néoclassique du producteur est un ensemble de possibilités techniques physiques représenté par une fonction de production. L'objectif de la firme, qui est la maximisation du profit, conduit à des fonctions de demande d'inputs et d'offre d'outputs, étant donnée une technique de production.

Une autre façon est de commencer l'analyse directement à partir des données économiques observées sur les marchés (les niveaux de l'offre, de la demande, des coûts, des profits). Cette méthode de statique comparative que l'on retrouve dans l'approche marshallienne « court terme - long terme » d'équilibre temporaire, s'est développée dans le cadre des modèles duaux, « coût - production » ou « prix - production »[1] et dans le cadre des applications économétriques[2].

Toutefois, dans ce qui suit, il n'y aura pas de présentation particulière des hypothèses spécifiques des méthodes alternatives dans la mesure où sur la base d'un comportement de maximisation des profits, les caractéristiques de la production peuvent être présentées en général d'une façon équivalente par la fonction de production ou par les fonctions de coût (McKenzie, 1987).

La production, considérée comme un phénomène technique, est la transformation des inputs (travail, matières premières) en des outputs (biens de consommation intermédiaire ou finale). Il s'agit d'énumérer toutes les combinaisons possibles d'inputs et d'outputs dont dispose le producteur. La fonction de production

---

[1] Voir par exemple, Fuss et McFadden (1978).
[2] Voir Jorgenson (1986).

est la relation qui associe à une combinaison d'inputs donnée le niveau d'output correspondant à l'ensemble de production.

On définit l'ensemble des possibilités de production ou des technologies de production, T(e), comme l'ensemble des plans de production dont dispose un producteur « e »[1]. Celui-ci choisit dans cet ensemble, la technique efficace pour réaliser sa production. L'efficacité de la technique est définie comme suit.

Supposons que Q soit un output et X un input (en quantités physiques) :

Figure 1 :

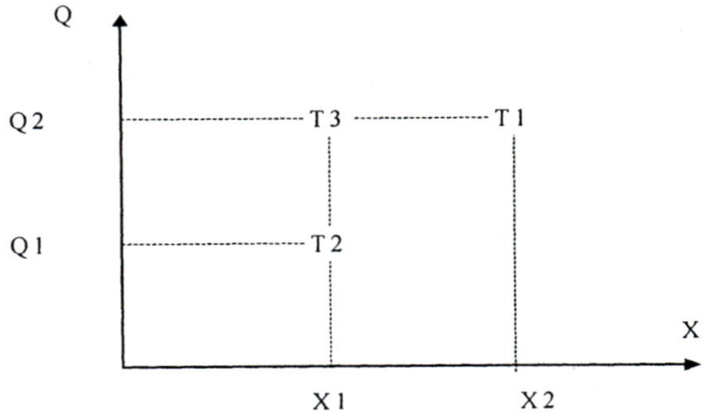

Sur cette figure, T1, T2, T3 représentent des plans (des techniques) de production différents. Le producteur ne mettra pas les activités T1 et T2 en œuvre si T3 appartient à son ensemble de production. Car T3 permet d'obtenir plus d'output que T2 avec la même quantité d'input et autant d'output que T1 avec une quantité moins importante d'input. Dans ce cas, seule la

---

[1] Afin de définir un modèle général de l'économie, il convient d'imposer des hypothèses sur les ensembles T(e). Ce type d'ensemble, fréquemment décrit, implique que des inputs peuvent être utilisés dans des proportions variant librement. Toutefois, il est possible d'incorporer des rigidités de court terme dans la définition de T(e). Alors que le processus de production exige une large variété de facteurs de production, on peut supposer qu'il y a un seul facteur de production variable, par exemple le travail. On suppose, en outre, que ce facteur de production variable peut être combiné en proportions différentes avec un facteur de production fixe afin de réaliser la production. On peut appeler ce facteur fixe la terre ou le capital. Pour ne pas alourdir l'exposé, on ne va pas entrer dans les détails de cette analyse.

technique T3 sera dite *efficace*. Donc un processus de production, T' est efficace si et seulement si il n'y a pas d'autre activité réalisable T'' distincte de T' telle que T''≥T'.

La fonction de production, f, est supposée concave : Si T' et T'' sont des processus de production possibles, alors toute activité formée par une moyenne pondérée de ces techniques, T''', est également possible :

Figure 2 :

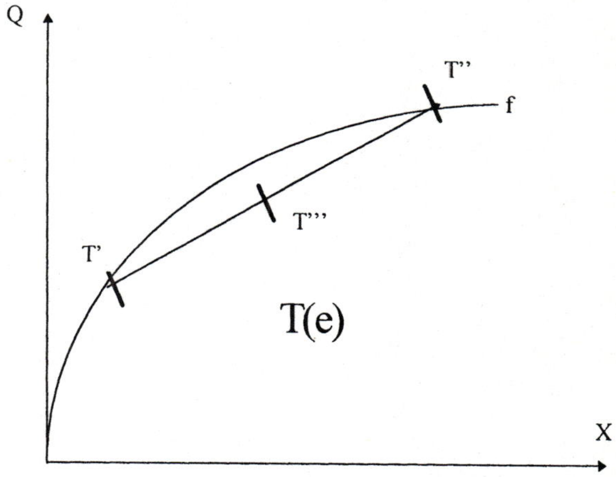

Si l'on prend deux techniques T' et T'' sur la frontière de production (la fonction f) délimitant le domaine des possibilités T(e), la technique T''' est possible car elle appartient à l'ensemble T(e). Les techniques efficaces se trouvent sur la frontière de production. Les techniques qui appartiennent à T(e) (comme T''') sont des techniques possibles mais non efficaces. Car elles correspondent à un gaspillage des ressources de production. Il y a donc libre disposition des excédents dans le secteur productif de l'économie, c'est-à-dire que si T' est réalisable tout T'''<T' l'est aussi.

Lorsque l'on augmente les inputs utilisés dans une proportion λ, l'augmentation correspondante de l'output peut se faire sous 3 formes dépendant des rendements d'échelle.

En effet, un ensemble de production T(e) est :

1) à *rendements d'échelle constants* si, pour tout nombre positif λ, lorsque la technique T' fait partie de T(e), alors λT' fait également partie de T(e). Lorsque l'on augmente la quantité

d'input utilisé dans une proportion λ, la production augmente dans cette même proportion : f(λX)= λQ ;

2) à *rendements d'échelle croissants* si, pour tout nombre λ (>1), lorsque la technique T' est possible, λT' l'est également. Lorsque l'on augmente la quantité d'input utilisé dans une proportion λ, la production augmente plus que cette proportion : f(λX) > λQ ;

3) à *rendements d'échelle décroissants* si, pour tout nombre 0<λ<1, lorsque T' appartient à T(e), λT' appartient aussi à T(e). Dans le cas des rendements décroissants, on observe que les quantités dérivées de plus petites tailles (0<λ<1) sont dans l'ensemble de production. Lorsque l'on augmente la quantité d'input utilisé dans une proportion λ, la production augmente moins que cette proportion : f(λX)< λQ.

Les techniques de production à rendements d'échelle constants ou décroissants conduisent à un ensemble de production concave. Il est généralement postulé que les rendements d'échelle sont croissants pour des niveaux faibles de production, puis décroissants pour des niveaux d'output plus élevés.

Il convient de préciser maintenant les hypothèses que l'on fait sur les rendements factoriels ou les productivités des facteurs utilisés dans la fonction de production. La productivité marginale ou le produit marginal d'un facteur de production, X1, est le supplément de production qui est dû à l'utilisation d'une unité supplémentaire de ce facteur dans le processus de production, l'utilisation des autres facteurs de production (Xi) restant inchangée. Si la quantité du facteur varie, sur deux périodes (t=1,2), de :

$$\Delta X1 = X1_2 - X1_1,$$

la variation de la quantité produite est de $\Delta Q = Q_2 - Q_1$, c'est-à-dire :

$$\Delta Q = Q(X1_2, Xi) - Q(X1_1, Xi).$$

Alors la productivité marginale de X1 est :

$$\Delta Q / \Delta X1 = (Q_2 - Q_1)/(X1_2 - X1_1).$$

En supposant que les facteurs sont parfaitement divisibles, on peut envisager des accroissements infiniment petits, dans ce cas, la productivité marginale de X1, Pm_{X1}, peut être définie comme la dérivée de la fonction de production par rapport au facteur X1 dont la quantité utilisée change[1] :

[1] Nombre de modèles parmi les plus avancés de l'économie ne peuvent être résolus à moins de supposer une fonction de production linéaire et homogène. Lorsque l'on décrit une fonction de production, les termes « linéaire » et « homogène de degré un » et « rendements d'échelle constants » sont des termes interchangeables. Ils procèdent tous d'un concept essentiel : si tous les

$$(1)\ Pm_{X1}=dQ/dX1.$$

Dans le modèle néoclassique de production, on retient l'hypothèse de décroissance des rendements factoriels. Cette hypothèse signifie que pour une technique de production donnée, toute augmentation de l'utilisation d'un facteur variable, pour une quantité donnée de facteurs fixes, se traduit par un accroissement de la production de plus en plus faible. Par conséquent, la productivité marginale du facteur variable est supposée positive mais décroissante.

c) Substitution entre facteurs

On peut représenter la proportion optimale des facteurs x_1 et x_2 à partir d'une isoquante[1] qui représente les différentes combinaisons de facteurs que l'on peut utiliser pour obtenir un

---

facteurs de production sont augmentés dans la même proportion, le produit aussi, est augmenté dans cette proportion.
Soit la fonction simple de Cobb-Douglas (C. W. Cobb et P. H. Douglas, 1928) :

$$q=f(x_1, x_2)= Ax_1^{\alpha} x_2^{1-\alpha}$$

où A et α sont des constantes positives avec $0<\alpha<1$ et x_1 et x_2 sont des inputs. Considérons un accroissement de x_1 et de x_2 dans la proportion λ. On obtient alors :

$$\begin{aligned} f(\lambda x_1 , \lambda x_2) &= A(\lambda x_1)^{\alpha} (\lambda x_2)^{1-\alpha} \\ &= A\ \lambda^{\alpha}\lambda^{1-\alpha}\ x_1^{\alpha} x_2^{1-\alpha} \\ &= A\lambda\ x_1^{\alpha} x_2^{1-\alpha} \\ &= \lambda(\ Ax_1^{\alpha} x_2^{1-\alpha}) \\ &= \lambda\ f(x_1 , x_2) \\ &= \lambda q \end{aligned}$$

Divisons les deux membres de l'équation Cobb-Douglas par x_1 pour obtenir le produit moyen de x_1 :

$$q/ x_1 = Ax_1^{\alpha-1}\ x_2^{1-\alpha} =A(x_2 / x_1)^{1-\alpha}$$

On voit ici que la productivité moyenne, PMx_1 ($=q/ x_1$), dépend du rapport entre les facteurs de production ou de la *proportion des facteurs*. De même, si on suppose que x_2 reste constant et x_1 passe à $x_1+\Delta x_1$, la différence de produit est :

$$\begin{aligned} \Delta q &= A(x_1 + \Delta x_1)^{\alpha} x_2^{1-\alpha} - A\ x_1^{\alpha} x_2^{1-\alpha} \\ &= A\ x_2^{1-\alpha}[(x_1 + \Delta x_1)^{\alpha} - x_1^{\alpha}] \end{aligned}$$

En développant le binôme $(x+\Delta x)^{\alpha}$, on obtient :

$$(x+\Delta x)^{\alpha}=x^{\alpha}+\alpha x^{\alpha-1}\Delta x+[(\alpha(\alpha-1)x^{\alpha-2}\Delta x^2)/2!]+\ldots\ldots..$$

Pour des petites valeurs de Δx_1, on peut ignorer les termes qui contiennent des puissances supérieures de Δx_1 (Δx^2, Δx^3, etc.).
Donc $(x_1 + \Delta x_1)^{\alpha}$ est approximativement égal à :

$$x_1^{\alpha}+ \alpha\ x_1^{\alpha-1}\ \Delta x_1.$$

Alors, on a :

$$\Delta q = A\ x_2^{1-\alpha}\ (x_1^{\alpha} +\alpha\ x_1^{\alpha-1}\ \Delta x_1 - x_1^{\alpha}) = \alpha A\ x_2^{1-\alpha}\ x_1^{\alpha-1}\ \Delta x_1$$

La productivité marginale (Pm) de x_1 peut donc s'écrire :

$$(1')\ \Delta q/\Delta x_1 = \alpha A(x_2/ x_1)^{1-\alpha} \quad (\text{lorsque } \Delta x_1\rightarrow 0).$$

[1] Ou un isoquant qui est une courbe d'isoproduit.

niveau donné du produit. Pour des déplacements le long d'une isoquante[1], le niveau du produit reste constant et le rapport des facteurs change de façon continue. Une droite issue de l'origine détermine un rapport des facteurs particulier et constant. Pour des déplacements le long de cette droite, le niveau du produit varie de façon continue et le rapport des facteurs reste constant :

Figure 3 :

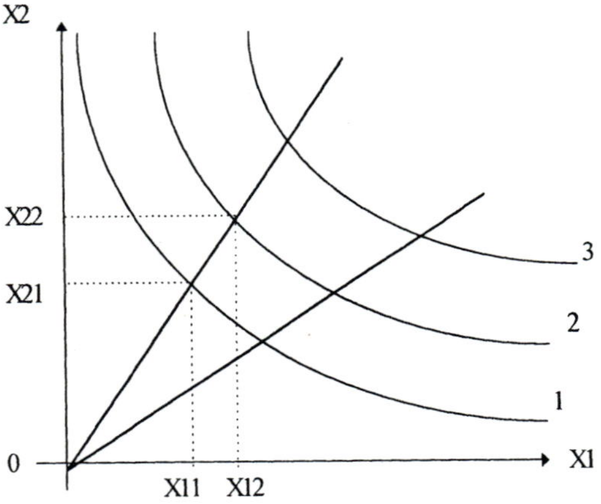

$$(0X_{21} / 0X_{11} = 0X_{22} / 0X_{12})$$

On définit alors le taux marginal de substitution (dit technique) (TMS) comme le rapport donnant les proportions dans lesquelles nous pouvons substituer l'input X_1 à l'input X_2 *tout en conservant l'output constant*. Ce taux est égal au rapport des productivités marginales des inputs. Ceci s'explique par le fait que pour conserver l'output constant, on supprime (et on augmente) les quantités des facteurs proportionnellement à leurs contributions relatives à la production (que sont les productivités marginales des facteurs).

Le TMS mesure donc la réduction dans l'utilisation d'un facteur de production, lorsque l'autre facteur est augmenté d'une

[1] On voit que l'isoquante a une forme convexe. Cette forme a la même signification que la forme de la fonction, f, de la Figure 2. Toutefois, ici les coordonnées du graphique ont changé.

unité, ce qui est juste nécessaire au maintien d'un même niveau du produit. Le TMS du facteur X_1 au facteur X_2, en un point d'une isoquante est égal à la valeur absolue de la pente de l'isoquante en ce point.

Considérons une isoquante avec deux inputs, X_1 et X_2 :

Figure 4 :

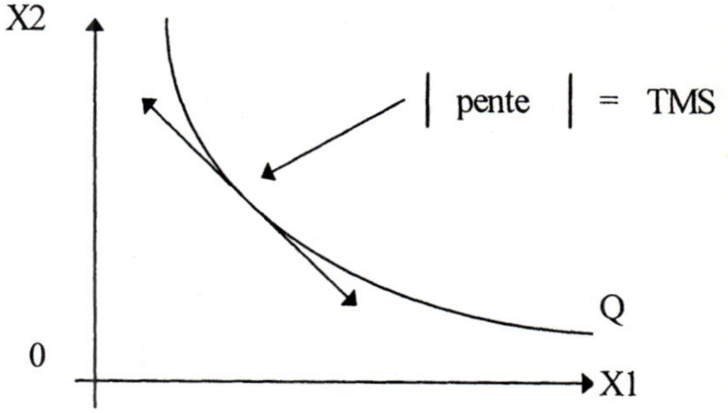

Si les facteurs de production X1 et X2 correspondent, respectivement, au facteur travail, L, et au facteur capital, K, avec les productivités marginales respectives, PmL et PmK, le supplément de produit qui résulte d'une utilisation additionnelle dL est égal à PmL.dL (idem pour le capital). Supposons que le producteur, qui dispose d'un budget donné (montant total de ses ressources), dépense 1 unité de plus pour acquérir du facteur travail. Compte tenu du prix de ce facteur (w), il sera en mesure d'acquérir 1/w unités de travail en plus. Comme la variation de la quantité de travail utilisée est dL = 1/w, le supplément de productivité est égal à :

$$(2)\ PmL.dL = PmL/w$$

où PmL/w représente l'augmentation de la productivité due à une dépense de 1 unité de plus pour obtenir du travail. Pour que cette dépense supplémentaire en travail soit possible, le producteur doit réduire du même montant sa dépense en utilisation de facteur capital, c'est-à-dire 1/r (où r est le prix unitaire du facteur capital) unités de capital en moins, ce qui donne dK = - 1/r. Cette diminution du capital conduit à une variation de la productivité égale à :

$$(2')\ PmK.dK = - PmK/r$$

Cette opération sera profitable au producteur si le supplément de productivité résultant de l'augmentation de l'utilisation de facteur travail dépasse la réduction de productivité engendrée par la diminution de l'utilisation de facteur capital, c'est-à-dire si on a :

$$(3)\ PmL/w > PmK/r$$

Si cette inégalité est vérifiée, le producteur a intérêt à augmenter l'utilisation du facteur travail et à réduire celle du facteur capital. Son choix n'est donc pas *encore* le meilleur possible. Le même raisonnement peut, bien entendu, s'appliquer dans le sens opposé. Le choix optimal du producteur est atteint lorsque aucune de ces deux inégalités n'est vérifiée, c'est-à-dire lorsqu'on a :

$$(3')\ PmL/w = PmK/r$$

$$\Leftrightarrow \quad r.PmL = w.PmK$$

$$\Leftrightarrow \quad (4) \quad w/r = PmL/PmK = TMS$$

Soit la fonction de production q=f(K,L). Considérons des variations infinitésimales dK et dL. Ceci conduit à une variation de la production, dq, définie par la différentielle totale de la fonction de production :

$$(5)\ dq = (\delta f/\delta K)dK + (\delta f/\delta L)dL$$

Si les variations dK et dL sont telles qu'elles ne modifient pas le volume de la production, on a

$$(6)\ dq = 0$$

Alors :

$$(7)\ -(dL/dK) = (\delta f/\delta K)/(\delta f/\delta L)$$

Cette égalité reste approximativement vraie pour des petites variations dK et dL qui maintiennent la production à un niveau inchangé. Elle représente le TMS du facteur travail au facteur capital. Si l'on envisage une réduction d'une unité de capital, l'on obtient l'augmentation de la quantité de facteur travail qui permet de maintenir la production constante. En posant dK= -1, on peut écrire :

$$(7')\ dL = (\delta f/\delta K)/(\delta f/\delta L),$$

qui est le rapport de la productivité marginale du capital à celle du travail.

Par définition, sur une isoquante, la production est fixée. Lorsque l'un des facteurs augmente, le TMS se modifie :

Figure 5 :

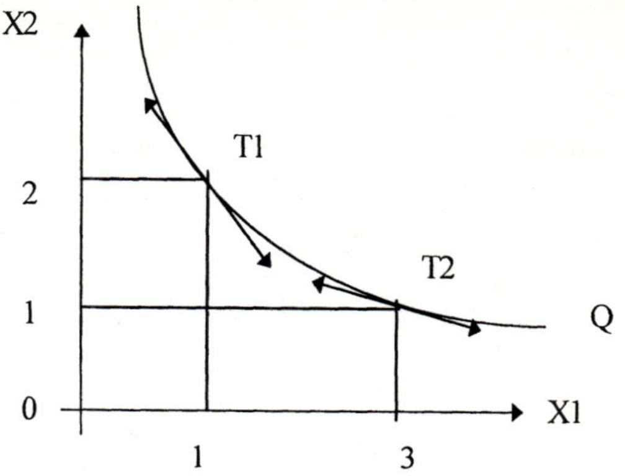

La technique T1 utilise davantage de bien X2 et moins de bien X1 que T2. Le TMS de X1 à X2 est donc plus faible en T2 qu'en T1.

Production optimale et équilibre de la firme

Suivant les hypothèses de marchés parfaitement concurrentiels, on suppose que les prix des biens et services sont déterminés de façon à équilibrer les offres et les demandes des biens. Les prix appliqués sont ceux de l'équilibre et les agents n'ont aucune influence perceptible sur leur détermination. Le producteur est dit alors *preneur de prix.*

a) La décision du producteur

Sous l'hypothèse de prix donnés, la décision optimale du producteur est donnée par les conditions habituelles suivantes : Le prix du facteur x_i (Px_i) est égal à la productivité marginale du facteur x_i (Pmx_i) (i=1, 2). Donc :

$$(4') \quad Pm\,x_1/Pm\,x_2 = Px_1/Px_2 = TMS$$

Ceci correspond au fait que pour une technique donnée (la fonction de production Q=f(K, L)), les productivités marginales des facteurs de production sont obtenues à partir des dérivées partielles de la fonction f. Les productivités marginales sont positives (avec f'(K) et f'(L) > 0) mais décroissantes (avec f''(K) et f''(L) < 0). L'optimum de production est obtenu au point de tangence des courbes de coût (isocoût) et de production (isoquante) :

Figure 6 :

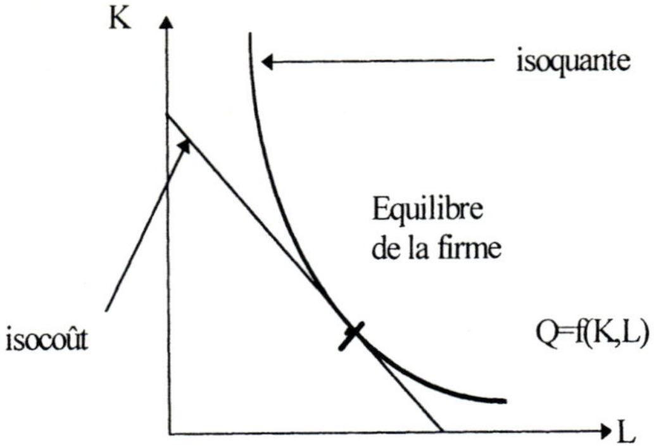

Ici, nous ne faisons pas de distinction entre le court terme, Ct, et le long terme, Lt. Cependant, on peut conceptualiser le fait selon lequel dans le Ct, certaines dispositions sont prises et elles ne peuvent être modifiées. On parlera alors des coûts fixes non modifiables à court terme.

Supposons que X1 et X2 soient deux niveaux d'inputs fixés. La fonction de coût s'écrit : CV(Q, X1, X2)+CF (CF le coût fixe et CV le coût variable). Si la production est nulle (Q=0), CV est nul (mais non CF). On obtient alors :

Figure 7 :

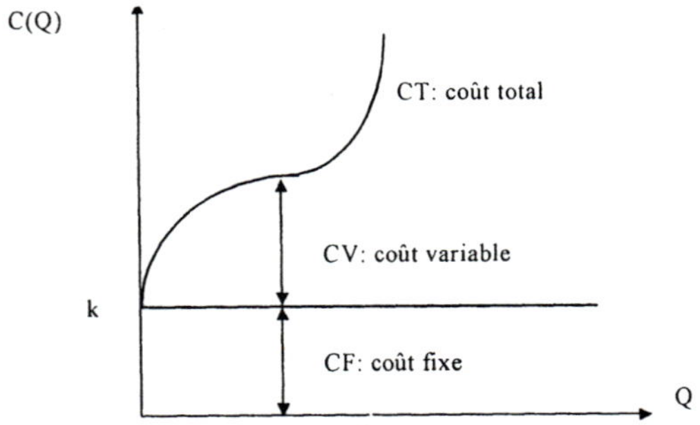

Ainsi, la courbe d'offre de la firme e s'écrit de la manière suivante. Oe=Q, Q étant défini par l'égalisation du prix au Cm, d'abord décroissant et ensuite croissant. Le profit sera positif ou nul si le prix est supérieur ou égal au (minimum du) coût moyen:

Figure 8 :

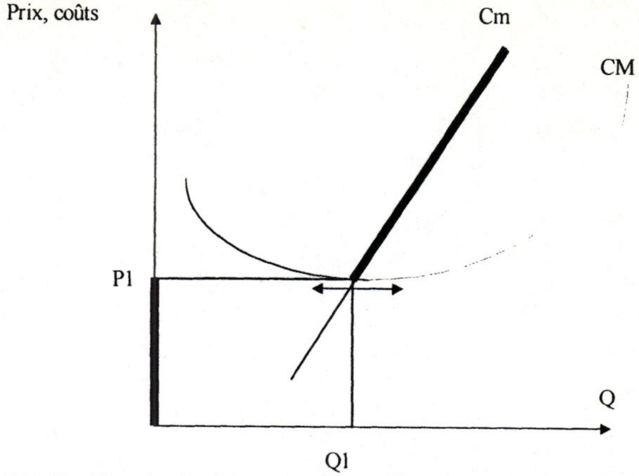

La courbe d'offre de la firme est donnée par les portions en gras.

A l'équilibre, le producteur produit selon Pmx_1 et Pmx_2 correspondant aux prix d'équilibre des facteurs. On remarque que dans ce processus de décision, le producteur reste totalement passif et soumis aux conditions techniques données et aux conditions d'équilibre d'un marché *dont la structure est prédéterminée*. Cette structure est la concurrence pure et parfaite dont la spécification permet d'obtenir un équilibre sur le marché considéré.

b) Équilibre concurrentiel de la firme

L'équilibre du producteur est obtenu à partir de son programme d'optimisation qui consiste à maximiser son profit. La maximisation du profit correspond en même temps à une efficacité économique puisqu'elle permet de produire une quantité maximale à un prix minimal. Ceci est confondu avec la minimisation des coûts de production qui est donnée par le niveau de production socialement optimale (au minimum du coût moyen).

La formalisation de ces conditions est triviale et est établie comme suit. Le profit, π, de la firme est donné par l'écart entre ses recettes totales et ses coûts totaux :

$$(8)\ \pi = RT - CT$$

Le programme de décision du producteur consiste à maximiser son profit sous la contrainte de coût :

$$(9)\ \text{Max}\ \pi \quad [\,RT - CT\,]$$
$$\Rightarrow \quad \delta\pi / \delta q = 0$$

(condition nécessaire de l'existence d'un extremum. Pour que cet extremum soit un maximum, il faut que $\delta^2\pi/\delta q^2<0$, ce qui est supposé vérifié dans notre cas). On a donc :

$$= (\delta RT/\delta q) - (\delta CT/\delta q)$$

Puisque $\delta RT/\delta q$ est la recette marginale, Rm, et $\delta CT/\delta q$ est le coût marginal, Cm, on a :

$$= Rm - Cm$$

$$\Rightarrow (10)\ Rm = Cm$$

Comme RT = p.q, alors Rm = p, ce qui signifie que

$$(10')\ Rm = p\ (=Cm)$$

A l'équilibre, étant données les conditions de concurrence pure et parfaite, l'égalité du prix et du minimum du coût moyen est assurée. Montrons alors l'établissement de cet équilibre à travers le mécanisme des prix.

Supposons chaque entreprise identique dans le secteur. Soit la demande représentée par la courbe D. Au départ, donnons-nous une offre totale du secteur égale à O1. A l'équilibre du marché, O1=D et le prix du marché est p_1 :

Figure 9 :

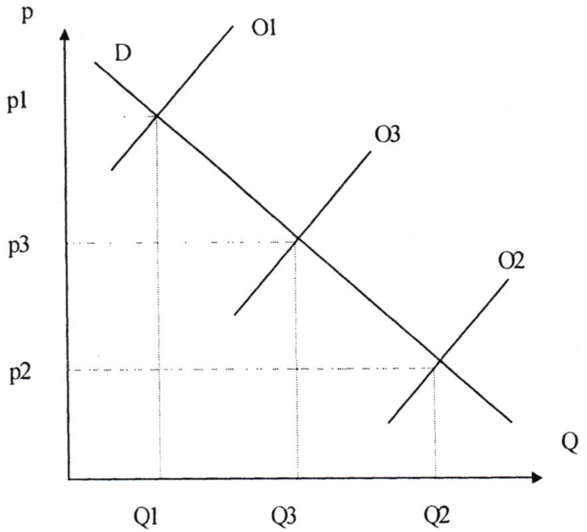

Prenons une entreprise représentative. A ce prix, elle produit q1 et obtient un profit pur par unité vendue égal à la différence entre le prix du marché et son coût moyen. On remarque que $p_1=Cm_1$ et supérieur au « Minimum CM_1 » (Figure 10). Cette situation, sous les hypothèses de parfaite mobilité et de libre entrée, attirera immédiatement les entreprises d'autres secteurs qui ne réalisent pas ce niveau de profit pur. Ceci aura comme effet une augmentation de l'offre du secteur de O1 à O2. Dans ce cas, l'offre devenant supérieure à la demande totale du marché au prix p_1, le prix baisse à p_2 où $p_2=Cm_2$ et inférieur au minimum du CM_2.

Ceci équivaut à un profit négatif (une perte sèche). Les entreprises sortiront alors de cette branche d'activité pour aller dans des branches rentables. Ce mouvement *notionnel* d'entrée et de sortie (purement et parfaitement libres) continuera jusqu'à ce qu'il n'y ait plus de profit pur dans le secteur. La quantité totale O3 est alors égale à la demande du marché au prix d'équilibre.

Cette condition n'est remplie qu'au minimum de la courbe de coût moyen avec :

$$p_3=Cm_3$$

(égal au « Minimum CM_3 ») :

Figure 10 :

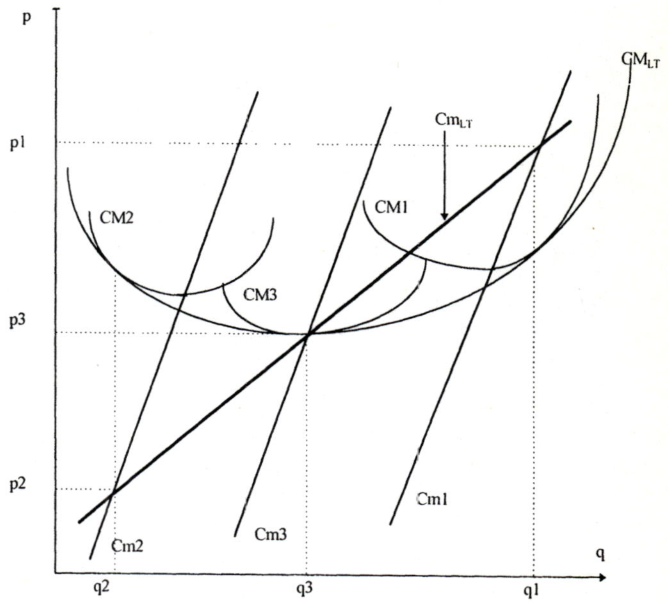

Considérons maintenant la courbe de coût moyen de long terme CM_{LT}, supposée représenter le résultat des mouvements *notionnels* de court terme. Celle-ci est une courbe enveloppe qui passe par les minima des courbes de coût moyen de chaque situation particulière d'activité. Considérons aussi la courbe de coût marginal lui correspondant qui doit, pour chaque période, couper la courbe de coût marginal de la période considérée (période t) au point où $Cm_t = p_t$. On observe aisément que l'équilibre dit de long terme correspond au point où la production atteint son niveau optimal, c'est-à-dire au point où

$$(10'')\ p_3 = Cm_3 = \text{Min } CM_3 = Cm_{LT} = \text{Min } CM_{LT}$$

Les entreprises s'adaptent aux nouveaux prix du marché. Lorsque, par exemple, le prix du marché baisse, les entreprises doivent adapter leur dimension à la baisse. Mais sur la Figure 9, on voit que (pour O2 et p2) même les entreprises qui réalisent cette adaptation à la nouvelle dimension font des pertes.

On remarquera qu'ici, il ne s'agit pas de décrire une trajectoire effective d'évolution des prix et des quantités. Ce schéma correspond à un raisonnement en statique comparative. Les producteurs comparent les différents niveaux de production et de prix et ne peuvent (ne doivent) se situer qu'au niveau du couple (p3, q3) sous les hypothèses concurrentielles.

Ainsi, sur un marché concurrentiel, l'entreprise est supposée ne pas être en mesure de réaliser des profits purs. Les variations *notionnelles* des offres et des demandes (en termes de propositions et non d'échanges effectifs), à travers les modifications des prix, l'empêchent de déterminer les quantités qu'elle offre de façon à se constituer des profits purs. Par définition, elle ne peut pas non plus réaliser des pertes. Le seul niveau qui correspond à une production optimale est donné par le couple (p3 , q3) où la production est techniquement efficace (minimisation des coûts) et optimale (une quantité élevée pour un prix bas).

CHAPITRE II : ASYMETRIE DE L'INFORMATION ET RELATIONS DE PROPRIETE ET DE DECISION

Les théoriciens de l'économie évacuent traditionnellement les discussions sur l'information dans les notes de bas de page. La prise en compte des coûts de communication, de la connaissance imparfaite et des cas semblables, pense-t-on, compliquerait inutilement les modèles. Cet article, qui analyse les marchés concurrentiels sur lesquels les caractéristiques des biens échangés ne sont pas entièrement connues par, au moins, l'une des parties qui entrent en transaction, suggère que ce mythe réconfortant est faux. Certaines des plus importantes conclusions de la théorie économique ne sont pas robustes pour considérer l'information imparfaite. (...)

Nous pensons que la plupart des institutions spécifiques de ces marchés (...) émergent en réponse aux difficultés qu'ils ont -ou que tout marché concurrentiel a- pour traiter des problèmes d'information.

M. Rotschild et J. Stiglitz

Equilibrium in Competitive Insurance Markets: An Essay on the Economics of Imperfect Information

---

<u>Notions-clé :</u>

incertitude - risque - asymétrie d'information - relations d'agence - aléa moral – incitation – anti-sélection - signalisation - équilibre séparateur - équilibre mélangeant- effet Nelson - effet Schmalensee - réputation - droits de propriété - relations de propriété et de décision

Références :

- AKERLOF, G. A., The market for 'lemons' : quality, uncertainty and the market mechanism, *Quarterly Journal of Economics*, 84, 1970, pp. 488-500.

- ALCHIAN, A. A., DEMSETZ, H., Production, information costs, and economic organization, *American Economic Review*, 62, 1972, pp. 777-795.

* ARROW, K. J., *Théorie de l'information et des organisations,* Traduction française des textes de K. J. Arrow, Dunod, 2000.

- BERLE, A. A., MEANS, G. C., *The modern corporation and private property*, New York, MacMillan,1932.

* CAHUC, P., *La nouvelle microéconomie*, Repères, La Découverte, 1993.

* CORIAT, B., WEINSTEIN, O., *Les Nouvelles théories de l'entreprise*, Le Livre de Poche, 1995.

- JENSEN, M. C., MECKLING, W. H., The theory of the firm : managerial behavior, agency cost, and ownership structure, *Journal of Financial Economics*, 3(4), 1976, pp. 305-360.

- KNIGHT, F., *Risk, uncertainty, and profit,* Harper Torchbooks, 1921.

* KOENIG, G. (éd), *De Nouvelles Théories pour Gérer L'Entreprise du XXIe Siècle*, Economica, 1999.

* KREPS, D. M., *Leçons de théorie microéconomique*, PUF, 1996.

- LAFFONT, J.-J., *Economie de l'incertain et de l'information*, Economica, 1991.

* MILGROM, P., ROBERTS, J., *Economie, organisation et management,* PUG-De Boeck, 1997.

- ROTSCHILD, M., STIGLITZ, J., Equilibrium in Competitive Insurance Markets : An Essay on the Economics of Imperfect Information, in O. E. Williamson (ed), 1996, pp.141-161.

* TIROLE, J., *Théorie de l'organisation industrielle*, Economica, Vol. 1, 1993.

- WILLIAMSON, O. E. (ed), *Industrial Organization*, Edward Elgar, 1996.

Le début du vingtième siècle a été la scène de débats profonds sur la question de la détermination des quantités et des prix sans gaspillage de ressources et en vue d'obtenir l'optimum économique général. Au fond de ce problème d'allocation optimale des ressources se trouvait une variable clé : l'information. Comment une économie donnée doit-elle être organisée et dirigée de façon à rendre disponible toute l'information requise pour permettre des calculs économiques rationnels ? A cette question, différentes réponses ont été apportées autour d'une comparaison entre une économie décentralisée (de marché) et une économie planifiée, comparaison qui déboucha sur une controverse en ce qui concerne la viabilité d'une économie socialiste. A partir des travaux de Barone (1908) et de Pareto (1909) sur l'économie du bien-être, de nombreuses recherches (Hayek 1939, Lange 1938, Taylor 1938, Von Mises 1939) ont souligné explicitement ou implicitement le rôle central de l'information (ou des hypothèses que l'on fait sur) dans le fonctionnement de l'économie[1]. Par la suite, ces débats ont cédé la place à une formalisation d'une économie décentralisée en terme d'équilibre général dans laquelle l'information était considérée comme une variable particulière sur laquelle un certain nombre d'hypothèses *ad hoc* ont été formulées.

Les modèles d'équilibre, qui considèrent la firme selon la logique de maximisation et qui supposent les techniques et la structure de marché données, sont tributaires de l'hypothèse d'une certaine forme d'information parfaite résumée par les prix. Dans ce cadre, toute discussion pertinente sur les composantes et sur l'environnement de la firme paraît exclue. La prise en compte d'un contexte d'information imparfaite et/ou incomplète[2] permet de relâcher cette restriction. Apparaît alors une microéconomie « nouvelle » (Cahuc, 1993, Kreps, 1996) autour des contrats et des incitations qui utilise les éléments de la théorie des jeux. Cette nouvelle approche qu'O. Favereau appelle la théorie standard étendue (1998, p. 157), traite des relations de mandat dans lesquelles la relation d'échange entre

[1] Le lecteur intéressé peut consulter l'article de G. Bensimon (1994).

[2] Pour définir l'information imparfaite et l'information incomplète, nous utiliserons la terminologie employée dans la théorie des jeux (voir Guerrien, 1995a). Un agent économique a une information imparfaite lorsqu'il ne connaît pas ce que les autres agents ont fait auparavant. L'information est qualifiée d'incomplète lorsque l'agent ne connaît pas les caractéristiques précises de ses concurrents (leurs préférences, par exemple). Par opposition, lorsqu'il y a information complète, chaque agent connaît toutes les données du problème (possibilités de choix, issues, gains, motifs) pour lui et pour les autres. Dans les modèles de jeux, la difficulté de traiter des cas avec information incomplète peut être évitée en transformant le problème en un problème d'information imparfaite. Ceci revient à introduire un élément supplémentaire, appelé « la nature », qui détermine les caractéristiques manquantes dans l'ensemble informationnel des agents mal informés. Il s'agit de la transformation d'Harsanyi (1967, 1968, 1995) qui permet d'envisager une solution bayésienne en termes de probabilités conditionnelles. Sur ce point, le lecteur intéressé peut consulter les ouvrages de Demange et Ponssard (1994), de Fudenberg et Tirole (1991) et de Kreps (1999), entre autres.

deux agents prend la forme d'un échange d'informations et de prestations. Ces relations de mandat sont aussi qualifiées de relations de délégation ou d'agence. Une relation d'agence est définie comme un contrat par lequel une ou plusieurs personnes (appelées le principal) engagent une ou plusieurs autres personnes (appelées l'agent) pour exécuter une tâche prédéterminée. Dans cette relation, qui est une relation hiérarchique, l'information est asymétrique. Toutefois, les différents résultats possibles (regroupés dans une matrice des possibles) constituent une donnée disponible pour les contractants. Par conséquent, l'incertitude, c'est-à-dire les surprises potentielles ou les imprévus sont exclus de la construction ou sont considérés exogènes. Le niveau de décision est réduit à des relations bilatérales entre le principal (mandant) et l'agent (mandataire). Mais le concept de relation d'agence peut être utilisé dans un sens plus général puisqu'il correspond à toutes les relations entre, au moins, deux individus telles que la situation de l'un dépende d'une action ou d'une décision de l'autre (Coriat et Weinstein, 1995, p. 93).

Dans ce chapitre, nous étudierons les relations bilatérales lorsque l'information est asymétrique.

La première section considère les marchés sur lesquels apparaissent des défaillances dans le déroulement des rapports économiques entre agents. La présentation de ces défaillances vise à montrer que dans les conditions imparfaites, les résultats obtenus sont médiocres par rapport au modèle usuel avec information parfaite et donc par rapport à l'image économique de la société que ce modèle véhicule. Après avoir défini les notions d'incertitude et de risque, nous prendrons en compte les problèmes d'établissement des contrats complets entre agents lorsque les intérêts des parties divergent et lorsque l'information est imparfaite ou incomplète.

L'étude de l'asymétrie de l'information, qui établit aussi une asymétrie entre les agents, peut être effectuée sous deux formes. Elle peut être présentée sous une forme générale, au niveau des rapports entre individus, en considérant les relations de délégation et les mécanismes d'incitation. Nous étudierons alors les problèmes d'aléa moral et d'anti-sélection. Cette étude peut être effectuée aussi au niveau des relations entre agents économiques et biens. Nous tenterons de définir les conditions sous lesquelles les agents économiques sont susceptibles d'accepter l'échange de biens alors qu'ils ne détiennent pas toute l'information sur la qualité des biens qu'ils désirent acquérir. Selon le caractère répétitif ou non des achats, le problème n'a pas les mêmes spécifications. La détermination d'une solution à travers la distinction entre biens de qualité et biens médiocres dépend des conditions strictes. Ces conditions sont déterminées par la corrélation entre l'établissement d'une réputation pour le producteur (qui lui permet une continuité de la demande) et son choix pour produire un bien de qualité.

Dans la deuxième section, nous préciserons que le problème apparaît avec acuité dans les relations à l'intérieur des firmes. Ce problème peut être évalué à partir des coûts supplémentaires qu'il engendre. La question qui se pose alors est de savoir quel type de structure contractuelle peut réduire ces coûts. La théorie des droits de propriété, par un retour à l'univers néoclassique d'échanges entre biens et non entre individus particuliers, prétend donner une réponse à cette question. La divergence des préférences dans les rapports entre la propriété et la gestion et la possibilité pour certains agents de disposer d'informations non disponibles pour les autres, sont à la base de la discussion. La séparation de la propriété et du pouvoir de décision/gestion, qui correspond à la structure organisationnelle de la firme moderne, est un domaine privilégié d'étude sur ce sujet. Les conflits d'intérêt entre les propriétaires-actionnaires et les dirigeants ou les relations de délégation qui s'établissent entre les dirigeants et les employés sont des cas de figure particuliers du problème général d'agence.

ASYMETRIE DE L'INFORMATION

Les décisions des agents économiques dépendent des informations qu'ils détiennent à un moment donné. Dans une économie décentralisée, les choix sont effectués dans un contexte général d'incertitude. L'absence d'une organisation centrale, qui collecterait toutes les informations sur les différents états du monde et sur les différents comportements possibles des agents, caractérise ce contexte[1].

La définition des notions d'incertitude et de risque est nécessaire pour comprendre le contexte. L'imperfection ou l'incomplétude de l'information disponible pour les agents fait apparaître des contingences qui affectent la nature des contrats. Ces contingences engendrent les phénomènes d'aléa moral et d'anti-sélection dans les relations économiques (relations d'agence). Les problèmes que la firme rencontre dans ses relations avec ses collaborateurs engagés ou ses futurs employés à

[1] Pour une analyse formelle de cette question, le lecteur intéressé peut consulter Laffont (1991).

recruter s'insèrent dans ce cadre. Toutefois, il convient d'étudier aussi le rapport des individus aux biens demandés et offerts sur le marché et le comportement de la firme en tant que producteur d'un bien de bonne qualité ou de mauvaise qualité.

Incertitude, risque et marchés particuliers

Afin de préciser les notions d'incertitude et de risque, nous utiliserons les définitions proposées par F. Knight (1921). Lorsque Knight parle de l'incertitude, il fait allusion à la qualité de jugement propre de l'individu. L'incertitude concerne les situations non probabilisables *a priori*[1]. L'individu ne peut pas connaître toutes les informations requises concernant le futur qui sera constitué d'une infinité de cas possibles et qui n'est pas un ensemble informationnel donné tandis que le risque correspond aux cas probabilisables[2].

De même, Shackle (1979) introduit l'idée selon laquelle la liste des éventuels états du monde, donnée dans la théorie d'utilité anticipée, peut être incomplète et peut varier à chaque instant lorsque les agents rencontrent de nouveaux états. Cette idée, en parallèle avec le distinction de Knight entre le risque et l'incertitude, contredit l'hypothèse d'anticipations rationnelles, selon laquelle les agents économiques seraient en mesure de connaître le vrai modèle de l'économie[3]. Elle introduit dans la prospection un biais à tendance qui peut être chaotique. Kahneman et Tversky soulignent (1979) cette difficulté en étudiant les comportements des agents au travers des questionnaires qui leur sont proposés. Les auteurs montrent que lorsque le temps est pris en compte, la transitivité des préférences (qui fait partie des axiomes du comportement rationnel) n'est plus respectée. Leur étude note que le retournement des préférences survient lorsque les interrogés surévaluent les gains certains. Cet *effet de réflexion* est dû au fait que les personnes qui avaient de l'aversion pour le risque (*risk-adverse*) face aux opportunités

---

[1] Le fait de pouvoir prévoir certaines éventualités sur ce que sera votre avenir dans deux ou cinq ans ne vous permet pas d'établir un programme de prévision infaillible en raison des événements qui peuvent se produire à cause des aléas ou des comportements des autres que vous n'avez pas pris en compte.

[2] Choisir entre pile ou face est un risque puisque la probabilité que chacun des deux événements se produise est calculable (elle est égale à ½ pour une pièce « bien » fabriquée). Toutefois, lorsque le risque devient très important, c'est-à-dire lorsque le nombre d'événements probables est important, la probabilité qu'un des événements de l'ensemble soit réalisé est très faible et le risque tend vers l'incertitude.

[3] c'est-à-dire les relations fondamentales qui existent entre les différentes variables économiques.

de gains, tendent à devenir *risk-lovers* face aux probabilités de perte. De ce point de vue, les préférences dépendent de la façon dont le problème est présenté (ou perçu par les individus) et non d'une règle d'utilité anticipée définie une fois pour toutes.

L'agent économique utilise toute l'information dont il peut disposer et traiter à un moment donné. Il cherche à réduire son programme de calcul ou de prévision à un programme de probabilités en prenant en compte un certain nombre de risques qu'il entrevoit. Le fait que ce programme reste inférieur à l'ensemble informationnel du monde qui l'entoure implique qu'il n'est pas *a priori* donné que le programme sera effectivement réalisé à la fin du processus. Il faut remarquer que ce fait n'est pas dû à l'incapacité de l'individu à établir des calculs scientifiques ou raisonnables. Il est dû au caractère décentralisée de la société et à l'existence d'espaces privés des individus séparés. Ces espaces privés sont opaques et permettent aux agents de prendre des décisions indépendamment les uns des autres. A l'opposé, dans une société centralisée, toutes les décisions étant d'emblée coordonnées (imposées, par exemple, par un centre de décision), l'incertitude est minimisée et toute déviation n'est que le résultat d'événements exogènes au système. Cette logique nous permet d'entrevoir la rationalité des organisations internes qui, à travers la centralisation d'un certain nombre de décisions, cherchent à « réduire » l'incertitude.

Les firmes produisent pour le marché. Deux éléments d'incertitude sont présents dans ce processus. Un premier élément concerne la question de rencontrer effectivement la demande privée sur le marché, alors que la production est réalisée. Sur ce point, l'indépendance quasi-totale des comportements des agents vis-à-vis du producteur rend les choses assez compliquées. Au travers des pratiques comme la publicité, la firme essaie d'influencer le marché. Les études de marché concernant une nouvelle activité ou un nouveau produit sont destinées à mieux connaître le marché. Ce point sera développé dans les chapitres V et VI. Le deuxième élément d'incertitude consiste à estimer la fin des opérations productives (peut-on produire effectivement, dans les termes prévus, la quantité désirée, i. e., satisfaire la demande anticipée ?). Ce point est relatif à l'organisation interne de l'entreprise.

Les décisions des firmes font l'objet d'un programme d'optimisation avec une aversion pour le risque. Mais est-ce que l'on peut affirmer pour autant que les différents états du monde futur sont totalement définis ? La réponse à cette interrogation nécessite de rappeler la distinction proposée par Knight entre le cas de figure général ou généralisable et le cas de figure singulier. Le cas généralisable est celui pour lequel le calcul de risque en termes probabilistes est possible et le cas singulier correspond à l'incertitude authentique. Le cas singulier n'entre pas dans les schémas de connaissances établies et déjà expérimentées. Avec le regroupement des cas généraux, la firme cherche à augmenter son pouvoir de prédiction. Avec la délimitation du champ d'action, elle cherche à réaliser un minimum de spécialisation dans l'activité d'un groupe d'agents spécifiques qu'elle rassemble. Il s'agit de mieux cerner, de mieux utiliser l'information et de dominer autant que possible le déroulement des actions et des réactions. La firme doit porter un jugement sur les actions de ses composantes et sur les effets de ces actions sur les résultats anticipés de son activité économique. La recherche de régularités et de stabilité passe par une coordination interne conventionnelle[1].

La prise en compte de l'asymétrie de l'information, i.e., du fait que des agents économiques différents ne partagent pas le même ensemble informationnel, vise à souligner les effets de l'incertitude dans l'analyse de l'allocation des ressources. En raison de l'imperfection de l'information, des contrats spécifiques sont utilisés dans les relations économiques. A ce niveau de raisonnement, il est commode de considérer la firme comme un agent particulier (le principal) qui doit passer des contrats avec un autre agent économique (l'agent) dans le cadre d'une relation de délégation ou d'agence. Deux agents économiques peuvent en principe établir un contrat spécifique (contingent) conditionnellement à des événements qui sont observables par tous les deux. Lorsque le contrat doit être contraignant, par exemple, sanctionné par la loi, il doit être observable par une partie extérieure au contrat, un juge par exemple (le contrat doit être *vérifiable*). Dans la théorie de l'équilibre général, tous les contrats contingents sont vérifiables (D'Aspremont et al., 1990). Ils dépendent d'événements qui sont exogènes aux agents eux-mêmes et publiquement observables. D'autres contrats qui ne sont pas purement exogènes aux parties en cause, sont également vérifiables. On peut par exemple considérer la relation salariale avec l'assurance pour un travailleur d'un revenu stable dans une conjoncture fluctuante. Dans la théorie des contrats implicites (Azariadis, 1975), le travailleur et son employeur ont tous deux intérêt à fixer par contrat le

[1] Comme on le verra au chapitre IV, l'une des conventions que l'on rencontre dans l'économie est la prudence dans les comportements des firmes vis-à-vis de leurs concurrents (éviter une guerre des prix, ne pas s'impliquer dans une concurrence ouverte acharnée, passer des accords -collusion, cartel-, etc.) dans un cadre de concurrence oligopolistique.

salaire dans le temps indépendamment des fluctuations de la demande. Le salarié touche plus que sa productivité quand la conjoncture est mauvaise (c'est l'assurance implicite) mais moins lorsque la conjoncture est bonne (c'est la prime implicite). Le prix (le salaire) n'est pas déterminé par la confrontation des offres et des demandes sur des marchés anonymes mais au travers de négociations particulières sur un marché individuel.

Il existe aussi des événements dont les caractéristiques peuvent engendrer trois types de défaillance. Un premier type de défaillance, qui fera l'objet du chapitre suivant, est essentiellement lié aux *coûts de transactions*. Le deuxième type est l'*aléa moral* et vient de ce que les actions de certains signataires d'un contrat ne sont pas vérifiables, ni même parfois observables par toutes les parties en cause. Le troisième type, l'*antisélection*, tient à ce que le contrat peut dépendre d'informations privées détenues par certains signataires qui peuvent avoir intérêt à les dissimuler ou à simuler une information différente. La terminologie utilisée pour désigner ces deux derniers types de défaillance, qui seront étudiés dans ce chapitre, est héritée de la théorie des assurances.

Dans tous les cas, qu'il s'agisse de contingences exogènes (venant de l'extérieur aux contractants) ou endogènes (propres aux contractants), observables ou non par les contractants, il apparaît que la description détaillée de toutes les caractéristiques des contingences, leur prise en compte par le contrat et la mise en œuvre légale de celui-ci représentent des coûts importants. Ce qui apparaît ici, c'est non seulement un problème de connaissance plus ou moins commune de certains faits ou de certaines éventualités, mais également un problème de mise en place des normes de comportement[1]. L'information requise peut ne pas être appropriable ou il se peut que son acquisition soit trop coûteuse par rapport à l'importance du contrat. La conséquence en est que les contrats normalement conclus sont imparfaits (au sens où les comportements ne sont pas observables) ou incomplets (au sens où un grand nombre de caractéristiques doit être laissé de côté, par exemple les éléments précisant la qualité du produit). Par conséquent, les contrats établis se révèlent incomplets en raison d'une part, de l'utilisation stratégique des différences d'informations par les agents économiques et, d'autre part, des coûts des informations à collecter et à traiter. L'introduction des problèmes d'infor-

---

[1] A cet égard, on retrouve un problème plus général, celui de l'établissement d'un système de communication entre les agents.

mation permet de saisir des possibilités d'ouverture de la théorie économique sur des problèmes rencontrés dans les relations potentiellement conflictuelles. Il devient envisageable de montrer, à travers les relations d'agence, les possibilités d'établissement des rapports économiques entre individus ou groupes d'individus non homogènes car distingués par leurs caractéristiques et stratégies différentes.

Relations d'agence et mécanismes d'incitation

Une relation d'agence est un rapport de délégation de pouvoir caractérisé en général par des situations où les individus privés, qui cherchent à assurer leurs propres intérêts, ne sont pas en mesure d'établir des contrats complets et parfaits[1] :

« Nous définissons une relation d'agence comme un contrat sous lequel une (ou plusieurs personnes) (le principal) engage une autre personne (l'agent) pour qu'il accomplisse certains services à son nom, ce qui implique la délégation d'une certaine autorité de prise de décision à l'agent. Si les deux parties de la relation sont des maximisateurs d'utilité, il y a de bonnes raisons de croire que l'agent ne va pas toujours agir dans l'intérêt du principal » (Jensen et Meckling, 1976, p. 308).

Cette relation apparaît sous deux conditions :

1) Lorsque les informations détenues par les différents individus ne sont pas identiques ni observables ;

2) Lorsque dans la relation établie, la situation des uns dépend de l'action ou des décisions des autres.

Un exemple simple est la relation entre l'employeur et l'employé ou encore la relation entre un prêteur et un emprunteur. L'étude de ces relations permet d'évaluer les capacités de négociation du marché en matière de réalisation d'échanges optimaux et en matière de recherche de solutions efficaces.

Il existe deux cas de figure qui sont l'aléa moral (*moral hazard*) où l'action est cachée et l'anti-sélection (*adverse selection*) où la qualité ou le défaut d'un produit ou d'un individu est caché. Etudions chacun de ces cas et les solutions qui peuvent en être envisagées.

a) Aléa moral et solution incitative

Supposons par exemple qu'un individu P délègue à un autre individu A la responsabilité de choisir et d'accomplir une action. P sera appelé le principal (le mandant) et A l'agent (le

[1] Pour une étude générale et formelle des relations d'agence, voir Myerson (1982).

mandataire). Le résultat de l'action de A donne un produit final. L'agent est rémunéré pour cette tâche par le principal. Le gain résiduel, qui correspond à l'écart entre le produit final et la rémunération de l'agent, revient au principal[1]. Le problème que le principal doit résoudre consiste à négocier un contrat spécifiant la rémunération de l'agent, sachant que leurs intérêts respectifs ne sont pas forcément compatibles. Le principal choisit une rémunération de façon à maximiser ses gains étant données les différentes stratégies possibles de l'agent. L'agent, à son tour, choisit une action étant donné son schéma individuel d'information et de rémunération. En termes de la théorie des jeux, le problème de principal-agent est un problème de jeu non-coopératif à deux avec somme variable. La somme n'est pas constante car les différentes actions peuvent donner des résultats différents. Le qualificatif « non-coopératif » signifie que les individus agissent indépendamment l'un de l'autre, suivant leurs propres intérêts respectifs et non à partir d'un intérêt commun.

L'aléa moral *est un problème d'information imparfaite* et correspond au cas où les deux parties partagent, au départ, le même ensemble informationnel. Mais en raison de délégation de son pouvoir à l'agent, le principal rencontre deux types de problème :

1) Il peut être dans l'impossibilité de connaître avec exactitude l'action choisie par l'agent. Le principal ne connaît que le résultat de l'action. En termes juridiques, le contrat doit être fondé sur l'obligation de résultat.

2) Le principal ne peut évaluer les circonstances dans lesquelles cette action est réalisée. L'action est connue, mais le principal ne peut pas distinguer si l'action choisie est appropriée ou non, étant données les circonstances. Dans ce cas, on parlera de l'obligation de moyen lorsqu'il s'agit de déterminer les responsabilités respectives des contractants.

Pour le premier cas, on peut donner l'exemple des actionnaires qui peuvent observer le résultat des décisions des dirigeants et non leurs actions. Un exemple au deuxième cas peut être donné par le garagiste qui peut préférer changer une batterie alors qu'une simple recharge aurait été suffisante.

---

[1] Pour illustrer ce point, on peut considérer l'exemple d'une relation entre un employé et son employeur. Si l'on réduit les coûts que ce dernier supporte pour réaliser son activité aux coûts salariaux impliqués par la rémunération de son employé, le profit (le gain résiduel) qu'il obtiendra sera donné par l'écart entre la recette totale (le produit final) et le coût total (la rémunération de l'agent) de l'activité entreprise.

Lorsqu'il y a aléa moral, le problème pour le principal (par exemple, le dirigeant d'une firme) est d'inciter l'agent (par exemple, un sous-dirigeant ou un employé) à prendre une décision optimale pour lui, c'est-à-dire de trouver une procédure incitative de rémunération[1]. Ce problème a été étudié aussi dans la théorie du tournoi (Lazear et Rosen, 1981). Par exemple, la rémunération élevée du PDG (qui ne serait pas justifiable par la productivité de son travail) serait le prix qui récompenserait celui qui deviendrait PDG. L'existence d'une forte rémunération pousserait donc tous les responsables de second niveau à augmenter leurs efforts au travail pour devenir le président à leur tour.

L'imperfection de l'information qui apparaît sous forme d'aléa moral nécessite la mise en place de mécanismes de contrôle et d'incitation afin de faire respecter aux parties « agent » un certain niveau d'effort ou de vigilance. Toutefois, la mise en place des formes contractuelles incitatives peut engendrer des inefficacités ou des coûts supplémentaires. Par exemple, la rémunération d'un ouvrier au nombre de pièces produites par période de temps augmentera son niveau d'effort quantitatif mais ne garantira pas le niveau qualitatif du travail. Dans tous les cas, l'obtention d'une solution par négociation comporte des coûts supplémentaires traduisant le caractère sous-optimal du résultat par rapport à une situation d'information parfaite.

Dans cette étude, nous chercherons à déterminer, à travers un exemple simple, un contrat optimal en présence du problème d'aléa moral. Nous supposerons que la responsabilité déléguée à l'agent comprend une seule mission. Il est possible de considérer aussi des cas plus compliqués, avec délégation de plusieurs missions à l'agent. Dans ces cas, Dewatripont, Jewitt et Tirole (2000) montrent que plus le nombre de tâches assignées à l'agent croît plus la performance espérée de l'agent se réduit en raison de la réduction de l'effort total. Alors, l'approche de mission ciblée (spécialisation fonctionnelle) fait apparaître un résultat supérieur, en terme d'efficacité, aux schémas de délégation multitâches.

Considérons une relation dans laquelle la contingence externe est représentée par trois états du monde, c'est-à-dire trois situations susceptibles de se produire, e1, e2, e3 (par exemple, inondations, beau temps et sécheresse). La contingence interne est donnée par deux actions (deux types de comportement), a1

---

[1] Pour une étude approfondie du problème d'aléa moral dans les relations entre employeurs et employés où l'employé est supposé adopter un comportement de tire-au-flanc, voir Cahuc et Zylberberg (1996), notamment le ch. 3.

et a2 (par exemple, travailler 8 heures ou 4 heures), disponibles pour l'agent. Les produits finaux respectifs correspondant à chaque état et à chaque action sont donnés dans le tableau suivant :

Actions↓/Etats du monde→	e1	e2	e3
a1 = 8	800	800	400
a2 = 4	400	800	400

On suppose, pour simplifier, que le principal et l'agent attribuent les mêmes probabilités de réalisation aux différents états (respectivement, $P_{e1}= 2/4$, $P_{e2}=1/4$, $P_{e3}=1/4$). Ici, on est dans le cas du risque probabilisable. Le principal et l'agent cherchent à maximiser leurs gains avec les fonctions de gain net, respectivement :

$$(1)\ Gp = g - w$$

et

$$(2)\ Ga = w^{1/2} - a$$

où g est le produit final de l'activité et w est la rémunération de l'agent (en termes monétaires). On voit qu'à rémunération constante, Ga diminue avec l'effort croissant, a_i (i=1,2) (désutilité du travail). On suppose aussi que l'agent, afin de fournir un effort, exige un gain minimal garanti. On appellera ce niveau minimal, le gain net de réservation, E(Ga), qui sera fixé dans cet exemple à 10.

Etudions tout d'abord le cas où, contrairement à notre hypothèse d'information asymétrique, l'action de l'agent est observable. Il est alors aisé de montrer que le contrat peut être fondé sur une échelle de rémunération constante dépendant seulement de l'action observée, toutes les contingences étant externes. Calculons les rémunérations qui doivent être offertes par le principal.

Le produit final dépend, pour une action engagée connue i (i=1, 2), de la somme des produits des états du monde j (j=1, 2, 3), pondérés par leurs probabilités de réalisation respectives :

$$(3) g_i=\sum_{j=1}^{3} P_{ej}.e_{ji}$$

Dans le cas de l'action a1, le produit final est (avec $g_i=g_1$):

$$\begin{aligned} g_1 &= P_{e1} . e_{11} + P_{e2} . e_{21} + P_{e3} .e_{31} \\ &= 2/4. 800 + 1/4. 800 + 1/4. 400 \\ &= 700 \end{aligned}$$

Puisque E(Ga) = 10, le principal détermine la rémunération telle que ce gain de réservation soit atteint avec :

$$(2') \; E(Ga) = w_i^{1/2} - a_i$$

Dans le cas de l'action a1, on a :

$$10 = w_1^{1/2} - a_1$$
$$= w_1^{1/2} - 8$$
$$\Rightarrow \quad w_1 = 324 ,$$

ce qui laisse au principal un gain résiduel net égal à :

$$(1') \; Gp_i = g_i - w_i \; (i=1, 2),$$

c'est-à-dire :

$$Gp_1 = g_1 - w_1$$
$$= 700-324$$
$$Gp_1 = 376$$

En suivant le même raisonnement, on obtient, dans le cas de l'action a2, les résultats suivants :

$$g_2 = 2/4 \; (400)+1/4(800)+1/4(400)$$
$$g_2 = 500$$

Et aussi :

$$E(Ga) = 10$$
$$\Leftrightarrow \quad 10 = w_2^{1/2} - a_2$$
$$= w_2^{1/2} - 4$$
$$\Rightarrow \; w_2 = 196$$

Il s'ensuit que :

$$Gp_2 = g_2 - w_2$$
$$Gp_2 = 500-196$$
$$Gp_2 = 304$$

Lorsque le principal peut seulement observer le produit et non l'action choisie par l'agent, ces solutions ne sont pas pertinentes. A côté des contingences externes, interviennent aussi les contingences internes à la relation de délégation. En effet, l'agent, recevant une rémunération constante, choisira a2 et attribuera aux facteurs externes les raisons de la faiblesse du produit final si c'est le cas 400 qui se réalise. La raison en est évidente. Il y a aussi le produit 800 qui est susceptible d'être obtenu avec a2 comme avec a1, ce qui constitue la défense de l'agent dans le choix de a2 (moindre effort), choix qu'ignore le principal. Disposant d'un salaire satisfaisant et n'étant pas responsabilisé du résultat, l'agent cherchera à fournir un effort faible afin de réduire la désutilité du travail qu'il subit. C'est le cas classique d'aléa moral.

Contrairement au cas précédent sans asymétrie, le principal doit maintenant désigner un schéma de rémunération fondé seulement sur le produit final de façon à ce que ce schéma se situe dans l'intérêt de l'agent et corresponde aussi à l'action désirée par le principal. Etant donné que la probabilité d'aboutir à un résultat final supérieur est plus élevée lorsque l'action a1 est choisie, le principal essayera de pousser l'agent vers cette stratégie. Or, afin d'assurer le choix a1 (effort important), non seulement l'agent doit avoir une rémunération correspondant à son gain net de réservation (minimum garanti), mais aussi, le gain net anticipé de a1 doit être au moins égal à celui de a2. Il est maintenant nécessaire de déterminer des rémunérations différentes, w_{800} et w_{400}, en fonction du produit final réalisé. Nous devons donc calculer le gain espéré de l'agent à partir de la prise en compte des différents états du monde qui affecteront le produit final :

$$(2')Ga_i = \sum_{j=1}^{3} P_{ej}.w_{ji}^{1/2} - a_i$$

Le meilleur contrat qui remplit ces conditions se calcule comme suit.

Sous la condition d'obtention de E(Ga)=Ga_i (=10) , on a pour le cas a1 :

$$10 = [P_{e1}.w_{800}^{1/2} + P_{e2}.\ w_{800}^{1/2} + P_{e3}.w_{400}^{1/2}] - a_1$$

$$= 2/4.\ w_{800}^{1/2} + 1/4.\ w_{800}^{1/2} + 1/4.w_{400}^{1/2} - 8$$

$$\Leftrightarrow \quad 18 = 3/4.w_{800}^{1/2} + 1/4.\ w_{400}^{1/2}$$

Et pour le cas a2 :

$$10 = P_{e1}.w_{400}^{1/2} + P_{e2}.\ w_{800}^{1/2} + P_{e3}.w_{400}^{1/2} - a_2$$

$$= 2/4.\ w_{400}^{1/2} + 1/4.\ w_{800}^{1/2} + 1/4.w_{400}^{1/2} - 4$$

$$\Leftrightarrow \quad 14 = 1/4.w_{800}^{1/2} + 3/4.\ w_{400}^{1/2}$$

On obtient alors un système de deux équations à deux inconnues :

$$18 = 3/4.w_{800}^{1/2} + 1/4.\ w_{400}^{1/2}$$
$$14 = 1/4.w_{800}^{1/2} + 3/4.\ w_{400}^{1/2}$$

dont la résolution donne :

$$w_{800} = 400 \text{ et } w_{400} = 144.$$

Le contrat recherché consiste donc à offrir une rémunération de 400 lorsque c'est le résultat « 800 » qui est réalisé et une rémunération de 144 lorsque c'est le résultat « 400 » qui est réalisé, *quelle que soit l'action choisie par l'agent*. Cela peut s'interpréter comme la rémunération de base (w_{400}) de 144 avec une prime de 256 lorsque le résultat obtenu est le meilleur (w_{800}).

Cela donne pour le principal :

$$(1'')Gp_i = \sum P_{ej}(g_j - w_j)$$

et donc

* un gain résiduel net espéré de (si action a1) :

3/4 [800-400] + 1/4 [400-144] = 364

* un gain résiduel net espéré de (si action a2) :

1/4 [800-400] + 3/4 [400-144] = 292

Lorsque l'on compare ces résultats à ceux du cas sans asymétrie (Gp1 : sans asymétrie : 376, avec asymétrie : 364 et Gp2 : sans asymétrie : 304, avec asymétrie : 292), on remarque une diminution des gains nets espérés du principal. Cette diminution est due à la rémunération du risque moral. Cette solution du mécanisme incitatif non coopératif est inférieure au résultat sans asymétrie puisque maintenant, le risque est distribué de façon à corriger l'incitation de l'agent.

On remarquera dans cet exemple que la moralité (qui signifie une tricherie consciente ou volontaire) est l'une des explications possibles mais réductrices de l'écart entre le résultat en information parfaite et le résultat en information imparfaite. Une autre explication, qui correspond davantage à la généralisation du concept d'incertitude défini au premier paragraphe, tient aux conditions générales (dont une partie est appelée aléas ou états de la nature). Même lorsque l'agent de notre exemple révèle toutes les informations dont il dispose, il apparaît évident que les résultats des actions dépendent aussi des événements aléatoires susceptibles d'affecter l'évolution des comportements individuels. Mais comme en modélisation économique, les événements aléatoires sont considérés comme des chocs-surprises, ils sont assimilés à des erreurs qui n'interviennent pas dans la définition d'un marché parfait, ce qui peut être une simplification arbitraire. La pertinence de tels modèles dépend en grande partie du caractère exceptionnel ou non des chocs aléatoires qui engendrent des erreurs de spécification. Pour ne pas alourdir l'exposé, nous ne traiterons pas de ces problèmes et nous nous permettons de renvoyer le lecteur aux travaux contemporains sur les problèmes de traitement des informations en temps réel (Plihon, 2000) et sur les systèmes chaotiques (Abraham-Frois et Berrebi, 1992).

Il est aussi possible de considérer la relation d'agence avec risque ou aléa moral sous la forme d'un jeu à deux personnes. L'une des solutions proposées dans ce cadre est de considérer un jeu (une relation) répété(e). Lorsque le jeu est répété dans le temps, la situation qui en résulte peut être modélisée comme un super jeu dans lequel les actions des joueurs sont supposées dépendre de l'histoire (de l'expérience) vécue. Le principal établit alors une liste (des statistiques) des comportements observés de l'agent dans le temps et en fonction de cette observation, il cherche à prévoir (et donc à contrôler) les décisions de celui-ci. Dans le cas des jeux répétés, la relation de délégation s'inscrit dans le temps et devient continue. La variable décisive des actions des joueurs apparaît être le rendement (ou l'utilité) espérée dans le temps de leur décision dans le présent. Radner (1985) montre que sous ces conditions, le super jeu peut tendre vers une efficacité accrue s'approchant d'un point d'équilibre. Nous considérerons ce type d'approche dans le paragraphe suivant avec les relations répétées.

b) Anti-sélection et inefficacité ou absence des transactions

Au sens général, l'anti-sélection apparaît lorsque le principal ne possède pas toute l'information sur la qualité du bien à échanger ou de l'agent à engager. Ce dernier utilise alors sa supériorité informationnelle afin d'augmenter son gain. C'est *un problème d'information incomplète* sur une ou des qualités intrinsèques de l'objet du contrat.

Sur le marché, la confrontation des individus ne s'effectue pas sur la base d'informations complètes. Les individus qui disposent de plus d'informations les dissimulent afin d'en tirer un gain supplémentaire aux dépens des autres. L'individu non informé est face au problème suivant : il doit sélectionner un bon partenaire ou un bon produit en acquérant de l'information sur une qualité intrinsèque du produit ou du partenaire. Lorsque l'on suppose que l'information est privée et que son obtention, lorsqu'elle est possible, peut impliquer des coûts élevés, la stratégie rationnelle à suivre par les individus qui manquent d'information devient difficile à déterminer. Apparaissent alors des effets pervers de fonctionnement des marchés décentralisés.

Deux types de solution peuvent être envisagés pour résoudre le problème d'anti-sélection :

1) Solutions hors marché : il s'agit de mesures répressives. Une réglementation assurant la révélation de tout ou partie de l'information, avec des procédures de recours efficaces contre toute tricherie, peut permettre d'améliorer le fonctionnement des marchés. Les pouvoirs publics mettent en place des procédures obligeant les parties à révéler les valeurs intrinsèques de l'objet du contrat et sanctionnent en cas de tricherie.

2) Solutions par le marché : il s'agit de diffuser les informations manquantes par des signaux envoyés sur le marché. La partie qui possède une information cachée non distinguable la communique par le choix de ses actions. C'est le principe de révélation des caractéristiques exactes de l'objet du contrat.

Dans la lignée de la logique de ce livre, nous examinerons ici les possibilités et les difficultés de détermination des solutions par le marché.

Le problème d'anti-sélection est général et peut concerner aussi bien les relations entre individus que les relations entre individus et biens. Considérons d'abord les relations entre individus. Les relations entre individus et biens seront étudiées au paragraphe suivant.

Un premier exemple peut être donné en matière d'assurance. Considérons deux types d'assuré potentiel : les individus à haut risque et les individus à bas risque. Les individus de ces deux catégories ne sont pas distinguables *a priori*. Lorsque les assureurs appliquent la même prime de risque (relativement élevée) à l'ensemble des assurés en vue de couvrir en moyenne les pertes sur les assurés à haut risque par les primes reçues des assurés à bas risques, ces derniers sortiront du marché considérant le coût de l'assurance trop élevé. Dans ce cas, le marché sélectionne à l'envers et il ne reste que les assurés à haut risque sur le marché. Afin d'éviter l'effet d'éviction sur les assurés à bas risque, les assureurs peuvent proposer des *contrats révélateurs ou séparateurs* qui permettent de distinguer les différentes catégories d'agents : un contrat avec une franchise élevée et une prime faible choisi par les agents à bas risque et un contrat avec une franchise faible mais une prime élevée choisi par les agents à haut risque.

Le même problème est envisageable dans le cas des relations prêteurs-emprunteurs où toute tentative d'utiliser le mécanisme des prix en fonction de l'écart observé entre les offres et les demandes de crédit aboutit à un fonctionnement inefficace du marché. Stiglitz et Weiss (1981) montrent que lorsque les banques augmentent le taux d'intérêt débiteur en fonction de l'augmentation du montant de crédit demandé, les clients « sûrs » sortent du marché en considérant qu'un taux plus élevé rend leurs projets de production ou d'investissement beaucoup plus coûteux que prévus. Seuls les clients indifférents au risque, qui accepteraient « volontiers » le défaut de remboursement, restent sur le marché. La sélection se fait à l'envers en faveur des échanges inefficaces.

Etudions maintenant un problème plus précis qui porte sur la sélection qu'une firme doit effectuer et les coûts qu'elle doit supporter lorsqu'elle veut recruter ses collaborateurs.

Considérons deux candidats au recrutement qui sont de deux types. Un candidat avec les qualités requises (formation, talent, discipline, etc.), Q, avec une probabilité q et un candidat médiocre, M, avec une probabilité m=1-q. Lorsque le candidat Q est recruté, il remplit les termes du contrat d'embauche contrairement au candidat M. Mais la qualité des candidats ne peut être observée par la firme qu'après une période d'essai. Supposons que les candidats seuls connaissent leur type et considérons un horizon à deux périodes. Le type M fournit un mauvais travail dans la première période. La firme en déduit donc qu'il est du type M et s'attend à un mauvais travail dans la seconde période. Dans ce cas, le candidat médiocre est éliminé à la deuxième période et seul le candidat de qualité reste dans la firme.

En général, on suppose que le candidat Q, pour se distinguer du candidat M, doit envoyer un signal crédible à la firme. Spence (1973) utilise cette condition pour décrire la façon dont les travailleurs peuvent signaler leurs capacités aux employeurs en engageant des dépenses d'éducation et de formation. Les années supplémentaires consacrées (en temps et en argent) à la poursuite d'études peuvent constituer un signal crédible pour les employeurs. Certains diplômes traduisent pour les employeurs une marque de qualité de leurs futurs employés. Sous ces conditions, le type M sera celui qui n'aurait pas obtenu de tels diplômes. Le signal permet alors de trouver un équilibre séparateur correspondant à une sélection « à l'endroit » des bons agents. Mais lorsque le diplôme ou des signaux semblables sont considérés comme insuffisants par la firme, cette dernière peut augmenter son niveau d'information en proposant des contrats d'embauche avec une période d'essai. Cette période doit être assez longue pour pouvoir observer la qualité des candidats, mais suffisamment courte pour que la firme ne soit pas obligée de supporter longtemps la rémunération d'un candidat médiocre. A l'embauche, la firme doit proposer une rémunération suffisamment importante pour que le candidat de qualité accepte la période d'essai. On remarque que la firme est obligée de supporter des coûts supplémentaires puisque le temps d'obtenir l'information nécessaire sur la qualité des candidats, elle doit rémunérer aussi bien les candidats médiocres que les candidats de qualité à un salaire relativement élevé.

Supposons que, afin d'empêcher l'anti-sélection des bons candidats dès la première période, la firme propose un salaire égal à W. Pour la firme, le produit espéré du travail des candidats Q est GQ et des candidats M est GM (avec GQ>GM). Lorsque les deux candidats sont recrutés pour un essai d'une période, la première période, le gain résiduel net pour la firme est donné par :

$$(1''') \; Gp=(GQ-W)+(GM-W).$$

Ici, le coût d'opportunité supplémentaire supporté par la firme est égal à GQ-GM car si les deux candidats étaient de qualité, le gain résiduel serait égal à :

$$Gp = 2GQ-2W$$
$$= 2(GQ-W).$$

Considérons maintenant la deuxième période lorsque le candidat médiocre quitte la firme et est remplacé par un nouveau candidat dont la qualité est ignorée par la firme. La firme lui propose un salaire égal à :

$$(4)\ qW+mW'=\omega$$

(où W' est le salaire que la firme propose lorsqu'elle sait que le candidat est médiocre).

Mais à ce salaire $\omega<W$, le candidat de qualité refuse le contrat. Seuls les candidats médiocres restent sur le marché, puisque $\omega>W'$. Le marché a « anti-sélectionné », toutes les embauches potentielles ne sont pas réalisées. Pour la firme, la solution est d'embaucher le candidat au salaire W pour une période d'essai, mais ceci augmente le coût de l'information comme on l'a signalé ci-dessus.

c) Coexistence des contingences

L'asymétrie de l'information n'existe pas toujours sous des formes séparées. Il est possible de considérer des cas plus compliqués.

Supposons qu'un candidat au recrutement puisse être honnête ou malhonnête. Seul le candidat connaît son type. L'information est incomplète pour la firme puisqu'elle ignore la caractéristique du candidat. Il y a *un problème d'anti-sélection*. Supposons aussi que notre candidat, lorsqu'il est malhonnête, est en mesure de fournir un travail de bonne qualité ou un travail de mauvaise qualité. Le choix dépend de sa propre stratégie. L'information est imparfaite pour la firme puisqu'elle ne connaît pas le choix d'action du candidat. Il y a *un problème d'aléa moral*. Alors le candidat peut suivre la stratégie suivante : il peut fournir une bonne qualité de travail à la première période, essayant ainsi de convaincre la firme qu'il est honnête. La firme s'attend alors à un travail de qualité à la seconde période. Le type M peut alors exploiter sa réputation en fournissant de la mauvaise qualité à un salaire élevé. Cette stratégie implique une perte à la première période pour le candidat puisque fournir un travail de qualité augmente la désutilité, c_1, du travail. Mais cette perte est compensée par le gain de la seconde période puisque avec un travail médiocre, la désutilité du travail diminue à c_0 ($c_1>c_0$).

Pour chaque période, la personne embauchée fait une demande de salaire et choisit ensuite la qualité. La firme n'observe immédiatement que le salaire, la qualité étant observable à la période suivante. Fixons un salaire arbitraire de première période et considérons le choix de qualité du type M. Lorsque le contrat est signé, le type M peut économiser c_1-c_0 (la différence entre les coûts d'un bon travail et d'un mauvais travail pour le recru) en fournissant la mauvaise qualité. Mais il gagne 0 à la deuxième période puisque ce choix révèle sa mauvaise qualité et la firme le licencie à la fin de la période. En fournissant une qualité élevée à la première période, il aurait gagné $\delta(W-c_0)$ à la seconde période où δ est un facteur d'escompte avec

$$(5)\ \delta=1/(1+r)$$

r étant le taux d'intérêt par unité de temps. Si

$$(6)\ c_1-c_0>\delta(W-c_0),$$

le type M a une stratégie qui l'emporte (qui est appelée *une stratégie dominante*) : fournir la mauvaise qualité à la première période puisque le gain escompté de la période suivante en fournissant un travail de qualité en t_0 est inférieur à la différence des coûts du travail de bonne qualité et du travail de mauvaise qualité.

Considérons maintenant le cas où

$$(7)\ c_1-c_0<\delta(W-c_0),$$

c'est-à-dire où l'économie en coût est inférieure aux gains escomptés des périodes suivantes. Alors, M va imiter Q. On dit qu'il va se mélanger avec (*équilibres mélangeants*) à la première période.

La firme est prête à payer un salaire maximal, à la première période, qui est égal à :

$$W_1=Wq$$

(c'est son espérance de recruter un candidat de bonne qualité).

Ce salaire est donné par le salaire maximal que la firme paie pour un candidat de qualité, pondéré par la probabilité que le candidat le soit effectivement. Plus cette probabilité (croyance) est élevée, plus le salaire versé tend vers le salaire maximal, W. M n'est prêt à fournir un bon travail que si

$$(7')\ c_1-c_0<\delta(Wq-c_0)$$

Si cette condition est satisfaite, M fournit la qualité pour une période et continue de travailler au salaire Wq à la deuxième période puisque la firme ne connaît pas encore son type.

Mais lorsque

$$(8)\ \delta(W-c_0)>c_1-c_0>\delta(Wq-c_0),$$

le résultat est tel que le candidat fait jouer le hasard entre le bon et le mauvais travail à la première période.

Ce type de problème peut être étendu aux relations entre agents et biens. Il s'agit d'une asymétrie d'information qui porte cette fois-ci sur la qualité intrinsèque des biens.

Relations entre agents et biens : signalisation et équilibre révélateur[1]

Dans ce paragraphe, nous allons évaluer la capacité du prix à exprimer de manière adéquate l'ensemble des informations dont le marché dispose[2]. Il sera montré que sur un marché avec information incomplète ou imparfaite, la relation entre le prix et la demande n'est pas celle qui est supposée exister sur un marché concurrentiel. Mais avant d'entrer dans les détails, définissons les trois types de biens qui existent sur les marchés :

1) Nous y retrouvons d'abord les biens de recherche qui posent le problème de sélection du produit. Leur qualité peut être identifiée par les consommateurs avant l'achat. Au sens large, les biens de recherche incluent les biens garantis et il n'est pas toujours nécessaire d'observer la qualité avant d'acheter un bien. Mais en général, le système de garantie n'est pas complet et fait apparaître le problème d'anti-sélection et celui d'aléa moral. L'anti-sélection apparaît dans la mesure où lorsque la qualité signifie la durabilité, le bien doit être consommé avant que l'acheteur connaisse sa qualité exacte. Par ailleurs, si la qualité d'un bien (du point de vue de sa durabilité dans le temps) dépend en partie de la façon dont l'acheteur le consomme, il y a un problème d'aléa moral du côté des consommateurs : l'acheteur peut observer une vigilance réduite vis-à-vis du bien acheté si celui-ci peut être complètement remboursé en cas de problème de fonctionnement. On peut alors imposer au consommateur certains coûts associés à son comportement en proposant une garantie relative. Pour nombre d'appareils électroménagers, hi-fi ou automobiles, certaines parties sont affectées par la façon dont le consommateur utilise le bien considéré ou par le manque d'entretien adéquat. Ces parties ne sont en général pas garanties par le fabricant.

2) Nous avons ensuite les biens de confiance qui requièrent souvent l'intervention des pouvoirs publics. Certains aspects de leur qualité sont rarement appris même après la consommation (produits diététiques ou de cosmétique, par exemple). Un mécanisme de contrôle hors marché paraît alors nécessaire.

3) En dernier lieu, nous retrouvons les biens d'expérience qui posent explicitement le problème de la façon dont les

[1] Ce paragraphe est largement inspiré de Tirole (1993).
[2] Orléan (1999, p. 124).

consommateurs apprennent la qualité. La qualité n'est connue qu'après l'achat du bien (alimentaire, par exemple). Les achats répétés offrent alors un certain contrôle *ex post* du consommateur sur la qualité de tels biens.

Dans ce qui va suivre, nous allons considérer le cas des biens d'expérience et supposer qu'il n'y a pas de garantie. Nous allons décrire le problème, d'abord, dans le cas d'achat unique pour, ensuite, nous concentrer sur les achats répétés. Nous terminerons cette section par l'étude des problèmes de signalisation de la qualité et de réputation des producteurs sur le marché.

a) Absence d'échanges : Problème d'Akerlof

Lorsque les acheteurs observent imparfaitement la qualité des biens qu'ils désirent acheter, les vendeurs ont intérêt à surestimer la qualité de leurs produits et à augmenter les prix. Dans une telle situation, les biens de qualité supérieure seront confondus avec les biens de basse qualité. Ce phénomène survient lorsqu'il y a non observabilité, pour l'une des parties, d'une caractéristique inaltérable du bien échangé. L'information est incomplète et asymétrique. Dans ce cas, le mécanisme concurrentiel ne fonctionne pas.

Prenons l'exemple d'Akerlof (1970) concernant le marché des voitures d'occasion. Supposons que seuls les vendeurs connaissent la qualité de leur véhicule. Les acheteurs sont supposés connaître cependant la fonction de distribution des qualités. Soit deux types de voitures : mauvaises (M) et bonnes (B). Les voitures sont échangées au prix unique P. Afin de déterminer le prix d'équilibre, supposons qu'en situation d'information symétrique, les bonnes voitures sont échangées à 20.000 et les mauvaises à 10.000. Cette hypothèse signifie qu'en information complète, il existerait un équilibre où les offres et les demandes pour chaque type de bien pourraient s'égaliser à des prix d'équilibre. En fonction des prix des biens, les consommateurs sauraient alors parfaitement les qualités respectives des biens proposés sur le marché. Mais en situation d'information asymétrique, les acheteurs refusent d'acheter une voiture (dont ils ne connaissent pas la qualité exacte) à 20.000. Si l'on suppose, pour simplifier, qu'ils attribuent une probabilité égale à ½ à ce qu'une voiture qu'ils achètent soit bonne (ou mauvaise), ils n'accepteront de payer qu'un prix égal à :

$$[(1/2)(10.000)+(1/2)(20.000)]=15.000$$

pour une voiture dont ils ignorent la qualité exacte.

Cependant, pour un prix égal à 15.000, les acheteurs savent que les vendeurs B font une perte de 5.000 et refuseront de vendre. Par conséquent, pour ce prix, seules les M seront vendues. Conscients de ce fait, les acheteurs refuseront de payer ces voitures (M) plus de 10.000 et seules les voitures M seront échangées à ce prix. Les voitures B sont évincées du marché[1]. Dans cette situation, le marché n'est pas en mesure de permettre la réalisation de tous les échanges potentiels.

L'anti-sélection peut empêcher dans certains cas la réalisation de tout échange. Supposons que, parmi les véhicules M, certaines voitures dangereuses (D) procurent une utilité négative pour l'acheteur dans la mesure où elles sont susceptibles de provoquer des accidents. Alors, de la même façon que ci-dessus, le prix fixé à 10.000 n'est pas un prix d'équilibre. Les acheteurs feront des pertes à ce prix car la probabilité d'obtenir une voiture D diminue leur espérance d'utilité. Par conséquent, lorsque les voitures M et D sont confondues, le prix doit être inférieur à 10.000, ce qui implique que seules les voitures D seront vendues (les M sortent du marché). Conscients de ce fait, les acheteurs refusent alors tout achat et le prix du marché est nul.

Dans tous les cas, *l'anti-sélection implique un manque à gagner pour les agents qui désirent vendre des biens de bonne qualité*. Par conséquent, ceux-ci seront prêts à supporter un coût pour signaler la qualité de leurs produits. Mais il faut que le signal révèle d'une façon crédible la qualité. Le coût du signal doit être suffisamment élevé par rapport à l'utilité obtenue par les vendeurs M afin que ceux-ci soient distingués des vendeurs B. La théorie du signal révèle que par rapport à une situation d'information symétrique, seuls les bons agents sont défavorisés car ils doivent supporter des coûts supplémentaires pour justifier de leur bonne foi (de leur qualité). Les vendeurs de produits M n'émettent pas de signal et ne supportent alors aucun coût supplémentaire. Ils obtiennent la même allocation que dans une situation d'information symétrique.

Dans un modèle à une période, le problème d'anti-sélection se pose d'une façon radicale. On appellera cette situation le problème d'Akerlof. Le cas choisi par Akerlof est un cas de « perte de confiance » vis-à-vis du marché. Le lecteur est en droit de demander comment il serait alors possible qu'en dépit du problème d'anti-sélection sur de nombreux marchés, les échanges peuvent avoir lieu. La possibilité effective des échanges appelle des conditions particulières précises sur les informations disponibles sur le marché.

---

[1] On suppose ici que les vendeurs de voitures M ne font pas semblant de vendre des voitures du type B en se retirant du marché lorsque le prix est fixé à 15.000 comme le feraient les vendeurs du type B.

Dans le cas d'achat unique, comme dans l'exemple d'Akerlof, lorsqu'un vendeur offre un bien d'expérience une fois pour toutes sans offrir de garantie, il est incité à réduire la qualité puisque le prix du marché n'est pas en mesure de refléter la qualité (qui est inobservable).

Nous reprenons ici l'exemple étudié par Tirole (1993) en raison de sa clarté et dans la mesure où, dans ce domaine, les travaux de cet auteur sont parmi les plus complets et les plus représentatifs de l'état de l'art aujourd'hui[1].

En simplifiant l'exemple de Tirole, on peut considérer deux situations de signalisation de la qualité d'un produit donné selon que l'achat du produit est effectué une fois pour toutes ou qu'il est répété dans le temps.

Afin de généraliser le problème d'Akerlof, considérons le modèle suivant. Les consommateurs sont tous identiques avec une fonction d'utilité du type :

$$(9)\ U= \theta s\text{-}p$$

s'ils achètent le produit au prix p et si le produit a une qualité s. θ est un nombre positif reflétant le goût des consommateurs et correspond au prix maximal qu'ils sont prêts à payer pour acquérir un bien de qualité. Le producteur choisit un prix p et une qualité s correspondant à un coût de production unitaire c_s. La qualité peut être élevée ($s=1$, $c_1>0$) ou faible ($s=0$, $0<c_0<1$). Supposons que $\theta>c_1$, (produire la qualité élevée est socialement efficace). Le profit du producteur est :

$$(10)\ \pi_s = (p\text{-}c_s)$$

lorsqu'il vend la qualité s au prix p. Comme on suppose que les consommateurs n'observent pas la qualité avant d'acheter, le producteur économiserait $c_1\text{-}c_0$ en réduisant la qualité. On remarquera que produire $s=0$ ne réduirait pas la demande lorsque les consommateurs ne peuvent pas *a priori* différencier les producteurs. On peut aussi imaginer des cas où certains consommateurs (dans une fraction α) obtiennent une information sur la qualité d'un produit avant l'achat. Ces consommateurs seront prêts à payer θ si la qualité est élevée ($s=1$) et 0 sinon. Le reste des consommateurs ($1\text{-}\alpha$) n'observe la qualité qu'après l'achat. Supposons que le producteur applique un prix $p\in[0, \theta]$. Il gagne :

$$(10')\ \pi_\alpha=\alpha(p\text{-}c_1)$$

sur les consommateurs avertis. Si tous les consommateurs achètent (avec $s=1$), le profit est : $p\text{-}c_1$. Si la qualité est basse et

[1] Pour un compte-rendu sur l'état actuel de la théorie économique dans ce domaine, nous renvoyons le lecteur à un article récent de Tirole (1999).

que seuls les consommateurs non informés achètent, le profit est :

$$(10'')\ \pi_{1-\alpha}=(1-\alpha)\,(p-c_0)$$

Le producteur fournit par conséquent la qualité élevée si et seulement si :

$$(p-c_1)\geq(1-\alpha)(p-c_0),$$

c'est-à-dire si :

$$(10''')\ \alpha p\geq c_1-(1-\alpha)c_0$$

De là, on déduit que le producteur fournira une qualité élevée uniquement si le prix est suffisamment élevé. Donc lorsqu'il existe des consommateurs informés, des prix élevés peuvent signaler la bonne qualité aux consommateurs non informés.

Ici, on obtient un résultat remarquable. En effet, on voit clairement que la condition précédente est davantage satisfaite lorsque α est élevé. Par conséquent, augmenter le nombre des clients informés favorise l'efficacité, ce qui rapproche le problème du cas où l'information tend à être complète. Mais pour que l'information soit disponible pour les consommateurs, qui n'accepteraient pas d'en supporter le coût de collecte tout seul, il faut qu'un informateur tiers intervienne (par exemple, une association des consommateurs), c'est-à-dire qu'il faut trouver un *mécanisme collectif* produisant une information non disponible au niveau individuel sur le marché. Par conséquent, *la recherche d'une solution optimale implique la réduction du caractère décentralisé, privé et anonyme du marché* et ce parce que le mécanisme de signal individuel engendre des coûts particulièrement élevés pour chaque individu pris séparément.

Ce problème est quelque peu modifié lorsque l'achat se renouvelle dans le temps.

b) Achats répétés et possibilité d'échanges en asymétrie

En l'absence de garanties, les achats répétés offrent aux consommateurs la possibilité de contrôler la qualité. Lorsque la qualité du bien considéré est constante dans le temps, la consommation passée apporte une information sur la qualité. Le seul problème pour le producteur est d'inciter les consommateurs à essayer son produit. Mais en raison des coûts impliqués par les achats d'essai, les consommateurs, bien qu'ils puissent penser que l'essai d'un produit peut augmenter leur satisfaction en cas de découverte d'un produit de meilleure qualité, peuvent éviter les essais. Le producteur utilisera alors la baisse de prix comme un signal annonçant son engagement, dans le temps, de produire un bien de qualité. Pour que cette baisse ne soit pas perçue comme une baisse de qualité, le prix faible peut être appliqué, par exemple, pendant la période de lancement comme les prix promotionnels. Toutefois, la fidélisation, dans le temps, d'une partie de la clientèle grâce à la qualité doit procurer plus d'avantages au producteur de bien de bonne qualité qu'au producteur de bien de mauvaise qualité pour que ce dernier n'ait pas de raisons d'imiter la stratégie de prix de lancement du producteur de bonne qualité.

Ce modèle est fondé sur l'idée que, dans une relation répétée, les consommateurs peuvent réagir au choix de qualité inférieure par le producteur, en ne renouvelant pas leur achat. Cette réaction ne constitue une sanction pour le producteur que si la qualité supérieure permet un gain supplémentaire positif. Ce gain est appelé *prime de qualité*. Les consommateurs achètent tant que la qualité reste élevée. Pour que les achats répétés poussent la firme à fournir des biens de qualité, il faut que les consommateurs apprennent la qualité d'un bien acquis suffisamment rapidement et qu'ils répètent leur achat suffisamment souvent. S'établissent alors des *relations stables* entre vendeurs et acheteurs. Ce résultat souligne que la solution du problème d'imperfection du marché (le marché comme mode de coordination particulier entre individus séparés) est donnée par un modèle qui fait appel à une coordination particulière *a priori* des décisions privées autour des règles explicites ou implicites[1].

Reprenant les notations précédentes, supposons que s'est parfaitement corrélé entre les consommateurs (soit tous les consommateurs préfèrent le produit soit personne ne le désire).

---

[1] Les problèmes qui apparaissent ici sont directement liés à l'imperfection de l'information. Le théorème de R. Coase (1960), qui précise qu'une répartition optimale des ressources peut toujours être réalisée grâce aux forces du marché, indépendamment de la répartition juridique des responsabilités si l'information est parfaite et les transactions sans coût, rencontre la situation inverse ici. L'imperfection de l'information observée dans les cas de figure étudiés et l'incomplétude des contrats en raison, d'une part, de l'asymétrie de l'information et, d'autre part, des coûts élevés d'établissement de contrats, détaillés et prévoyant toutes les éventualités, constituent alors une raison à l'intervention des pouvoirs publics dans la production d'informations supplémentaires. Par exemple, même dans le cas d'achats répétés, les consommateurs ne sont pas toujours en mesure de connaître les spécificités exactes des produits sur le plan technique, génétique ou environnemental. Ils observent les caractéristiques superficiellement mais ils ne peuvent pas savoir avec exactitude les conséquences de leur consommation dans le temps. Cette impossibilité nécessite alors une organisation et une surveillance publiques extérieures au marché pour la protection des parties « principal ». Les débats actuels sur les produits génétiquement modifiés constituent des exemples réels dans ce domaine. Afin de trancher sur la question d'autoriser ou de retirer l'utilisation d'un additif dans l'alimentation animale, en septembre 2002, le tribunal de première instance des Communautés européennes a jugé que les autorités politiques ont le droit de s'écarter des avis scientifiques au nom du *principe de précaution*.

Les consommateurs sont supposés pouvoir connaître la qualité seulement s'ils essaient le produit. Cette hypothèse est introduite afin d'obtenir une dynamique d'apprentissage. La question qui se pose est de savoir si la firme peut signaler de façon crédible une qualité élevée. Deux moyens sont à sa disposition : le prix du produit et la publicité. Cette dernière ne transmet cependant pas d'information directe sur la qualité du produit. Par rapport à la politique de prix bas de lancement qui représente un coût proportionnel à la demande rencontrée, la politique de publicité a un coût fixe (fonds perdus) quel que soit le niveau de la demande qu'elle affecte.

Selon P. Nelson (1974), la publicité peut signaler la qualité[1]. Si un produit de qualité engendre des achats répétés, les rendements issus de la formation d'une clientèle sont plus grands pour un produit de qualité que pour un mauvais produit. Supposons que les consommateurs associent une qualité élevée à un certain niveau de publicité. Le producteur acceptera d'effectuer ces dépenses si son produit est de qualité et évitera la publicité si son produit ne l'est pas. Dans ce cas, les anticipations des consommateurs se réalisent et la publicité devient un signal de qualité.

Un producteur de bonne qualité n'utilisera un instrument comme le prix ou la publicité pour signaler sa qualité que si ce signal lui permet de se distinguer du producteur de mauvaise qualité. On fait l'hypothèse que $x\theta<c_0$, où x est la probabilité que la qualité soit élevée. Cette hypothèse implique l'élimination de tout producteur qui ne peut pas signaler sa qualité.

D'une façon plus générale, on suppose que seuls les consommateurs qui ont consommé à la date 1 peuvent consommer à la date 2. Lorsque la qualité est mauvaise, les consommateurs n'achètent plus à la deuxième période. Si la qualité est bonne et si p_2 ne dépasse pas θ, les consommateurs consomment aussi dans la deuxième période. Donc, $p_2=\theta$. Si le prix p_1 signale la qualité, le profit est :

$$(11)\ \Pi_1=(p_1-c_1)+\delta(\theta-c_1)$$

Pour que cela soit un équilibre, le producteur ne doit pas pouvoir imiter cette stratégie lorsque son bien est mauvais. Son profit, s'il le fait, est p_1-c_0, puisqu'il ne génère pas d'achats répétés. Alors, nous devons avoir

$$(12)\ p_1\leq c_0$$

[1] Toutefois, on peut penser que les consommateurs tirent une utilité directe de la politique de lancement, mais n'obtiennent aucune utilité de la publicité sauf le plaisir de regarder sur un écran des images suggestives.

A la première période, le prix de lancement doit être suffisamment faible de façon à empêcher le bien de mauvaise qualité de se mélanger avec le bien de bonne qualité. Par conséquent, il y a deux cas :

1) Il n'existe pas d'équilibre révélateur (séparateur) :

$$(6') \ \delta(\theta - c_1) < c_1 - c_0$$

(Dans ce cas, $\Pi_1 > 0$ avec $p_1 - c_0$ et $\Pi_2 = 0$ avec l'arrêt de la production à la deuxième période pour la qualité basse).

Le producteur fait payer le même prix quelle que soit la qualité. Donc le prix n'est plus informatif. Le prix le plus élevé que l'on peut faire payer à la première période est $p_1 = x\theta$. Le producteur de bonne qualité produit seulement si

$$(x\theta - c_1) + \delta(\theta - c_1) \geq 0.$$

Si cette condition n'est pas satisfaite, le producteur de qualité ne produit pas et l'anti-sélection persiste.

2) Il existe un équilibre révélateur dans lequel le producteur fait payer à la première période $p_1 = c_0$ lorsque son bien est de bonne qualité. On doit avoir :

$$(7'') \ \delta(\theta - c_1) \geq c_1 - c_0$$

(Alors $\Pi > 0$).

La condition :

$$(12') \ p_1 = c_0 < c_1$$

signifie une perte à la première période et un gain à la seconde période. Ce dernier est donné par $\delta(\theta - c_1)$. Le producteur n'a pas besoin de faire payer en dessous de c_0 pour signaler la qualité puisqu'un producteur de mauvaise qualité ne le fera jamais. Ce dernier ne vend pas car lorsque $p_1 = c_0$, à la première période il ne gagne rien et à la deuxième période il ne vend rien, sa mauvaise qualité étant désormais connue par les consommateurs.

Par conséquent, l'existence d'un équilibre séparateur n'est pas *a priori* garantie. L'équilibre révélateur existe si *l'effet Nelson* (un produit de bonne qualité engendre des achats répétés de valeur $\delta(\theta - c_1)$) est supérieur à *l'effet Schmalensee* (1978) (une demande donnée génère une différence de coût $(c_1 - c_0)$ en faveur du producteur de mauvaise qualité)[1].

[1] Si l'on prend en compte les dépenses publicitaires, le problème devient comme suit :
Soit Pub, le niveau des dépenses de publicité pour la première période. Si tous les consommateurs achètent le bien, le profit de la première période est p_1-c-Pub (une augmentation de Pub est équivalente à une baisse de p). En notant p_1, le prix de la qualité élevée, on obtient un équilibre séparateur si $p_1 - Pub = c_0$. L'utilité des consommateurs est : $\theta - p_1 = \theta - c_0 - Pub$. Pour que le consommateur

Nous remarquons qu'ici, la discussion sur la production d'un bien de bonne qualité ou de mauvaise qualité suppose une comparaison entre les producteurs d'un même marché bien défini. Dans la plupart des cas, il n'est pas possible d'établir une telle comparaison sur les marchés lorsque les structures tendent vers des structures oligopolistiques ou monopolistiques avec des stratégies de différenciation des firmes. Chaque produit se présente comme un produit particulier et il devient difficile pour les consommateurs d'établir des critères de comparaison objective. Cette question sera traitée au chapitre V.

c) La réputation

L'importance de l'effet Nelson est liée à l'apparition d'une réputation dans le temps qui donne au producteur de bonne qualité des gains escomptés positifs. De ce point de vue, lorsque la qualité varie dans le temps, le mécanisme d'achats répétés revêt une importance capitale. Les achats répétés ne jouent un rôle pour éviter le problème d'anti-sélection que si une bonne qualité observée dans la période précédente signale que le producteur va vraisemblablement choisir à nouveau une bonne qualité à la période suivante, c'est-à-dire si le producteur a une bonne *réputation*.

Supposons que la qualité est modifiée à chaque période par le producteur. La question qui se pose est de savoir s'il peut exister un mécanisme qui empêcherait le producteur de choisir, de période en période, la qualité la moins coûteuse pour lui.

Reprenons nos hypothèses précédentes avec quelques modifications : la qualité varie à chaque période, il y a un nombre infini de périodes (avec δ comme facteur d'actualisation), tous les consommateurs apprennent au début de la période t+1 la qualité choisie par le producteur à la date t.

Rappelons que s'il n'y avait qu'une seule période, le producteur choisirait s=0 comme qualité quel que soit le prix qu'il fait payer et les consommateurs, anticipant ce comportement, n'achèteraient pas le bien. Ainsi, *dans un modèle à une période, le problème d'anti-sélection se pose de façon extrême et il y a absence totale d'échange*.

Supposons que les consommateurs fondent leurs anticipations de qualité sur la réputation de l'entreprise. Cette répu-

---

achète, θ doit être supérieur à c_0+Pub. Par conséquent, seuls des couples $\{p_1$, Pub$\}$ tels que p_1-Pub=c_0 et Pub$\leq\theta-c_0$ peuvent former un équilibre séparateur. Ainsi, tant que Pub ne dépasse pas $\theta-c_0$, les dépenses de publicité à fonds perdus et les prix de lancement sont des substituts parfaits (pour les consommateurs, il est évident que le prix de lancement est plus intéressant).

tation en t est mesurée par la qualité choisie par la firme en t-1. Si les consommateurs ont un a priori favorable, ils anticiperont $s_1=1$. Le producteur commence par un prix p_1 et continue de faire payer le même prix en fournissant la même qualité du fait de sa réputation. Les consommateurs pensent que le producteur ferait payer un prix égal à 0 s'il fournissait une qualité mauvaise.

Le modèle est fondé sur l'idée que les anticipations des consommateurs sont vérifiées dans la mesure où le producteur fournit la qualité supérieure en répétant la qualité choisie à la période précédente. Lorsque le producteur suit cette stratégie, il obtient un profit inter-temporel égal à :

$$(13)\ (p_1-c_1)(1+\delta+\delta^2+...)=(p_1-c_1)/(1-\delta)$$
$$=[(1+r)/r](p_1-c_1),$$

(puisque $\delta=1/(1+r)$).

Si, au contraire, le producteur vendait une mauvaise qualité au prix p_1, il obtiendrait p_1-c_0 dans la première période et 0 après. Par conséquent, on retrouve la condition nécessaire du paragraphe précédent. Pour que l'équilibre existe, il ne faut pas que la stratégie de tricherie soit profitable :

$$[(1+r)/r](p_1-c_1)\geq p_1-c_0$$

ou

$$(14)\ (p_1-c_1)\geq r(c_1-c_0).$$

Ainsi, afin que le producteur ne réduise pas la qualité, le prix du produit de bonne qualité doit faire intervenir une prime : il dépasse le coût d'au moins $r(c_1-c_0)$. En réduisant maintenant la qualité, le producteur gagne (c_1-c_0) sur le coût de production mais il perd sa rente de réputation qui est égale à :

$$[(p_1-c_1)(\delta+\delta^2+.....)=(p_1-c_1)/r].$$

Aussi, p_1 doit être tel que le producteur ne puisse pas se refaire une réputation s'il perd celle-ci lorsqu'il triche. Pour ce faire, il pourrait vendre pendant une période le produit de bonne qualité à un prix nul. Cela lui coûterait c_1 à court terme et lui rapporterait en retour la rente de réputation : $(p_1-c_1)/r$. On doit donc avoir :

$$-c_1+(p_1-c_1)/r\leq 0$$

ou

$$(15)\ p_1-c_1\geq r.c_1$$

(où $r.c_1$ donne le coût d'opportunité de la production de qualité par rapport à d'autres formes d'investissement alternatives).

Nous remarquons que le producteur n'est incité à produire un bien de bonne qualité que si la qualité implique une rente qu'il a peur de perdre[1] lorsqu'il réduit la qualité. La prime de qualité est une fonction croissante du taux d'intérêt. Si l'intervalle de temps entre les périodes augmente (les consommateurs ont besoin de plus de temps pour observer la qualité passée), le taux d'intérêt, donné par unité de temps, augmente pour la période et le producteur est davantage incité à réduire la qualité (qui prend plus de temps pour être détectée). La prime de qualité doit augmenter aussi afin d'empêcher le producteur de tricher[2].

Ainsi, l'asymétrie de l'information implique des coûts que supportent les deux parties. Les dépenses de surveillance et d'incitation engagées par le principal pour orienter le comportement de l'agent mais aussi la perte résiduelle correspondant à l'écart entre le résultat de l'action de l'agent et ce qu'aurait donné un comportement conduisant à une maximisation effective du bien-être du principal (ce qui est un coût d'opportunité), en font partie. Il y a aussi les coûts d'obligation supportés par l'agent afin de pouvoir garantir qu'il ne fera pas certaines actions lésant le principal ou afin de pouvoir le dédommager le cas échéant (le coût d'une assurance ou les coûts de signal supportés pour pouvoir révéler les différences par rapport aux autres).

La relation d'agence engendre des coûts et se présente comme un cadre général qui permet d'appréhender l'effet de l'information asymétrique dans l'organisation interne de la firme, sur les relations entre ceux qui détiennent la propriété et ceux qui prennent les décisions et entre ces derniers et ceux qui les exécutent. La question est alors de déterminer le type de structure contractuelle qui minimiserait ces coûts.

ASYMETRIE, DROITS DE PROPRIETE ET RELATIONS DE PROPRIETE/GESTION

Dans la lignée des problèmes d'asymétrie de l'information et de divergence des intérêts dans les relations interindividuelles, nous nous interrogerons, dans cette section, sur les formes de propriété et sur les problèmes engendrés par la séparation de la

---

[1] Cette idée est présente aussi chez A. Smith (1776, p.105) qui souligne que l'échange fondé sur la confiance (concernant les médecins, les avocats, etc.) ne peut pas être confié à des personnes de condition moyenne ou modeste. La même intuition est valable dans les politiques de lutte contre la corruption des employés ou des fonctionnaires à salaires peu élevés.

[2] Cet équilibre est appelé équilibre de *bootstrap* et signifie que la réputation importe seulement si les consommateurs voient qu'elle importe. Si les consommateurs n'y croient pas, le producteur réduit la qualité et les anticipations sont alors vérifiées dans le mauvais sens (apparition d'anti-sélection).

propriété et du pouvoir de décision/gestion. Comme Jensen et Meckling le soulignent, la structure de propriété se révèle importante dans la mesure où « la distribution de la probabilité des cash flow futurs n'est pas indépendante de la structure du capital ou de la propriété » (1976, p. 333).

La théorie des droits de propriété

La théorie des droits de propriété considère que toute relation entre agents économiques peut être appréhendée comme un échange de droits de propriété sur les biens et services[1].

La partitionabilité, la séparabilité et l'aliénabilité des droits de propriété conduisent à une spécialisation/parcellisation des tâches en affectant des responsabilités à des agents distincts, ce qui permet de mettre en place des systèmes de contrôle et d'incitation plus précis.

a) Fondements et principes

Selon la définition donnée par Alchian (1987), un droit de propriété est un droit assigné à un individu et aliénable par l'échange contre des droits similaires sur d'autres biens. Suivant Hart et Moore (1990), si l'on accepte que le contrôle de l'usage d'un actif physique signifie indirectement le contrôle d'actifs humains, la théorie des droits de propriété permet de réduire toute relation entre agents économiques à une relation entre choses (biens). Cette façon de considérer les relations semble impliquer un retour à la vision standard selon laquelle l'économie peut être appréhendée exclusivement à partir d'échanges de biens entre individus anonymes et « homogènes ». L'existence des droits garantis et précis est considérée comme la condition nécessaire pour le fonctionnement de l'économie décentralisée dans la mesure où ces droits fourniraient aux individus des incitations à créer, à conserver et à valoriser des actifs sans intervention exogène supplémentaire.

La manière dont les droits de propriété sont définis et répartis détermine l'extension du pouvoir des individus de tirer un avantage pour soi-même ou pour les autres des biens qui leur appartiennent. Avec les droits de propriété bien spécifiés, les externalités[2] sont internalisées, ce qui est supposé augmenter l'efficacité du marché.

---

[1] Pour un résumé de cette approche, voir Coriat et Weinstein (1995).

[2] C'est-à-dire les effets des actions ou des décisions d'un individu (ou d'un groupe d'individus) subis par un autre individu (ou groupe d'individus) sans que ce(s) dernier(s) soit (soient) explicitement impliqué(s) dans ces actions ou ces décisions.

Le droit de propriété sur un actif se définit à partir de trois attributs : le droit d'utiliser cet actif, le droit d'en tirer un revenu et le droit de le céder de manière définitive à un tiers. Par conséquent, la définition des formes organisationnelles dépend dans cette approche de la manière dont sont délimités et affectés les différents droits attachés à des actifs (qu'il s'agisse de biens ou d'individus). Une firme peut être considérée dans ce cadre comme un ensemble de contrats qui établissent une certaine structure de droits de propriété (Ricketts, 1987). Les questions du type : pourquoi la firme peut être préférée au marché, pourquoi il peut y avoir une séparation entre la propriété et la gestion, etc., correspondent à la question de savoir pourquoi est choisie une certaine configuration de droits de propriété. Si l'on définit les droits contractuels sous deux formes : droits spécifiés et droits résiduels, on peut remarquer que lorsqu'il semble coûteux à un agent de spécifier une longue liste de droits particuliers qu'il veut obtenir sur les actifs d'autrui, il peut s'avérer optimal d'acheter tous les actifs. C'est ce que l'on appelle la propriété qui est la détention de *droits résiduels.*

b) Structure des droits de propriété et théorie de la firme

Alchian et Demsetz (1972) présentent la firme comme une organisation efficace de production en équipe. Il s'agit d'une utilisation en équipe des inputs et d'une position centralisée de certaines parties dans les engagements contractuels portant sur tous les autres inputs. Les parties (les employés, par exemple) sont des agents contractuels centralisés dans un processus de production en équipe, ce qui empêche toute spécification individuelle des quantités produites. La production en équipe sera effectuée si elle engendre un output supérieur à la somme des outputs produits individuellement[1]. Mais dans ce cas, la contribution individuelle des personnes participant à la production n'est pas distinguable avec précision. Les comportements opportunistes (de cavalier libre, i.e. *free rider)*[2] qui apparaissent conduisent, par conséquent, au problème d'aléa moral. Comment peut-on empêcher les individus d'adopter un tel comportement ?

---

[1] Dans le premier cas, on doit bien sûr ajouter les coûts d'organisation et de contrôle des membres de l'équipe.

[2] Le problème de *free rider* : Lorsque les individus peuvent bénéficier d'une action collective organisée par le groupe auquel ils appartiennent sans être obligés d'y participer activement, ils n'ont pas intérêt à révéler leurs préférences individuelles. Ils font semblant d'être désintéressés et de subir la décision collective en vue de bénéficier, au titre de leur appartenance au groupe, des avantages de l'action considérée, sans en supporter les coûts d'organisation et d'exécution.

Le problème posé par Alchian et Demsetz est le problème de contrôle de l'équipe de production. Les auteurs proposent comme solution la mise en place d'un agent, le moniteur, qui se spécialiserait dans le contrôle des comportements des membres de l'équipe en gérant l'utilisation des inputs communs. Dans ce cas, comment doit-on contrôler le contrôleur (le moniteur) s'il peut lui-même tirer des gains supplémentaires en ayant recours à diverses formes de tricherie ? Il faudra alors lui attribuer un statut particulier fondé sur une structure contractuelle et de droits de propriété précise. Le moniteur peut être, par exemple, *le créancier résiduel.* Dans ce schéma, il aura le droit d'observer et de contrôler les performances des membres de l'équipe et le droit d'établir des contrats avec des tiers et autres détenteurs de ressources. Il détiendra aussi le droit de changer la composition de l'équipe (le droit de négociation) et le droit de vendre ces droits. Ces droits définissent le statut d'employeur et de propriétaire de la firme dirigée par un propriétaire unique.

Ce qui est essentiel ici c'est le statut de créancier résiduel. Le créancier résiduel reçoit le rendement résiduel qui correspond à un système d'incitations tel que l'efficacité est obtenue sans qu'il soit nécessaire de contrôler le moniteur (Holmström, 1996). La mise en commun de ces droits, selon Alchian et Demsetz, permettrait de résoudre le problème d'information imparfaite de la production en équipe mieux que les arrangements contractuels décentralisés. Les firmes sont vues alors comme des *institutions de marché* spécialisées dans la collecte et le traitement des informations. Milgrom et Roberts (1997), développant cette idée, précisent que le pouvoir incitatif des droits de propriété réside dans le couplage de deux types de droit : le droit de créancier résiduel et le droit de contrôle résiduel. Dans ces conditions, il n'y aurait plus d'opposition entre le marché et l'organisation, la deuxième, à travers une structure de droits de propriété bien spécifiée, se présentant comme une relation contractuelle de marché. En effet, Alchian et Demsetz formulent l'objection selon laquelle les activités de la firme doivent être considérées sous l'angle d'une gestion (*gouvernance)* par une autorité en supposant que les contrats de la firme peuvent être interprétés en termes d'échanges volontaires entre individus indépendants. Mais cette objection tombe aussi sous la critique générale selon laquelle les contrats, même volontaires, sont sujets aux problèmes d'information imparfaite ou incomplète et impliquent des coûts de négociation, d'organisation et de contrôle, critique que K. Arrow formule ainsi :

« ...les organisations sont un moyen d'assurer les bénéfices d'une action collective dans des situations où le système de prix est défectueux»[1].

L'organisation dans la firme n'est pas seulement un choix individuel en termes d'arbitrage entre différents coûts susceptibles d'émerger selon la modalité d'échange choisie. Elle est avant tout une obligation due au caractère décentralisé des décisions et des activités économiques individuelles, obligation qui découle d'un problème général de coordination[2].

Il convient de remarquer que les grandes firmes ont une forme institutionnelle particulière qui, par la séparation entre la propriété et le contrôle, ne répond pas directement aux critères d'efficacité des rapports de marché dans le modèle néoclassique augmenté de la théorie des droits de propriété. L'objectif des uns (par exemple les actionnaires-propriétaires) ne sera pas *a priori* le même que celui des autres (gestionnaires, par exemple). Certes, il s'agit toujours de partitionner les droits sur la firme sous ses formes diverses pour une plus grande efficacité de fonctionnement mais le rendement résiduel et le contrôle résiduel ne se trouvent pas trivialement dans les mains des mêmes agents.

En effet, la théorie des droits de propriété, fondée sur une économie d'échanges volontaires entre individus séparés, cherche à revenir à l'agent représentatif du modèle néoclassique de l'économie de marché. Mais elle n'évite pas les problèmes d'asymétrie qui apparaissent avec acuité dans les relations qu'entretiennent les composantes de la firme entre elles. La divergence des préférences dans les relations de propriété et de gestion et la distribution particulière des informations entre différents agents engendrent des contrats imparfaits. Les différents acteurs (les apporteurs de capitaux, les dirigeants, les salariés) ont des objectifs différents. La logique principale qui guide les apporteurs de capitaux est une logique financière qui suit le critère de rentabilité financière (du placement). Les actionnaires chercheront à garantir et/ou à augmenter leur gain et sont normalement attirés par d'autres placements plus rentables. Ils puisent leur pouvoir dans le capital qu'ils détiennent. Pour leur part, les dirigeants suivent une logique de maximisation des performances afin d'augmenter la rentabilité économique de l'activité de la firme. Ils cherchent à garantir leur place et à élargir leur pouvoir dont la source se trouve dans l'organisation qu'ils dirigent. Quant aux salariés, ils ont une logique d'épa-

---

[1] cité dans Williamson et Masten (1995, vol. 1).
[2] Pour une synthèse sur ce sujet voir Weinstein (1997).

nouissement et de sécurité dans leur emploi et visent à rentabiliser leur participation à l'activité de la firme (les salaires, par exemple). Ils sont attirés par les salaires et les possibilités de promotion et la source de leur pouvoir est leur savoir-faire.

Relations entre actionnaires-propriétaires et dirigeants-gestionnaires

Les actionnaires d'une firme peuvent être vus collectivement comme le principal déléguant le pouvoir de décision au gestionnaire/dirigeant (le *manager*). On examinera tout d'abord les diverses influences externes affectant le gestionnaire. Il s'agit des contraintes imposées aux dirigeants. Ces contraintes proviennent des actionnaires, des menaces de prise de contrôle et des menaces de faillite et soulignent la séparation de la propriété et du pouvoir de décision dans les firmes modernes. Cette séparation peut être étudiée au sens weberien de la rationalisation du monde moderne (Livian, 1995), entendue comme la nécessité d'une définition précise des activités et des normes qui déboucherait sur une séparation de la propriété et du contrôle. Avec la différenciation des fonctions et des rôles, l'apparition d'une hiérarchie permettrait ainsi une spécialisation correspondant à la sélection sur la base des compétences. La clarté des devoirs et des droits ainsi obtenue viserait une stabilité accrue dans le fonctionnement de l'organisation.

Le contrôle et la propriété sont séparés dans la structure et le fonctionnement des grandes entreprises (Berle et Means, 1932). Les actionnaires sont dès lors supposés incapables d'avoir toute l'information requise sur les actions du dirigeant et d'exercer ainsi un contrôle direct et détaillé sur celui-ci. On se trouve alors dans un contexte de conflit potentiel. Les différences et les divergences entre les objectifs des deux parties peuvent apparaître, par exemple, au niveau du profit. Les dirigeants peuvent miser sur des bénéfices non monétaires (confort, services utilisés relativement au poste qu'ils occupent), ce qui peut entrer en conflit avec l'objectif de maximisation des profits des actionnaires.

Un deuxième élément de divergence entre les deux parties concerne leurs attitudes respectives vis-à-vis du risque. Il est en général supposé que les actionnaires cherchent à avoir un portefeuille d'actifs diversifiés tandis que les dirigeants tirent leurs gains des performances de la firme qu'ils dirigent. Dès lors, le dirigeant aura plus d'aversion pour le risque dans le cas des investissements et des stratégies de sa firme que les actionnaires[1]. On peut ainsi remarquer, par exemple, que dans l'optique d'une politique financière prudente, les dirigeants peuvent vouloir éviter de s'engager dans des opérations risquées pouvant déboucher sur des pertes ou sur des situations déclenchant des OPA. Dans les deux cas, les dirigeants risquent d'être évincés de leur fonction et se trouvent face à un problème de survie dans le temps, pour reprendre une expression utilisée par Alchian. Par exemple, lorsque la contrainte financière augmente à cause d'une augmentation de la part de l'endettement de la firme dans ses actifs, elle entraîne une baisse de la sécurité de l'emploi des dirigeants en rendant la firme plus vulnérable.

Troisièmement, le dirigeant peut être tenté d'entreprendre des actions avec un rendement à court terme afin de démontrer sa capacité à dégager des gains tandis que les actionnaires peuvent s'intéresser davantage à un horizon plus long en termes de politiques de développement. Par exemple, en 2001, les dirigeants d'AOL Time Warner ont maintenu des prévisions de croissance optimistes afin de soutenir le cours de bourse du groupe alors qu'ils vendaient en même temps pour 500 millions de dollars d'actions du groupe. Suite à une baisse du cours des actions du groupe, les actionnaires d'AOL Time Warner ont déposé une plainte auprès des autorités boursières américaines (la *SEC*) contre les dirigeants d'AOL.

Les actionnaires sont donc face au problème d'Alchian et de Demsetz (1972) qui consiste à trouver une façon efficace de contrôler le contrôleur : comment agir *ensemble* afin de contrôler la gestion de la firme ? Il existe principalement deux solutions au problème de contrôle de la direction de la firme :

- Les actionnaires peuvent menacer le dirigeant en voulant le remplacer par un autre qui agirait davantage dans leurs intérêts ;
- Comme on l'a vu dans l'étude de l'aléa moral, il est envisageable de proposer des rémunérations différentes pour que le dirigeant agisse dans l'intérêt des actionnaires (recherche d'une procédure incitative). Dans la théorie des contrats (cf. chapitre suivant), l'alignement des dirigeants sur les intérêts des actionnaires est obtenu principalement par des rémunérations indexées sur les bénéfices de l'entreprise ou par un paiement fait, directement ou indirectement, en droits de propriété, comme les stock options.

Toutefois, il convient de signaler une difficulté qui se situe au niveau des relations entre les actionnaires eux-mêmes. En

---

[1] Les actionnaires peuvent accepter plus de risque dans les choix stratégiques de la firme dans la mesure où ils peuvent compenser les pertes éventuelles qui seraient dues à ces choix par les gains éventuels qu'ils auraient obtenus sur les autres actions qu'ils détiennent dans leur portefeuille diversifié.

effet, dans la plupart des cas, les décisions sont prises lors des assemblées générales annuelles. La forte dispersion des actionnaires[1] fait que la participation de tous à ces assemblées est assez faible. D'ordinaire, les actionnaires cherchent à nommer un représentant à leur place. Les actionnaires ne participent effectivement aux prises de décision que s'ils pensent que le coût impliqué par la nomination d'un représentant est inférieur aux gains qu'ils tireraient en cas de participation effective. Le problème d'opportunisme apparaît alors. Les actionnaires auront tendance à adopter un comportement opportuniste. Chaque actionnaire pensera que les autres pensent qu'il faut organiser des coalitions ou des lobbies afin d'influencer les décisions des dirigeants dans l'intérêt de l'ensemble des actionnaires. Alors, les actionnaires ne chercheront pas à organiser individuellement ce genre d'action collective en vue de laisser les autres à en supporter les coûts à leur place et d'en tirer les mêmes avantages qu'eux.

En supposant que les actionnaires arrivent à s'entendre sur les procédures de contrôle et d'incitation à appliquer aux dirigeants, on peut penser que leur choix optimal consistera à rémunérer les dirigeants sous forme de prime en cas de correspondance des décisions à leurs intérêts. On suppose que si le dirigeant obtient des actions (titres) dans la firme, le problème d'information imparfaite peut être en partie résolu puisque celui-ci fait désormais partie des actionnaires.

Cette solution va dans le sens de la solution d'Alchian et de Demsetz puisqu'elle consiste à donner au dirigeant-gestionnaire de la firme le statut de créancier et de contrôleur résiduel en en faisant un actionnaire de la firme. Mais cette solution ne paraît pas suffisante contrairement aux enseignements desdits auteurs.

D'une part, on remarque que les évolutions observées pendant les années 2001 et 2002 contredisent en partie cette affirmation dans la mesure où la politique de rémunération en *stock options* des dirigeants des grands groupes, qui ont fait faillite ou qui se sont trouvées dans une position financière fragile en 2002, est maintenant sévèrement critiquée à la fois par les actionnaires eux-mêmes et par les autorités de surveillance qui réclament plus de transparence dans les contrats de rémuné-

---

[1] Toutefois, Demsetz (1998, p. 78) souligne que dans les 500 plus grandes sociétés américaines (recensées par *Fortune*), le capital possédé par les cinq plus gros actionnaires représente en moyenne 25% du capital total. Le capital des grandes entreprises est assez diffus mais il existe, dans certains cas, un nombre suffisant d'actionnaires actifs capables de contraindre les comportements et décisions des dirigeants. Dans ce cas, la question qui se pose est la compatibilité entre les intérêts des actionnaires influents et les autres actionnaires minoritaires, porteurs de titres dispersés.

ration. A ce sujet, on peut donner un exemple actuel qui est le rapport Bouton, rendu public en septembre 2002. D'une manière générale, concernant la situation de la trésorerie et de l'endettement, les activités hors bilan, les politiques d'acquisition et les rémunérations en stock options des dirigeants des firmes, un groupe de travail, mandaté par le Medef et l'Afep, a été chargé, au printemps 2002, d'évaluer les pratiques de gouvernement d'entreprise en France et de proposer des mesures de transparence et de sécurité. Toutefois, dans ce type de recherche, les difficultés sont supposées provenir principalement d'un problème de « bonne gouvernance » alors qu'il ne s'agit pas seulement d'un problème de gestion mais, surtout et plus fondamentalement, d'une difficulté de coordination d'activités privées selon un objectif commun. Nous reviendrons sur ce point au chapitre suivant.

D'autre part, dès lors que le dirigeant devient un actionnaire, une nouvelle question se pose : quelle doit être l'importance de sa part pour qu'il attache suffisamment d'intérêt aux attentes des autres actionnaires ? Le problème est réel d'autant plus que dans certains cas, le dirigeant n'a pas un portefeuille diversifié comme les actionnaires et donc ne raisonnera pas exactement comme ces derniers en ce qui concerne les stratégies de la firme et sa politique d'évolution dans le temps. De ce point de vue, la politique de rémunération du dirigeant demande à être clarifiée dans le sens d'établissement des moyens incitatifs supplémentaires pour que celui-ci puisse être contrôlé d'une façon efficace. Une mesure de performance interne peut être utilisée comme élément de motivation du dirigeant. Les salaires des managers peuvent être liés aux gains obtenus sur les titres des actionnaires. Or, les gains réalisés doivent être aussi utilisés (rétention d'une part du profit réalisé) dans la firme pour des investissements et des politiques de croissance à travers l'autofinancement. Dans ce cas de figure, malgré l'évolution positive de la firme, les gains distribués seront moindres, ce qui pénalisera le dirigeant (qui aurait pourtant pris des décisions solides). Ceci montre la difficulté de mettre en place un contrat sur la base de critères de choix simplistes (comme la maximisation du profit) qui bénéficierait à toutes les parties en cause lorsqu'il y a séparation des pouvoirs et divergences d'intérêts.

Il est possible d'appréhender ce problème sous un angle différent. En effet, la forme moderne de la propriété est le gouvernement d'entreprise dont le principe est la primauté de l'actionnaire sur le dirigeant. Le but recherché est de subordonner la gestion à l'intérêt de l'actionnaire en utilisant un critère simple mais discutable, la rentabilité financière (évolution des prix des titres) qui est privilégiée par rapport à la rentabilité économique (évolution des dividendes). La prépondérance de l'intérêt de l'actionnaire est aussi renforcée par les modalités actuelles de contrôle des fonds par des institutions spécialisées. Les actionnaires peuvent menacer alors le dirigeant de vendre les titres qu'ils détiennent. Pour la firme-acquéreur, la prise de contrôle ou rachat des firmes vise en général à augmenter l'efficacité ou le pouvoir de marché à travers la diversification horizontale (nouveaux biens et services), l'intégration verticale (le contrôle des activités -en amont et en aval- autour de la même base de production) ou la constitution en conglomérat (production de biens non substituables) (cf. chapitre V). Cependant, du point de vue des actionnaires de la firme offerte, la solution qui consiste à vendre leurs parts afin de « résoudre » le problème de mauvaise gestion signifiera l'inefficacité de la firme et donc impliquera une diminution de la valeur des titres sur le marché. Alors, un outsider qui pense que la firme peut être récupérable grâce à un changement de gestion, achètera les titres offerts et changera les dirigeants. L'efficacité du mécanisme de la prise de contrôle est de signaler et de corriger la mauvaise gestion des ressources de la firme.

Toutefois, il existe ici d'un problème d'anti-sélection. Car l'acquéreur potentiel peut se trouver dans l'impossibilité de distinguer les firmes qui se trouvent en mauvaise situation du fait d'une mauvaise gestion (mais avec une potentialité de gain importante) et les firmes qui le sont en raison de leur caractère non rentable (mauvaise adéquation au marché, par exemple) mais qui, pourtant, ont été gérées efficacement.

Les relations de la firme avec les banques qui la financent peut alors constituer un signal supplémentaire sur la qualité des décisions prises par la direction.

Evaluation bancaire du gestionnaire

L'intervention des actionnaires ne constitue pas la seule forme directe de contrôle sur les dirigeants qui sont aussi contrôlés par les prêteurs, par exemple, les banques. Il est possible de penser la relation banque-dirigeant comme une relation de principal-agent. Les banques, institutions de crédit ou représentants des épargnants-prêteurs, imposent des conditions pour octroyer des prêts.

Les banques, supposant qu'elles n'ont pas de lien direct avec les firmes, ont tendance à contraindre les gestionnaires de la firme à avoir des projets à faible risque et peuvent entrer en conflit avec les actionnaires. Lorsque l'exercice de la firme ne permet pas de dégager des bénéfices suffisants pour, au moins, rembourser les prêts auparavant contractés et les charges d'intérêt dues, la mauvaise gestion peut déboucher sur la faillite de la firme. Si ses actions perdent de leur valeur sur les marchés et si la valeur anticipée du flux des profits futurs devient négative ou insuffisante à l'égard des engagements passés, les créanciers peuvent demander la liquidation de la firme. Cette situation est beaucoup plus contraignante pour les dirigeants que les deux situations précédentes dans la mesure où la faillite de la firme correspond aussi à la disparition du dirigeant.

Le dirigeant établit des contrats de dette avec les banques. Cela montre aussi qu'il s'engage à assurer de bons résultats à partir de ses décisions. Sur le marché, l'attribution de crédits supplémentaires par les banques à une firme est, en principe, un signal positif puisque les banques sont considérées comme des spécialistes qui vérifient le bien-fondé des projets à financer. La diffusion de cette information auprès des investisseurs financiers augmentera la valeur des titres de la firme, ce qui est dans l'intérêt du dirigeant. « Logiquement », les banques se montreront attentives à la situation actuelle (future) dans laquelle la firme se trouve (se trouvera). Elles ne prêteront pas si elles jugent que l'état de la firme et sa gestion n'offrent pas de perspectives de gain. De ce point de vue, la relation de la firme avec les banques constitue un signal précieux aussi bien sur l'état de la gestion de la firme que sur sa capacité à être rentable. Ainsi, l'apport informationnel décisif du soutien des banques poussera le dirigeant à élaborer des projets prometteurs et à veiller à ce qu'ils se réalisent dans de bonnes conditions. La crédibilité des banques sur le marché constitue alors une incitation pour les dirigeants à orienter leurs décisions vers des projets efficaces. Toutefois, dans le cadre du problème d'anti-sélection, on peut considérer que le dirigeant peut raisonner à court terme et considérer la faillite (ou l'échec) comme une issue quelconque sans trop d'importance. Ceci est possible lorsque les gains anticipés du dirigeant sont supérieurs aux pertes (licenciement, par exemple) qu'il peut subir en cas d'échec. Par conséquent, la crédibilité du signal nécessite la mise en place d'une procédure de sanction des dirigeants suffisamment contraignante pour que les engagements de la firme soient considérés comme pertinents.

Contrôle par les dirigeants

Les dirigeants peuvent être considérés comme le principal dans leur relation avec leurs subordonnés (les assistants, les employés, les ouvriers, etc.). Ce cas fait appel à la spécification d'une hiérarchie (cf. chapitre suivant) dans l'organisation interne de la firme. L'évolution de la firme est vue comme un mouvement croissant de délégation du pouvoir décisionnel. On est dans le cas d'un processus de décentralisation organisationnelle engendrant des problèmes du type : -la capacité de prévision et de calcul limitée de la direction générale ; -contraintes face à la capacité du sommet d'assimiler toute l'information ; -la complexité croissante de l'environnement qui engendre des difficultés d'appréhension des problèmes et d'éventuelles solutions.

On suppose que la rationalité et les capacités du dirigeant sont limitées dans le temps et dans l'espace dans la recherche d'une décision optimale. Dès lors, le dirigeant délègue une partie de son pouvoir à ses subordonnés qui se spécialisent chacun dans un domaine particulier de collecte, de traitement et de stockage de l'information disponible et/ou requise concernant le processus de production de la firme. Ceci signifie que le dirigeant au sommet ne peut ni connaître ni vérifier totalement l'information dont disposent ses subordonnés. Le problème surgit encore une fois à cause des divergences entre les intérêts privés et les intérêts communs.

Le problème rencontré dans la relation actionnaires-dirigeants apparaît donc aussi entre le dirigeant du sommet et les délégués. On peut penser par exemple au cas des firmes dont l'activité est géographiquement et fonctionnellement étendue sur plusieurs établissements. Les décideurs respectifs de ces établissements doivent agir en harmonie afin d'obtenir un résultat commun qui est le produit de la firme. Mais si le degré de liberté dans le fonctionnement de ces établissements est élevé, chaque décideur peut chercher à obtenir un meilleur résultat pour son propre établissement sans se soucier de la compatibilité de ses décisions avec celles des autres établissements, ce qui créerait un problème d'adéquation générale des décisions relatives à chaque établissement. Ceci affectera négativement le résultat final de l'activité de la firme qui dépendra donc du degré de facilité avec laquelle le dirigeant du sommet peut relier les différents éléments entre eux en vue d'obtenir une efficacité maximale de l'activité générale. Les procédures de contrôle fondées sur des réunions répétées avec le suivi périodique des résultats peuvent constituer une menace pour les sous-dirigeants. Cette menace doit être suffisamment forte pour inviter ces derniers à se préoccuper de la cohérence globale de leurs propres décisions avec l'activité d'ensemble. Dans le cas contraire, les résultats individuels satisfaisants obtenus à court terme peuvent aboutir à un déséquilibre final. Ce point sera souligné dans le chapitre suivant.

Il est possible d'étudier aussi les difficultés des relations au niveau des opérateurs (employés, ouvriers, etc.). Les mesures utilisées peuvent être l'incitation sur les salaires en fonction des résultats obtenus relativement au temps de travail et/ou à la quantité d'effort fourni. Le critère de rentabilité en termes d'effort fourni est lié au nombre de produits obtenus par travailleur. Cela peut s'appliquer si la nature de l'activité de la firme le permet. Par exemple, dans l'industrie de textile, le travail à la pièce laisse une liberté relative aux employés dans la gestion de leur temps, leur performance étant récompensée par une rémunération accrue. Néanmoins, dans le cas où la qualité prime sur la quantité, le critère quantitatif peut avoir des effets néfastes. En effet, la recherche d'une productivité quantitative plus poussée peut engendrer des produits défectueux en raison de la faiblesse du temps de contrôle et de soin apporté à la production. Par conséquent, lorsqu'une stratégie de rémunération sur prime est fondée exclusivement sur la quantité, le résultat subit un effet adverse dans la réduction de la qualité.

A travers la pratique de prime et l'établissement des normes à la fois quantitatives et qualitatives, la firme doit chercher à développer le travail en équipe afin de relier les intérêts individuels (l'obtention d'un meilleur salaire global en fonction du travail fourni) à un intérêt général (l'obtention d'un produit compétitif en termes de rapport qualité/prix). A un niveau donné de production est rattachée une certaine norme de qualité. Les primes sont alors appliquées sur les résultats obtenus non par les individus séparément mais par le groupe de travail auquel ils appartiennent.

Avec l'établissement des systèmes de contrôle des résultats, les individus sont incités à ne pas enfreindre les règles communes. La décentralisation ou la séparation des divers groupes d'activité vise alors à établir un contrôle effectif sur chaque branche d'activité. Le problème qui apparaît dans ce cas est de savoir dans quelle mesure les informations requises pourront circuler d'une sphère à l'autre sans se déformer et dans quelle mesure leur contrôle peut être efficace. La théorie des organisations et du contrôle et l'étude des structures hiérarchiques portent justement sur l'efficacité des organisations économiques privées et des systèmes de contrôle ordonnés. C'est l'objet du chapitre suivant.

CHAPITRE III : LA THEORIE DES ORGANISATIONS ET LA FIRME

Toute étude sérieuse de l'organisation économique doit s'intéresser aux implications combinées de la rationalité limitée et de l'opportunisme, ainsi qu'à la question de la spécificité des actifs.

O. E. Williamson
The Economic Institutions of Capitalism

Lorsque nous pensons *organisation*, nous pensons *management*. Il est certain que notre attention se porte bien plus sur les organisations que sur les managers et les systèmes de gestion qu'ils ont créés. Mais ce qui distingue, avant tout, une organisation formelle d'un quelconque rassemblement d'hommes -d'une foule, d'un groupe informel- c'est la présence d'un système d'autorité et d'administration, personnifié par un ou plusieurs managers dans une hiérarchie plus ou moins structurée et dont la tâche est d'unir les efforts de tous dans un but donné.

H. Mintzberg
Le Management

Notions-clé :

coûts de transaction - rationalité procédurale - rationalité limitée – opportunisme- investissements spécifiques - efficacité-X - coalition - objectifs communs - théorie de contrôle - variables-clé - contrôle de gestion - audit - actions d'intervention sur les résultats - courbe de demande coudée - efficacité des structures hiérarchiques

Références:

* AOKI, M., *Economie japonaise : information, motivation et marchandage,* Economica, Traduction française, 1991.

* BAUDRY, B., L'apport de la théorie des organisations à la conception néo-institutionnelle de la firme. Une relecture des travaux de O. E. Williamson, *Revue économique*, 50(1), 1999, pp. 45-69.

* BOUQUIN, H., *Le contrôle de gestion*, PUF, 1991.

- BROUSSEAU, E., Processus évolutionnaires et institutions. Quelles alternatives à la rationalité parfaite ?, *Revue économique*, 51(5), 2000, pp. 1185-1213.

* CAHIERS FRANCAIS, *Audit et Management*, N°248, 1990.

* CHANDLER, A. D., *La main visible des managers*, Economica, Traduction française, 1988 (1979).

* COASE, R. H., La nature de la firme, *Revue Française d'Economie*, 2(1), 1987 [1937], pp. 133-163.

* CORIAT, B., WEINSTEIN, O., *Les Nouvelles Théories de l'Entreprise*, Le Livre de Poche, 1995.

* KOENIG, G., *La théorie de la firme*, Economica, 1993.

* LAUZEL, P., TELLER, R., *Contrôle de gestion et budgets*, Sirey, 1997.

- LEIBENSTEIN, H., *Beyond Economic Man*, Harvard University Press, Cambridge, Massachusetts, 1976.

* LIVIAN, Y. F., *Introduction à l'analyse des organisations*, Economica, 1995.

- MARCH, J. G., *Décisions et organisations*, Les Editions d'Organisation, 1991.

* MENARD, Cl., *L'Economie des organisations*, La Découverte, 1990.

* MINTZBERG, H., *Le Management*, Les Editions d'Organisation, 1994.

- OUCHI, W. G., *Theory Z, Readings*, Mass. Addison Wesley, 1981, Traduction française : *Théorie Z : faire face au défi japonais*, InterEditions, 1982.

* PAUCHER, P., *Mesure de la performance financière de l'entreprise*, PUG, Grenoble, 1991.

- SIMON, H. A., *Models of bounded rationality*, The MIT Press, Cambridge, 2 volumes, 1982.

- WILLIAMSON, O. E., WINTER, S. G., *The Nature of the Firm*, Oxford University Press, 1991.

- WILLIAMSON, O. E., *Les institutions de l'économie*, InterEditions, Traduction française, 1994.

La théorie des organisations étudie l'opposition et/ou la complémentarité entre la firme et le marché à partir de deux questions fondamentales :
1) Pourquoi existe-t-il deux formes de coordination, le mécanisme des prix et l'organisation, alors que la théorie économique pense pouvoir démontrer l'efficacité du marché ?
2) Comment le choix entre la coordination par les prix et la coordination par la firme se fait-il ?

Avant d'étudier les réponses apportées à ces questions, il convient de rappeler les définitions du marché et de la firme qui sont adoptées dans ce chapitre.

Le marché est considéré comme un lieu de confrontation, en l'occurrence anonyme, des désirs individuels d'échanger des biens et services disponibles ou transformés. Le marché concurrentiel ou parfait, au sens théorique du terme, est ce lieu où les individus participants sont supposés ne pas adopter de stratégies d'arbitrage conscientes, capables d'affecter les comportements des autres. Le marché est anonyme et parfait dans la mesure où il n'existe aucune imperfection ou incomplétude de l'information[1].

Quant à la firme, elle est définie comme une organisation économique qui, en regroupant des individus, différents en plusieurs points, cherche à exploiter ces différences dans le but d'atteindre un objectif commun. Il ne s'agit pas *a priori* d'une coopérative d'agents avec des droits égaux. L'objectif commun est une valorisation marchande des activités à partir d'un rassemblement technique et humain d'individus qui conservent leurs propres objectifs et intérêts. Ces individus se réunissent à l'intérieur d'une structure hiérarchique particulière en acceptant un schéma de récompense et de sanction. La praticabilité de cette réunion est liée à l'établissement de règles communes de comportement, de droits et de devoirs contrôlables en vue de réduire l'anonymat du marché. Ce dernier apparaît défectueux (en termes d'efficacité) lorsque les conditions concurrentielles ne sont pas réunies. La firme est l'entité organisationnelle qui réduit l'importance du marché dans la détermination et le déroulement des relations économiques. L'internalisation de certaines activités au sein des firmes apparaît comme l'un des moyens d'éviter ou de réduire l'incertitude (dont un cas précis est l'asymétrie de l'information) en soumettant au contrôle d'une autorité interne l'exécution des opérations requises.

---

[1] Au sens où nous l'avons étudié dans le premier chapitre.

Dans la logique d'une divergence entre les moyens et les objectifs des agents économiques qui entrent en rapport économique les uns avec les autres, la vision hiérarchique étudiée dans ce chapitre met l'accent sur le lien entre le pouvoir d'autorité et la coordination par le contrôle. Mais plusieurs interprétations concurrentes sont possibles dans ce domaine.

La première section est consacrée à la théorie des coûts de transaction. Le premier paragraphe porte sur l'approche coasienne. Coase suppose qu'il existe des arrangements institutionnels qui permettent de définir la firme comme un nœud de contrats dans un système de relations entre partenaires égaux. De ce point de vue, la transaction (l'échange) reste le cœur des arguments en termes d'arbitrages en coûts de transaction. Dans le paragraphe suivant, l'apport analytique de Williamson est considéré. La firme est appréhendée comme un système de règles et d'arrangements organisationnels *délibérément* conçus par les individus qui réalisent l'importance des coûts de transaction. Ces coûts apparaissent lorsque la rationalité des agents économiques est limitée et lorsque l'opportunisme est de règle dans les comportements. Le troisième paragraphe présente la théorie de l'Efficacité-X de Leibenstein. Cette théorie souligne, d'une façon globale, les avantages de la structure organisationnelle sur le marché en mettant l'accent sur l'incertitude qui est liée au caractère décentralisé et privé des décisions individuelles et sur la nécessité d'une coordination de ces décisions en vue d'accroître l'efficacité des projets entrepris.

Dans la deuxième section, l'analyse du problème de cohérence de l'organisation, considérée comme coalition, montre l'apport de la vision comportementaliste à la compréhension des relations dans les firmes, mais elle en détermine aussi les limites. Ces limites proviennent des difficultés de coordonner les actions individuelles en vue de les faire tendre vers des objectifs communs. La détermination d'objectifs communs apparaît comme une condition *sine qua non* de la viabilité des entités économiques structurées comme les firmes. L'intelligibilité de l'existence de telles entités est conditionnée par le caractère emboîté des décisions aux différents niveaux de compétence et de légitimité. L'adhésion des agents travaillant dans une organisation à un objectif fédérateur paraît nécessaire.

La dernière section étudie la logique du contrôle et de la hiérarchie. La logique du contrôle se comprend dans le cadre d'une efficacité commune autorisant les membres de la collectivité à définir leurs stratégies par rapport à un modèle de référence contenant des schémas de récompense et de sanction de façon à rendre cohérentes, dans leur ensemble, les décisions et actions multiples. Le contrôle du fonctionnement mais aussi de la performance de l'entreprise s'inscrit dans cette vision. Toutes les vérifications et les mesures d'amélioration se situent par rapport à elle. Les différentes formes hiérarchiques, étudiées à la fin de ce chapitre, soulignent cette affirmation. Nous remarquons qu'il n' y a pas de modèle d'organisation entrepreneuriale (de coexistence pacifique) *a priori* donné, mais des possibilités diverses selon les caractéristiques des entreprises étudiées. Ces possibilités répondent toutefois à un certain nombre de critères communs de viabilité.

ORGANISATION *VERSUS* MARCHE ?

L'article de 1937 de Coase est fondateur de la théorie des coûts de transaction. L'article de 1960 constitue aussi un agenda de recherche très développé. On y trouve à la fois une étude théorique et une étude de cas sur les problèmes d'externalités et sur les coûts de transaction soulignant les limites du mécanisme des prix dans le fonctionnement efficace des marchés. De ce point de vue, la théorie des droits de propriété puise ses sources en partie dans ce travail de Coase puisque l'analyse des rapports économiques est explicitement effectuée sous forme de rapports de droits sur biens.

La théorie des coûts de transaction considère que la firme et le marché sont des méthodes alternatives de coordination de l'allocation des ressources. Elle est fondée sur la proposition selon laquelle les firmes présentent un mécanisme assorti de contrôle à travers la direction et la coordination des ressources sous une autorité et pose la question de savoir sous quelles conditions ce mode de coordination présente un avantage par rapport au marché. Les travaux de Williamson développent l'idée coasienne en intégrant les questions de rationalité et d'opportunisme rencontrées dans les transactions. Ces arguments permettent de fonder une analyse plus générale des organisations en termes d'efficacité économique.

Fondements analytiques : Coase et coûts de transaction

L'idée directrice de la théorie des coûts de transaction est fondée sur l'observation suivante : L'utilisation du mécanisme des prix de marché suscite des coûts qui peuvent être évités en internalisant les activités jusqu'alors externes à l'entreprise, c'est-à-dire en réalisant ces activités au sein même de la firme au lieu de les acheter ou de les louer à des tiers sur le marché

(Coase, 1937, 1960, p. 16). Le degré d'internalisation est évalué en termes aussi bien technologiques qu'organisationnels puisque la firme se présente comme un lieu d'intégration de multiples activités avec une multitude de fonctions, comme la gestion/direction, le marketing, la production, la finance, etc.

En dehors de la firme, les mouvements de prix orientent la production dont la coordination se fait par une série de transactions sur le marché. Au sein de la firme, ces transactions sont éliminées. L'entrepreneur organisateur et coordonnateur, qui dirige la production, remplace le marché. Lorsqu'il existe un choix entre deux mécanismes de coordination, la gestion interne et le marché, la taille de la firme sera déterminée par l'efficacité et les coûts relatifs de ces deux mécanismes (Grossman et Hart, 1986, Marris, 1998). Dans l'optique coasienne, la firme se caractérise par une relative suppression du mécanisme des prix. Par exemple, la firme peut réduire le besoin de spécifier les prix dans chacune des nombreuses transactions requises car on substitue ainsi un contrat à long terme à une série de contrats de courte durée. Au lieu d'étudier chaque jour les termes dans lesquels les facteurs doivent être employés et les ressources physiques utilisées, il est établi un accord stable et durable fixant les barèmes de rémunération et conférant au coordonnateur l'autorité de diriger l'utilisation des éléments de la coopération en fonction des besoins internes. La firme devient un mode de fonctionnement particulier permettant d'économiser sur les coûts du marché. Mais réciproquement, l'efficacité du marché dicte la conduite de la firme.

Dans ce schéma, un critère de décision portant sur le mode de coordination optimal est proposé. Si la firme exerce sur un marché dans des conditions de certitude complète, si elle est en mesure d'acheter ce qu'elle veut lorsqu'elle le désire et à un prix connu, et si elle pense que ce prix reflète suffisamment fidèlement les coûts alternatifs, elle tendra à recourir au marché. Lorsque cela ne lui semble pas possible, elle cherchera à se substituer au marché décentralisé.

Toutefois, le concept de coûts des transactions a une signification imprécise. Toute activité économique implique des transactions qui engendrent des coûts pour les parties contractantes. On peut penser, par exemple, aux coûts *ex ante* qui doivent être payés pour que la transaction soit réalisée (les frais de rédaction d'un contrat, par exemple) et aux coûts *ex post* qui sont liés à la bonne réalisation des termes préfixés dans le contrat (Jensen et Meckling, 1976). L'affirmation principale de la théorie des coûts de transaction est qu'*une transaction est réalisée lorsque le bénéfice net des coûts de transaction est maximal*. En d'autres termes, une transaction dont les coûts seraient supérieurs aux bénéfices ne sera pas réalisée. La façon dont les transactions sont organisées est déterminée en grande partie par le principe d'économiser sur les coûts de transactions. Par conséquent, sur le plan conceptuel, l'analyse de Coase paraît fragile vis-à-vis du modèle microéconomique standard. Le raisonnement en termes d'arbitrage entre les coûts impliqués par le marché et les coûts impliqués par l'organisation, c'est-à-dire l'arbitrage en termes de coûts de transaction, implique en toute logique que lorsque les coûts de transaction sur le marché disparaissent ou sont moins que les coûts d'organisation, l'organisation de l'activité économique autour des règles internes devient peu pertinente (Masten, Meehan et Snyder, 1991). Ce raisonnement a principalement deux conséquences :

1) Il s'agit de comprendre la firme en termes de choix le plus économique. Dans ce cas, la théorie des organisations en général, et la théorie de la firme, en particulier, peuvent aisément s'insérer dans la moulure de la théorie économique établie. Car supposer que l'on est capable de faire un tel choix fondamental (choisir entre le marché et l'organisation) revient à supposer que le décideur dispose suffisamment d'informations, proches de la perfection afin d'effectuer ce choix. A la limite, dans un tel cas de figure, toute firme (toute organisation économique concurrente au marché) peut disparaître. Clower et Howitt soulignent à juste titre (1995b, p. 212) que
« l'aspect distinctif des entreprises n'est ni qu'elles incarnent une technique de production, comme le font les fantômes d'entreprises de la théorie walrassienne, ni qu'elles coordonnent les activités internes sans se référer aux marchés, comme dans la théorie coasienne, mais qu'elles créent et gèrent non seulement des marchés mais aussi le système des prix ».

2) Lorsque, dans la comparaison des alternatives (le marché et l'organisation), le raisonnement n'est pas davantage explicité, on rencontre la critique formulée par Stanley Fischer (1977) selon laquelle le terme « coûts de transaction » n'est pas théoriquement rigoureux. Il est possible de rationaliser tous les phénomènes économiques en spécifiant des coûts de transaction correspondants sans que cela relève d'une approche théorique particulière différente des modèles d'échange traditionnels.

L'analyse de Williamson (1983, 1985, 1991 et Williamson et Masten, 1995) spécifie plus précisément les contours de la problématique de choix entre marché et firme en traitant du concept d'opportunisme. Ce concept qui reste, certes, attaché à une logique de choix individuels en termes d'arbitrage entre différentes formes de coordination relativement aux coûts qu'elles engendrent, renoue néanmoins avec celui d'incertitude. Il constitue une explication plausible à l'existence des institutions économiques privées qui mettent en place des investissements spécifiques en capital et humains.

Précision du contexte : comportements et transactions

Pour sortir des restrictions du cadre coasien, il convient d'expliquer les arrangements institutionnels et organisationnels à travers lesquels les transactions sont organisées (négociées, renforcées et ajustées). Ceci détermine aussi les limites du marché par rapport aux firmes. Suivant Williamson, l'organisation de la firme peut être appréhendée à partir des attributs comportementaux des agents et des éléments qui déterminent la nature des transactions.

a) Attributs comportementaux : rationalités et opportunismes

Dans un contexte d'information imparfaite et/ou incomplète, les comportements individuels sont supposés engendrer des problèmes de compatibilité entre eux. Deux attributs, la rationalité limitée et l'opportunisme, définissent ces comportements.

1) Rationalité limitée *versus* rationalité parfaite :

La critique de la conception standard de la rationalité est proposée par H. Simon (1979, 1982). Il s'agit principalement d'opposer la notion de rationalité limitée ou *procédurale* à celle de rationalité parfaite ou *omnisciente* (ou encore *substantive*). La rationalité procédurale porte sur les procédures de prise de décision et considère les objectifs et les moyens comme objets de recherche dans le temps. A l'opposé, la rationalité parfaite porte directement sur les résultats des décisions et considère les objectifs et les moyens comme donnés (par exemple, la maximisation du profit pour une technique efficace et pour des prix d'équilibre des facteurs et des biens donnés).

L'hypothèse de rationalité omnisciente admet *a priori* une connaissance de tous les choix possibles pour les agents. Elle attribue aux agents une connaissance complète de toutes les conséquences de leurs choix avec une capacité complète à les calculer. Ainsi sont supposées régner dans l'économie une certitude parfaite dans l'évaluation présente et future de ces conséquences et une capacité à les comparer quelle que soit leur diversité, en les ramenant à un indicateur unique (l'utilité).

Comme on s'en rappellera, l'information nécessaire et suffisante pour des décisions parfaitement rationnelles se limite aux prix dans le modèle néoclassique. Par opposition, Herbert Simon (1982) souligne que cette conception ignore un certain nombre de problèmes dans les relations économiques :

- l'existence des problèmes de traitement de l'incertitude et l'information imparfaite ;
- les limites des capacités de calcul des agents qui rendent impossible le dénombrement de l'ensemble des actions possibles et de leur conséquences (problème de détermination de l'action optimale) ;
- les difficultés propres que posent les situations d'interdépendance stratégique en concurrence imparfaite (oligopolistique, par exemple), c'est-à-dire les situations où les agents ne peuvent évaluer les conséquences de leurs actes sans se livrer à des conjectures sur les actions des autres, domaine de prédilection de la théorie des jeux contemporaine.

Dans cette lignée, le principe de rationalité limitée souligne que dans les relations qu'ils nouent entre eux, les agents ne peuvent pas prévoir à l'avance l'ensemble des éventualités qui agiront sur les résultats des transactions. Les agents sont supposés effectuer des choix afin de prendre des décisions rationnelles mais leur capacité de collecte, de traitement et d'utilisation de l'information est supposée limitée. Le contrat ne peut donc définir *ex ante* l'ensemble des obligations des partenaires pour les différents états possibles du monde. De ce fait, les conditions du déroulement *ex post* d'une relation contractuelle sont d'une grande importance. L'étude des systèmes qui organisent ce déroulement (appréciation des résultats, mode de règlement des conflits, procédures d'adaptation du contrat aux aléas, etc.) doit être une composante de l'analyse de la firme.

L'approche de la rationalité limitée permet une étude approfondie des processus de prise de décision en situation complexe. Le temps est explicitement pris en compte puisque dans cette approche, les processus d'apprentissage, l'expérience, le vécu (l'histoire) jouent un rôle déterminant dans la résolution des problèmes que les firmes rencontrent. On étudie sous cet angle les règles de conduite et de comportement que les organisations mettent en place à partir d'un ensemble d'individus qui n'ont *a priori* ni les mêmes objectifs, ni les mêmes intérêts. Lorsque la rationalité des décisions dépend des facteurs qui ne sont pas déterminables avec exactitude avant l'exécution des projets, les objectifs des firmes deviennent sujets à des changements permanents en fonction des erreurs qui interviennent. Les critères de décision sont plus souples, visant à obtenir des résultats satisfaisants, ce qui est un qualificatif subjectif, relatif. Alchian (1950) substitue, par exemple, le critère de sélection naturelle (ne pas faire de perte) à celui de maximisation de profit. Cette idée se fonde sur l'impossibilité de connaître à l'avance la solution qui maximiserait le profit dans la mesure où les résultats dépendent des individus et des états différents du monde dont aucun n'est certain de se réaliser. Ceci modifie la conception de décision optimale.

Toutefois, nous n'adoptons pas la démarche d'Alchian dans la mesure où dans ce livre, il ne s'agit pas de déterminer un principe de sélection qui serait appliqué par l'environnement en vue de choisir les agents économiques capables de survivre, mais d'appréhender la logique des intentions (décisions, comportements et stratégies) des acteurs[1].

En effet, les problèmes de coordination entre individus différents, les possibilités de défaillance des décisions et les comportements individuels et agrégés doivent être largement pris en compte lorsque l'on fait l'hypothèse de rationalité limitée. Ceci ne signifie nullement que les individus prennent leurs décisions au hasard (même si cela peut arriver), mais montre que ce qui est décidé et qui paraît parfaitement judicieux à un moment donné, peut se révéler erroné *ex post*. Une fois que la décision est prise, le déroulement des opérations et le résultat des actions entreprises par la firme dépendent des actions et des réactions stratégiques des autres agents qui entretiennent des rapports économiques.

Le marché apparaît donc non comme un lieu de coordination initiale mais comme un moment de détermination des résultats effectifs (cf. Introduction Générale). Les engagements privés rencontrent une évaluation sociale sur le marché et peuvent ne pas correspondre aux anticipations initiales. Dans un tel contexte, l'incomplétude des contrats et des prévisions conduit à la possibilité de comportements opportunistes. Il s'agit pour les agents de cacher ou de déformer une information privée qu'ils détiennent comme nous l'avons montré au chapitre précédent.

2) L'opportunisme :

Ce phénomène consiste, au sens général du terme, à rechercher son intérêt personnel en recourant à diverses formes de tricherie. Il repose sur une révélation incomplète, déformée ou falsifiée de l'information par un agent, notamment sur ses capacités, ses préférences ou ses intentions. Il existe deux types d'opportunisme :

---

[1] Pour une discussion sur ce point, voir Brousseau, 2000.

- L'opportunisme *ex ante* qui se présente quand il y a tricherie avant passation d'un contrat. Par exemple, lorsqu'un candidat au recrutement fournit des informations tronquées ou fausses sur ses capacités et aptitudes. L'asymétrie d'information entre la firme et l'individu conduit dans ce cas au problème d'anti-sélection.

- L'opportunisme *ex post* ou post contractuel se présente lorsqu'il y a tricherie dans la phase d'exécution d'un contrat, ce qui est en particulier rendu possible par l'imperfection du contrat et par la difficulté de déterminer si les parties ont bien respecté les termes du contrat. Cela conduit au problème d'aléa moral.

Le risque d'opportunisme augmente les coûts de transactions, en l'occurrence le coût de négociation et de supervision du contrat. Il incite donc à internaliser un certain nombre de relations contractuelles en les établissant selon des schémas de contrôle interne. Ce point sera développé à la section suivante.

b) La nature des transactions

Dans l'analyse de Williamson, la nature des transactions dépend de trois éléments : la spécificité des actifs, l'incertitude et la fréquence.

1) La spécificité des actifs :

Il y a spécificité des actifs lorsqu'un investissement durable doit être entrepris pour supporter une transaction particulière et que cet investissement n'est pas redéployable sur une autre transaction. Williamson (1996) désigne comme investissements spécifiques à la transaction ceux qui perdent de leur valeur productive si on les utilise en dehors de leur fonction d'origine[1]. Toutefois, l'analyse des investissements spécifiques doit être nuancée en fonction du temps. Pour la gestion des activités dans les court et moyen termes, les arbitrages organisationnels visent principalement une minimisation des coûts de production et de transaction en fonction du critère de redéployabilité des investissements. Pour les arbitrages de long terme, le critère d'une minimisation des coûts comme principal facteur explicatif de l'organisation ne tient pas. Des considérations technologiques relatives au processus de création des actifs spécifiques et des

[1] Cette idée est déjà présente chez Marshall (1971). L'auteur des *Principes* fait référence à la perte due à l'utilisation d'un travailleur qualifié dans une tâche qu'un travailleur peu qualifié peut aussi bien réaliser.

considérations relatives à la recherche d'un pouvoir de marché interviennent de manière significative dans les décisions[1].

La spécificité des actifs (ou des investissements) est intimement liée à la logique d'internalisation. Les techniques de production sont telles qu'il y a des gains d'efficacité dès que l'actif considéré est internalisé[2]. Il est possible de distinguer plusieurs types d'actifs spécifiques : sites (spécificité liée à la localisation[3]), actifs matériels, actifs humains, etc. Les ressources utilisées dans une transaction spécifique peuvent représenter une valeur supérieure à celle qu'elles pourraient avoir dans une autre utilisation.

Selon l'activité, la forme de l'organisation change. La spécificité temporelle des actifs devient alors un élément déterminant de la forme organisationnelle. Par exemple, Klein, Crawford et Alchian (1978) remarquent que les éditeurs de journaux préfèrent avoir leur propre imprimerie alors que les maisons d'édition font imprimer leurs livres par des imprimeries extérieures[4]. La raison en est que la vitesse de publication et de distribution, ainsi que la fréquence et la quantité de livres à éditer sont moins importantes chez les maisons d'édition que pour les journaux, ce qui empêche les éditeurs d'obtenir des avantages à partir d'investissements spécifiques en imprimerie[5]. L'arbitrage entre l'internalisation (la firme) et l'externalisation (le marché) s'effectue en fonction des coûts et rendements respectifs des deux modalités, ce qui est un critère parfaitement coasien.

L'important est que, dans tous les cas, la spécificité change radicalement la nature des relations entre les agents puisque la

---

[1] Pour plus de développements, voir les chapitres V et VI.

[2] Toutefois, pour Chandler (1996), l'analyse de Williamson est davantage fondée sur le phénomène de transaction en évacuant l'entreprise comme l'unité de l'analyse que sur la spécificité de l'entreprise en tant qu'unité composée de divers actifs qui la distinguent des relations anonymes des modèles d'équilibre général tant sur le plan de l'organisation interne que sur le plan des relations entre différentes entreprises.

[3] Il peut s'agir par exemple, d'un rapprochement géographique entre deux unités productives complémentaires. On reviendra sur cette question au chapitre V, dans l'analyse des stratégies de multinationalisation.

[4] Toutefois, ces auteurs soulignent la complexité des relations qui existent à l'intérieur des firmes et qui fait que selon les particularités techniques mais aussi humaines des organisations, les modalités de coordination des activités changent d'une firme à une autre (ouvrage cité., p. 325).

[5] Pour un essai d'évaluation des coûts d'organisation et des coûts d'utilisation du marché à travers les tests économétriques dans l'industrie navale, voir Masten, Meehan et Snyder (1991). Ces auteurs soulignent en effet (p. 22) que le savoir-faire, en tant que résultat d'un investissement spécifique, généré dans le processus de développement de nouveaux produits, crée des quasi-rentes qui rendent l'intégration attractive comme stratégie d'internalisation.

transaction ne peut être ni anonyme, ni instantanée. Les investissements spécifiques sont une forme d'internalisation qui permet à la firme de soumettre ces actifs à un système de contrôle interne et de réduire ainsi les problèmes d'opportunisme.

2) L'incertitude :
Le deuxième attribut d'une transaction à prendre en compte est l'incertitude que nous avons déjà évoquée. La thèse de Williamson est que les structures institutionnelles diffèrent dans leurs capacités de réponse efficace aux aléas. L'incertitude porte non seulement sur les états futurs du monde mais aussi sur l'action des agents comme le montrent les cas d'aléa moral et d'anti-sélection. Les agents ont des comportements stratégiques et peuvent adopter des objectifs opportunistes à l'encontre des objectifs de la firme considérée. Les contrats doivent être établis en considérant ce facteur qui réduit la qualité de prévision des firmes.

3) La fréquence :
La troisième dimension d'une transaction est la fréquence, c'est-à-dire le nombre de fois qu'une transaction se réalise. La mise en place d'un investissement spécifique pour réaliser une transaction donnée implique des coûts qui ne peuvent être supportés que si les transactions sont importantes et doivent se répéter. L'installation d'une routine dans les relations justifie alors les investissements spécifiques, c'est-à-dire les engagements à long terme, aussi bien pour la stabilité de l'activité de la firme que pour sa rentabilité. L'internalisation de la transaction considérée est peu probable dans le cas d'une transaction unique ou occasionnelle. Donc, plus la fréquence d'une transaction est élevée plus il est possible d'économiser sur les ressources utilisées pour sa réalisation en l'internalisant.

L'efficacité-X

La firme est une organisation qui met en relation des groupes d'intérêts divergents. Dans l'organisation, le processus de prise de décision passe par des séries de médiations (entre départements ou différents responsables). Il en résulte trois observations qui concernent non seulement la nature de l'objectif de la firme, mais aussi les analyses sur l'efficacité de son fonctionnement :

1) La firme est une organisation complexe divisée en plusieurs ensembles ou groupes avec des objectifs propres sous-

tendant des conflits d'intérêt, de pouvoir, etc. La firme apparaît alors comme une coalition de groupes dont le destin est commun.

2) La firme est un lieu de processus de prise de décision et d'apprentissage collectifs dans lequel la manière dont les décisions se prennent constitue une étape cruciale. L'objectif général de la firme ne peut s'exprimer et s'affirmer qu'au travers d'une série de sous-objectifs, dans un rapport interactif d'actions-réactions où les arbitrages subissent l'influence des groupes de pression à l'intérieur de la firme.

3) La firme est vue alors comme un lieu de négociations implicites ou ouvertes où se distribuent des récompenses monétaires et non monétaires. Par conséquent, on définit l'organisation comme un système d'actions coordonnées entre individus et groupes dont les préférences, les savoirs, les informations et les intérêts sont différents. Dans ce cadre, l'ensemble des règles, des conventions et des systèmes de sanction fonde les modes de relations entre agents et détermine l'efficacité de la firme.

L'importance de l'organisation dans l'efficacité de la firme est soulignée par Leibenstein (1976) qui observe que, contrairement au modèle néoclassique, des firmes en apparence identiques (disposant de la même composition de main-d'œuvre et de la même technologie) parviennent à des résultats différents. La thèse soutenue est d'affirmer que les différences de résultat observées s'expliqueraient par des différences dans un facteur non pris en compte dans l'approche néoclassique (le facteur X) qui est la qualité de l'organisation mise en oeuvre dans chacune des firmes considérées. C'est la théorie de l'Efficacité-X (*X-Efficiency)*, qui traduit l'existence d'une alternative réelle au mode « théorique » de coordination d'activités séparées qu'est le marché.

Les firmes traduisent un souci réel de recherche des méthodes innovantes dans l'établissement des structures internes, de la gestion interne, des règles de production, des règles régissant les relations salariales, etc. Sur le plan microéconomique, étant donnés une technique de production et un niveau de compétence technologique que la firme maîtrise bien, les structures organisationnelles et les stratégies particulières affectent aussi bien l'efficacité de l'activité de la firme dans le présent que sa capacité d'accumulation du savoir-faire et des connaissances innovatrices dans le futur (Dosi, 1992). Pour un niveau donné d'avantages technologiques et de coûts, le degré auquel ces avantages sont exploités en termes de compétitivité dépend du mode d'organisation interne. La taille de la firme, le degré d'intégration mais aussi la profitabilité de son activité, ses parts de marché, sa capacité d'innovation, la nature des relations hiérarchiques internes, les relations avec son environnement, etc., sont déterminés relativement à une structure organisationnelle existante.

On remarquera alors que dans l'économie, une meilleure connaissance de la technologie et des conditions d'échange est obtenue à l'intérieur des organisations qui reproduisent et augmentent cette connaissance via des procédures institutionnelles et de routine sujettes à des décisions stratégiques dans le temps. Les formes d'interaction des marchés qui prévalent sont différentes de la concurrence pure et parfaite. Les agents ont des comportements stratégiques qui traduisent ces formes. L'environnement est complexe et non-stationnaire (i. e., dynamique). Avec l'hétérogénéité de l'environnement (variété des clients, des produits et des marchés), les connaissances nécessaires deviennent sophistiquées (le réseau élargi d'information et la haute technologie) et demandent une adaptation permanente des formes organisationnelles.

Les dimensions des espaces de contrôle individuels des firmes sont opaques les unes par rapport aux autres. Il s'agit d'un haut degré de discrétion des comportements privés. Les agents expérimentent, apprennent et établissent des trajectoires particulières d'action et de réaction. Ils ne sont en mesure d'identifier que des classes particulières de problème qui les concernent. Le modèle de firme proposé ici correspond à l'analyse d'entités comportementales diverses. Les différentes fonctions comme l'allocation des ressources, la collecte et le traitement de l'information, les procédures d'incitation des performances individuelles, l'exercice du contrôle et du pouvoir, sont particuliers à chaque organisation. La comparaison suggérée par Aoki (1991) entre deux types : la firme américaine et la firme japonaise, en est un exemple. Il s'agit de montrer que des structures internes de gestion-direction différentes affectent l'apprentissage et la performance en présence d'opportunités économiques identiques. Les formes divergentes d'organisation impliquent des résultats de croissance divergents, difficilement explicables par le modèle néoclassique de l'économie dans lequel chaque partie agit de façon homogène par rapport aux autres et aucune rétention d'information et aucune contingence future ne paraissent possibles.

COORDINATION, COALITION ET OBJECTIFS COMMUNS

Il est possible d'appréhender la firme comme un rassemblement d'individus en coalition, individus qui ont des intérêts et objectifs divergents (Cyert et March, 1963, Marschak et Radner, 1972, Simon, 1982, Arrow, 1985). Dans ce cas il convient de rejeter l'image de l'entreprise poursuivant un objectif unique et dont les décideurs adopteraient un comportement d'optimisation dans un contexte d'information parfaite et complète. La firme peut avoir des objectifs divers cherchant à obtenir une satisfaction relative étant donné le caractère limité des informations dont elle dispose. L'analyse devient quelque peu subjective dans la mesure où le déterminisme des choix et des décisions n'est plus tenable comme hypothèse de travail.

Problème de coordination et organisation comme coalition

La firme est une entité vivante et évolutive. En tant qu'entité, elle se comporte suivant une coordination centrale et un système de contrôle capables de diriger les comportements des membres d'une façon adéquate pour la continuité de son activité. Lorsque l'on considère la firme comme une coalition d'individus différents (dirigeants, ouvriers, détenteurs des capitaux), les hypothèses suivantes sont utilisées :

-les firmes comprennent des éléments (individus) avec des ordres de préférences variés (tout le monde n'a pas les mêmes objectifs et ne classe pas de la même façon les différents objectifs) ;

-afin de réaliser un rassemblement, les participants entrent dans des coalitions (ententes) au travers des marchandages (négociations), des contrats, des paiements, ce qui est censé permettre l'établissement d'un ordre de préférence commun à l'ensemble ;

-à partir de cet ordre commun, il peut être possible d'étudier la firme comme un seul agent.

Alchian et Demsetz (1972) considèrent la firme comme un réseau de contrats. Cette approche *contractuelle* met l'accent sur la nature volontaire des engagements en fonction des intérêts divergents. Toutefois, l'intérêt de l'étude de la firme en tant qu'organisation est de ne pas perdre de vue sa spécificité qui est d'être composée d'individus différents avec des motivations différentes. La possibilité de déterminer des objectifs communs à l'ensemble des participants ne doit pas cacher cette vérité. La recherche d'objectifs rendant relativement compatibles les attentes individuelles séparées répond à ce besoin. La faisabilité et la stabilité d'une coalition dépend de sa capacité à satisfaire les attentes de ses parties (Tirole, 1986). Il peut exister aussi un *marketing interne* qui vise souvent à accroître la motivation au travail et la productivité individuelle en « vendant » l'entreprise auprès de ses salariés. Ce moyen est destiné à permettre à l'entreprise de « réveiller » l'intelligence émotionnelle de ses employés qui se traduit par la maîtrise de soi, la persévérance, le respect des objectifs communs, etc. et qui constitue un facteur de stabilité (Goleman, 1997).

La firme est un lieu où chaque élément vise à déterminer un consensus global entre ses intérêts, les intérêts des autres et l'intérêt commun. La politique suivie par la firme dépend de ce consensus. L'utilisation des habitudes ayant formé une routine permet de mettre en place un système de fonctionnement stable et prévisible. C'est une condition inévitable de la coexistence d'éléments *a priori* séparés dans un ensemble dont il convient de rendre la structure aussi homogène que possible.

Dans cette relation, la négociation nécessite que les exigences des uns et des autres présentent un minimum de crédibilité les unes par rapport aux autres. La détermination des objectifs communs n'est possible que si l'organisation et sa direction sont en mesure de proposer des stratégies claires et unificatrices.

Dans la firme, considérée comme une coalition en conflit latent, les unités de base doivent être capables de faire un choix optimal parmi les opportunités présentes. La théorie des groupes d'intérêt fournit un cadre général d'observation de la prise de décisions dans les organisations (March, 1991). Elle part de l'idée que dans l'entreprise-coalition, le dirigeant joue le rôle d'arbitre. La composition de l'entreprise et ses objectifs ne sont pas donnés, ils sont le fruit de négociations, d'une détermination procédurale. Chaque participant potentiel a des exigences vis-à-vis du système (le prix de sa participation à la coalition) qui peuvent consister en des paiements monétaires ou en des avantages non monétaires. Il s'agit pour le dirigeant de sélectionner une coalition dont le coût de maintien soit relativement bas et le rendement relativement élevé. Le critère d'arbitrage reste les efficacités respectives, en termes de rentabilité, des solutions concurrentes. Toutefois, les solutions ne sont pas uniques. Il peut y avoir plusieurs coalitions possibles viables. La résolution des conflits ne se résume pas à de simples paiements et à l'établissement d'un objectif supérieur. Les exigences et les contreparties stratégiques se dissolvent à travers une médiation séquentielle dans la mesure où les objectifs et les engagements évoluent en fonction des modifications de la coalition. L'institutionnalisation des engagements au sein de l'entreprise par des accords budgétaires et par la définition du champ de contrôle établit des contraintes qui définissent et délimitent les termes de la coalition et de la résolution des conflits[1]. Pour la résolution des conflits, on observe principalement deux méthodes :

* Attribuer au système un objectif supérieur qui servira de médiation dans le conflit. Dans ce cas, l'objectif doit être clair, stable et pertinent ;

* Elaborer un processus qui permettra de parvenir à des décisions sans comparer explicitement les préférences et les choix des uns et des autres. La décision ultime doit aboutir à un classement commun des préférences.

Dans les deux cas, il s'agit d'atteindre une coalition d'intérêts à travers la négociation et le compromis. Le cycle décisionnel qui vise à répondre aux problèmes de fonctionnement rencontrés et qui fonde le système de coordination de la coalition correspond à un certain nombre d'étapes informationnelles. Ces étapes peuvent être résumées comme suit :

1) La reconnaissance et l'identification du problème ;

2) La recherche de solutions possibles à travers une liste de stratégies disponibles et de manières d'agir pour aboutir à une fin désirée ;

3) L'évaluation des différents schémas d'action en fonction de l'information disponible ;

4) La détermination des choix avec le classement des alternatives dans un ordre de préférence particulier ;

5) L'exécution, c'est-à-dire la possibilité d'effectuer l'action choisie ;

6) La réévaluation du résultat et des conséquences de l'action entreprise.

La détermination des objectifs communs et des moyens disponibles sous-tend la formation des décisions dans la firme.

Détermination et stabilisation des objectifs

Les firmes sont constituées d'individus avec des attentes et comportements différents, ce qui nous empêche de les

---

[1] Crozier et Friedberg (1977) soulignent cependant que lorsqu'il s'agit des règles non négociables, il n'est pas possible de considérer l'entreprise comme une coalition souple mais plutôt comme une structure relativement rigide et hiérarchisée qui attribue à certains acteurs plus de possibilités d'action que d'autres.

considérer comme une entreprise individuelle. Comme March le souligne (1991, p. 234), les préférences des firmes et des individus qui les composent sont souvent vagues et contradictoires. Elles évoluent en fonction de l'expérience. Les individus peuvent avoir des souhaits contradictoires et formuler des préférences dont il convient d'assurer la compatibilité les unes avec les autres. Les préférences sont censées contrôler les actions. Mais en même temps, l'expérience retirée des actions passées modifie les préférences. La mise en ordre des préférences suit un processus où les intentions des agents et la cohérence des choix relatifs sont déterminées dans un ordre temporel.

Nous supposerons trois étapes principales pour déterminer les objectifs d'une coalition. La première est le processus de négociation (ou de marchandage) qui détermine les conditions générales de la coalition et de sa composition. La deuxième étape est le processus de contrôle interne à partir duquel les objectifs sont élaborés et stabilisés. L'analyse des capacités diverses de la firme, des particularités de ses composantes, de leurs attentes implicites et explicites, des liens entre les différents individus ou différents niveaux de décision, etc., permet d'établir les bases d'une procédure de contrôle interne. Cette dernière déterminera dans quelles limites tel ou tel objectif peut s'avérer un choix judicieux et jusqu'à quel niveau la réalisation des ambitions peut être raisonnablement espérée. La troisième étape est le processus d'ajustement adaptatif aux modifications observées dans l'environnement. Cela permet de remodeler le fonctionnement de l'organisation en fonction des variations de l'environnement (adaptabilité).

Les objectifs suivent des stratégies qui, au sens général du terme, constituent l'ensemble des décisions et des actions ayant pour but d'assurer la cohérence du fonctionnement de la firme. La gestion consiste à réaliser des objectifs définis à partir de l'utilisation efficace d'un ensemble de moyens (de ressources productives). Elle s'étend donc de la collecte d'informations jusqu'à l'exécution en passant par la prise de décision.

En fonction des limites des capacités organisationnelles, tous les engagements ne sont pas complets. Toutes les situations futures ne sont pas prévisibles. De ce fait, les membres de la coalition chercheront à développer des systèmes de contrôle réciproque à partir des engagements communs. L'un des éléments stratégiques du processus de contrôle est le budget dont le non respect peut impliquer à la fois des coûts généraux et des coûts personnels incombant à tel ou tel groupe d'individus. Un autre moyen de contrôler les objectifs communs passe par l'attribution des fonctions précises aux agents. La division du travail et la spécialisation sont habituellement présentées comme des éléments stratégiques de contrôle à côté de leur aspect purement technique. Limiter le champ d'action de tel ou tel groupe, en fonction des objectifs à atteindre, n'est pas seulement un critère technique mais dépend aussi du mode d'organisation interne choisi par la coalition dans le but d'élaborer et d'atteindre les objectifs sous un contrôle hiérarchisé.

Les objectifs doivent correspondre à des buts atteignables. Au début d'une nouvelle activité, les aspirations peuvent se montrer relativement ambitieuses par rapport au niveau effectif de réalisation. Mais avec l'évolution de l'activité et l'obtention des résultats effectifs, les projets suivront des niveaux plus réalistes et peuvent même devenir inférieurs à la réalisation.

L'optimisation de l'objectif passe donc par la mise en place de structures adaptées. La stratégie globale est alors déterminée par le concours d'éléments comme le choix des indicateurs permettant d'appréhender les évolutions et les prévisions, la détermination des moyens humains et techniques et les politiques à suivre.

La cohérence de la stratégie organisationnelle doit s'apprécier à deux niveaux, le niveau interne et le niveau externe.

Au niveau interne, il s'agit de rendre cohérentes les décisions et politiques mises en oeuvre. Par exemple, une politique de rémunération des employés au nombre de pièces produites peut s'avérer incompatible avec une politique de qualité (cf. la deuxième section du chapitre II).

Au niveau externe, la cohérence concerne les rapports entre la firme et son environnement. Selon l'évolution anticipée ou observée des marchés, investir dans des activités nouvelles ou sur des marchés où une nouvelle demande est susceptible d'émerger, peut se révéler une stratégie porteuse d'efficacité dans le temps.

L'étude des coalitions, à travers la détermination des objectifs communs, donne naissance à une approche plus globale présentée sous le nom de la théorie de contrôle qui décrit le fonctionnement interne d'une firme dans le cadre des rapports de contrôle de la réalisation des objectifs. Le contrôle signifie la recherche de stabilité dans les contrats internes et la recherche de performance à partir de ces contrats.

Les firmes ont des structures organisationnelles élaborées. L'unité de base dans la firme est une division (ou un département) qui est à la fois un centre de décision et de profit et est habituellement gérée dans une certaine autonomie. La firme va produire et vendre un certain nombre de biens et services en opérant, à travers ses divisions, sur des marchés différents. Le dirigeant de chaque division a la capacité relative de décider du prix et de la production, ainsi que de la croissance de l'activité de son département. Les dirigeants des divisions constituent avec la direction générale une coalition de gestion.

Dans un contexte d'incertitude, cette coalition prend des décisions dont l'issue n'est pas certaine. Mais, à travers la généralisation des cas de figure souvent rencontrés, la firme cherche à contrôler ou à réduire l'inconnue par la mise en place des procédures de contrôle spécifiques.

La mise en place des systèmes de contrôle, qui permettraient de vérifier les comportements des individus du point de vue de leur conformité aux règles établies dans l'organisation, peut être expliquée suivant une logique d'efficacité économique. Cette logique peut être schématisée comme suit :

L'hétérogénéité des individus et des informations dont ils disposent → La différence entre les préférences individuelles → La divergence des intérêts → L'apparition des comportements opportunistes → L'éloignement d'un état optimal espéré → La recherche des formes de coordination plus centralisatrices → La mise en place des structures de direction et de gestion intégrées → L'apparition d'objectifs communs applicables → L'apparition d'une hiérarchie spécifique à l'organisation considérée → L'obtention d'une coordination sur la base de mécanismes coercitifs de sanction-récompense → L'utilisation des systèmes de contrôle → Possibilités de vérification des résultats et de modification des objectifs.

Suivant ce schéma, la première étape dans l'étude du système de contrôle est la mise en place d'un projet initial qui définit le champ du mécanisme de contrôle et des relations hiérarchiques sous-jacentes.

Développement du projet et variables-clé

La direction de la firme tentera de développer un projet (ou un plan) à partir duquel un certain nombre d'étapes opérationnelles spécifiques sera choisi. Il s'agit de déterminer des valeurs-objectifs pour des variables critiques. Ces valeurs-objectifs sont précisées pour des durées déterminées (annuelles, par exemple). Elles sont spécifiées à la fois pour la firme dans son ensemble et pour chacune de ses divisions. Le projet, fondé sur des anticipations sur le futur, donne la structure générale. Dans ce cadre, la direction doit étudier trois ensembles de conditions :

1) Conditions de l'économie dans son ensemble : État de la conjoncture, prévisions sur l'évolution de l'économie considérée, possibilités de croissance anticipée, etc.

2) Conditions de la branche et des concurrents : Évolution de la branche dans laquelle la firme se trouve, évolution de la demande dans la branche, les stratégies des concurrents, etc. Il s'agit de viser sur le développement potentiel des facteurs de croissance qui peuvent être utilisables sur les marchés fréquentés par la firme. Dès lors, les planificateurs de la firme chercheront à estimer les ventes totales de la branche et des concurrents.

3) Conditions internes de fonctionnement : Il s'agit des capacités internes d'expansion de la production de la firme, des dépenses et coûts du capital, des conditions de financement des activités, des rapports de force entre les différents niveaux et des négociations salariales.

Lorsque l'activité de la firme s'étend au-delà des frontières nationales, il conviendra, bien entendu, d'inclure dans l'analyse de ces trois ensembles, les conditions concernant l'évolution de l'économie mondiale (ou celle des pays dans lesquels la firme est présente), les stratégies et comportements des concurrents multinationaux dans la branche considérée et les capacités et moyens dont dispose la firme pour déterminer des stratégies sur des marchés étrangers (pays émergents à fort potentiel productif ou de consommation, par exemple).

Une fois ces conditions analysées, les dirigeants sélectionnent un certain nombre de variables-clé. Ce sont les variables correspondant aux valeurs-objectifs dont les niveaux courants reflètent la progression de l'activité de la firme.

Les valeurs-objectifs donnent les buts de la firme. Elles sont supposées avoir une probabilité raisonnable d'être atteintes en fin de la période d'exercice donnée. Le plan est une anticipation, une croyance dans un résultat futur dont le traitement probabiliste permet aux décideurs de prévoir les variables visées dans un futur fondamentalement incertain. Cependant, le procès de prévision ne doit pas impliquer des valeurs uniques pour le plan. Les probabilités prévisionnelles sont établies dans un intervalle de valeurs et la direction doit sélectionner les valeurs correspondant aux attentes et aux capacités de la firme.

Les variables-clé varient selon les firmes. Nous en présentons quelques-unes qui sont généralement utilisées :

1) Ventes nettes et nouvelles commandes reçues : À partir des ventes nettes, la firme obtient des informations sur la demande courante du marché qui lui est adressée, tandis que les nouvelles commandes permettent d'évaluer l'évolution des ventes. C'est une information qui concerne les modifications de la demande adressée à la firme.

2) Rendement net par action : C'est le rapport entre le profit net et le nombre d'actions émises. C'est une variable importante car la direction sera évaluée selon les résultats obtenus et les primes d'incitation seront calculées selon le niveau effectif de cette variable.

3) Taux de profit : C'est le rapport entre le profit et le capital investi. Un taux de profit élevé permet aux actionnaires d'espérer un taux de rendement futur élevé, ce qui augmente la demande pour les nouveaux titres. Le profit élevé est un moyen d'autofinancement et assure aussi une certaine stabilité de remboursement des dettes auparavant contractées.

4) *Cash-flow* : Il est donné par la somme du profit net de la dépréciation et des impôts différés. C'est une variable cruciale car la mesure ultime du succès d'une firme est vue comme le montant des disponibilités liquides (*cash*) que son activité est capable de générer. Le *cash-flow* donne une idée sur les besoins de financement de la firme dans la mesure où il constitue une source d'autofinancement pour la croissance.

5) Le taux de croissance : Il est défini par l'investissement rapporté au stock de capital. C'est un objectif fondamental dans la mesure où il montre la capacité de l'entreprise à soutenir un niveau d'activité évoluant dans le temps. Les ressources de financement (profit retenu et emprunts contractés) constituent un moyen déterminant dans l'accomplissement de cet objectif. Leur importance dépend du taux de profit.

Périodiquement, le département financier établira les valeurs observées des variables-clé à partir desquelles, les dirigeants départementaux et la direction générale analyseront leurs positions respectives. Les réunions de vérification des résultats visent à déterminer les raisons des écarts observés entre les prévisions et les résultats afin de revoir à la baisse ou à la hausse les valeurs-objectifs. Cette phase d'analyse concerne la collecte et le traitement de l'information concernant les valeurs estimées et effectives. Une fois qu'une explication est formulée et acceptée, la phase suivante de contrôle intervient.

Le contrôle

L'efficacité de la gestion est entendue en termes de la performance de la firme. Cette performance peut être évaluée soit en terme du résultat spécifique qui peut être le profit, soit en terme du résultat global comme le chiffre d'affaires. Le niveau de la performance dépend de la qualité de la gestion qui, à son tour, est liée à

l'« opportunité des décisions stratégiques mais aussi [à] *l'action de chacun* ainsi que la *cohérence* de l'ensemble de ces actions » (Paucher, 1991, p. 8).

Lorsque la firme est gérée au travers des relations de délégation, l'établissement des contrats entre différentes parties, spécifiant les droits, obligations et objectifs, implique un système de contrôle afin de réduire les dysfonctionnements.

a) Le contrôle de gestion

Lorsque le contrôle est fondé sur des droits de propriété, la propriété du capital peut autoriser un contrôle sur les décisions des dirigeants. Mais comme on l'a déjà évoqué, ceci ne représente qu'un droit de contrôle résiduel qui ne permet pas d'éviter les comportements conflictuels ou opportunistes. Il convient de mettre en place des dispositifs plus généraux visant à vérifier, à inciter et à évaluer les actions des gestionnaires.

Le contrôle peut s'effectuer sous deux formes :

1) Le contrôle externe, orienté vers le contrôle de régularité (conformité à la règle), est effectué par des personnes extérieures à l'entreprise ;

2) Le contrôle interne, orienté vers le suivi des performances économiques, est effectué sous forme de contrôle de gestion par des personnes appartenant à l'entreprise.

Le contrôle interne est défini[1] comme l'ensemble des systèmes de sécurité ou des plans d'organisation coordonnés contri-

---

[1] Cette définition est commune aux institutions comme l'Ordre des Experts-Comptables ou des Commissaires aux Comptes américains, français, anglais, canadiens, etc.

buant à la protection et à la sauvegarde du patrimoine et de la qualité de l'information et à la conduite efficace et cohérente des opérations de l'entreprise en vue d'une performance satisfaisante (Bouquin, 1991, pp. 22-24). Le contrôle de gestion, qui est l'une des branches particulières du contrôle organisationnel, a comme rôle principal de permettre aux dirigeants de la hiérarchie[1] d'être assurés de la compatibilité entre les actions quotidiennes et les stratégies de long terme plus générales. Le contrôle de gestion contribue à une représentation opératoire de la chaîne de création de valeur dans l'entreprise (Lauzel et Teller, 1997). Le contrôle doit vérifier si tout est conforme aux ordres et aux principes. Il est destiné à surveiller le déroulement des opérations.

Dans l'élaboration de l'objectif qui donne la finalité de l'entreprise, il est nécessaire d'identifier les personnes dans leurs rôles et leurs influences respectifs, mais aussi les moyens et les modes d'allocation des ressources. Dans ce processus, il faut que le personnel de tout niveau partage les buts à long terme de l'entreprise. Suivant Ouchi (1981), ce processus implique certaines conditions : il faut que les buts soient connus, il ne faut pas que ces buts soient exclusivement économiques mais susceptibles de rencontrer les systèmes de valeur des membres et il faut qu'ils soient plausibles et pertinents.

Lorsque les résultats des opérations apparaissent, l'entreprise, par son système de contrôle, doit pouvoir évaluer les écarts par rapport aux objectifs et prendre des mesures de correction. L'entreprise a recours à deux modalités de contrôle :

* Un contrôle *ex post* qui consiste à utiliser les informations passées afin de corriger pour les périodes à venir les moyens et les objectifs. Ce processus suit le schéma suivant :
Action→Observation→Réaction→Correction→Action Adaptée

* Un contrôle *ex ante* qui consiste à anticiper les adaptations. Il s'agit du contrôle proactif (*feed-forward control*) (Lauzel et Teller, 1997, p. 12). C'est un mode de contrôle en temps réel qui consiste à prévoir à l'avance les événements qui peuvent survenir et faire apparaître des écarts entre les objectifs et les résultats si des actions immédiates ne sont pas entreprises. Les questions portant sur les tendances du marché et les prévisions sur l'avenir pour des stratégies futures, la situation et les stra-

[1] A deux niveaux : les propriétaires contrôlant les dirigeants et ces derniers contrôlant les subordonnés.

tégies des concurrents, etc., doivent être étudiées afin de réévaluer les objectifs.

Le contrôle efficace ne peut être assuré que grâce à un réseau d'information organisé dans lequel les variables-clé jouent un rôle déterminant. La détermination de la position concurrentielle de l'entreprise pour chacune de ses activités est un exercice qui présente un intérêt considérable dans le choix de la stratégie et dans l'applicabilité des objectifs prévus.
Suivant la position de l'entreprise sur le marché, l'audit interne est l'un des moyens d'effectuer un contrôle d'évaluation des capacités de l'entreprise au vu des résultats obtenus.

b) L'audit
L'audit consiste à examiner et à évaluer le contrôle interne dans tous les domaines et à tous les niveaux. Il peut assurer aussi une fonction de conseil. Il contribue à réduire l'incertitude dans laquelle se trouve le dirigeant en ce qui concerne le fonctionnement réel de l'entreprise. Sa tâche consiste à établir :
-un diagnostic attestant du plus ou moins bon fonctionnement de l'entreprise ;
-un pronostic alertant les responsables et
-une thérapeutique visant la sécurité des actifs, la fiabilité des informations, l'efficacité des opérations et la compétitivité de la firme.

On retrouve l'audit à des niveaux différents dont quelques-uns sont les suivants :

- Audit financier : Il formule une opinion sur la qualité des comptes de l'entreprise. Il propose aussi des services adaptés au contexte d'ouverture et de concurrence.

- Audit juridique : Il établit un examen de la conformité des opérations (de fusion, par exemple) aux normes juridiques.

- Audit fiscal : L'étude des choix entre plusieurs options fiscales possibles et le contrôle de la régularité fiscale font partie de ses fonctions.

- Audit social : La conformité des documents et pratiques aux obligations légales et conventionnelles sera vérifiée par l'audit social. Il s'agit, par exemple, d'évaluer l'absentéisme, ses raisons et conséquences et les solutions pour une plus grande cohérence dans le fonctionnement de l'entreprise.

- Audit informatique : Il s'agit de vérifier la qualité et l'adéquation des traitements informatiques et des systèmes d'information.

- Audit de la qualité globale : Il déterminera la façon dont l'entreprise doit modifier le système de gestion et de contrôle en fonction de l'objectif « haute qualité » et les moyens dont elle dispose ou elle doit disposer.

- Audit des performances : Il utilise des critères d'appréciation des performances de l'entreprise en matière, par exemple, de productivité et de rentabilité.

Le schéma récapitulatif suivant résume la logique et l'application de l'audit.

c) Les actions d'intervention

Si l'explication des écarts par rapport aux objectifs indique que le problème provient des facteurs aléatoires non contrôlables ou non prévisibles, aucune action immédiate ne sera entreprise. Toutefois, même dans le cas où les interférences proviennent non pas du fonctionnement propre de la firme mais de l'évolution de l'économie dans son ensemble, la firme peut prendre un certain nombre de décisions et entreprendre des actions concernant son fonctionnement interne afin d'influencer positivement les variables actuelles. Mais avant d'entreprendre des actions et d'intervenir sur les programmes futurs, deux aspects de chaque action doivent être considérés par la direction : le temps requis pour entreprendre l'action (en fonction de l'urgence des solutions attendues) et le temps nécessaire à la réalisation (apparition) des effets de cette action.

Il existe plusieurs modalités d'action. Certaines actions affectent les interactions entre la firme et le marché comme les variations de prix, les modifications dans la politique de commercialisation, les fusions et acquisitions, etc. D'autres concernent la contraction de l'activité de la firme comme la fermeture d'une usine, la vente d'un département, la réduction des effectifs, etc. D'un point de vue économique, le premier type de politique tend à accroître le revenu et le deuxième à réduire les coûts de la firme.

Schéma 1 :

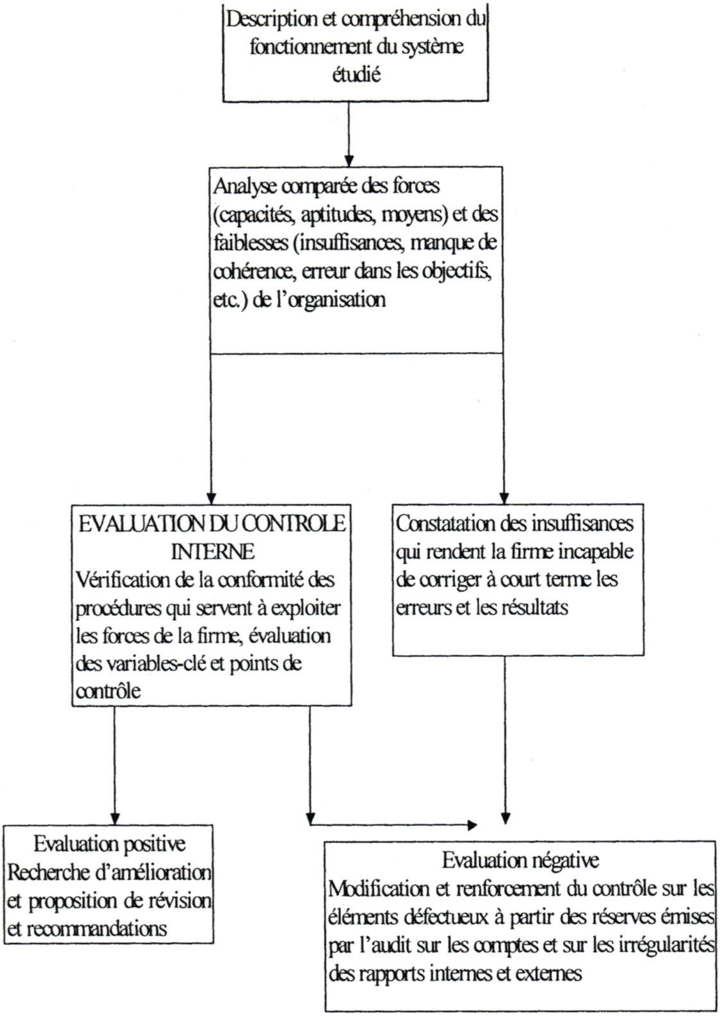

Comme exemple, on évoquera ici cinq actions de contrôle :

1) Le changement de prix : C'est la première action qui est considérée dans la théorie économique. L'avantage d'un changement de prix est qu'il est supposé produire ses effets immédiatement, ce qui permettrait à la firme de prendre les mesures

nécessaires afin de changer son plan. Toutefois, par rapport à un marché de concurrence parfaite où le prix est totalement flexible, sur les marchés oligopolistiques[1], il n'existe pas de règle unique de détermination des prix et le degré de liberté qu'ont les firmes pour agir sur leurs prix peut être réduit. Le modèle de demande coudée, proposé par Hall et Hitch (1938-39) et par Sweezy (1939), suppose une rigidité des prix provenant des réactions asymétriques des concurrents[2]. Ces réactions déterminent les limites d'applicabilité de cette mesure.

Dans le modèle de la courbe de demande coudée, la rigidité résulte des comportements prudents des entreprises. Il ne s'agit pas de déterminer la structure de l'industrie ni les prix et les productions des firmes qui sont considérés comme donnés[3], mais de donner une explication plausible de la rigidité.

Prenons une situation initiale où toutes les firmes ont fixé leurs prix à P_0. Lorsqu'une firme désire modifier son prix, elle s'attend à deux types de réaction de la part de ses concurrents. Si elle baisse son prix, ses concurrents vont la suivre pour éviter de perdre des parts de marché. Alors, l'entreprise ne pourra pas bénéficier d'une augmentation de la demande du marché qui lui est adressée grâce à un prix inférieur à celui de ses concurrents. Au contraire, lorsque la firme augmente son prix, les autres ne vont pas la suivre. La demande du marché qui lui est adressée va diminuer[4]. Cette asymétrie de réaction des concurrents fera que la firme ne voudra pas modifier son prix pour des niveaux de variation relativement faible des coûts (à la baisse ou à la hausse), ce qui conduit le marché à une certaine rigidité des prix. On peut schématiser cette situation comme suit :

---

[1] Pour l'étude des modèles d'oligopole, voir le chapitre suivant.

[2] Cependant, Stigler (1947) conteste la validité de la courbe de demande coudée en remarquant que les observations effectuées auprès des entreprises oligopolistiques aboutissent à des conclusions divergentes selon l'industrie étudiée.

[3] Toutefois, l'article de Hall et Hitch est consacré dans sa majorité à une analyse de la détermination des coûts et des prix dans les entreprises à partir d'un ensemble d'enquêtes effectuées auprès des chefs d'entreprise. On peut consulter aussi Sylos-Labini (1962, p. 35) pour une étude sur la détermination des prix fondée sur le niveau technologique des firmes comme élément explicatif.

[4] Il s'agit d'une hypothèse *d'interdépendance conjoncturelle*. Ces hypothèses sont considérées dans une conjoncture où l'élasticité-prix de la demande est forte. Dans l'hypothèse inverse, les hypothèses sur les réactions des concurrents sont aussi inversées. En effet, lorsque l'on considère un marché oligopolistique dominé par une firme leader, une politique de hausse de prix de sa part peut être suivie par les concurrents. Voir le chapitre IV.

Figure 1 :

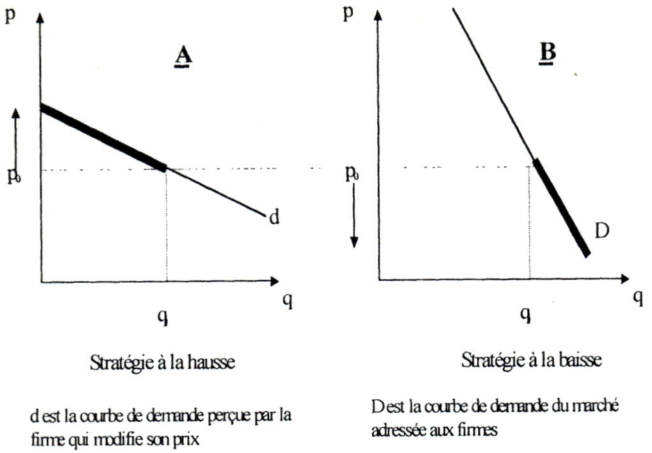

Lorsque la firme augmente son prix, elle prévoit une demande située sur la courbe de demande du marché. Mais comme les concurrents ne la suivent pas, la demande qu'elle obtient effectivement est une demande modifiée, individuelle, qui est différente de celle qui est adressée à ses concurrents. Par conséquent, lorsque le prix augmente unilatéralement, c'est la courbe d qui donne la part de marché de la firme considérée. Mais lorsque cette dernière baisse son prix, en espérant avoir une part de marché plus importante (la quantité espérée est donnée par la courbe d), le comportement des concurrents étant dans le même sens, la firme n'obtient qu'une demande réduite qui est donnée par la courbe D, quantité adressée par le marché à toutes les firmes qui suivent la même stratégie. Etant consciente de cette asymétrie, la firme évitera de modifier son prix dans une zone appelée zone de rigidité (zone AB) où, quel que soit le niveau du coût marginal, le prix reste fixe :

Figure 2 :

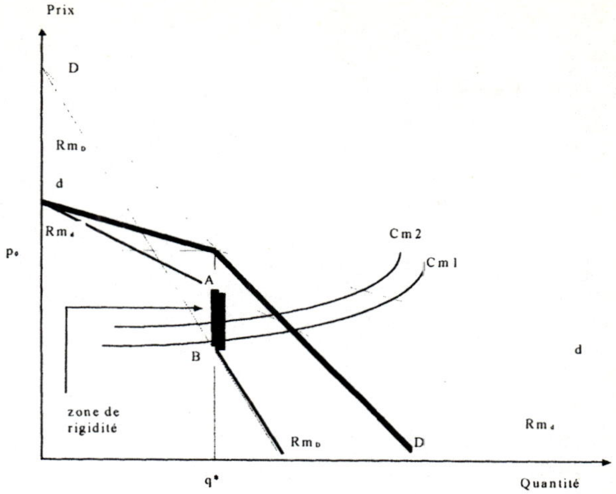

La demande est représentée par les portions en gras des deux courbes de demandes, d et D. Lorsque $p>p_0$, c'est la portion (en gras) de d et lorsque $p<p_0$, c'est la portion (en gras) de D qui déterminent la demande effectivement adressée à la firme. Il s'agit d'une courbe de *demande coudée*. La courbe de recette marginale aussi est composée des portions en gras des deux courbes de recette marginale (Rm_d au-dessus de p_0 et Rm_D en dessous de p_0) avec une zone de discontinuité (zone AB) sur laquelle quelles que soient les variations du coût marginal (monter de Cm_1 à Cm_2 ou descendre de Cm_2 à Cm_1), le prix reste égal à p_0. On remarquera que la zone de discontinuité est déterminée par les pentes des courbes de demande, d et D, qui reflètent la sensibilité de la demande aux variations du prix.

2) Fusions et acquisitions[1] : Elles font partie d'un ensemble d'actions de long terme visant à rendre les valeurs effectives égales ou supérieures aux valeurs-objectifs. Ce type d'action de contrôle est utilisé lorsque l'explication des écarts observés a comme fondement une déficience structurelle de la firme qui résulte d'une incapacité d'atteindre les objectifs fixés.

3) Contraction de l'activité de la firme : Elle est le contraire de 2) dans la mesure où elle implique une réduction du niveau de la production et des engagements. Ce type d'action est entre-

[1] cf. chapitre V, la concentration.

pris lorsque l'explication des écarts indique que la firme n'est pas en mesure d'influencer son environnement ou de modifier son organisation dans l'état actuel des choses. Elle doit répondre aux écarts observés par une modification interne en réduisant ses dépenses.

4) La vente ou la cession des parts de la firme : C'est une action à long terme décidée par les propriétaires de la firme. Lorsque les problèmes fondamentaux structurels sont détectés et l'obtention des résultats attendus semble improbable dans le futur proche, la firme cherchera à céder une partie de ses départements qui sont supposés déficitaires. Cependant, pour que cette vente soit réalisable, il faut que les acheteurs éventuels pensent que l'incapacité de la firme à engendrer des profits positifs est due non pas à une impossibilité technique, provenant de la nature même de l'organisation ou des départements concernés, mais à une mauvaise gestion ou à une mauvaise adéquation des stratégies aux conditions du marché.

Toutefois, les gestionnaires disposent des moyens qui les protègent contre les éventualités de vente de la firme. On retrouve parmi ces moyens, l'opération de *green mail* qui consiste à décourager une éventuelle offre publique d'achat en utilisant les fonds destinés à rémunérer les actionnaires ou *poison pill provisions* qui correspondent à l'ensemble des décisions adoptées par les dirigeants d'une firme, destinées à les prémunir contre des offres publiques agressives. Une autre modalité de couverture est l'opération *golden parachutes,* qui signifie un engagement par lequel les dirigeants de la firme se couvrent avec des contrats portant sur des sommes importantes dans le cas où la firme changerait de main impliquant le licenciement des dirigeants. Un exemple actuel de *golden* parachutes peut être observé dans les négociations des indemnités de licenciement du PDG de Vivendi-Universal en juillet 2002. Ces couvertures visent à ponctionner les profits de la firme dans l'éventualité de changement des dirigeants[1].

5) Le changement de gestion : C'est une mesure prise par les actionnaires ou par la direction générale. Cette mesure est fondée sur la détection d'une erreur de gestion de la part des gestionnaires. C'est une opération relativement facile quand il s'agit de changer des gestionnaires remplaçables. Mais outre les couvertures de protection financière des dirigeants, évoquées ci-dessus, lorsque les gestionnaires ont un rôle et une implication

[1] Voir Kreps, 1996, p. 710 et suivantes.

profonds dans le fonctionnement de la firme, le problème de perte d'un investissement spécifique (qui est ici le dirigeant) peut apparaître (Jensen et Meckling, 1976, pp. 328-329).

Jusqu'ici, nous avons pris en considération les actions utilisées en cas de défaillance des valeurs effectives à l'égard des niveaux-objectifs. On peut aussi considérer les cas où les objectifs peuvent s'avérer inférieurs aux valeurs réalisées. *A priori*, des valeurs supérieures ne semblent pas poser de problème de gestion, les objectifs étant largement atteints. Mais comme une croissance régulière est un élément de bonne gestion, si les résultats excèdent les prévisions, il s'agira d'une croissance inattendue et donc d'une situation non contrôlée. Ceci signifiera alors l'inaptitude de la direction à surveiller et à contrôler les variables-clé de la firme et de l'environnement. De ce point de vue, les surprofits doivent être utilisés pour améliorer l'organisation interne et l'appareil de gestion et de contrôle.

Un schéma d'ensemble résumant la logique de contrôle et d'intervention peut être donné comme suit :

Schéma 2 :

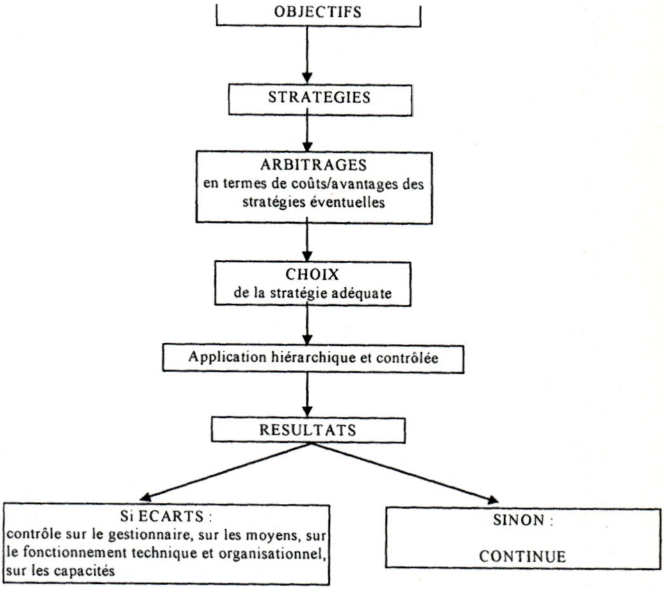

Dans son évolution, la firme apprend à connaître son environnement et à développer des stratégies pour l'influencer. L'analyse du processus de décision sur les actions, sur la modification des actions et sur les stratégies à mettre en oeuvre s'insère dans le cadre des modes de gestion et de hiérarchie.

L'organisation interne : les modes de direction/gestion et la hiérarchie

a) La logique de direction/hiérarchie

En principe, le choix d'une structure organisationnelle répond avant tout à un critère d'efficacité : sera choisi l'arrangement institutionnel qui minimise les coûts et qui permet d'augmenter dans le temps la maîtrise de l'activité de la firme. Lorsque la complexité et la durée des liens entre les parties deviennent importantes, le contrat personnel, c'est-à-dire des liens personnels et durables s'installent. Ces relations s'organisent autour des normes qui se construisent progressivement. On se rapproche alors d'une relation de type administratif. La structure de gestion spécifique, organisant les relations entre les parties, peut prendre deux formes : -soit l'internalisation (la structure unifiée), -soit une structure bilatérale (*bilateral governance*) qui maintient l'autonomie des parties. Cette deuxième forme correspond à la sous-traitance, au partenariat, aux alliances et sera étudiée dans le chapitre VI. Considérons pour le moment le premier type de structure de gestion.

La structure d'une firme comprend tous les aspects tangibles et stables qui permettent de modeler le comportement de ses membres. Comme H. Mintzberg le précise,

« La structure est (...) la somme totale des moyens employés pour diviser le travail en des tâches distinctes et pour ensuite assurer la coordination nécessaire entre les tâches »[1].

Comme nous l'avons déjà évoqué, une transaction est dite internalisée lorsque sa réalisation implique l'utilisation d'une autorité plutôt que la pratique d'un marchandage volontaire entre agents indépendants sur un marché. L'organisation interne des contrats et l'utilisation d'un système administratif réduisent les coûts d'information et d'opportunisme[2]. Cette vision est le

---

[1] cité dans Livian, 1995, p. 25.

[2] On peut donner comme exemple l'intégration verticale dans la mesure où elle permet à la firme d'organiser et de contrôler sa production et sa distribution d'une façon moins incertaine et plus coordonnée. Dans les années vingt, le développement des carrosseries fermées a poussé *General Motors* à

fondement de la rationalité des formes organisationnelles qui engendrent des structures hiérarchiques particulières.

Dans une organisation, la hiérarchie varie avec le niveau du domaine délégué au contrôle d'une autorité. La justification de la concentration du pouvoir décisionnel dans les mains d'un petit nombre de personnes est donnée en termes d'efficacité économique. Si tous les agents concernés participaient à la prise de décision, la procédure de décision serait très coûteuse (en temps et en opération de collecte et de circulation des informations). Plus le nombre d'agents impliqués est élevé, plus le volume des ressources mises en oeuvre afin de collecter et de traiter l'information sera élevé. Avec une gestion autoritaire, le problème d'opportunisme semble réduit. Les performances des uns et des autres sont évaluées par le biais des récompenses et des sanctions correspondant aux résultats effectivement obtenus.

b) Les structures hiérarchiques

Les approches organisationnelles de la firme supposent que les décisions des individus s'inscrivent toujours dans une structure qui lie les participants entre eux et qui modèle leurs choix (Ménard, 1990, p. 27). Tout choix intervient alors dans le cadre des relations d'autorité, de hiérarchie et de contrôle entre individus constituant l'ensemble.

Différentes structures hiérarchiques peuvent être observées dans les organisations. La structure la plus simple est celle qui est caractérisée par l'entreprise individuelle dont le propriétaire contrôle personnellement tout et prend toutes les décisions dans un environnement peu complexe. La structure hiérarchique linéaire de H. Fayol[1] s'établit autour d'une unité de commandement absolue. Il s'agit d'une division de l'activité de production en sous-activités homogènes. Quant à la structure fonctionnelle de F. W. Taylor, elle consiste en une analyse « scientifique » des tâches et en une définition des relations d'autorité. Chacune des fonctions du type : préparation du travail, répartition des tâches, surveillance des ouvriers, contrôle de la qualité et de la quantité des produits, etc., est confiée à un agent différent afin d'obtenir une spécialisation susceptible d'aménager l'efficacité du travail.

---

acheter la société *Fisher Body* (qui lui fournissait auparavant ces pièces) en vue d'intégrer le processus de conception.

[1] Pour un aperçu général des différentes structures, voir Koenig (1993) et Livian (1995).

Dans ce paragraphe, nous allons présenter seulement deux des principales structures hiérarchiques représentatives, la forme unitaire (U) et la forme multidivisionnelle (M)[1], qui seront ensuite comparées à la structure J observée dans les firmes japonaises.

* *La forme U* est une structure organisée sur la base des lignes fonctionnelles sur lesquelles le bureau exécutif a le contrôle total. Chaque ligne fonctionnelle a une organisation hiérarchisée autour d'un sous-dirigeant responsable de la coordination des activités de son département. On voit apparaître, dans ce type d'organisation, des limites au mécanisme de contrôle sur l'ensemble.

Schéma 3 :

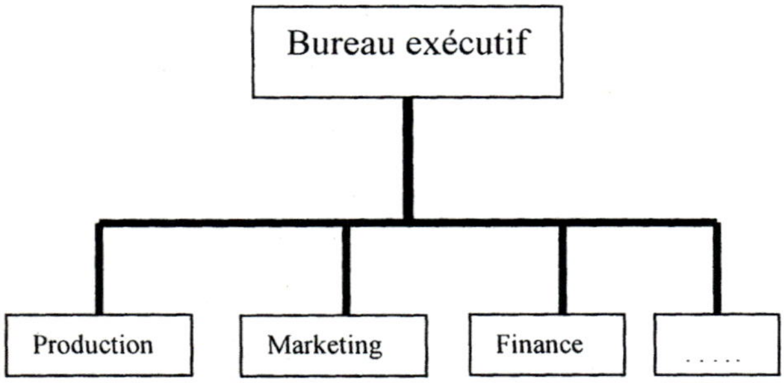

La planification stratégique sur un nombre élevé d'activités paraît difficile du fait que le directeur général doit surveiller l'ensemble des opérations aussi bien à très court terme qu'à long terme. Un autre problème provient des limites de la capacité de la direction à obtenir toute l'information disponible, à la faire circuler suffisamment rapidement entre les différents niveaux hiérarchiques et à contrôler efficacement les sous-dirigeants. C'est pourquoi, ce type de structure est mieux adapté à des organisations de petite taille (comme les entreprises familiales ou les PME) dans lesquelles la quantité et la circulation de l'information requise pour le fonctionnement de la firme ne posent pas de problème particulier.

Lorsque la taille de la firme devient importante ou lorsque son champ d'activité s'élargit, il est possible de remédier aux

[1] Voir Koenig (1993), Earl (1995) et Milgrom et Roberts (1997), entre autres.

problèmes de communication et de cohérence de l'ensemble en faisant intervenir une structure de « hiérarchie (*line*) et conseil (*staff*) » (la structure de *Staff and Line*). Toutefois, avec l'accroissement de la taille de l'entreprise, la ligne hiérarchique semble provoquer des blocages aussi bien au niveau des décisions immédiates à prendre qu'au niveau de la collecte de l'information sur l'environnement. C'est pourquoi, pour les firmes de grande taille c'est la forme M qui paraît mieux adaptée. Comme Chandler (1979, 1982) et Williamson (1985) le soulignent, lorsqu'une firme augmente le nombre de ses produits qu'elle offre sur des marchés géographiquement distincts, la gestion centralisée devient difficile.

* *La forme M* est supposée économiser sur la rationalité limitée et sur le contrôle d'opportunisme. Cette structure est fondée sur une dissociation entre les décisions stratégiques et les décisions opérationnelles (Chandler, 1982). Le contrôle n'est pas fondé sur une base fonctionnelle mais plutôt sur une base opérationnelle :

Schéma 4 :

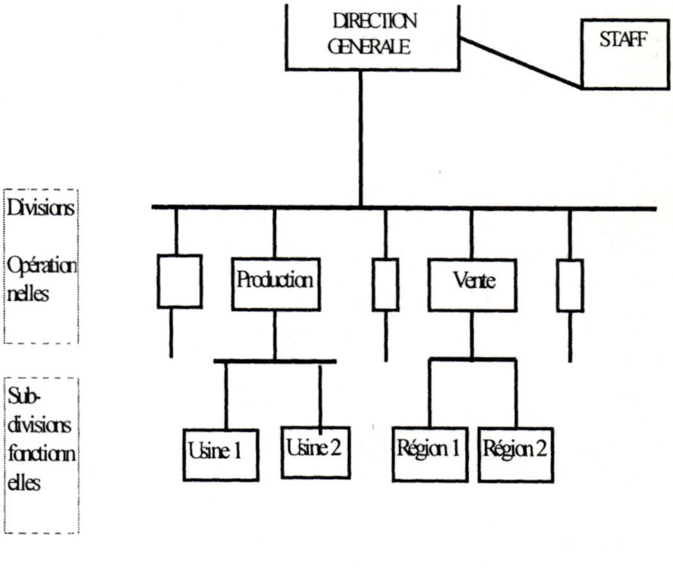

La direction générale détermine une stratégie totale (*corporate strategy*) qui fixe les grandes lignes du cadre à l'intérieur duquel les décisions spécifiques doivent se placer. Elle choisit les objectifs opérationnels, gère les performances des différentes divisions et alloue les ressources de la firme aux différentes divisions. Pour accomplir cette tâche globale, elle est aidée par un groupe de staff dont le principal rôle est un rôle d'audit sur les opérations des divisions et d'en informer la direction générale.

Les divisions sont des unités chargées de répondre aux besoins des différents marchés. Elles correspondent à une répartition de l'activité globale par produits ou selon un critère géographique. Les divisions opérationnelles déterminent des stratégies de segment (*core strategies*). Chaque division contrôle les opérations concernées par sa zone d'activité ou par sa propre activité. A la tête de chaque division, on retrouve un responsable qui doit veiller aux performances et aux fonctions opérationnelles de la division (comme la production ou la vente). Ce sont des centres disposant d'une autonomie de décision dans les domaines opérationnels. Les responsables divisionnels sont dès lors incités à se comporter de façon à réaliser des résultats de plus en plus performants. Par rapport à la forme U, où chaque département doit suivre la tâche générale, la forme M permet de décentraliser le processus de prise de décision et attribue une responsabilité cruciale à chaque division dans l'accomplissement des tâches particulières[1].

Les subdivisions déterminent les stratégies de domaine (*business strategies*) qui portent sur les cellules de base du système.

Cette forme organisationnelle a été développée dans les années trente par plusieurs grandes firmes américaines (DuPont, General Motors[2], etc.) en réponse aux problèmes de gestion et de direction engendrés par la recherche de diversification des activités de base (ce qui diversifiait les engagements des firmes

---

[1] Dans le cas des réseaux, on observe une cassure de la forme M puisqu'une partie des divisions disparaît au profit des relations de sous-traitance. A une structure unifiée se substitue une structure bilatérale composée d'un ensemble de firmes qui établissent des relations stables et durables selon des règles communes. Ceci montre, comme on va le voir dans le chapitre VI, que même lorsque les firmes évoluent vers une plus grande externalisation de leurs activités en se recentrant sur des activités de base, elles mettent en place des structures relationnelles qui évitent (ou cherchent à éviter) l'anonymat des relations sur le marché.

[2] Cette évolution traduit l'avantage du passage d'une structure hiérarchique rigide à une structure multidivisionnelle. En effet, avec une stratégie de marchés segmentés dans l'organisation, dans les années vingt et trente, *General Motors* a vu sa part de marché augmenter dans l'industrie automobile américaine, de 11% en 1921 à 45% en 1940 contre respectivement, 55% et 16% pour son concurrent *Ford*. Voir à ce sujet Milgrom et Roberts (1997, pp. 4-6).

et donc augmentait la zone de contrôle totale posant ainsi le problème de contrôle des informations et des décisions sur une gamme d'activités de plus en plus large).

Bien sûr, ces différentes formes dépendent, quant à leur applicabilité, de la nature des activités des firmes et de leur organisation interne de production. L'approche développée ici met l'accent sur le besoin des ressources requises pour la prise de décision et sur l'importance de les économiser. Elle intègre un élément dynamique qui implique des changements permanents dans l'organisation de la firme et qui concerne la réponse (la réaction) des agents aux modifications survenant dans le déroulement des transactions. Le choix d'une structure hiérarchique adaptée suit alors cette préoccupation.

L'un des problèmes majeurs rencontrés dans le fonctionnement des structures décentralisées est l'obtention d'une compatibilité entre les décisions respectives des différents départements qui peuvent ne chercher que leur propre rentabilité individuelle sans se soucier de la compatibilité de leurs décisions avec celles des autres départements. Dans ce cas, alors que la firme considérée cherche à réduire le problème de circulation de l'information dû à sa grande taille, elle se voit contrainte de mettre en place des procédures de contrôle et de communication afin de rendre compatibles les décisions des unités décentralisées.

Comme le montrent Cable et Yasuki (1985), à partir d'une étude sur les effets de la structure organisationnelle (du type M) sur la profitabilité de 89 firmes japonaises, l'application d'une structure hiérarchique du type M est absente de ces firmes sans que cela nuise à la rentabilité de leurs activités. Bien que la Forme M réduise considérablement les coûts de transaction provenant des problèmes de rationalité limitée et des comportements opportunistes, elle ne constitue pas la seule forme efficace possible dans le fonctionnement des grands groupes. Effectuant des recherches sur les firmes japonaises, Aoki (1984, 1990, 1991)[1] remarque que les tâches de coordination et d'opération, qui étaient séparées dans le mode organisationnel hiérarchisé et spécialisé, vont ensemble dans la Forme J (modèle japonais). Les ouvriers ont la possibilité d'arrêter la ligne de production lorsqu'ils détectent des défaillances techniques. L'intégration des talents opérationnels des individus leur permet de montrer leur capacité à résoudre les problèmes quotidiens.

[1] Voir aussi Coriat (1991) et Coriat et Weinstein (1995).

Ainsi, les incitations ne sont pas liées à des catégories techniques de travail prédéterminées mais motivent, au contraire, une expérience professionnelle polyvalente. Le bureau des personnels gère le système d'incitation selon les objectifs organisationnels de long terme. Ce système hiérarchique semble permettre de réduire les problèmes d'aléa moral (le problème de monitorat, de contrôle des comportements opportunistes) et d'anti-sélection (choix d'employés adaptés aux tâches). Les organisations syndicales sont spécifiques à chaque firme et cherchent à établir avec la direction les grandes lignes de la structure de rémunération et de la hiérarchie des rangs. Elles travaillent comme un lieu de coordination entre la direction et les différentes composantes. Ainsi obtient-on le *premier principe de dualité* d'Aoki :

« Les firmes japonaises sont faiblement hiérarchisées dans la coordination des activités et relativement hiérarchisées dans le système d'incitation ».

Le même fonctionnement est observé aussi dans le domaine du contrôle financier des firmes. Les banques détiennent des titres des firmes et il existe en général une banque principale par firme qui joue le rôle de gestionnaire du consortium de prêt lorsqu'un groupe de banques attribue un crédit à long terme à une entreprise. Sauf en période de crise, de faillite ou de liquidation, les firmes suivent des politiques autonomes de développement vis-à-vis des banques[1]. Nous avons alors le *second principe de dualité* d'Aoki :

« L'organisation interne et le contrôle financier des firmes japonaises sont caractérisés de façon duale par une hiérarchie décisionnelle faible et une hiérarchie incitative de rang ».

L'imbrication des systèmes de coordination, de contrôle, de promotion et de polyvalence fait que les décisions de gestion sont contrôlées par les intérêts financiers (les propriétaires-actionnaires) et les intérêts des employés (dont une partie se trouve au rang des décideurs) plutôt que par les seuls propriétaires. Ce type de fonctionnement interne est appelé par Ménard (1990, p. 71) la démocratie interne :

« ...le coût de la 'démocratie interne', comparé aux gains qu'elle procure, lui donne un incontestable avantage sur les procédures incitatives fondées sur des rémunérations dont la

---

[1] On peut citer comme exemple le cas de *Toyota Motor Corporation* dont 15% des titres sont détenus par 3 banques -Tokai, Mitsui et Sanwa- sans qu'il existe une collusion entre ces banques pour influencer la gestion et la politique industrielle de *Toyota*.

mise en oeuvre suppose contrôles et sanctions d'origine exogène par rapport au groupe »[1].

Une comparaison entre le modèle fondé sur les relations d'agence et le modèle J, présentée par Aoki, nous permet d'établir le tableau suivant :

Tableau 1 :

Théorie de l'agence et négociation sur le marché	Modèle J négociation interne et ordonnée
La firme est conçue comme un noeud de contrats. Dans un contrat d'agence, le principal délègue son pouvoir décisionnel à l'agent qui peut disposer d'une information supérieure avec des préférences différentes. Le principal cherche à établir un contrat incitatif par négociation. Le principal ultime est le propriétaire de la firme. La gestion opère au moyen d'une chaîne d'incitations. Les contrats d'incitation sont principalement orientés par le marché. Le contrôle des décisions se fait globalement sur la base de critère de maximisation.	La firme est considérée comme une équipe. Il y a polyvalence des parties composantes. Le système d'incitation et de promotion respecte un souci de stabilité et de sécurité hors marché à partir des critères internes de talent et de capacité (aptitude). Il s'agit d'assurer une coordination continue dans le processus de décision et de gestion entre (et avec) les propriétaires, les dirigeants et les employés. Le développement de la firme et la satisfaction de ses membres est une règle fondamentale. L'imbrication firme-banque vise à renforcer la stabilité et la continuité.

Dans une logique voisine, Ouchi et Jaeger (1978) identifient deux types distincts de structure hiérarchique, le type A (structure des firmes américaines) et le type J (structure des firmes

[1] Le système japonais a de fortes similitudes avec le système allemand. Orléan classe en deux groupes les différents systèmes hiérarchiques : le système ouvert comprenant les pays anglo-saxons et le système fermé correspondant à l'Allemagne et au Japon. Dans le deuxième type, la stabilité interne est un objectif central alors que le système ouvert tend aujourd'hui vers un mode de gestion fondé sur le gouvernement d'entreprise, établi sur la suprématie des actionnaires nombreux dont le principal objectif est une valorisation financière des titres qu'ils détiennent (1999, pp. 194-239).

japonaises). Les auteurs observent que le type A se transforme en un nouveau type hybride, appelé le type Z, qui consiste en un rapprochement de la structure hiérarchique américaine du type japonais. Dans le type Z, la responsabilité individuelle (et non collective, contrairement au type J) et une trajectoire relativement spécialisée de carrière (contrairement au cas japonais où la trajectoire de carrière reste non spécialisée) sont conservées, mais tous les autres aspects collectifs et holistiques du type J sont intégrés dans les nouvelles structures. Cette modification viserait, pour les auteurs, à

« faire face au défi économique japonais » (pp. 308-321).

Le modèle Z est présenté comme l'évolution du type A vers le type J :

Type A		Type J
*Emploi à court terme	→	Emploi à vie
*Prise de décision individuelle	→	Prise de décision consensuelle
*Responsabilité individuelle	||||||||	Responsabilité collective
*Évaluation et promotion rapides	→	Évaluation et promotion lentes
*Contrôle formel et explicite	→	Contrôle informel et implicite
*Trajectoire de carrière spécialisée	→	Trajectoire de carrière non spécialisée
*Intérêt individuel	→	Caractère holistique des objectifs

Type Z (A--------→J)

Emploi à long terme
Prise de décision consensuelle
(*Responsabilité individuelle*)
Évaluation et promotion lentes
Contrôle informel et implicite
(avec des mesures formelles et explicites)
Trajectoire de carrière modérément spécialisée
Caractère holistique de l'organisation (incluant la famille)

Toutefois, il convient de remarquer que les différents types d'organisation des rapports économiques et leur efficacité s'établissent dans un cadre institutionnel défini (North, 1990). Dans le cas japonais, Okimoto (1989)[1] montre que les pouvoirs publics (à travers le ministère de l'industrie et du commerce international, MITI) interviennent dans le cadre d'une concertation régulière, souple et réciproque avec les entreprises privées afin d'assurer un consensus entre les intérêts privés et les intérêts publics. Ceci se fait par l'intermédiaire des réseaux de consultations informelles (*nemawaski)*. Les autorités cherchent à anticiper les failles du marché et mettent en place des modalités de régulation indicative tandis qu'aux Etats-Unis, les autorités réagissent *ex post* aux difficultés observées et interviennent d'une façon plus explicite et directe[2]. Okimoto (1989, p. 139) propose une analyse comparative des cas de Chrysler et de Mazda. Lorsque Chrysler a rencontré des difficultés, le gouvernement américain est intervenu ouvertement alors que dans le cas de Mazda, le soutien n'est pas directement venu du gouvernement japonais mais du groupe *Sumitomo keiretsu*[3] et de la banque Sumitoma. La réponse aux imperfections du marché est alors établie en termes d'une collaboration entre pouvoirs publics et secteur privé et non en termes d'une intervention publique *ex post* explicite en cas de crise importante.

---

[1] Voir aussi Matsumoto, 1996.

[2] La politique de soutien et d'aide du gouvernement fédéral américain aux secteurs touchés par les événements de septembre 2001 en constitue une illustration récente.

[3] Les *keiretsu* constituent le système japonais d'assurance pour les industriels.

CHAPITRE IV : STRUCTURES OLIGOPOLISTIQUES ET MONOPOLISTIQUES DE MARCHE

La théorie de l'oligopole est dans un état fluide. Les solutions les plus diverses ont été et sont encore en train d'être posées et choisir parmi elles n'est pas une tâche facile. Si nous acceptons ces suppositions, la plupart de ces solutions sont formellement correctes, et, qui plus est, mutuellement compatibles. Ceci nous met dans une situation plus embarrassante que si nous avions à choisir parmi des théories contradictoires. Nous sommes toujours dans la situation que Schumpeter, traduisant une opinion générale, a décrite en notant que « l'oligopole se divise en plusieurs cas, dont certains sont déterminés alors que les autres non ». L'acceptation de l'approche de « cas par cas » est caractéristique d'une situation théorique hautement insatisfaisante.

P. Sylos-Labini
Oligopoly and Technical Progress

Il n'y a pas un problème d'oligopole, mais plusieurs. La solution varie avec les hypothèses. Si l'on écarte le facteur d'incertitude, cette solution (...) est déterminée pour chaque groupe d'hypothèses (...). Si les vendeurs considèrent leur influence totale sur le prix, on obtient un prix de monopole. L'indépendance des producteurs et la poursuite de leurs intérêts personnels ne suffisent pas à l'abaisser.

E. H. Chamberlin
La Théorie de la Concurrence Monopolistique

Notions-clé :

oligopole - duopole symétrique de Cournot- fonctions de réaction - variations conjecturales - équilibre de Bertrand et concurrence par les prix - duopole asymétrique de Stackelberg - conflit - équilibre du cartel - viabilité d'ententes tacites- marché monopolistique - équilibre du monopole - pouvoir de monopole - discrimination par les prix - marchés contestables - coûts irrécupérables - soutenabilité - monopole naturel

Références :

- BAIN, J. S., *Barriers to new competition*, Harvard University Press, 1956.

- BAUMOL, W., PANZAR, J., WILLIG, R., *Contestable markets and the theory of industry structure*, N. Y. : Harcourt Brace Jovanovich, 1982.

- BERTRAND, J., Compte-rendu de Cournot 'Recherches', *Journal des Savants*, 1883.

* CHAMBERLIN, E. H., *La Théorie de la Concurrence Monopolistique*, PUF, Traduction française, 1953 (1933).

- COURNOT, A. A., *Recherches sur les principes mathématiques de la théorie des richesses*, Librairie J. Vrin, Paris, 1980 (1838).

- d'ASPREMONT, C., DOS SANTOS FERREIRA, R., GERARD-VARET, L.-A., Pricing schemes and Cournotian equilibria, *American Economic Review*, 82(3), 1991, pp. 666-673.

- EDGEWORTH, F. Y., *La théorie pure du monopole,* 1897, réédité dans Cournot (1980), pp. 127-155.

* GABSZEWICZ, J., *La concurrence imparfaite*, Repères, La Découverte, 1994.

* GOULD, J. P., FERGUSON, C. E., *Théorie microéconomique*, Economica, 1982.

* JACQUEMIN, A., *Sélection et pouvoir dans la nouvelle économie industrielle,* Economica-Gabay, 1985.

* KREPS, D. M., *Leçons de théorie microéconomique*, Traduction française, PUF, Paris, 1996.

* MARTIN, S., *Advanced Industrial Economics*, Blackwell, Oxford, U. K. & Cambridge, U.S.A., 1996.

* RAINELLI, M., *Economie Industrielle*, Dalloz, 1998.

* ROBINSON, J., *L'économie de la concurrence imparfaite*, Dunod, Traduction française, 1975 (1933).

- STACKELBERG, H. Von., *Marktform und Gleichgewicht*, Wien und Berlin, Verlag von Julius Springer, 1934.

* SYLOS-LABINI, P., *Oligopoly and technical progress*, Cambridge : Harvard University Press, 1993 (1962).

* TIROLE, J., *Concurrence imparfaite*, Economica, 1985.

* WATERSON, M., *Economic theory of the industry*, Cambridge University Press, 1987.

Les hypothèses du modèle concurrentiel évincent le fait qu'un concurrent puisse affecter les positions économiques de ses rivaux et, partant, toute la structure du marché (la structure industrielle). Or, selon que l'on considère le modèle classique ou le modèle néoclassique, la conception de la concurrence n'est pas la même. Pour les classiques, dans la lignée d'Adam Smith, la concurrence est un état d'esprit, un processus actif de lutte qui se développe indépendamment du nombre de vendeurs, alors que pour les néoclassiques, la concurrence est une situation de référence définie par des conditions strictes. La concurrence est l'équilibre lui-même.

Lorsque l'hypothèse particulière de l'information parfaite du marché concurrentiel est modifiée, la configuration du marché peut prendre une multitude de formes différentes. Ainsi, le relâchement des hypothèses de concurrence pure et parfaite donne naissance à une variété de modèles comme le monopole et l'oligopole. Le principal point commun de ces modèles est que, contrairement à la concurrence pure et parfaite, chaque vendeur est conscient du fait que sa décision aura une influence perceptible sur les décisions des autres. Du côté des consommateurs, la prise en compte des effets d'imitation ou de démonstration fait que les goûts des consommateurs sont influencés par les vendeurs et que le schéma traditionnel d'allocation optimale des ressources est privé de certaines de ses suppositions centrales (homogénéité du bien et unicité de l'information-prix). Du côté des producteurs, les possibilités de production dépendent des décisions stratégiques et des formes d'organisation industrielle.

Les décisions prises par les uns affectent les comportements des autres. Les firmes sont conscientes de leur position sur le marché et déterminent des stratégies anticoncurrentielles en vue d'accroître leur pouvoir ou de faire face à des menaces d'entrée potentielle. L'économie suit une évolution en termes de mutations structurelles continues, de dynamique de l'environnement et de dynamique de la domination.

En économie industrielle, les marchés « imparfaits » sont étudiés dans le cadre d'une approche en termes de concurrence imparfaite. Certaines hypothèses du modèle de concurrence comme l'atomicité, l'homogénéité, la liberté d'entrée et de sortie, la parfaite mobilité, etc., sont relâchées. Considérons, par exemple, la situation d'un marché initialement occupé par un monopole qui peut manipuler son prix de vente en restreignant son offre. S'il n'existe pas de barrières à l'entrée, ce comportement est impossible. Or, rien n'empêche *a priori* le monopole de pratiquer un prix plus bas que celui qui assure le profit le plus élevé à court terme, de façon à rendre non rentable l'entrée de concurrents potentiels. Les grandes firmes, présentes sur un marché, peuvent aussi s'entendre sur des prix (Demsetz, 1998) afin d'éviter la concurrence. Sous certaines conditions, l'entente ou les contrats à long terme peuvent constituer des obstacles à l'entrée (Aghion et Bolton, 1987).

L'absence de transparence du marché et l'information incomplète et/ou imparfaite empêchent les consommateurs de décider selon les règles concurrentielles. L'unicité du prix de vente et sa diminution jusqu'au coût marginal dépendent aussi de l'hypothèse d'information parfaite. Lorsque l'on considère que cette information est détenue d'une façon inégale par les différents agents économiques, les données du problème changent. La première conséquence de l'information incomplète et/ou imparfaite sur les prix est de conférer un pouvoir de marché aux entreprises. Puisqu'il est coûteux (ou impossible) d'obtenir de l'information, les consommateurs sont naturellement enclins à une certaine inertie. Ils préfèrent se contenter de l'information qu'ils détiennent plutôt que de chercher activement à découvrir le prix le plus faible. Les firmes elles-mêmes peuvent utiliser des politiques de prix fluctuants en faisant varier leurs prix dans le temps, appliquant tour à tour des prix élevés et des prix faibles. Cette stratégie vise à introduire des bruits dans le marché qui ont pour effet de troubler l'information observée par les consommateurs.

Ce chapitre est consacré aux différentes structures de marché présentées dans les modèles traditionnels de la théorie économique. La structure est étudiée pour une firme ou une industrie donnée. La méthode d'analyse est celle de l'équilibre partiel et nous conserverons les hypothèses habituelles sur les fonctions de coût (en forme U) et sur les rendements (décroissants). Toutefois, nous montrerons aussi qu'il existe d'autres hypothèses plausibles qui, lorsqu'elles sont considérées, modifient la représentation du fonctionnement des marchés non-concurrentiels[1].

La première section porte sur les marchés oligopolistiques. L'oligopole, ou sa forme limite, le duopole, est une structure de marché où la concurrence est techniquement absente mais il existe une rivalité ou une compétition interne. Les firmes sont

---

[1] Nous n'effectuerons pas d'analyse explicite des effets des structures sur les fluctuations de l'activité économique. Le lecteur intéressé peut consulter l'article de Gérard-Varet (2000) qui présente un cadre général de concurrence imparfaite permettant de souligner les liens entre la structure de la concurrence et les fluctuations endogènes de l'activité.

en mesure d'affecter leurs concurrents et les consommateurs. L'interdépendance qui existe entre leurs stratégies est perceptible par tout le monde. Toutefois, dans les modèles inspirés de Cournot et de Bertrand, nous remarquerons que les offreurs sont dans une situation totalement symétrique les uns par rapport aux autres et sont supposés faire des conjectures naïves. Chez Cournot, lorsqu'une firme décide de produire une quantité de produit, elle considère que son concurrent ne va pas modifier la sienne. Quant au modèle de Bertrand, la variation de la quantité du concurrent est supposée suivre dans le sens inverse et dans la même proportion la variation de la quantité de la firme considérée. Une concurrence par les prix s'installe et porte l'économie duopolistique vers la quantité concurrentielle. Mais lorsque les capacités de production des firmes sont limitées, les hypothèses du modèle de Bertrand deviennent irrecevables puisque c'est l'hypothèse très particulière de passivité et de symétrie des comportements des firmes duopolistes qui permet d'éviter la considération d'éventuelles stratégies conflictuelles. Or, c'est justement l'éventualité d'un conflit qui constitue l'intérêt de l'étude des marchés oligopolistiques.

Avec l'hypothèse de duopole asymétrique, il devient possible de montrer le caractère *ad* hoc de l'hypothèse de symétrie. Dans la lignée de Stackelberg, nous soulignons les conditions strictes de l'équilibre du duopole en considérant explicitement la possibilité de conflit entre les duopoleurs en l'absence d'une coopération ou d'une entente *a priori*.

La deuxième section considère les marchés d'entente et de monopole. Le schéma d'entente entre firmes, i. e., le schéma de cartel, étudie les conditions d'apparition des accords tacites. La recherche d'une coopération, visant à augmenter le gain de leur activité, pousse les firmes à coopérer entre elles en bénéficiant du prix de monopole. Mais les conditions de viabilité des cartels se révèlent particulières étant donnés les comportements potentiellement opportunistes des firmes participantes. Une situation de monopole contrôlé apparaît alors plus stable.

Dans l'étude du monopole, nous supposons une firme qui a le contrôle total sur l'offre du marché. La limite du pouvoir de monopole est donnée par la réaction des consommateurs à travers l'élasticité-prix de la demande. Mais le monopole peut, dans certains cas, appliquer une discrimination par les prix afin d'augmenter son gain total en fonction des différences de perception de la part des consommateurs différents. Ceci introduit une question intéressante : si le monopole peut vendre le même bien à deux prix différents sur deux sous-marchés, on doit supposer qu'il existe un problème d'information pour les consommateurs qui ne peuvent pas observer la discrimination ou qu'il existe un problème d'inégalité entre les consommateurs puisqu'ils doivent subir des prix différents selon les lieux ou les quantités qu'ils achètent. Dans ce cas, ni l'unicité du prix ni l'homogénéité du produit ne sont respectées comme principe de fonctionnement du marché. Et expliquer la discrimination par le seul différentiel des élasticités des demandes, comme dans la représentation standard, n'est pas plausible[1].

Nous discuterons alors de l'affirmation selon laquelle le monopole correspond à une situation sous-optimale par rapport à la concurrence. Les arguments de cette discussion dépendent des hypothèses que l'on fait sur les rendements et sur les coûts.

Cette discussion continue sous une forme particulière dans le paragraphe suivant avec l'analyse de la théorie des marchés contestables. Cette théorie situe le problème d'optimalité de la structure du marché non au niveau du nombre de producteurs présents mais au niveau des possibilités d'entrée et de sortie sans coûts irrécupérables des producteurs potentiellement concurrents.

Dans cette approche, l'existence des monopoles est supposée due aux spécificités techniques des fonctions de production qui rendent non rentable l'entrée de concurrents potentiels sur le marché donné. Le caractère actif et stratégique des comportements des firmes n'apparaît guère. Or, une situation de monopole n'est pas forcément un état technique particulier *donné* mais surtout une position économique qui est obtenue principalement à partir des stratégies conscientes des firmes établies[2].

MARCHES OLIGOPOLISTIQUES

L'intérêt de l'étude de l'oligopole est double. Elle met, avant tout, en évidence la diversité des configurations auxquelles peuvent conduire les comportements conflictuels des firmes. Par conséquent, elle souligne la difficulté dans laquelle l'économiste se trouve pour déterminer une solution réaliste. Ensuite, elle montre l'instabilité des solutions non-coopératives qui apparaissent lorsque les firmes agissent sans coordination

---

[1] Soit l'on considère que les préférences sont homogènes (cf. chapitre I), dans ce cas, il n'est pas aisé de concevoir l'existence de deux prix différents pour le même bien. Soit on lève l'hypothèse d'homogénéité, alors la détermination d'un équilibre optimal, au sens parétien, devient arbitraire et relève d'hypothèses particulières strictes.

[2] Le chapitre suivant montrera dans quelles conditions ces stratégies font apparaître des marchés non concurrentiels au sens strict du terme.

explicite. *Les firmes affectent les conditions de fonctionnement de l'économie et à travers leurs choix et stratégies conscients, elles déterminent en grande partie la forme que le marché prend.*

Définition

L'oligopole ou sa forme limite, le duopole, est une situation de marché où la concurrence du modèle référentiel est absente mais où il existe une rivalité ou une compétition interne. On dit qu'il existe un oligopole lorsque le nombre de vendeurs sur le marché n'est pas suffisamment élevé pour rendre négligeable la contribution de chacun. Toutefois, pour la définition de ce type de marché et au vu des chapitres précédents, nous préférons mettre l'accent plutôt sur la position hétérogène des firmes en ce qui concerne leur pouvoir de marché et les informations qu'elles détiennent que sur le nombre de concurrents existants sur un marché donné. Les firmes sont interdépendantes dans la mesure où les politiques suivies par l'une d'elles affectent directement et de façon perceptible les autres.

Dans un oligopole, chaque firme est supposée identifier l'ensemble de ses concurrents et tenir compte de leurs comportements pour arrêter ses propres décisions. Ceci est une différence fondamentale qui oppose l'oligopole à la concurrence parfaite. Dans cette dernière situation, la firme détermine ses choix en tenant compte d'un niveau de prix ou de la position d'une courbe de demande et il n'y a qu'une interdépendance passive entre les offreurs. L'entrée de nouvelles firmes sur le marché et les décisions de production des firmes installées sont perçues par les firmes en place à travers la modification des prix d'équilibre ou le déplacement de la courbe de demande. Cet écran entre les décisions des concurrents et les actions de la firme considérée disparaît sur un marché d'oligopole. La firme peut adopter un comportement stratégique en conjecturant sur les comportements de ses concurrents à la suite de ses propres actions. Cette interaction peut conduire à des situations conflictuelles ou de coopération[1].

Afin de simplifier la présentation et de suivre aussi fidèlement que possible les représentations traditionnelles, nous nous limiterons dans la suite de cet ouvrage au cas de deux firmes, le duopole.

---

[1] Dans l'analyse de l'équilibre et de la concurrence monopolistique, Arrow et Hahn (1971, p. 167) soulignent que dans leur modèle la reconnaissance mutuelle des pouvoirs respectifs des firmes est ignorée.

Lorsqu'il y a deux firmes qui produisent un bien homogène sur un marché donné, il y a quatre variables à prendre en considération : les prix pratiqués et les quantités produites par chacune des deux firmes.

Lorsqu'une firme prend ses décisions en matière de prix et/ou de quantité, elle peut observer le choix effectué par son concurrent. Si une firme fixe son prix (ou sa quantité) avant l'autre, la première s'appellera le leader en prix (en quantité) et la deuxième, le suiveur en prix (en quantité). Dans ce cas, les interactions stratégiques constituent un processus séquentiel, l'une des deux firmes agissant après l'autre. Mais il se peut aussi qu'une firme ne soit pas au courant des décisions de l'autre. Alors, elle doit prévoir le choix de l'autre afin de prendre elle-même une décision judicieuse. C'est le cas des décisions simultanées où les deux parties décident en même temps sans pouvoir réellement observer la décision prise par la rivale. Les offreurs peuvent faire varier simultanément les prix ou les quantités.

Cette classification nous donne quatre possibilités : une relation de meneur-suiveur en prix (le *leadership* en prix), une relation de meneur-suiveur en quantité (le *leadership* en quantité), une détermination simultanée des prix et une détermination simultanée des quantités. Chacun de ces cas d'interaction engendre des problèmes stratégiques différents.

Nous considérons deux hypothèses distinctes sur les comportements stratégiques. La première hypothèse considère les firmes symétriques et fait des conjectures passives. Elle est étudiée dans les modèles de duopole inspirés de Cournot (1838) et de Bertrand (1883). La deuxième hypothèse pose, au contraire, le problème d'interaction stratégique active. Elle sera présentée suivant Stackelberg (1934) et Chamberlin (1953).

Duopole symétrique

Considérons deux firmes, F1 et F2, produisant un bien homogène. q_1 et q_2 sont respectivement la production des deux firmes. La fonction de coût est :

$$(1)\ Ct_j = c_j\, q_j^2$$

(j=1, 2) avec $c_j > 0$.

La demande totale des consommateurs, définie par une fonction de demande inverse, p(Q), s'écrit :

$$(2)\ p(Q) = a - bQ$$

avec $Q = q_1 + q_2$ (offre totale).

Les profits respectifs sont donnés par les expressions suivantes :

$$(3)\ \pi_1=[a-b(q_1+q_2)]q_1 - c_1\, q_1^2$$

$$(3')\ \pi_2=[a-b(q_1+q_2)]q_2 - c_2\, q_2^2$$

Ceci équivaut à :

$$\pi_1 = a\, q_1 - (b+c_1)q_1^2 - b\, q_1\, q_2$$

$$\pi_2 = a\, q_2 - (b+c_2)q_2^2 - b\, q_1\, q_2$$

On retrouve deux modèles principaux de duopole symétrique : le duopole de Cournot, qui suppose un mécanisme d'ajustement fondé sur l'hypothèse que les firmes considèrent le niveau de production de leur concurrent comme donné, et le duopole de Bertrand, dans lequel on suppose que les firmes prennent les prix de leur concurrent comme fixes.

a) Duopole de Cournot

Chaque firme anticipe que son concurrent maintiendra son volume de production indépendamment de la quantité qu'elle-même décide de produire. Elle ne tient pas compte de son influence directe sur le prix.

Montrons schématiquement le fonctionnement du modèle avant de présenter sa résolution formelle.

Supposons que chaque firme décide de l'offre qui lui est la plus profitable en tenant compte de l'offre présente de sa rivale et en supposant qu'elle ne changera pas. Cournot posait le problème dans ces termes (1838). Suivons Cournot et prenons le cas de deux sources minérales, exploitées par leurs propriétaires sans dépenses de production et offrant sur un même marché :

« Maintenant, imaginons deux propriétaires et deux sources, dont les qualités sont identiques et qui, en raison de la similitude de leur position, alimentent concurremment le même marché. Dès lors, le prix est nécessairement le même pour l'un et pour l'autre propriétaire » (p. 59).

Supposons aussi que la courbe de demande d'eau minérale est une droite, DD, et que la production quotidienne de chaque source est égale à OA (=AD), le prix étant nul lorsque la production totale possible est mise sur la marché (OD). Si les deux firmes s'entendaient, elles offriraient au total OA au prix AP, maximisant ainsi le profit joint, donné par OAPB :

Figure 1 :

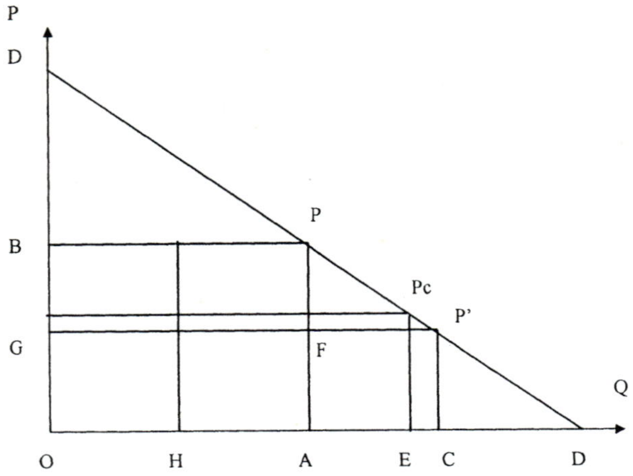

Mais comme les firmes sont indépendantes, si une des deux, F1, vend cette quantité et bénéficie des profits de monopole, la défense de sa rivale sera d'offrir une quantité AC. L'offre de la branche monte à OC et le prix baisse à P'. Le profit de F1 baisse à OAFG. Si F1 diminue son offre d'une quantité égale à 1/2(OD-AC), elle augmente son profit. Ce processus de réaction continue, F1 étant forcée, par les décisions de sa rivale, à réduire son offre et F2 peut graduellement accroître la sienne, jusqu'à ce que chacune produise une quantité égale (la moitié de la quantité totale). Dans ce processus d'ajustement, chaque firme obtient toujours un profit maximisé en offrant une quantité égale à 1/2(OD-Offre de la rivale). La production totale sera égale à :

$$OD(1-1/2 + 1/4-1/8 + 1/16-1/32.....)=2/3\ OD\ (=OE)$$

La production de F1 est :

$$OD(1-1/2-1/8-1/32.....)=1/3\ OD\ (=1/2\ OE)$$

Et celle de F2 est :

$$OD(1/4+1/16+1/64.....)=1/3\ OD\ (=1/2\ OE)$$

Cette conjecture à la Cournot peut être exposée formellement comme suit.

Supposons que F1 considère q_2 comme donnée et qu'elle détermine q_1 de façon à maximiser son profit. On a alors :

$$(4)\ \delta\pi_1 / \delta q_1 = 0$$

$$\Leftrightarrow\ a-2(b+c_1)q_1 - bq_2 = 0$$

⇔ (5) $q_1 = (a-bq_2)/[2(b+c_1)]$

L'expression (5) est *la fonction de réaction* de F1 qui montre que cette dernière réagit à une décision de F2 (qui est donnée par q_2) en choisissant un volume de q_1. Ce volume de production lui permet de maximiser son profit, étant donnée q_2. De la même façon, on détermine *une fonction de réaction* pour la deuxième firme qui s'écrit[1] :

$$(6)\ q_2 = (a-bq_1) / [2(b+c_2)]$$

On obtient alors la figure suivante :

Figure 2 :

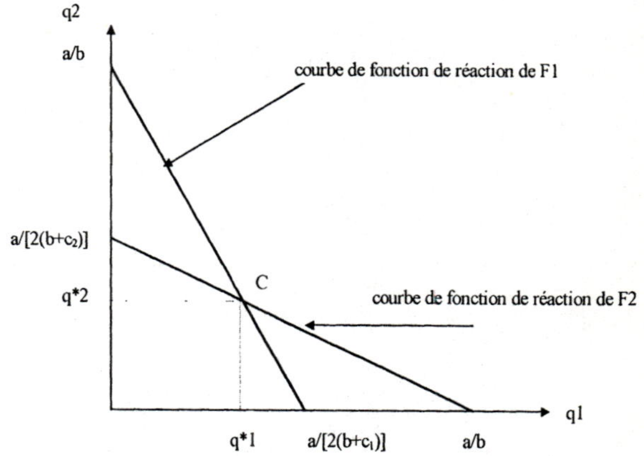

L'équilibre de Cournot est défini au point C (Cournot, 1838, pp. 60-61), à l'intersection des deux courbes de fonction de réaction. Il s'agit d'un équilibre non-coopératif. Le processus d'ajustement est comme suit :

[1] Dans l'exemple simplifié de Cournot, c_1 et c_2 sont supposés nuls.

Figure 3 :

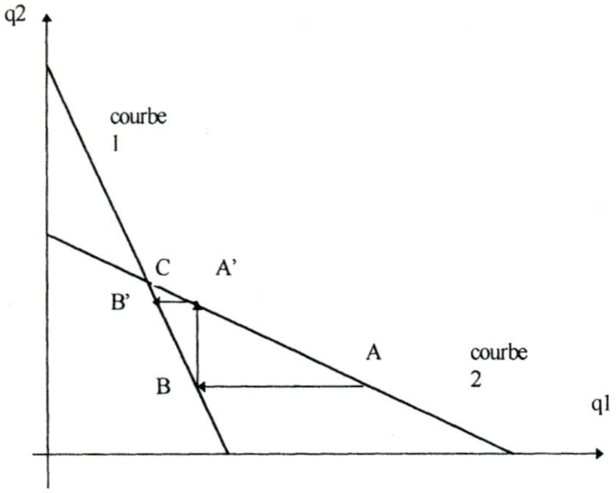

Partons, par exemple, du point A avec un couple de quantités produites (q_{1t}, q_{2t}) au temps t. Etant donné le niveau de produit de F2, F1 choisit au cours de la période suivante (en t+1), un niveau de production optimal, $q_{1,t+1}=f_1(q_{2t})$. C'est le point B. Si F2 s'attend à ce que F1 continue à produire q_{1t+1}, sa réponse optimale sera de produire q_{2t+1} (point A'). En continuant à nous déplacer le long de l'escalier des conjectures individuelles des firmes, nous obtenons la séquence de leurs choix de production. Sous ces hypothèses, le processus d'ajustement converge vers l'équilibre de Cournot au point C. Cet équilibre est dit stable.

Toutefois, ce processus d'ajustement soulève quelques difficultés. Chaque firme suppose que l'output de l'autre firme est fixe d'une période à l'autre alors qu'en réalité, les deux firmes modifient continuellement leur volume de production. *Les anticipations des firmes concernant le choix de production de la firme concurrente ne se réalisent effectivement qu'à l'équilibre.* Le raisonnement en escalier ne s'effectue que sous forme notionnelle, avant que les décisions de production effective ne soient prises. De plus, les firmes sont supposées être dans une position totalement symétrique. Or, de nombreux marchés oligopolistiques sont caractérisés par des situations asymétriques où les firmes n'ont pas le même pouvoir de marché et peuvent fixer des stratégies différentes les unes par rapport aux autres. Selon les variations hypothétiques étudiées, le résultat du processus d'ajustement sera différent. Rappelons alors brièvement les différentes *variations conjecturales* possibles.

b) Variations conjecturales

On sait que la recette totale, RT_j, et la recette marginale, Rm_j, sont données par :

$$(7)\ RT_j = pq_j = [a-b(q_1+q_2)]\ q_j$$

$$(8)\ Rm_j = \delta RT_j / \delta q_j$$

Donc pour la firme 1, $Rm_1=[a-b(2q_1+q_2)]$ et pour la firme 2, $Rm_2=[a-b(q_1+2q_2)]$.

Lorsque q_2 est considérée comme donnée, on obtient la fonction de réaction de F1. Mais, lorsque q_2 n'est pas considérée constante, Rm de F1 devient :

$$(8')\ Rm_1=(\delta RT/\delta q_1) = a-b[(2+(dq_2/dq_1))q_1+q_2].$$

(dq_2/dq_1) montre comment F1 considère la variation de q_2 lorsqu'elle décide de produire q_1. Le même raisonnement est valable aussi pour F2 (avec dq_1/dq_2).

Plusieurs cas de figure sont possibles[1] en fonction de la valeur de la variation conjecturale. Si on définit cette dernière comme étant égale à :

$$(9)\ \lambda = dq_2 / dq_1,$$

alors les cas suivants peuvent être étudiés :

* Si $\lambda>0$, la firme 1 anticipe une variation positive (négative) de q_2 lorsqu'elle augmente (diminue) q_1.

* Si $\lambda<0$, lorsque la firme 1 baisse q_1, elle anticipe une réaction opposée de la firme 2 (qui augmenterait donc q_2 et gagnerait plus qu'à la période précédente).

* Si $\lambda=0$, on est en présence du modèle de Cournot. La variation conjecturale est nulle. On a $2q_1+q_2=Q$ et $q_1+2q_2=Q$, ce qui nous donne, $q_1=q_2$ $(= Q/3)$:

---

[1] En dehors de ces cas de figure, on peut aussi supposer, suivant Waterson (1987) et Martin (1996), une élasticité constante, dérivée de la variation conjecturale : $\alpha_1=(d\log q_2)/(d\log q_1)=(q_1/q_2).(dq_2/dq_1)$, où α_1 est le changement en % dans la production de la firme 2 que la firme 1 anticipe en réponse à un changement de 1% dans sa propre production. Si $\alpha=0$, on est dans le cas de Cournot (variation conjecturale nulle). Lorsque $\alpha=1$, la conjecture est que si la firme 1 diminue sa production, la firme 2 fait de même dans la même proportion. On est en monopole mais q_1 et q_2 restent indéterminées avec $q_1+q_2=Q/2$. Si $\alpha=-1$, la réaction de la firme 2 est l'inverse de la décision de la firme 1, chaque firme maximise son profit en produisant exactement ½ de la quantité de concurrence pure et parfaite. Les cas particuliers nous donnent avec $Rm_1=a-(1-\alpha)bq_2-2bq_1$: $q_1=½[Q-(1-\alpha)q_2]$.

Figure 4 :

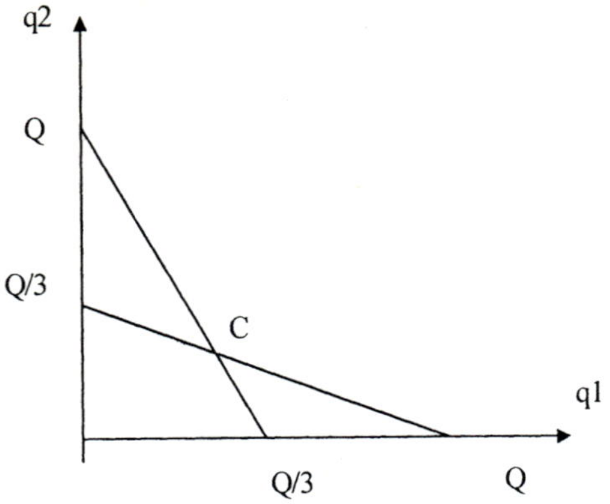

* Lorsque $\lambda=1$, on se trouve en monopole avec $3q_1+q_2=Q$, ce qui est égal à q_1+3q_2.

Ceci donne : $q_1=q_2$ (= ¼ Q) et donc : ½ $Q=q_1+q_2$ (= Q_{1+2})

* Lorsque $\lambda=-1$, c'est la situation à la Bertrand. (cf. paragraphe suivant). La quantité totale produite (Q) est la quantité de concurrence pure et parfaite mais q_1 et q_2 restent indéterminées :

Figure 5 :

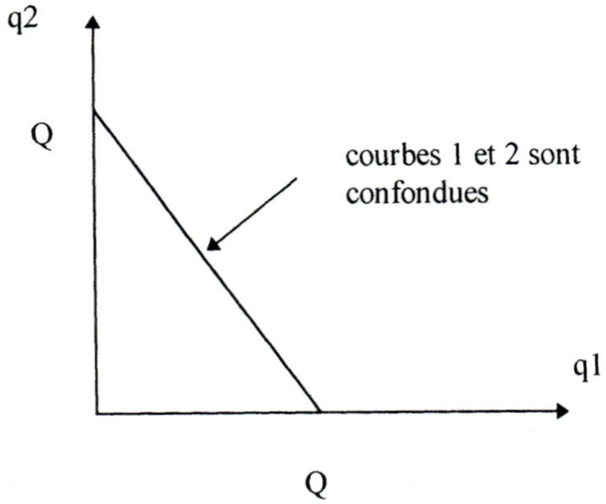

c) Equilibre de Bertrand et capacités limitées

Si l'on introduit maintenant l'idée d'une confrontation par les prix, on retrouve l'objection de Bertrand qui suppose qu'il n'y a pas de limite à la baisse des prix. Critiquant Cournot pour avoir considéré les producteurs comme des preneurs de quantité et non de prix, Bertrand[1] suppose deux producteurs produisant un bien identique (homogène) avec, respectivement, des prix p_1 et p_2. Il s'agit toujours d'un duopole symétrique à ceci près que l'équilibre n'est plus déterminé par un mécanisme d'ajustement par les quantités mais par les prix.

On suppose que le coût marginal et le coût moyen sont les mêmes pour les deux firmes. Les firmes décident du prix auquel elles vendent leurs productions. Comme dans le cas de Cournot, chaque firme considère la décision de son concurrent comme donnée, en anticipant que l'adversaire maintiendra le prix qu'elle a fixé, indépendamment du prix qu'elle détermine elle-même pour ses propres produits. Lorsqu'il y a une différence entre les prix des deux firmes, les consommateurs sont supposés s'orienter immédiatement vers le producteur qui offre au prix le plus bas. La firme qui applique un prix inférieur à son adversaire récupère donc toute la demande du marché (D). L'hypothèse sous-jacente est donnée par les capacités illimitées des producteurs. Le processus est présenté comme suit :

* Si $p_1<p_2$: $D=D_1$ (demande adressée à la firme 1) et $D_2=0$ (demande adressée à la firme 2) ;

* Si $p_1=p_2$: $D = D_1 + D_2$
$= (D/2)_1 + (D/2)_2$;

* Si $p_1>p_2$: $D = D_2$ et $D_1 = 0$

Les profits sont :

$$\pi_1 = (p_1-c)D_1$$
$$\pi_2 = (p_2-c)D_2$$

(où $c = c_1 = c_2$ représentent les coûts).

Un équilibre de Bertrand est caractérisé par des prix p_1^* et p_2^* tels que pour chaque firme, fixer son prix au niveau d'équilibre est une décision optimale si celle-ci anticipe que son concurrent va agir de même.

(p_1^* ; p_2^*) constitue un équilibre de Bertrand si, en maximisant sont profit, la firme 1 choisit $p_1=p_1^*$ en considérant p_2 comme fixé et égal à p_2^* (et vice versa). De manière unique, à l'équilibre de Bertrand, les deux firmes fixent un même prix et ce prix est égal à celui de la concurrence pure et parfaite ($p=Cm$).

On remarque aisément que dans le cas d'un produit homogène et d'une stratégie de guerre des prix, les forces concurrentielles du marché entraînent une érosion du profit des vendeurs quel que soit le nombre de concurrents. Il n'est plus nécessaire d'augmenter ce nombre pour atteindre le prix de concurrence parfaite puisque ce dernier est obtenu sous le duopole

[1] Cité dans Martin (1996).

de Bertrand. La procédure de détermination de l'équilibre du duopole non coopératif conduit spontanément les vendeurs à appliquer un prix concurrentiel. L'hypothèse déterminante ici est que les consommateurs connaissent parfaitement les produits et les firmes[1]. Donc, en information parfaite, même un marché de duopole peut aboutir à un prix concurrentiel si les firmes ne coopèrent pas. Toutefois, on peut s'attendre à ce que, pour éviter ce préjudice[2], les firmes cherchent à s'entendre et à échapper à une guerre de prix sur le marché. C'est d'ailleurs cette idée qui fait l'intérêt de l'étude des situations oligopolistiques dont les résultats diffèrent en général de ceux de la concurrence.

Bien sûr, dans un modèle où la production des firmes se fait aux prix d'équilibre à partir de l'égalisation des offres et des demandes, la capacité productive de la firme est juste suffisante pour répondre à la demande qui lui est adressée. Mais ici on est sur un marché d'oligopole et rien n'oblige *a priori* les firmes à adopter un comportement de prix et de quantité selon un équilibre préalablement donné. Les firmes présentent leur production en fonction de leurs anticipations sur la demande et cherchent à s'assurer une position dominante sur le marché. Lorsque les capacités qu'elles ont mises en place s'avèrent inférieures à la demande effectivement rencontrée, elles ne peuvent pas augmenter la quantité offerte. Lorsque cette capacité est supérieure à la demande, une augmentation de la demande sera satisfaite non par une modification des prix mais par une augmentation de l'offre. Sur les marchés oligopolistiques, les grandes firmes détiennent des capacités excédentaires en permanence afin de disposer d'une marge de manœuvre (ou d'élasticité) moyenne. Cette élasticité est destinée à permettre aux firmes de répondre aux fluctuations à la hausse de la demande en temps voulu et de conserver ainsi les parts de marché qu'elles contrôlent[3]. Sur un tel marché, il n'y a aucune

[1] Il convient de signaler qu'il existe des travaux qui prennent en compte des éléments de différenciation entre biens substituables. Mas-Colell (1975) montre, par exemple, que sous des hypothèses *particulières* dont l'homogénéité des producteurs et des consommateurs avec deux biens différenciés mais homogènes, l'équilibre obtenu, en échange pur, a les caractéristiques d'un équilibre général concurrentiel. Voir aussi d'Aspremont et al. (1991) pour une étude des équilibres de Cournot et de concurrence monopolistique pour les cas multisectoriels.

[2] On peut lever les conjectures naïves de Cournot et de Bertrand en supposant que les firmes appliquent des stratégies plus complexes en élevant des barrières à l'entrée au travers des coopérations avec leurs concurrents déjà installés. Voir la section suivante.

[3] Nous discuterons de ce point au dernier chapitre, à la section consacrée aux limites des processus productifs flexibles.

raison pour que les firmes lancent une concurrence par les prix. Comme Kalecki le précise (1966) :

« La production de produits finis est élastique, grâce aux réserves existantes de capacité productive. Quand la demande s'accroît, elle est principalement satisfaite par un accroissement du volume de la production, tandis que les prix tendent à rester stables. Les variations de prix qui se font cependant jour résultent principalement de variations des coûts de production » (p. 1)[1].

Remarquons que lorsque l'on lève l'hypothèse de capacité de production illimitée, le résultat du modèle ne correspond plus à l'unicité du prix de marché.

Supposons que les décisions concernant les prix peuvent être modifiées fréquemment et elles n'engagent les firmes que pour une durée limitée. Si l'on suppose, en outre, que les capacités de production des firmes sont limitées par le capital fixe, K_j (avec j=1, 2), qu'elles ne peuvent pas modifier à court terme, on a : $q_j \leq K_j$.

Supposons que le coût total (CT_j) est donné par la somme du coût variable ($c.q_j$) et d'un coût fixe proportionnel (β) au capital fixe ($\beta.K_j$). Alors le profit de la firme j est donné par:

$$(3a)\ \pi_j = (p_j - c)q_j - \beta.K_j.$$

On suppose aussi que lorsque p=c (le coût marginal, Cm), K_j<D (Demande du marché). La capacité d'offre est donc limitée.

Si $p_1=p_2$ (=c), on a $\pi_1=\pi_2(= -\beta.K_j)$. Si la firme 1 augmente son prix, la demande va d'abord s'adresser à la firme concurrente. Mais comme celle-ci n'est pas en mesure de satisfaire entièrement la demande, une demande résiduelle s'orientera vers la première firme bien que son prix soit plus élevé. Ainsi, la firme 1 peut réaliser un profit tel que :

$$\pi_1 > -\beta.K_1.$$

Par conséquent, la firme 1 a intérêt à augmenter son prix afin d'accroître son profit sur la demande résiduelle qui lui sera adressée. Dans ce cas, $p_1=p_2$ (= c) ne définit plus un équilibre non-coopératif.

Duopole asymétrique

Le problème de déterminer un équilibre sur un marché de duopole a été souligné par Edgeworth (1897, p. 133) :

---

[1] Mais, comme on l'a vu au chapitre précédent dans le modèle de Sweezy, la stratégie de variation des prix peut être évitée, à court terme, même lorsque les coûts de production augmentent.

« Le cas le plus simple (...) est celui dans lequel les articles rivaux sont non seulement des substituts l'un de l'autre, mais réellement identiques. Ce cas est traité par Cournot comme le premier pas dans la transition du monopole à la concurrence parfaite. Il conclut qu'une position déterminée d'équilibre définie par certaines quantités des articles sera atteinte. On a montré que la conclusion de Cournot était erronée : Bertrand pour le cas où il n'y a pas de coût de production, le Professeur Marshall pour le cas où le coût suit la loi des rendements croissants, et le présent auteur pour le cas où le coût suit la loi des rendements décroissants. Dans ce dernier cas il y aura une bande indéterminée dans laquelle l'index de valeur oscillera, ou, plutôt, vibrera irrégulièrement pendant une durée indéfinie. On n'atteindra jamais cette position déterminée d'équilibre qui caractérise la concurrence parfaite définie par la condition qu'aucun individu d'aucun groupe, qu'il soit acheteur ou vendeur, puisse faire un nouveau contrat avec des individus d'un autre groupe tel que toutes les parties re-contractantes soient dans une meilleure situation que sous le précédent système de contrats ».

Comme Marshall[1], Chamberlin souligne (1953, p. 39) que lorsque l'une des firmes prend un avantage et augmente son échelle de production (par exemple, dans le cas de rendements croissants), elle gagnera par là un nouvel avantage et bientôt elle éliminera ses rivales.

Lorsque les conjectures « naïves » de symétrie des concurrents sont relâchées, on retrouve le cadre de collusion qui permet aux oligopoleurs de passer des ententes afin d'établir un contrôle du marché, augmentant considérablement les profits. Le duopole asymétrique permet d'insister sur ce fait et montre la difficulté d'obtenir un équilibre non-coopératif. La rationalité des formes de coordination entre firmes en découle comme conséquence.

Par souci de simplicité, nous allons étudier ici seulement le modèle de Stackelberg en *leadership* en quantité. Les mêmes conclusions peuvent, bien sûr, être obtenues lorsque l'on considère le *leadership* en prix[2].

[1] 1971, Tome 1, ch. XIII et Tome 2, ch. XI.

[2] Hollard remarque que le projet d'ensemble de Stackelberg est relativement mal connu, « sans doute parce que H. von Stackelberg est un économiste qui a été un membre militant du parti nazi. On a préféré ne retenir de lui que ses contributions analytiques » (2000, p. 128).

a) Les conditions d'équilibre

Dans le cas du *leadership* en quantité, une des deux firmes choisit avant l'autre la quantité qu'elle doit produire afin de maximiser son profit. Cette firme s'appelle le *leader* en quantité. L'autre firme, le suiveur, détermine sa quantité en fonction de la quantité de la firme leader.

Le modèle de Stackelberg est souvent utilisé pour décrire des secteurs d'activité où une firme dominante détermine implicitement les stratégies des autres firmes plus petites[1]. Ce type de comportement de soumission provient en général de la supériorité du leader en matière d'innovation, de savoir-faire, financière, etc.[2] Ces points seront évoqués au chapitre VI.

Pour examiner le modèle théorique, supposons que la firme 1 soit le leader et choisisse une quantité q_1. La firme 2 réagit en choisissant une quantité q_2. Chaque firme sait que le prix d'équilibre sur le marché dépend de la quantité totale produite. Une augmentation de la quantité impliquera alors une baisse du prix du produit.

Quel niveau de production le leader devrait-il choisir pour maximiser son profit ? La réponse à cette question dépend de la façon dont le leader pense que le suiveur réagira à sa décision. Normalement, le leader devrait s'attendre à ce que le suiveur essaie de maximiser son profit en tenant compte du choix effectué par le leader. Suivant les mêmes notations utilisées en duopole symétrique, on peut supposer que le suiveur désire maximiser son profit de la façon suivante :

$$(4') \quad \max_{q_2} \; p(q_1+q_2)q_2 - c_2(q_2)$$

Le profit π_2 dépend du niveau de production choisi par le leader (q_1) que le suiveur considère comme étant prédéterminé. Le suiveur choisit alors un niveau de production tel que sa recette marginale (Rm_2) soit égale à son coût marginal (Cm_2) :

$$(8'') \quad Rm_2 = p(Q) + (\Delta p / \Delta q_2)q_2 = Cm_2$$

---

[1] Par exemple, dans les années quatre-vingt, IBM était souvent considéré comme une entreprise dominante dans l'industrie informatique. Dans ce secteur, les autres entreprises attendaient que IBM annonce de nouveaux produits et ensuite elles tenaient compte des choix d'IBM pour prendre leurs propres décisions de production.

[2] Il conviendrait de remarquer que lorsque nous étudions le cas d'une seule industrie, la relation dominant/dominé est concevable. Mais lorsque nous considérons les relations intersectorielles, le schéma dominant/dominé d'équilibre partiel n'est plus trivial puisqu'il faudra prendre en compte les interdépendances entre les secteurs concernés. L'établissement d'une domination générale, sur le plan industriel, devient alors difficile. Toutefois, une telle domination peut passer par l'intermédiaire d'un contrôle financier des grands groupes sur plusieurs entreprises appartenant à des secteurs différents.

L'interprétation de cette expression est triviale. Lorsque le suiveur augmente q_2, il espère accroître ses recettes du fait qu'il vend davantage de produits au prix du marché. Mais cela entraîne une diminution du prix et réduit son profit sur toutes les unités qu'il aurait pu vendre antérieurement à un prix plus élevé. De ce fait, la décision du suiveur est déterminée par la quantité du leader, préalablement établie par ce dernier :

$$(6') \quad q_2 = f_2(q_1)$$

Il s'agit de la fonction de réaction puisqu'elle nous dit comment le suiveur réagit à la production choisie par le leader.

Si l'on donne, comme dans le cas de Cournot :

$$(2) \quad p(Q) = a - b(q_1+q_2)$$

et si l'on suppose, pour simplifier que les coûts sont nuls[1], la fonction de profit de la firme 2 s'écrit :

$$(3'') \quad \pi_2(q_1, q_2) = [a-b(q_1 + q_2)]q_2 = a\, q_2 - b\, q_1\, q_2 - b\, q_2^2$$

On peut utiliser cette expression pour tracer les courbes d'isoprofit :

Figure 6 :

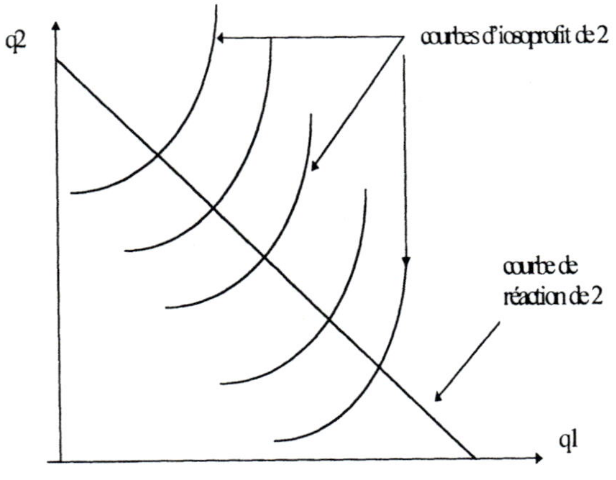

Il s'agit de courbes représentant les combinaisons de q_1 et de q_2 qui engendrent un niveau constant de profit pour la firme 2.

[1] Comme le lecteur peut le remarquer, cette simplification ne change pas le problème.

Ces courbes d'isoprofit sont constituées de tous les points (q_1, q_2) qui satisfont aux équations de la forme[1] :

$$(3'')\ \pi^*_2 = a\ q_2 - b\ q_1\ q_2 - b\ q_2^2$$

Remarquons que π_2 croît à mesure que l'on se déplace vers des courbes d'isoprofit situées davantage à gauche. Il en est ainsi puisque si nous fixons la production de la firme 2 à un certain niveau, son profit augmente lorsque nous diminuons la production de la firme 1. π_2 atteindra son maximum quand F2 est en position de monopole, c'est-à-dire lorsque $q_1 = 0$.

Pour chaque niveau d'output que la firme 1 peut choisir, la firme 2 désire fixer son propre niveau de production de façon à obtenir le plus de profit possible. Cela signifie que pour chaque valeur de q_1, la firme 2 prend la valeur de q_2 qui est sur sa courbe d'isoprofit située le plus possible à gauche. Ce point satisfait, bien entendu, une condition de tangence : la pente de la courbe d'isoprofit doit être verticale au niveau du choix optimal. L'ensemble des points de tangence définit la courbe de réaction de la firme 2.

On détermine ce résultat en calculant la fonction de réaction de la firme 2 (avec coûts supposés nuls) :

$$(6'')\ q_2 = (a - bq_1)/2b$$

Etudions maintenant le problème du leader. Celui-ci sait que ses décisions influencent la production choisie par le suiveur. Dès lors, lorsqu'il choisit sa production, il doit tenir compte de l'influence qu'il exerce sur le suiveur. Le problème de maximisation du profit du leader est :

$$\max_{q1}\ p(q_1+q_2)q_1 - c_1(q_1)$$

(avec $q_2 = f_2(q_1)$).

En substituant l'expression $q_2=f_2(q_1)$ dans le programme de $\max_{q1}$, on obtient :

$$(4'')\ \max_{q1}\ p(q_1+f_2(q_1))q_1 - c_1(q_1)$$

Le leader prend en compte le fait que quand il choisit q_1, la production totale est :

$$q_1 + f_2(q_1).$$

Lorsque le leader envisage de modifier q_1, il doit tenir compte de l'influence qu'il exerce sur le suiveur. La fonction de réaction de 2 est :

$$(6'')\ q_2 = f_2(q_1) = (a-bq_1)/2b$$

Donc :

[1] Voir Stackelberg (1934) pour les différentes possibilités avec les courbes de réaction et d'indifférence (p. 47) et l'annexe mathématique (pp. 106-138) sur le duopole et le monopole.

$$(3b)\ \pi_1(q_1, q_2)=p(q_1+q_2)q_1$$
$$= a\,q_1-bq_1^2-bq_1q_2$$

En substituant $f_2(q_1)$ dans π_1, on obtient :

$$\pi_1(q_1, q_2)=aq_1-bq_1^2-bq_1f_2(q_1)$$

$$=aq_1-bq_1^2-bq_1[(a-bq_1)/2b]$$

$$=aq_1-bq_1^2-[(abq_1)/2b]+[(b^2q_1^2)/2b]$$

$$=aq_1-bq_1^2-(aq_1/2)+(bq_1^2/2)$$

$$=(aq_1/2)-(bq_1^2/2)$$

A l'équilibre, $Rm_1 = Cm_1$.

Comme :

$$(8a)\ Rm_1 = (\delta RT_1\ /\ \delta q_1)$$
$$=a/2-bq_1,$$

et comme, pour simplifier, on suppose que les coûts sont nuls ($Cm = 0$), alors :

$$(5')\ a/2 - bq_1 = 0$$
$$\Rightarrow \quad a/2b = q^*_1$$

Pour déterminer la production du suiveur, on substitue q^*_1 dans la fonction de réaction de 2 :

$$(6''')\ q^*_2=(a-bq^*_1)/2b$$
$$=[a-(b(a/2b))]/2b$$
$$=[a-(a/2)]/2b$$
$$=a/4b$$

La production totale du secteur est :

$$(9)\ Q^*=q^*_1+q^*_2$$
$$=a/2b+a/4b$$
$$=3a/4b.$$

On peut représenter la solution par la figure suivante où C est le point d'équilibre de Cournot avec les quantités q_1^C et q_2^C correspondantes pour les firmes 1 et 2. Le point S est l'équilibre dit de Stackelberg avec les quantités q_1^S et q_2^S.

La firme 1, qui désire choisir les combinaisons d'outputs situées sur la courbe de réaction qui lui procure le plus grand profit possible, sélectionne par conséquent le point sur la courbe de réaction qui touche la courbe d'isoprofit la plus basse, ce qui est obtenu sur cette figure au point S (cf. Stackelberg, 1934, p. 49, graphique $\alpha\alpha$). C'est le point de tangence entre la courbe de réaction de la firme 2 et la courbe d'isoprofit la plus basse à droite de la firme 1 (puisque le profit de la firme 1 s'élève lorsque la production de la firme 2 diminue) :

Figure 7 :

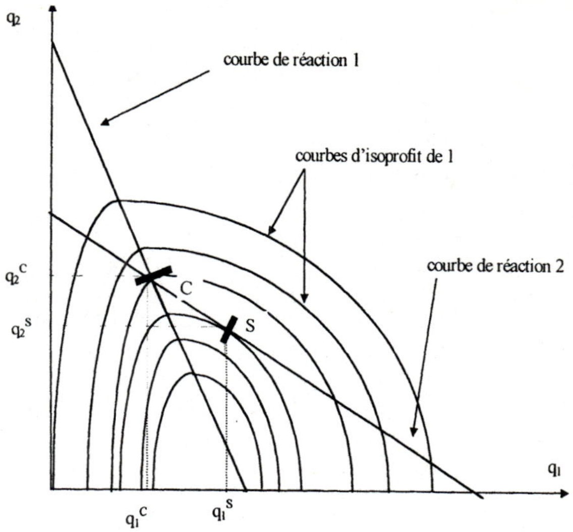

On voit ici que par rapport à l'équilibre de Cournot (Cournot, 1838, pp. 60, 61 et 79), q_1^S est supérieur à q_1^C tandis que q_2^S est inférieur à q_2^C.[1]

Les modèles de *leadership* en quantité ou en prix déterminent des combinaisons différentes de prix et d'output d'équilibre puisqu'ils correspondent à des situations différentes. Le cas de la fixation de la quantité peut correspondre à une situation où une firme choisit sa capacité de production avant les

---

[1] L'explication de cette figure est comme suit : Les fonctions de coût total et de demande sont supposées linéaires. Un ensemble de courbes d'isoprofit est donné et décrit les combinaisons des productions des deux firmes permettant un niveau donné de profit à l'une des deux firmes. Reprenons les notations sous forme générale avec $\pi_i = p(Q).q_i - C_i(q_i)$. La maximisation du profit est donnée par l'expression suivante :
$d\pi_i/dq_i = p + q_i.(dp/dQ).(dQ/dq_i) - C'_i$ et $d^2\pi_i/dq^2_i < 0$ pour tout i (i=1, 2).
Donnons en un exemple. Si $p=300(q_1+q_2)$ et $C_i=20q_i$, qi obtenu est égal à $q_i=140-q_j/2$. En le substituant dans l'expression de $\pi_i=p(Q).q_i-C_i(q_i)$, la forme d'isoprofit pour la firme 1 est du type : $\pi_1^* = 280q_1 - q_1^2 - q_1q_2$. Les courbes d'isoprofit partent de la situation de monopole et représentent des niveaux de plus en plus faibles de profit sur la figure. Le niveau maximal de q_2 atteint sur chaque courbe d'isoprofit de la firme 1 est sur la fonction de réaction de la firme 1. Ceci est ainsi car la fonction de réaction trace le produit optimal pour la firme 1 étant donné un niveau de production de la firme 2.

autres. Lorsqu'elle fixe sa quantité, elle choisit en fait ce qu'elle sera capable d'offrir sur le marché. Donc si elle peut réaliser la première un investissement en capacité (avec une avance technologique, par exemple), on peut alors logiquement la considérer comme un leader en quantité, acquérant l'avantage du premier pas (*first mover advantage*) (cf. chapitre VI).

De même, lorsqu'on considère un marché sur lequel une firme distribue un catalogue de prix, elle se présente comme leader en prix et ses concurrents peuvent alors prendre le prix catalogue pour une donnée et, sur cette base, décider de leur offre en fonction de ce prix.

Les hypothèses de Stackelberg sont fondées sur l'asymétrie entre firmes concurrentes contrairement aux modèles de Cournot et de Bertrand où les firmes étaient symétriques quant à leurs poids et place sur le marché. L'intervention de F2 ne modifie pas la position de F1 dans le modèle d'équilibre, ce qui peut paraître comme une condition particulière lorsqu'il y a possibilité d'apparition d'un conflit entre firmes qui partagent le même marché.

b) Le conflit et le déséquilibre

Le modèle de Stackelberg peut constituer une critique des modèles d'équilibre à la Cournot et à la Bertrand dans la mesure où à cause de l'asymétrie entre les offreurs, un équilibre non coopératif peut ne pas être atteint. En effet, comme Hollard le précise,

« La conclusion à laquelle parvient (...) Stackelberg est que la formation des prix ne peut être expliquée, sur les marchés imparfaits, avec les hypothèses générales de la théorie économique. L'aboutissement logique en est une situation de conflit » (2000, p. 132).

Lorsque l'on considère les comportements des duopolistes d'une façon stratégique, Stackelberg précise que

« si à une offre donnée du premier duopoliste, le deuxième réagissait par un ajustement déterminé, alors le premier anticiperait cette réaction et ne considérerait pas l'offre de son concurrent comme une donnée. Son offre sera telle que son gain sera maximal non pas avant la réaction de l'autre, mais après. Si le deuxième procède de la même façon, il y aura un prix et une offre globale à la fin. Or, cette situation n'est pas un équilibre, mais un conflit. Le premier à avoir signalé cette forme de marché a été Bowley. C'est pourquoi nous appellerons ce cas le duopole de Bowley » (1934, p. 19 et 1935, p. 8).

En effet, si l'on suppose qu'aucune des deux firmes n'acceptent de rester en position dominée et que toutes les deux veulent avoir les avantages de la firme leader (le profit plus élevé), le schéma des productions q_1 et q_2 avec deux firmes en position de leader devient :

Figure 8 :

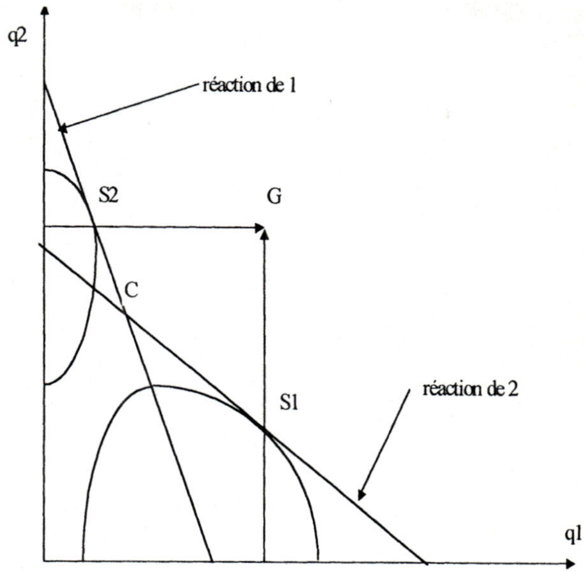

où S1 est le point d'équilibre lorsque la firme 1 est leader et le point S2 est l'équilibre avec la firme 2 comme leader.

S'il y a lutte entre les deux firmes pour le *leadership*, elles produisent les quantités correspondant, pour la firme 1 à S1 et pour la firme 2 à S2, comme chacune des firmes se considère comme leader. Ce comportement donne le point G qui correspond à une production trop importante à l'égard de la demande exprimée sur le marché. Les profits s'érodent et le conflit empêche les firmes d'aboutir à une situation d'équilibre optimal.

Cette difficulté souligne les problèmes engendrés par la non coopération entre concurrents et anticipe l'intérêt des cas avec collusion.

Dans la théorie de la concurrence monopolistique, Chamberlin (1953) note que lorsque dans un secteur donné, le nombre de firmes est très faible, les conditions de production identiques et les produits standardisés, les oligopoleurs, conscients de leur interdépendance, s'efforceront de se répartir le marché plutôt que de se livrer à une guerre de prix.

Dans les modèles examinés jusqu'ici, les firmes agissaient de façon indépendante ou conflictuelle. Lorsque les firmes peuvent s'entendre et passer des accords, elles ont intérêt à choisir le niveau de production qui maximise les profits totaux du secteur et à répartir ensuite ces profits entre elles. Le niveau de profit obtenu est plus élevé que lorsqu'il y a un conflit ouvert entre les firmes. Toutefois, nous montrerons, dans le premier paragraphe, que l'entente tacite n'est pas *a priori* une situation viable. La constitution d'un monopole explicite paraît plus avantageuse. Dans le deuxième paragraphe, nous analyserons la situation de monopole « pur ». Le troisième paragraphe sera consacré à l'étude du monopole naturel et de l'approche des marchés contestables.

L'entente et l'équilibre de cartel

Lorsque les firmes se rassemblent et essaient de fixer les prix et les outputs de façon à maximiser les profits totaux du secteur, elles forment un cartel. Le cartel est donc un regroupement de firmes qui forment une coalition de façon à se comporter comme un monopole unique et à maximiser la somme de leurs profits.

Deux conditions sous-tendent le contrat de cartel :

1) Pour le contrat retenu, il ne doit pas exister d'autre contrat qui augmente le profit de l'une des firmes sans réduire celui d'une autre. Si tel n'était pas le cas, les firmes auraient intérêt à poursuivre la négociation. Par conséquent, le contrat de cartel correspond à l'optimum de Pareto pour les firmes concernées ;

2) Le contrat doit garantir un profit positif à chaque firme, faute de quoi les firmes préfèrent se retirer du marché. Cette condition garantit la soutenabilité de la coalition de cartel.

L'ensemble des contrats qui satisfont à ces deux conditions définit *le noyau du duopole* qui débouche sur la constitution d'un cartel.

a) L'objectif du cartel

Considérons deux firmes. Le problème de maximisation des profits pour les deux firmes consiste à choisir leurs productions, respectivement, q_1 et q_2 (avec c_1 et c_2, les coûts de production pour chacune des deux firmes et p, le prix unique du produit homogène vendu par les deux firmes), de façon à maximiser les profits totaux du secteur :

$$(4a)\ \max_{q1,q2}\ p(Q).(q_1+q_2)-c_1(q_1)-c_2(q_2)$$

Ceci nous donne les conditions suivantes :

$$(10)\ p(q_1+q_2)+[(\Delta p/\Delta Q)(q_1+q_2)]=Cm_1(q_1)$$
$$(11)\ p(q_1+q_2)+[(\Delta p/\Delta Q)(q_1+q_2)]=Cm_2(q_2)$$
$$(9')\ \text{avec } Q=q_1+q_2$$

Si la firme 1 envisage d'accroître sa production de Δq_1, elle est confrontée aux deux effets habituels : le profit supplémentaire découlant de la vente d'un produit supplémentaire et la baisse du profit consécutive à la réduction du prix (puisque la quantité offerte augmente). Mais dans ce second effet, la firme tient compte désormais de l'impact d'une réduction de prix à la fois sur sa propre production et sur celle de son concurrent. Il en est ainsi parce que la firme s'intéresse maintenant à la maximisation des profits totaux du secteur et non seulement à son seul profit.

Les conditions d'optimalité impliquent que la recette marginale (Rm) d'une unité supplémentaire de produit doit être la même, quelle que soit la firme qui la produit. Il s'ensuit que

$$(12)\ Cm_1(q_1)=Cm_2(q_2).$$

Il y a donc égalité des deux coûts marginaux à l'équilibre. L'explication de cette condition est triviale. Si une firme a un avantage en termes de coût, c'est-à-dire si sa courbe de Cm est toujours située en dessous de celle de l'autre firme, elle produira nécessairement davantage de produits à l'équilibre dans une solution de cartel.

L'équilibre coopératif est déterminé lorsque les deux firmes transfèrent à une autorité collective le choix de la combinaison (q_1, q_2). Si l'on note la somme des profits des firmes par Π, elle est égale à (suivant la condition de maximisation du profit) :

$$(4a')\ \Pi(q_1,q_2)=RT(q_1+q_2)-CT_1(q_1)-CT_2(q_2)$$

où RT est la recette totale du cartel.

Comme RT=p.Q, le cartel choisit les quantités q_1 et q_2 qui maximisent le profit joint. Ceci nous donne :

$$(4b)\ \delta\Pi/\delta q_j=(\delta RT/\delta Q)-(\delta CT_j/\delta q_j)$$
$$=0\ (j=1, 2).$$

Donc

$$(8b)\ Rm=Cm_j\ \ (=Cm_1=Cm_2).$$

En reprenant les notations antérieures, on a :

$$\Pi=(a-b(q_1+q_2))(q_1+q_2)$$

$$= a(q_1+q_2)-b(q_1+q_2)^2$$

L'égalité Rm=Cm nous donne (en supposant, pour simplifier, que Cm=0) :

$$a-2b(q_1+q_2)=0$$

$$\Leftrightarrow \quad (9'')\ q_1+q_2=a/2b$$

Cette solution peut être représentée graphiquement comme suit :

Figure 9 :

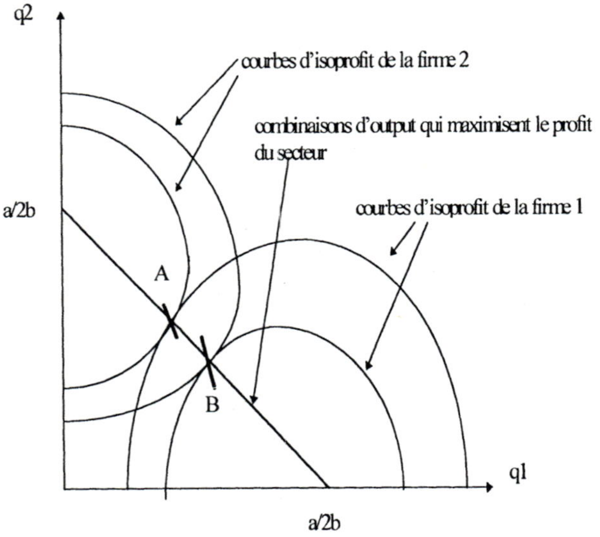

Puisque le cartel cherche à maximiser le profit total du secteur, les profits marginaux correspondant à la production d'une unité supplémentaire de produit pour les deux firmes doivent être identiques. Dans le cas contraire, la firme la plus profitable devrait produire davantage d'output jusqu'à ce que Rm=Cm. Cela implique que les deux courbes d'isoprofit doivent être tangentes l'une à l'autre. Les combinaisons d'output qui maximisent le profit, c'est-à-dire *les solutions du cartel*, sont par conséquent situées le long de la droite de profit, aux points A et B, dans cet exemple.

b) Le problème de viabilité des ententes tacites

Dans le cas d'un marché de duopole, la constitution d'un cartel engendre un monopole « organisé ». La continuité du cartel rencontre toutefois des difficultés qui proviennent du fait que les firmes sont tentées de tricher en dépassant individuellement le quota fixé et en appliquant le prix (élevé) du cartel dans l'espoir de ne pas être détectées sur un marché où la variation infinitésimale de la quantité totale offerte ne modifierait pas le prix. Il y a donc apparition d'un comportement opportuniste.

Supposons, par exemple, que les deux firmes produisent les outputs qui maximisent le profit total du secteur et que la firme 1 envisage d'augmenter légèrement sa production individuelle de Δq_1. Cette firme bénéficiera dans ce cas du profit marginal suivant :

$$(3c)\ \Delta\pi_1/\Delta q_1 = p(q_1+q_2)+(\Delta p/\Delta Q)q_1 - Cm_1(q_1)$$

Or, nous avons vu que l'optimalité pour la solution du cartel indique :

$$p(q_1+q_2)+(\Delta p/\Delta Q)q_1+(\Delta p/\Delta Q)q_2-Cm_1(q_1)=0.$$

Donc :

$$(12)\ p(q_1+q_2)+(\Delta p/\Delta Q)q_1-Cm_1(q_1)=-(\Delta p/\Delta Q)q_2.$$

Si la firme 1 pense que la firme 2 maintiendra sa production inchangée, elle croit pouvoir accroître son profit en augmentant sa propre production. Or, en situation de cartel, les firmes limitent d'un commun accord l'output afin de ne pas noyer le marché et donc de maintenir un prix élevé. Elles doivent tenir compte de l'effet de l'offre d'un produit supplémentaire sur le profit total du secteur. Mais si chaque firme pense que l'autre respectera son quota de production, chacune sera tentée d'accroître son propre profit en augmentant son offre d'une façon unilatérale. Chaque firme a toujours intérêt, individuellement parlant, à offrir davantage si elle s'attend à ce que l'autre maintiendra sa production inchangée.

Le problème qui en apparaît est évident. Si la firme 1 fait des conjectures à la Cournot, elle cherchera à augmenter son offre en premier afin de réaliser des gains occasionnels. Ceci étant valable pour toutes les firmes formant le cartel, l'offre dépassera de beaucoup les quotas fixés et le prix baissant, les profits s'éroderont, ce qui correspond à l'éclatement de l'entente. Il est possible d'illustrer cette instabilité inhérente au fonctionnement du cartel en construisant un exemple avec une matrice des gains qui recense les différents résultats possibles suivant les stratégies des firmes :

Firmes : 1↓/2→	respecte le quota	ne respecte pas le quota
respecte le quota	(4 ; 4)	(1 ; 5)
ne respecte pas le quota	(5 ; 1)	(2 ; 2)

Les nombres entre parenthèses sont, respectivement, les gains de F1 et de F2 correspondant à chacune des combinaisons des stratégies envisageables.

Chaque firme réalise un profit plus élevé en trichant qu'en observant le quota, sous la conjecture que la firme concurrente respecte son quota. Lorsque sa rivale respecte ses engagements initiaux, la firme qui triche à intérêt à ne pas respecter le quota afin d'obtenir un gain égal à 5, supérieur au gain (=4) qu'elle aurait obtenu si elle avait respecté l'entente initiale. Chacune des deux firmes raisonnant ainsi, les parties préféreront ne pas respecter le quota par peur de se voir lésée par le comportement de la rivale. Le résultat de cette relation correspondra à (2 ; 2). Par conséquent, *le cartel, qui est une forme de coordination, peut se transformer en un rapport conflictuel (non coopératif) dans lequel l'absence de coopération préalable et respectée empêche les firmes d'obtenir la situation optimale.* Cette dernière correspond, dans cet exemple, au résultat (4 ; 4) puisque l'on améliore, à partir de la situation effectivement obtenue en conflit (2 ; 2), le gain de chaque firme. On dit alors que le résultat final de cette relation non-coopérative est sous optimal au sens parétien du terme.

L'accord du cartel est soumis à une tentation permanente de rupture unilatérale par ses membres, qui risquent à chaque instant de le briser s'il n'existe pas un contrat formel liant les firmes et prévoyant des sanctions réelles en cas de violation de l'entente. De tels contrats sont cependant difficiles à établir dans la mesure où la législation interdit en général la formation d'ententes entre firmes d'un même secteur[1].

L'exemple ci-dessus, appelé habituellement « le dilemme du prisonnier » et emprunté à la théorie des jeux, avait déjà été considéré par Cournot en 1838. Cournot adopte la conjecture de passivité car il considère qu'en l'absence d'un accord formel, le prix de monopole n'est pas stable :

« Comment donc se fait-il que les producteurs, faute de s'entendre, ne s'arrêtent pas comme dans le cas du monopole ou de l'association, à la valeur P (...) qui leur donne effectivement le plus grand revenu ? (...)

(...) cet état ne sera pas une situation d'équilibre stable ; et, bien que le plus favorable aux deux producteurs, il ne pourra subsister *à moins d'un lien formel*[2] ; parce qu'on ne peut pas plus supposer, dans le monde moral, des hommes exempts d'erreurs et d'inconsidération, que dans la nature physique des

[1] A ce sujet, le lecteur peut consulter les publications du Conseil de la Concurrence. Voir aussi Glais (1992).
[2] C'est nous qui soulignons.

corps parfaitement rigides, des appuis parfaitement fixes, et ainsi de suite » (1838, p. 62)[1].

L'objection de Cournot est pertinente mais elle ne justifie pas le choix de conjectures naïves sous prétexte que les individus ne sont pas naïfs. Le cartel peut restaurer une certaine stabilité si la solution collusive émerge à travers le caractère répétitif des relations inter-firmes. Cette solution peut être considérée comme un équilibre non-coopératif d'une relation élargie où les stratégies apparaissent comme des suites de décisions à travers le temps. Dans ce cas, on se trouve en présence d'un jeu répété, appelé aussi un super jeu (cf. Chapitre II, première section et Radner, 1985). Si, par exemple, l'une des firmes venait de tricher, il reste possible pour l'autre de tricher à son tour et de punir ainsi le concurrent pour cette déviation. Le coût anticipé d'une telle punition peut alors conduire chaque firme à préférer respecter la discipline des quotas plutôt qu'à entrer dans une guerre des quantités (et donc des prix) à long terme. Car le conflit conduit à l'érosion des profits qui ne sera pas compensée par le gain transitoire d'une déviation unilatérale par rapport à la solution coopérative. La sanction ultime qui en émerge signifie, bien entendu, un retour à une concurrence ouverte où les firmes perdent les avantages du cartel, avantages qui leur permettraient d'établir des obstacles à la concurrence en empêchant les firmes potentiellement concurrentes d'entrer dans la branche.

Reprenons l'objection que Stackelberg avait formulée sur la solution de Cournot. Comme Chamberlin le précise (1953, p. 51), lorsque les deux firmes sont conscientes de leur interdépendance, c'est-à-dire lorsqu'elles tiennent compte des modifications de politiques qu'elles imposent l'une à l'autre, elles devront considérer ce que la rivale fait actuellement et ce qu'elles seront forcées de faire à la suite du changement envisagé.

Supposons, reprenant la Figure 1 des producteurs d'eau minérale de Cournot, que F1 commence par offrir OA et qu'à ce niveau, F2 répond en offrant AC. F1 réduira son offre à OH (=AC) ; et la quantité totale OA conduira au prix de monopole P. F1 choisira cette quantité parce que les conséquences de l'ajustement, dans le cas de conjecture naïve à la Cournot, sont moins avantageuses que de partager à égalité avec sa rivale une offre réduite égale à OA. Le prix P devient dans ce cas « taci-

[1] On peut implicitement remarquer chez Cournot, qui a su élaborer l'une des premières formalisations rigoureuses de l'économie politique, une approche qui considère l'économie comme relevant du monde « moral ». Cette tradition disparut ensuite avec les économistes modernes.

tement stable », car chaque firme, en s'en écartant, provoquerait une baisse de profit aussi bien pour elle que pour sa rivale.

Le même raisonnement s'applique à l'objection de Bertrand. Toute firme qui cherche à augmenter son profit de façon rationnelle et « intelligente » se rendra compte que sur son marché oligopolistique, toute action a des effets remarquables sur les rivales et qu'il n'est pas judicieux de conjecturer que celles-ci resteront passives face aux pertes qu'elles subissent. Le résultat d'une baisse de prix est une baisse du profit et personne ne réduira son prix, chacune étant consciente de sa position sur le marché. Le cartel est une solution de second rang qui apparaît lorsque les firmes ne peuvent pas s'établir en monopole.

S'il y a un mécanisme de marché, fondé sur les hypothèses de comportement rationnel maximisateur et sur la détention d'une information conséquente, il ne peut aller que dans le sens d'établissement d'un accord monopolistique. Ce n'est que lorsque les firmes sont dans une position dominante vis-à-vis de leurs concurrentes, parce qu'elles détiennent une technologie plus avancée ou des coûts de production inférieurs, qu'elles peuvent se lancer dans l'aventure concurrentielle par une baisse des prix de vente. Mais dans ce cas, le résultat correspond en général, non à l'apparition d'un marché de concurrence accrue mais à l'émergence d'un monopole. Par conséquent, le monopole ou les différentes formes de monopolisation des marchés (voir le chapitre suivant) constituent les cas de figure généraux et non exceptionnels. Les stratégies anticoncurrentielles et le marché monopolistique sont plus le résultat de fonctionnement rationnel des firmes que la conséquence des imperfections des marchés qui seraient dues à des facteurs exogènes[1].

Le marché monopolistique

L'analyse de la maximisation du profit pour un monopoleur, confronté à une courbe de demande *connue et stable*, fut élaborée par Cournot (1838, chapitre V) et étendue au cas du duopole. Dans l'enseignement traditionnel de l'économie, le monopole est un cas particulier. Par opposition à la concurrence, on entend par monopole généralement :

[1] Bien entendu, ici et dans les chapitres suivants, nous cherchons à dégager une tendance générale en des termes intelligibles. Cette tendance ou cette logique stratégique n'empêche pas qu'il existe, dans l'économie, des firmes qui conservent une taille réduite et qui s'adressent davantage à des niches de marché locales.

« le contrôle de l'offre et par conséquent du prix. L'absence totale d'un tel contrôle est généralement donnée comme seule condition de la concurrence pure » (Chamberlin, 1953, p. 5).

Pour que cette absence de contrôle soit valable, il faudrait que le nombre de vendeurs et d'acheteurs soit suffisamment important, que tous les producteurs produisent des biens identiques et les vendent sur des marchés identiques. Donc les biens et les vendeurs devraient être « standardisés » en concurrence pure. Mais on remarque que l'homogénéité du produit ne permet pas d'établir à elle seule (ou n'est pas une condition nécessaire pour) un marché de concurrence pure. Sur un marché de monopole, le produit offert est homogène. De même, la mobilité des facteurs peut être parfaite pour un monopoleur qui peut aussi avoir une information parfaite sur la demande et sur ses coûts de production et établir un prix avantageux en fonction de ces paramètres. La spécificité de la structure monopolistique ne peut donc pas être réduite à quelques hypothèses sur les imperfections du marché.

Reprenons d'abord l'analyse usuelle du monopole.

On dit qu'il existe un monopole pur lorsque l'on est en présence d'un seul vendeur sur le marché pour une multitude d'acheteurs. Il n'y a pas de substitut parfait au produit du monopole.

Plusieurs facteurs peuvent concourir à la constitution d'un monopole. A côté des formes de restructuration comme les fusions ou les absorptions (cf. chapitre suivant), l'une des raisons de la formation d'un monopole est le contrôle de l'offre des matières premières. Une autre source de formation de monopole vient du coût d'établissement d'une usine de production efficiente, en particulier en liaison avec la taille du marché. Cette situation est appelée *monopole naturel* et sera étudiée dans le paragraphe suivant. Le système de brevet[1] et l'usage de la concession constituent aussi une source de formation des monopoles. Dans ce dernier cas par exemple, un organisme public accorde à une société commerciale ou à une société de production le droit exclusif de vendre ou de produire un bien ou un service à l'intérieur d'un espace économique donné, en échange de divers types de droit de contrôle sur sa gestion de prix et de

[1] L'exemple de l'aluminium dont la bauxite est l'une des composantes principales en constitue une illustration empirique. En effet, aux Etats-Unis, l'ALCOA (*Aluminium Company of America*) a possédé pendant de nombreuses années presque tous les gisements de bauxite. Le contrôle de l'offre de la matière première et la détention de certains brevets donnaient à l'ALCOA une position de monopole dans le secteur.

quantité. Toutefois, ces deux cas de figure doivent être distingués des premiers puisqu'ils impliquent la prise en compte directe de l'autorité publique dans l'analyse. Nous excluons dans cet ouvrage l'étude de cette dernière pour une raison simple : elle constitue un domaine d'analyse spécifique qu'il conviendrait de développer dans plusieurs chapitres.

En situation de monopole, la demande du marché est donnée par la demande du monopole et la courbe de Cm n'est plus la courbe d'offre du monopoleur, comme il était le cas en concurrence.

a) La courbe de demande et l'équilibre du monopole

Dans le modèle de concurrence parfaite, les firmes considèrent le prix de vente de leurs produits comme un paramètre imposé par le marché et elles prennent leurs décisions en supposant que toute quantité produite peut être vendue. Cette condition est d'ailleurs effectivement vérifiée à l'équilibre du marché, puisque l'offre est alors égale à la demande totale. Il existe bien sûr une relation entre le prix et la demande totale mais les firmes n'en perçoivent pas l'existence (le prix étant déterminé sur un marché d'individus sans pouvoir déterminant).

En utilisant les hypothèses habituelles (coûts croissants, rendements décroissants, préférences convexes, etc.), montrons qu'en situation de monopole, il en va différemment. Le monopole est confronté seul à l'ensemble des demandes individuelles. La demande qui s'adresse au monopole est confondue avec la demande totale du marché, D(p). D(p) est fonction décroissante du prix du produit fabriqué par le monopole. La relation entre le prix, p, et la quantité, Q, qui peut être vendue, s'écrit : Q=D(p). On peut aussi exprimer p en fonction de Q par la relation : $p=D^{-1}(Q)$ ou par p=p(Q). La fonction p(Q) est la fonction inverse de la fonction de demande D(p). Elle définit le prix maximal auquel la quantité Q peut être écoulée sur le marché. D(p) étant une fonction décroissante, p(Q) aussi est une fonction décroissante.

La fonction de recette totale, RT(Q), définit le chiffre d'affaires du monopole lorsque celui-ci produit la quantité Q, compte tenu du prix auquel cette production peut être vendue :

$$RT=p.Q.$$

De même, la fonction de recette marginale, Rm(Q), définit le supplément de chiffre d'affaires qui résulte de la production d'une unité supplémentaire de bien. Comme d'habitude, en supposant qu'une unité de production puisse être identifiée par une variation infinitésimale, Rm est égale à la dérivée de RT, c'est-à-dire à Rm = RT', qui est donnée par $\delta RT/\delta Q$. Donc :

$$Rm(Q) = p(Q) + p'(Q).Q$$
$$(8c)\ Rm = p + p'.Q$$

Quant à la fonction de recette moyenne, RM, elle représente le chiffre d'affaires par unité produite :

$$RM(Q) = RT(Q)/Q$$
$$= p(Q).$$

RM n'est rien d'autre que la fonction de demande inverse p(Q). Elle est confondue avec la courbe de demande du marché.

Puisque p'(Q) est négatif, on a l'égalité (8c) :

$$Rm = p(Q)+p'.Q$$
$$\Rightarrow\ Rm<p(Q)$$
$$\Rightarrow\ p(Q) = RM(Q)$$
$$>Rm(Q)$$

Pour le monopole, le prix auquel la production peut être vendue dépend inversement du volume de cette production. Cette relation entre le prix et la quantité vendue conduit à distinguer Rm et RM (ainsi que p) :

Figure 10 :

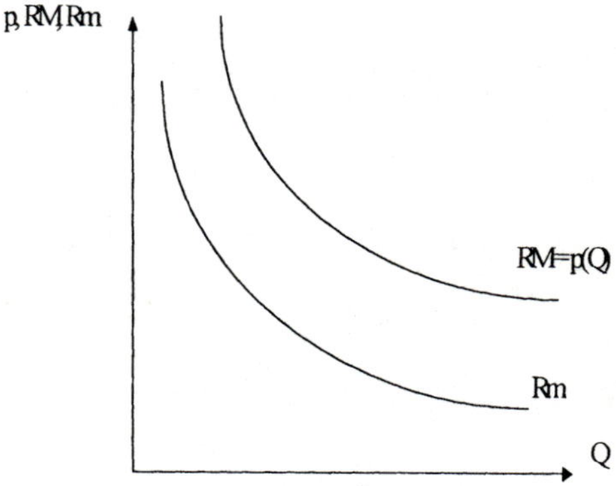

En retenant toujours l'hypothèse de maximisation du profit avec l'égalisation de la recette marginale et du coût marginal, mais en respectant la condition :

$$(13)\ p=RM$$
$$>p(Q)+p'Q$$
$$p+p'Q=Rm$$
$$=Cm,$$

il est possible de montrer l'équilibre du monopole comme suit (Chamberlin 1953, p. 12) :

Figure 11 :

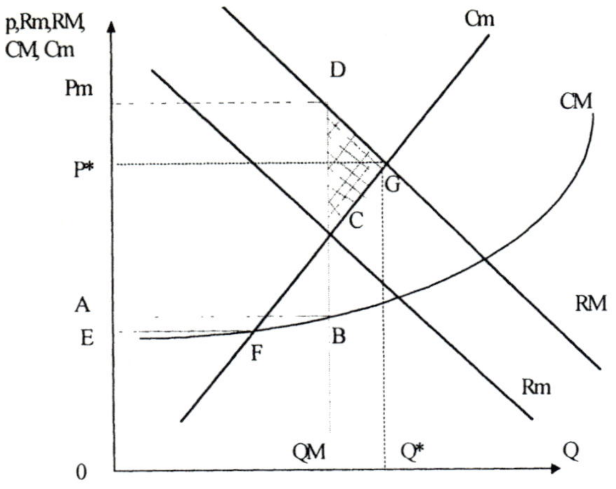

La production du monopole, QM, est définie à l'intersection des courbes Cm et Rm (au point C) selon la condition d'équilibre annoncée plus haut. CM est égal à la longueur du segment QM-B et le prix, Pm, à QM-D. La marge unitaire est alors :

BD=Pm-CM

avec Pm=QM_D et CM=QM_B.

Le profit total est donné par le rectangle ABDPm ou par la surface EFCDPm qui lui est équivalente et qui est déterminée suivant la zone délimitée par les courbes des coûts. On remarque que Pm>Cm (le segment C-D).

Il est possible de montrer que le volume de production choisi par le monopole est inférieur à celui qui serait produit en situation concurrentielle avec un prix plus faible. En effet, en CPP, comme P = Cm = RM = Rm, la firme aurait produit une quantité Q* pour un prix P*. Le surplus collectif est alors réduit, en monopole, d'une valeur égale à la surface du triangle (partie hachurée) CGD. Le comportement du monopole se caractérise par un écart entre le prix et le coût marginal et s'accompagne d'une réduction du surplus collectif par rapport à la situation concurrentielle Pareto-optimale. Mais cette affirmation correspond à un cas particulier et ne devrait pas être généralisée (On reviendra sur ce point au paragraphe suivant).

b) Le pouvoir de monopole et la discrimination

L'écart entre le prix et le coût marginal peut être caractérisé plus précisément. Revenons à l'égalité du Cm et de la Rm :

$$p(Q) + p'(Q).Q = Cm(Q)$$

En simplifiant cette écriture et en divisant les deux membres de l'égalité par p, on obtient :

$$(14)\ p/p + p'.Q/p = Cm/p$$

On sait que l'élasticité de la demande par rapport au prix (élasticité-prix de la demande), e, est égale à :

$$e=(\delta D/D)/(\delta P/P)$$
$$=(\delta D/\delta P).(P/D)$$

En remplaçant D par la quantité offerte par le monopole, Q, on peut récrire :

$$(15)\ e=(\delta Q/\delta p).(p/Q),$$

ce qui n'est autre que l'inverse de l'expression $(p'.Q/p)=(\delta p/\delta Q).(Q/p)$. On a donc :

$$1/e=p'.Q/p$$

Alors, on obtient à partir de l'expression (14) :

$$(p-Cm)/p = -(p'.Q/p).$$

Et donc :

$$(16)\ [(p-Cm)/p]=-(1/e)$$

Comme e est négative, -1/e est un terme positif. Plus e est grande (en valeur absolue), plus 1/e est petit, ce qui signifie tout simplement que le pouvoir du monopole d'imposer un prix supérieur au coût marginal est limité par la réaction de la demande au prix appliqué sur le marché par le monopoleur. Dans le sens inverse, moins la demande est élastique au prix proposé, plus le monopoleur peut bénéficier d'un surprofit positif élevé (une rente de situation). Ici, il convient de signaler une double logique : d'une part, les conditions du marché déterminent le niveau du pouvoir de monopole et, d'autre part, les firmes ont tendance à influencer ces conditions (l'élasticité-prix de la demande, par exemple) en vue d'augmenter leur pouvoir, c'est-à-dire en vue d'appliquer un prix suffisamment élevé de façon à augmenter leur marge bénéficiaire.

Il est possible d'envisager aussi des cas où un monopoleur peut vendre différentes unités du même produit à des prix différents sur des marchés distincts et augmenter ainsi sa recette totale et son profit. Lorsque la firme peut réaliser une telle différenciation des marchés, on parle de la discrimination en termes de prix.

On distingue généralement trois types de discrimination par les prix :

- La discrimination au premier degré (ou discrimination parfaite) qui correspond à une situation où le monopoleur vend les unités de produit à des prix différents et où ces prix peuvent différer d'une personne à l'autre (différents prix appliqués sur le même produit selon l'emplacement des points de vente et ce indépendamment des coûts de transport ou de fonctionnement) ;
- La discrimination au deuxième degré. Le monopoleur vend les différentes unités de produit à des prix différents. Mais tous les individus qui achètent une quantité identique paient le même prix. Les prix varient donc en fonction des quantités et non des individus (réduction des prix sur des lots de produits achetés) ;
- La discrimination au troisième degré qui correspond à une situation où le monopoleur pratique des prix différents selon des caractéristiques (préalablement affichées) des personnes. Chaque unité vendue aux personnes du même type est vendue au même prix (tarif étudiant, carte vermeil, etc.).

La discrimination peut exister sous deux formes en même temps. Par exemple, le tarif étudiant couplé d'un rabais de prix lorsque la quantité achetée dépasse un certain seuil.

Donc, lorsque certains biens sont achetés par 2 ou plusieurs types distincts d'acheteurs, le monopole peut être en mesure d'augmenter son profit par une politique de discrimination par les prix. Si le marché global pour le produit d'un monopoleur peut être divisé en des sous-marchés ayant différentes élasticités-prix, le monopoleur peut pratiquer la discrimination par les prix. Le niveau total de la production est déterminé en égalisant le coût marginal à la recette marginale totale du monopoleur. La production est répartie entre les sous-marchés de manière à ce que la Rm sur chaque marché soit égale à la Rm globale au point où Rm=Cm. Enfin, sur chaque sous-marché, le prix est déterminé directement par la courbe de demande du sous-marché, les ventes du sous-marché étant données.

Suivons Gould et Ferguson (1982), entre autres, et illustrons le cas de discrimination au moyen des figures suivantes :

Figure 12 :

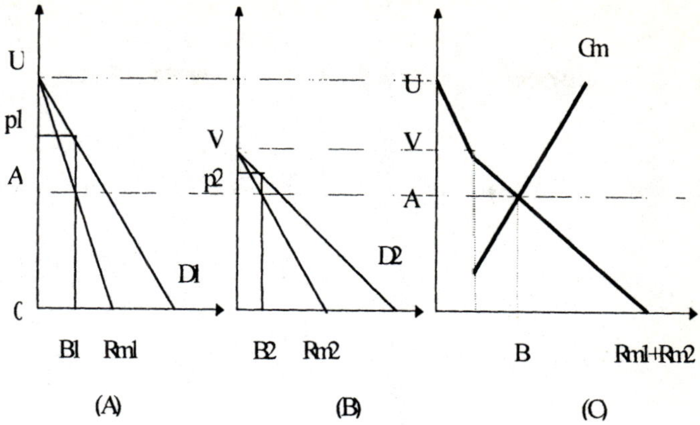

Les figures 12A et 12B représentent la courbe de demande et la courbe de Rm, respectivement, sur le marché 1 et sur le marché 2. La figure 12C est construite en faisant la somme horizontale des courbes de Rm des deux sous-marchés pour obtenir la courbe coudée Rm_1+Rm_2. Pour les premières quantités, la somme horizontale sur 12C est identique à Rm_1. Lorsque les quantités vendues sont suffisamment importantes, Rm_1 et Rm_2 entrent toutes deux dans le calcul de la somme horizontale. Cela se passe au coude désigné par le point V sur la figure 12C.

Donc, supposons un monopoleur disposant d'une production totale OB. En partant de la Figure 12C, on porte cette quantité totale sur l'axe des abscisses. Au moyen de la courbe Rm_1+Rm_2, on observe que cette production totale est associée à un revenu marginal égal à OA. Ensuite, sur les Figures 12A et 12B, pour R_m = OA, on obtient la répartition de OB (OB1 sur 12A et OB2 sur 12B). Les courbes de demande sur les Figures 12A et 12B sont utilisées pour fixer le prix sur chaque marché. Ainsi, lorsque la quantité totale est OB, OB1 est vendue sur le marché 1 au prix p_1 et OB2 sur le marché 2 au prix p_2.

Pour formaliser cette idée, supposons qu'un monopole vend sa production à deux groupes de clients. Notons $D_i(p)$ la demande totale provenant des clients du groupe i (i = 1, 2). La recette moyenne correspondante est notée $p_{i(Q_i)}$, ce qui représente donc le prix maximal auquel la quantité Q_i peut être vendue aux clients du groupe i. La recette totale du monopole est égale à la somme des recettes provenant des deux groupes, c'est-à-dire à :

$$(17)\ RT(Q_1, Q_2)=p_1.Q_1+p_2.Q_2$$

La fonction de CT définit le coût de production en fonction de la quantité totale produite $Q_1 + Q_2$. Le profit du monopole s'écrit donc :

$$(18)\ \pi(Q_1, Q_2)=RT(Q_1, Q_2)-CT(Q_1+Q_2)$$

Soit Q_1^* et Q_2^*, les ventes réalisées par le monopole sur chaque marché de façon à maximiser son profit. On a :

$$(19)\ \delta\pi/\delta Q_i(Q^*_1, Q^*_2)=0\ \ (i=1, 2)$$

Et donc :

$$(8d)\ Rm_i(Q^*_1, Q^*_2)=Cm(Q^*_1+Q^*_2)$$

avec $Rm_i=\delta RT/\delta Q_i\ (Q_1, Q_2)$.

Lorsque le profit du monopole est maximum, la Rm est la même pour les deux sous-marchés et est égale au Cm. Cette condition d'optimalité s'écrit aussi :

$$p_i(Q_i^*)+p'_i(Q_i^*).Q_i^*=Cm(Q_1^*+Q_2^*)$$

Et en raisonnant comme précédemment, nous obtenons :

$$(16')\ (p_i^*-Cm^*)/p_i^* = -(1/e_i).$$

Pour chaque groupe, l'écart relatif entre p et Cm est égal à l'inverse de l'élasticité de la demande (en valeur absolue) provenant des clients de ce groupe. Il mesure la capacité du monopole à imposer un prix supérieur à son coût marginal.

L'expression précédente montre que l'indice de pouvoir du monopole est d'autant plus fort que l'élasticité-prix de la demande est faible : moins la demande est sensible au prix, plus le monopole sera en mesure de hausser son tarif sans décourager la demande de manière excessive. De ce fait, e est un facteur déterminant pour expliquer les choix du monopole en matière de discrimination tarifaire.

Généralisons ce lien. Pour des cas continus, la fonction de demande inversée peut s'écrire :

$$p=f(Q)\ ;\ f'(Q)<0$$

Le revenu total est :

$$p.Q=Q.f(Q)$$

Le revenu marginal est :

$$Rm=(d(pQ)/dQ)$$
$$=f(Q)+Q.f'(Q)$$

Comme l'élasticité-prix de la demande est donnée par :

$$e=(dQ/dp).(p/Q)$$
$$=(1/f'(Q)).(p/Q)$$
$$= p/(Q.f'(Q)),$$

en substituant dans l'expression de Rm :

$$Rm=f(Q)+Q.f'(Q) \quad (\text{où } f(Q)=p),$$

on obtient :

$$Rm=p+Q.f'(Q)$$
$$=p(1+(Q.f'(Q))/p)$$
$$=p(1+(1/e)).$$

Comme Rm doit être la même sur les deux marchés, Rm1=Rm2, on peut écrire :

$$(16'') \quad p_1(1+(1/e_1))=p_2(1+(1/e_2)).$$

Si le marché 1 a une élasticité-prix plus élevée (en valeur absolue), on a : $e_1 > e_2$. La condition d'égalité des Rm implique alors que $p_1<p_2$, puisque :

$$[1+(1/e_1)]>[1+(1/e_2)]$$

Il est possible de calculer, sous ces hypothèses, la discrimination optimale.

Supposons qu'un monopoleur offre sur deux marchés avec les courbes de demande suivantes :

$$D_1 (p_1)=200-p_1$$
$$D_2 (p_2)=200-2p_2$$

Supposons aussi que le Cm (constant) soit égal à 30 par unité. Si le monopoleur peut discriminer en termes de prix, quel prix devrait-il pratiquer sur chaque sous-marché (1 et 2) afin de maximiser son profit ? On comparera le résultat de cet exercice au cas où le monopoleur devrait déterminer un prix unique lorsqu'il ne peut pas discriminer.

Pour résoudre le problème de discrimination, calculons d'abord les fonctions de demande inversée :

$$P_1(Q_1)=200-Q_1 \text{ et } P_2(Q_2)=100-Q_2/2.$$

L'égalité de Rm et de Cm sur chaque sous-marché nous donne :

$$200-2Q_1=30 \text{ et}$$
$$100-Q_2=30.$$

D'où :

$$Q_1=85 \text{ et } Q_2=70, \text{ avec } p_1=115 \text{ et } p_2=65.$$

Lorsque le monopoleur ne peut pas discriminer et qu'il doit pratiquer le même prix sur chaque marché, nous devons calculer tout d'abord la demande totale :

$$D(p)=D_1(p_1)+D_2(p_2)$$
$$=400-3p$$

La courbe de demande totale est, par conséquent, :

$$p(Q)=400/3-Q/3$$

Avec la condition d'égalité

$$Rm = Cm$$
$$400/3-(2/3)Q=30,$$

on obtient :

$$Q=155 \text{ ; } p=81{,}66 \text{ ; } RT=12658 \text{ et } \pi=8007{,}3$$

(alors que avec discrimination, on obtient RT=14325 et π=9675).

Ainsi, avec discrimination, le monopoleur obtient une recette totale et un profit plus élevés pour un même niveau de production totale.

c) Remarques sur les hypothèses particulières du modèle

Deux remarques s'imposent à l'égard de la présentation donnée dans les paragraphes précédents.

1) La première remarque porte sur la comparaison de la situation monopolistique avec la situation hypothétiquement concurrentielle. Cette comparaison, faite au premier paragraphe, n'est valable que dans un cas particulier lorsque l'on suppose que les courbes de coût du monopoleur et celles d'une firme concurrentielle sont les mêmes, puisque la comparaison est faite sur les mêmes courbes de Cm et de CM. Or, rien n'indique *a priori* que ces courbes sont identiques. On peut très bien considérer une situation de monopole dans laquelle le monopoleur, du fait de sa domination sur le marché, exploite une technique avancée lui permettant de produire une quantité et une qualité meilleures à un prix relativement bas par rapport à une production qui serait réalisée sur un marché concurrentielle.

Comme Arrow le fait remarquer, lorsque les firmes s'engagent dans des activités de R&D et créent des innovations, l'avantage de décroissance des coûts apparaît. La représentation que l'on peut faire du monopole doit être alors différente :

« Il devient absolument essentiel de fonder ces théories sur la concurrence imparfaite. Les rendements croissants sont incompatibles avec la concurrence parfaite, comme on le sait depuis le travail de Cournot » (Arrow et al., 1998, p. 407).

2) La deuxième remarque concerne la présentation graphique de la production du monopole. La limite de production optimale est donnée par l'égalité du coût marginal et de la recette marginale. Cela signifie que, au-delà de cette limite, chaque unité supplémentaire produite coûte plus chère que ce qu'elle rapporte à la firme.

Ce résultat dépend de l'hypothèse des recettes décroissantes et non des coûts croissants. On peut considérer par exemple une firme dont le coût marginal est constant dans le temps. Chaque unité supplémentaire produite coûte la même chose. Dans ce cas, le graphique devient :

Figure 13 :

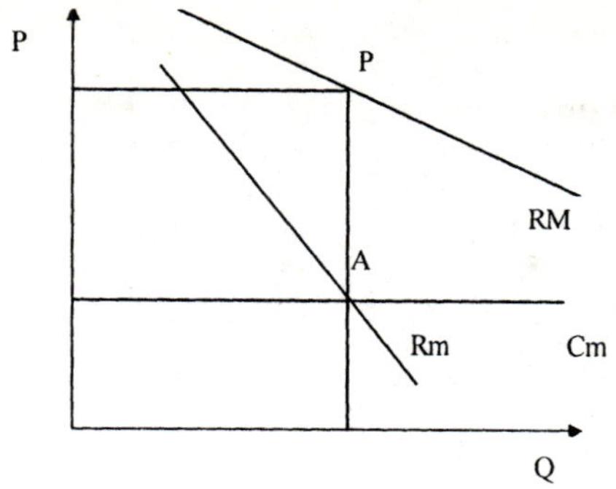

Il est possible de considérer aussi une situation où la recette marginale augmente avec l'augmentation de la demande. Par exemple, lorsqu'un bien est réputé posséder une qualité élevée et que cette qualité est supposée reflétée dans le prix, lorsque les consommateurs augmentent leur demande, le prix augmente. Si le coût marginal de production de ce bien est constant, Cmc (ou décroissant, Cmd), le niveau optimal de production est *a priori* indéfini.

Le seul niveau préalablement déterminable est le seuil à partir duquel la production devient rentable par unité offerte. Lorsque le coût marginal est décroissant, Cmd, le seuil de rentabilité par unité produite est donné à partir du point A. Lorsque le coût marginal est constant, Cmc, le seuil de rentabilité correspond au point B, à partir duquel la firme devient bénéficiaire sur chaque unité nouvellement produite :

Figure 14 :

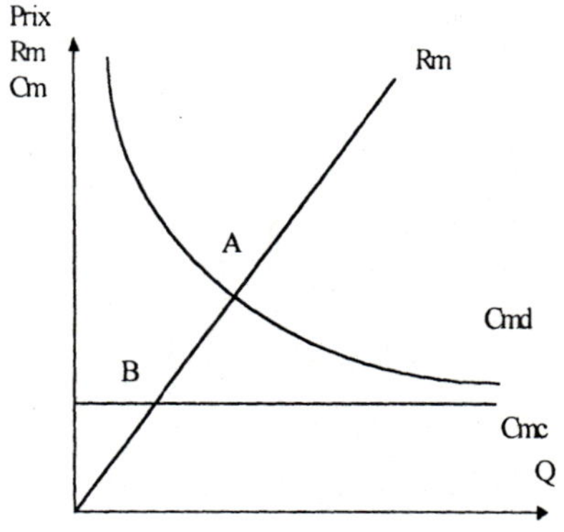

Par conséquent, il n'y a aucune raison de supposer que le monopole produit sur une partie croissante de sa courbe de coût lorsque l'on considère l'apparition des rendements croissants ou des coûts décroissants.

Supposons une firme qui réalise un investissement productif impliquant un coût fixe, CF. Comme le coût fixe total est une constante donnée au départ, lorsque la quantité produite augmente, le coût fixe moyen, CFM, par unité baisse.

Supposons aussi un coût marginal et un coût moyen constants, ce qui signifie que le coût de production d'une unité supplémentaire est le même que celui de l'unité précédente. Donnons-nous un niveau « normal » d'utilisation des capacités, Qm.

En effet, un investissement ne sera pas réalisé si des anticipations raisonnablement sûres ne permettent pas de prévoir un profit brut suffisant pour amortir l'investissement et laisser un profit net. On peut supposer que le profit brut ou la marge brute, estimée susceptible de couvrir les coûts et rapporter un profit net, est généralement stable à l'égard des variations de la demande. Les variations de la demande sont absorbées par les variations de la production plutôt que par celles des prix. C'est pourquoi, le taux de marge est considéré à partir d'un niveau normal de production.

Le prix est fixé à OP et permet de dégager une marge brute égale à CP et un profit net égal à AP.OQm. Cette valeur est déterminée par le degré de monopole de la firme. Pour un niveau plus bas de demande (par exemple, D'), la production est inférieure à OQm et égale à OQ'm. Mais le prix ne diminue pas pour autant (il suffit que le degré de monopole ne soit pas très affecté par cette baisse de la demande)[1]. Le profit net baisse mais la marge brute ne change pas (égale toujours à CP).

On peut aussi supposer que le monopoleur augmente son prix. Mais sa stratégie sera affectée par le comportement de la demande[2] :

---

[1] Marshall aussi admet cette possibilité (1971). Ce schéma ne correspond pas à la logique concurrentielle. Lorsque l'on définit la concurrence parfaite comme une situation où chaque entreprise fait face à une demande parfaitement élastique de son produit au prix pratiqué sur le marché, chaque entreprise peut vendre autant et aussi peu qu'elle veut à ce prix. En conséquence, la quantité produite par une entreprise n'est limitée que par l'augmentation des coûts marginaux. A tout niveau de production pour lequel $Cm<P$, il est profitable de produire et de vendre.

[2] Pour plus de développement sur ce point, le lecteur est prié de se référer à l'analyse de la concurrence monopolistique du chapitre V, première section, figures 2 et 3.

Figure 15 :

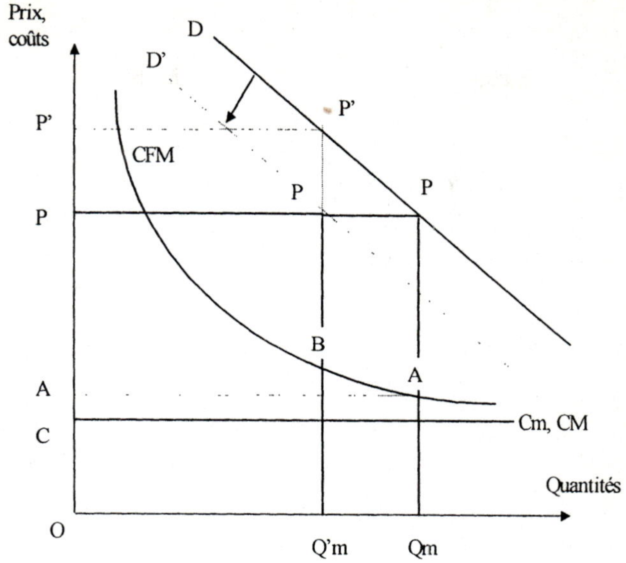

Il est possible aussi de considérer le monopole à partir d'une observation des techniques de production disponibles. La théorie des marchés contestables fait à l'origine cette hypothèse afin de montrer qu'une situation monopolistique peut correspondre à une situation optimale étant données les conditions particulières du marché. Dans ce cas, la structure du marché considéré est une donnée technique et non un résultat d'évolution stratégique des firmes.

Marchés contestables : retour aux hypothèses concurrentielles?

La théorie des marchés contestables est fondée sur l'idée de la dispute d'un marché par des nouveaux entrants à des firmes déjà installées. Elle a été développée dans les travaux de Baumol, Panzar et Willig (1982). Il s'agit principalement de questionner les hypothèses des modèles de concurrence pure et parfaite sur les barrières à l'entrée. Les marchés parfaitement contestables constituent un point de repère pour l'analyse de la structure industrielle en ce qui concerne l'évaluation des situations non-concurrentielles.

a) Définitions et propriétés

Les marchés contestables sont ceux sur lesquels les pressions concurrentielles provenant des entrants potentiels exercent une contrainte forte sur les comportements des offreurs déjà en place. Ces marchés sont ouverts à l'entrée des firmes qui ne supporteraient aucun désavantage de coût par rapport aux firmes en place. Les entrants potentiels sont supposés disposer de la même technologie, des mêmes moyens d'accès à l'approvisionnement et des mêmes prix d'input que les firmes en place. En d'autres termes, il ne doit pas y exister de barrières à l'entrée significatives ni de barrières à la sortie impliquant des *coûts irrécupérables (sunk costs)*. Pour qu'il n'existe pas d'opportunités profitables pour les entrants supplémentaires, la configuration d'équilibre de l'industrie concernée doit correspondre à l'absence de profits excessifs et doit être efficiente en ce qui concerne les prix appliqués et l'allocation des ressources effectuée par les offreurs en place. Les consommateurs sont supposés ne pas avoir de préférence pour telle ou telle firme exceptées les différences de prix ou de qualité qui puissent exister entre les produits offerts par différentes firmes. De ce point de vue, *les consommateurs sont supposés posséder toute l'information pertinente sur les produits et les producteurs alternatifs*.

Un marché contestable peut exister aussi bien pour une structure monopolistique que concurrentielle. C'est la *concurrence potentielle*, provenant de l'existence d'éventuels nouveaux concurrents plutôt que de l'existence d'une concurrence effective parmi les offreurs, qui présente une contrainte sur les comportements des firmes déjà en place. En l'absence de barrières à l'entrée et à la sortie, les entrants potentiels anticiperont leur niveau de profit selon les prix courants appliqués par les offreurs actuels. De nouvelles firmes vont entrer sur le marché si elles pensent pouvoir baisser le prix courant et réaliser des profits positifs en satisfaisant la demande du marché. Par conséquent, le moyen de dissuasion immédiate des offreurs en place est d'appliquer un prix qui ne permettrait pas aux concurrents potentiels d'appliquer des stratégies de bas prix.

On doit souligner que cette configuration idéale du marché dépend de l'absence de coûts irrécupérables, de la symétrie d'information et de l'égalité technologique et commerciale entre les concurrents potentiels. Sous ces conditions particulières, les marchés parfaitement contestables déterminent la structure de l'industrie à partir des seules forces de la demande et de la technique productive[1].

Etudions maintenant un modèle représentatif de marchés contestables qui s'inscrit dans un cadre d'équilibre partiel.

Soit N biens dans l'économie (N = 1,............, n). Les prix de ces biens sont représentés par un vecteur de prix p ($p \in R^n_{++}$), les autres prix sont supposés exogènes et ne font pas partie de l'ensemble R. $Q(p) \in R^n_+$ est la fonction de demande du marché pour les produits appartenant à N. Le revenu des consommateurs est supposé exogène. Pour tout vecteur d'output $q \in R^n_+$, C(q) est le coût donné par les prix des facteurs de production fixés d'une façon exogène. La technique de production est supposée librement disponible pour toutes les firmes en place ou candidates à l'entrée (C(q) et Q(p) sont supposés continus et différentiables).

Définition 1 : Une *configuration acceptable* de l'industrie est composée de m firmes produisant les vecteurs d'output q^1, ..., $q^m \in R$, aux prix $p \in R$, tels que les marchés sont apurés et que chaque firme atteint un optimum avec :

$$(20)\quad p.q^i - C(q^i) \geq 0,\ i=1, ...,m$$

A l'instar des modèles usuels d'équilibre, on suppose que lorsque m=1, la structure de l'industrie est monopolistique et lorsque m est suffisamment grand, il s'agit d'une concurrence pure (grand nombre de concurrents). Pour des valeurs intermédiaires de m, on a les différentes configurations oligopolistiques. L'acceptabilité de la configuration de l'industrie étudiée se réfère au fait que chaque firme concernée choisit un vecteur de produit non négatif qui lui permet de couvrir ses coûts de production $C(q^i)$ au prix du marché, p, et que la somme des produits de m firmes satisfait la demande totale à ce même prix.

Définition 2 : Une configuration acceptable de l'industrie pour N avec p et produits des firmes q^1,......., q^m est *soutenable* si

$$(21)\ p^e . q^e \leq C(q^e)$$

pour tout $p^e \in R$, $q^e \in R$, $p^e \leq p$ et $q^e \leq Q(p^e)$ (où exposant e signifie le nouvel entrant).

L'interprétation de la définition 2 est qu'une configuration est soutenable lorsqu'elle n'offre aucune opportunité profitable

[1] On remarquera que lorsque les rendements sont croissants, le comportement de concurrence parfaite devient inconcevable dans le cas d'industries non subventionnées. Voir plus loin, la proposition 3.

pour les entrants potentiels qui considèrent les prix appliqués par les firmes en place comme fixés (pour une période suffisamment longue de façon à ce que C(.) soit une fonction de coût valable pour tout le monde). Ici, un projet de production d'un entrant potentiel est constitué à partir des prix p^e qui ne doivent pas dépasser les prix appliqués par les firmes en place, p, et d'un vecteur de quantité, q^e, qui ne peut pas excéder la demande du marché aux prix des entrants, $Q(p^e)$. *La configuration est soutenable s'il n'existe aucun projet disponible qui offre un flux de profit positif pour un nouvel entrant*, c'est-à-dire :

$$p^e q^e - C(q^e) \leq 0.$$

Définition 3 : Pour un marché parfaitement contestable, *la condition nécessaire pour que la configuration soit à l'équilibre est sa soutenabilité.*

Cette condition se comprend dans la mesure où la condition requise pour un équilibre est l'absence de nouvelles entrées (donc la validité de la soutenabilité).

Définition 4 : Lorsque $p.q \leq C(q)$; $\forall q \in R^n_+$, *toute configuration acceptable de l'industrie* avec N, p, $q^1, \ldots, q^m$ *est un équilibre concurrentiel à long terme.*

Cet équilibre de long terme a toutes les caractéristiques habituelles :

$$(20') \quad p.q^i \geq C(q^i) \text{ et } p.q \leq C(q), \forall q \in R^n_+$$

Ceci implique :

$$p.q^i = C(q^i) \text{ et } q^i \in \arg\max_q [p.q - C(q)]$$

Dès lors, chaque firme prend les prix comme des paramètres donnés, choisit son output en vue de maximiser son profit et égalise les coûts marginaux aux prix des produits. Les cinq propositions suivantes sont alors vérifiées.

Proposition 1. Un équilibre concurrentiel de long terme est une configuration soutenable, i.e., *un marché parfaitement concurrentiel est un marché parfaitement contestable.*

Proposition 2. Les configurations soutenables ne sont pas forcément des équilibres concurrentiels de long terme et *un marché parfaitement contestable n'est pas toujours parfaitement concurrentiel*, ce qui est montré sur la figure suivante :

Figure 16 :

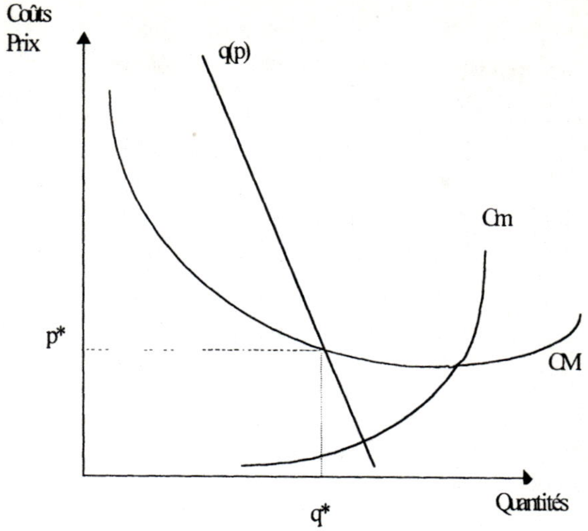

Dans ce cas de figure, la configuration réalisable est composée d'une seule firme produisant la quantité q* au prix p*. Cette configuration est de surcroît soutenable. La vente à un prix inférieur à p* d'une quantité quelconque sur la courbe de demande q(p) rapporte un revenu inférieur au coût moyen. *La configuration soutenable n'est cependant pas un équilibre concurrentiel puisque p*>Cm.*

Proposition 3. Soit p ; q^1, ..., q^m, une configuration soutenable de l'industrie. Dès lors, pour chaque firme :

$$(22)\ p.q^i - C(q^i) = 0$$

et

$$p_s \,.\, q^i_s \geq C(q^i) - C(q^i_N - s)$$

Il y a absence de toute *subvention croisée* (indice s représentant la subvention).

Les recettes des ventes pour un bien ou un ensemble de biens ne doivent pas être inférieures aux coûts de production des mêmes biens. Si tel n'était pas le cas, les firmes en place seraient en mesure d'appliquer des prix suffisamment bas pour certains biens de façon à empêcher l'entrée (profitable) de nouveaux concurrents et elles pourraient compenser leurs pertes par des surprofits réalisés sur d'autres marchés. Or, pour que l'industrie soit contestable et soutenable à l'équilibre, il faut que sur l'ensemble de N marchés, les conditions de soutenabilité énoncées plus haut tiennent.

Proposition 4. Avec la même configuration, si m≥2, les firmes doivent choisir les vecteurs d'input-output tels que leurs coûts marginaux égalent le prix. Ceci est possible même lorsque le nombre de firmes dans la branche n'est pas très élevé. La concurrence potentielle assurerait le respect de cette condition.

Proposition 5. Une configuration soutenable permet de minimiser le coût total de l'industrie. C'est la généralisation du résultat de la concurrence parfaite. Cette proposition implique que s'il existe un marché monopolistique parfaitement contestable, il doit correspondre à un *monopole naturel.* La production par une seule firme doit minimiser le coût de production de l'industrie pour un vecteur de produits donné.

De ce fait, les propositions 3, 4 et 5 sont les conditions *sine qua non* de l'existence d'une structure industrielle parfaitement contestable.

Etudions plus particulièrement la situation de monopole naturel dans la mesure où elle permet de mieux rendre compte de l'apport de l'approche des marchés contestables à l'analyse des structures industrielles.

b) Monopole naturel et contestabilité

Considérons le rôle des coûts fixes comme barrière à l'entrée suivant l'argument de Bain (1956) selon lequel, en présence de rendements d'échelle croissants, seul un nombre fini de firmes est viable et ces firmes réalisent des profits positifs sans provoquer l'entrée. Par exemple, si des entrants potentiels savent qu'un duopole génère des profits négatifs, une firme établie peut sans menace jouir de profits de monopole. Mais comme Baumol, Panzar et Willig l'ont souligné, la concurrence potentielle disciplinera la firme établie dans l'industrie de façon à ce qu'elle ne puisse pas appliquer un prix trop élevé.

Rappelons que les coûts fixes sont des coûts qui sont indépendants de l'échelle de production et qui sont fixés (irrécupérables) pour un court intervalle de temps qui définit la période. On suppose donc que la firme encourt un coût f+cq à chaque période lorsqu'elle produit pendant cette période (avec f=coût fixe, c un nombre positif et q la quantité produite) et zéro sinon. La distinction entre coût fixe et coût irrécupérable est une distinction de degré et non de nature. Une machine sera considérée comme un coût fixe si la firme la loue pour un mois (ou peut *la rendre sans perte de capital* un mois après sa location). Elle correspondra à un coût irrécupérable si la firme ne peut pas s'en défaire sans perte de capital. La distinction est donc faite en termes d'engagement de la firme. La période d'engagement s'interprète comme la période de temps durant laquelle le coût de libération d'un engagement est suffisamment élevé pour qu'il ne soit pas rentable de s'en dégager.

Considérons une industrie à produits *homogènes* avec n firmes. Toutes les firmes ont la même technologie et le coût de production de la quantité q est C(q) avec C(0)=0. Les firmes sont partagées en deux catégories : m firmes établies (i=1, ..., m) et n firmes concurrentes potentielles.

La configuration de l'industrie est acceptable si le marché est à l'équilibre (si la quantité produite est égale à la demande totale au prix p) et si les firmes réalisent des profits non négatifs. Les conditions des définitions précédentes tiennent aussi en ce qui concerne la soutenabilité de la configuration étudiée dans cet exemple. Considérons l'exemple standard d'une technologie avec une fonction de coût du type :

$$C(q) = f + cq,$$

avec le programme de maximisation suivant :

$$(19') \; \Pi^m \equiv \max_q \{[p(q)-c]q\}$$

qui est le profit brut (avant déduction des coûts fixes) du monopole.

Supposons que le monopole soit viable : $\Pi^m > f$.

La figure suivante illustre l'unique configuration soutenable dans cette industrie :

Figure 17 :

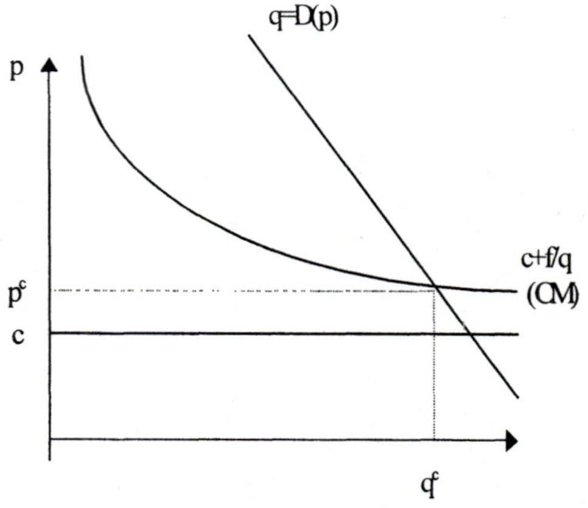

L'industrie ne comprend qu'une seule firme établie qui applique un prix p^c et produit une quantité q^c. Les autres firmes restent hors du marché. Le couple prix-production contestable $\{p^c ; q^c\}$ est obtenu à l'intersection de la courbe de coût moyen et de la courbe de demande : $(p^c\text{-}c)\ D(p^c) = f$. Une firme qui appliquerait un prix tel que $p<p^c$ et qui produirait une quantité $q>0$ réaliserait une perte, puisque son prix serait inférieur au CM (ceci montre aussi que le prix contestable est plus faible que le prix de monopole). A l'inverse, un prix $p>p^c$ n'est pas soutenable puisqu'un entrant pourrait proposer un prix plus bas et réaliser quand même un profit strictement positif. La tarification qui prévaut est au CM et l'allocation obtenue est socialement efficace dans la mesure où un planificateur central, sous la contrainte d'absence de subventions croisées, ne peut obtenir une situation meilleure (le deuxième théorème de l'économie du bien-être. Cf. Chapitre I). Il est clair qu'une situation de premier rang apparaît lorsque la firme applique un prix égal au coût marginal. Mais, en l'absence de subventions, la firme perdrait f et donc n'accepterait pas de produire en dessous de p^c. Ceci donne le critère d'*efficacité technologique* qui détermine à la fois le nombre de firmes qui peuvent opérer sur le marché (la condition d'acceptabilité) et la structure concurrentielle du marché considéré.

Selon l'approche des marchés parfaitement contestables, le monopole n'est pas nécessairement une situation opposée au bien-être. En situation de monopole sur un marché parfaitement contestable, les surplus totaux des consommateurs et des producteurs peuvent être maximisés. Sous certaines conditions, la soutenabilité et la solution de premier rang sont compatibles avec une structure oligopolistique. Cette approche conclut que sur des marchés parfaitement contestables, l'intérêt général implique une politique de laissez-faire. Par contre, elle ne montre pas que les marchés libres conduisent automatiquement à un bien-être de premier rang. Pour que les propositions de l'approche des marchés parfaitement contestables soient effectivement acceptables, il faut que les hypothèses (les conditions) soient respectées. Or, le respect de ces hypothèses implique l'intervention publique[1] afin que les conditions de la contestabilité soient observées par l'ensemble des firmes en place. Dans le cas contraire, lorsque les conditions d'accès aux marchés ne sont pas les mêmes pour l'ensemble des firmes, les marchés industriels tendent vers des structures oligopolistiques et vers

[1] Probablement une organisation publique des marchés tant du point de vue technique que concurrentiel afin d'empêcher tout comportement anticoncurrentiel et donc tout usage de pouvoir économique de la part des firmes.

des ententes protégées par des stratégies anticoncurrentielles des firmes. Nous reviendrons sur ce point dans les chapitres suivants.

c) Les avantages et les limites de la contestabilité parfaite

Afin de dresser un bilan de l'approche présentée, considérons les avantages et les limites qui en découlent.

On peut citer quatre principaux avantages de la contestabilité parfaite.

1) Absence de prix excessifs : La possibilité pour les firmes extérieures de « bousculer » les firmes établies et d'entrer sur le marché (*Hit and Run Entry*) devrait suffire pour inciter les firmes en place à se comporter comme des firmes en situation de concurrence et à ne pas fixer un prix « excessivement » élevé par rapport au coût marginal. Chaque produit sera fabriqué et vendu par des producteurs qui peuvent les mettre sur le marché à un prix au moins aussi faible que pourraient le faire ceux qui ne le produisent pas. Donc, seront produits des biens à des prix tels que les acheteurs les considéreront comme préférables à tout autre bien disponible.

Sur un marché contestable, même un monopole pur ne peut bénéficier d'un taux de rendement à long terme de son capital plus élevé que celui que peut obtenir une petite firme dans un cadre de CPP. Car il est supposé que tout profit supérieur au taux de rendement de concurrence constitue inévitablement une possibilité de profit pour un entrant éventuel *tant que les coûts irrécupérables sont nuls*. Les prix excessifs offrent toujours une opportunité d'entrer qu'ils découlent de profits excessifs, de coûts inutiles ou de toute autre cause de sous-optimalité à l'égard des conditions générales données.

2) Elimination des gaspillages : une configuration parfaitement contestable du marché exclut l'emploi du facteur x par la firme 1 et du facteur y par la firme 2 si x donne un produit de valeur plus grande s'il est employé par 2, et y une valeur plus grande s'il est employé par 1. L'allocation des facteurs est efficace au sens traditionnel du terme. Elle est aussi efficace à l'égard des technologies disponibles. De la même façon, la contestabilité exclut aussi l'inefficacité-X (*X-Inefficiency)*, l'organisation la plus efficace dominant toujours. La production est obtenue dans les conditions optimales étant données les contraintes technologiques et organisationnelles.

En d'autres termes, la contestabilité est incompatible avec la perte d'efficacité due à des retards dans l'adoption de nouvelles techniques efficaces dans la mesure où ces délais entraînent des coûts que les firmes en place doivent éviter étant donnée la menace d'entrée de nouveaux concurrents efficaces. De même, dans le processus schumpétérien de destruction créatrice (cf. chapitre VI), les profits d'innovation ne peuvent se pérenniser sous forme de rente de situation tant que subsiste une rivalité (et non la concurrence néoclassique) effective ou tout simplement potentielle. L'efficacité ou l'absence d'inefficacité détermine aussi la structure des branches. *La menace permanente et crédible d'entrée dans la branche détermine le comportement des firmes en place et les conduit à utiliser des techniques et une organisation efficaces parmi celles qui sont disponibles.*

3) Elimination des pratiques de prix artificiellement bas : Dans la perspective du contrôle des monopoles, la contestabilité interdit tout système de *prix prédateurs* et de prix artificiellement bas. Il y a absence de compensation entre les recettes et les coûts des différents produits (absence de subventions croisées) puisque pour chaque produit, le marché contestable implique l'égalité des recettes et des coûts pour chaque bien, pris séparément.

4) Un régime de prix optimal : Le prix est optimal étant donné la menace de concurrence potentielle.

On remarque que même lorsqu'il existe des coûts irrécupérables qui empêcheraient de nouvelles firmes d'entrer sur un marché donné, les firmes localisées sur d'autres marchés de produits semblables ou identiques (disposant de technologies semblables, d'expérience ou de pouvoir économique et financier considérable) peuvent rendre le marché contestable puisqu'elles sont en mesure de se délocaliser sans supporter de coûts supplémentaires irrécupérables comme il serait le cas pour un éventuel nouvel entrant. L'internationalisation des marchés nationaux (et donc, l'ouverture d'une économie aux échanges internationaux) peut avoir en effet cet effet bénéfique.

Toutefois, il existe un certain nombre de critiques que l'on peut adresser à cette approche suivant Shepherd (1984) et Rainelli (1998).

1) Il convient de remarquer que lorsque la firme installée sur le marché est une firme de taille petite ou moyenne et lorsque les nouveaux concurrents sont de taille semblable (petite par rapport aux grandeurs sectorielles), l'absence de réaction de la firme en place est acceptable. Mais lorsque l'entrée sur le mar-

ché est le fait de firmes de taille importante par rapport à la firme en place ou lorsque la firme en place a une dimension non négligeable par rapport au marché, l'absence de réponse de la firme établie n'est pas une hypothèse acceptable. Il y a donc une entrée minimale de petites firmes, ce qui n'implique pas de réponse de la firme installée ou bien une entrée forte sur une grande échelle qui rencontre les réactions des firmes en place. Par conséquent, la situation d'un monopoleur ou d'une firme confrontée à l'entrée est instable. Les firmes en place créeront des barrières à l'entrée pour empêcher toute entrée nouvelle susceptible de baisser les prix et de grignoter leurs profits. L'entrée libre semble être une exception plus qu'une règle générale sur les marchés étant donnée l'existence de barrières à l'entrée mais aussi à la sortie. Les coûts fixes jouent le rôle d'une barrière à l'entrée, le coût unitaire est plus élevé pour l'entrant produisant des quantités inférieures à celles de la firme en place (économies d'échelle). La définition des coûts irrécupérables est liée à l'horizon temporel retenu. Plus la période est courte plus les coûts irrécupérables sont importants. Or, c'est dans la période ultra courte que la firme en place est supposée ne pas répondre à l'entrée, ce qui engendre une contradiction importante dans le modèle présenté.

2) Un autre exemple de barrières stratégiques à l'entrée apparaît dans le contexte de la concurrence par produits substituts. Lorsqu'une firme introduit un nouveau produit sur le marché, elle peut choisir d'occuper le marché en vendant une multitude de variantes afin d'éviter l'entrée de nouveaux concurrents susceptibles d'offrir aux consommateurs ces mêmes variantes si elles n'existaient pas encore. Ceci est possible lorsque l'on abandonne l'hypothèse d'atomicité des vendeurs ou des acheteurs. En effet, lorsque la firme peut produire plusieurs biens et encombrer l'espace des produits, elle peut empêcher les firmes potentiellement concurrentes d'entrer sur le marché. Par exemple Scherer (1980) montre comment la *Swedish Tobacco Company*, en perdant sa position de monopole légal en 1961, a réagi en offrant deux fois plus de marques et en augmentant de douze fois son budget de publicité[1].

[1] En dehors de ces désavantages pour les entrants potentiels, il existe aussi des désavantages de coût indépendants de l'échelle de production. A titre d'exemple, on peut en énumérer quelques-uns : le coût d'accès aux matières premières, l'accès aux localisations favorables (installation des unités de production ou de commercialisation devient un choix stratégique), le coût d'accès à la technologie du produit (contrairement aux enseignements de la théorie des marchés contestables), les avantages d'expérience des firmes établies, les normes établies en matière de pollution, de santé publique, de

3) Il peut exister aussi des obstacles à la sortie. L'existence d'actifs (ou d'investissements) spécifiques qui sont liés à un type d'activité précis ou de localisation peut générer des coûts importants lorsque la firme veut sortir d'un marché en vue de redéployer ses moyens sur un autre marché. Il s'agit des coûts de conversion des actifs. L'image (la marque) et la place de la firme dans un secteur d'activité peuvent aussi représenter un coût à la sortie lorsque la firme désire passer sur un nouveau marché où elle n'a pas une place déjà établie. C'est pourquoi, dans certains cas, les firmes qui veulent pénétrer un nouveau marché préfèrent, avant de proposer leurs propres marques, établir des alliances ou absorber des firmes qui fournissent déjà le marché considéré avec des marques connues par les consommateurs (voir le chapitre suivant).

4) L'hypothèse selon laquelle la concurrence potentielle domine les conditions internes du marché est discutable. Si l'entrée est libre, la concurrence potentielle supprime le monopole. Lorsqu'il existe plusieurs firmes en place, on ne peut supposer comme un cas général qu'elles ignorent leurs concurrents déjà installés pour ne considérer que les entrants potentiels. L'analyse restreint le rôle de la main invisible[1] à un cas particulier avec entrée et sortie ultra-libres supposées acquises d'emblée.

5) La structure du marché ne parait pas endogène étant données les hypothèses fortes sur le poids de la concurrence potentielle considérée comme une situation *a priori* vérifiée.

Quels que soient les mérites de ce modèle, les hypothèses qu'il adopte véhiculent une vision du marché globalement proche du marché concurrentiel et réduisent, par conséquent, l'originalité des marchés oligopolistiques ou monopolistiques du point de vue de l'analyse des interactions stratégiques entre les firmes.

Les deux chapitres suivants présentent et analysent les différentes stratégies anticoncurrentielles des firmes tant du point de vue de la rationalité économique des comportements que du point de vue de la diversité des configurations qui réfutent l'idée d'une concurrence effective ou potentielle capable de définir une structure de marché Pareto-optimale. Les résultats que nous présentons dans ces deux chapitres sont très éloignés

---

sécurité publique, etc., qui nécessitent le respect d'un certain nombre de méthodes de production imposées (et quelquefois coûteuses).

[1] Mécanisme d'équilibre automatique à travers les variations libres des prix.

du modèle concurrentiel traditionnel ou des enseignements de l'approche des marchés contestables. Ils se présentent non comme une conséquence de nouvelles hypothèses de travail contradictoires avec les hypothèses des modèles néoclassiques mais comme une implication logique du fonctionnement d'une économie décentralisée dans laquelle les agents économiques sont guidés par leurs propres intérêts et définissent des comportements économiques en vue d'atteindre un niveau d'efficacité maximale sur le plan microéconomique (individuel).

CHAPITRE V : LES STRATEGIES DES FIRMES SUR LES MARCHES

L'intensité de la concurrence qui prévaut dans un secteur n'est ni une coïncidence ni le fait d'un hasard malheureux. Cette concurrence prend plutôt racine dans la structure économique fondamentale du secteur et dépasse de loin le seul comportement des concurrents existants. (...)

Pour une firme établie dans un secteur, la définition d'une stratégie face à la concurrence a pour but de placer la firme dans la meilleure situation possible pour se défendre contre les forces de la concurrence ou les infléchir en sa faveur.

M. E. Porter
Choix Stratégiques et Concurrence

Notions-clé:

différenciation - caractéristiques des produits - localisation - concurrence monopolistique - concentration et fusion - diversification - conglomérats - production jointe - patience mutuelle - firmes multinationales

Références:

- BUCKLEY, P. J., MUCCHIELLI, J.-L. (ed), *Multinational Firms and International Relocation,* Edward Elgar, 1997.

- CHAMBERLIN, E., *La Théorie de la Concurrence Monopolistique*, PUF, Traduction française, 1953 (1933).

* CHEVALIER J.-M., (éd), *L'économie industrielle des stratégies d'entreprises*, Montchrestien, 1995.

* DELAPIERRE, M., MILELLI, C., *Les firmes multinationales*, Vuibert, 1995.
* DUNNING, J., Reappraising the eclectic paradigm in the age of alliance capitalism, *Journal of International Business Studies*, 26(3), 1995, pp. 461-491.
* GERVAIS, M., *Stratégie de l'Entreprise*, Economica, 1995.
* GLAIS, M., *Economie Industrielle. Les stratégies concurrentielles des firmes*, Litec, Paris, 1992.
* KRUGMAN, P. (ed), *Strategic Trade Policy and the New International Economics,* MIT Press, 1986.
- LANCASTER, K. J. (ed), *Consumer Theory,* Edward Elgar. 1998.
* LECAILLON, J., *Eléments d'économie industrielle*, Montchrestien, 1988.
* MUCCHIELLI, J.-L., *Multinationales et Mondialisation*, Seuil, 1998.
* MORVAN, Y., *Fondements d'économie industrielle*, Economica, 1991.
* PORTER, M. E., *Choix stratégiques et concurrence*, Economica, Traduction française, 1990.
* RAINELLI, M., *Economie industrielle,* Dalloz, 1998.
- RUIGROK, W., TULDER, Van R., *The logic of international restructuring*, Routledge, 1998.
* ROBINSON, J., *L'économie de la concurrence imparfaite*, Dunod, Traduction française, 1975 (1933).
* SCHUMPETER, J. A., *Théorie de l'évolution économique*, Dalloz, Paris, Traduction française, 1935.
* TIROLE, J., *Théorie de l'Organisation Industrielle,* Economica, Traduction française, Vol. 1, 1993 (vol. 2, 1995).

Les comportements stratégiques des firmes sont, par définition, anticoncurrentiels et peuvent être de nature défensive ou offensive. La stratégie défensive est définie en fonction de la structure du marché (ou du degré de concurrence) établie et constitue une réponse à l'évolution observée. La stratégie offensive porte, au contraire, sur des choix et décisions qui visent à influencer sinon à modifier la structure du marché.

Le choix de la stratégie (sa nature, son ampleur, sa durée) dépend, bien sûr, des capacités diverses de la firme. Ces capacités sont de nature économique (taille, part de marché), technique (processus productif maîtrisé, détention des savoirs technologiques), organisationnelle (degré de flexibilité, compétences, état des relations internes) et financière (moyens d'autofinancement et d'endettement prévus, évolution des valeurs sur les marchés financiers).

Le choix dépend aussi de la situation économique générale. En période de stabilité générale, lorsque la routine dans les affaires est de règle[1], il y a une faible incitation à modifier le *statu quo* (l'ordre établi). L'environnement routinier et une relative certitude sur ce que sera le futur assurent la tranquillité. Bien entendu, la certitude totale et la stabilité entière ne peuvent jamais être assurées dans une économie décentralisée dans la mesure où personne n'est en mesure de contrôler ou de surveiller les comportements et les décisions des autres. C'est pourquoi, même en période de stabilité apparente, il existe toujours des forces contre la routine et contre les positions établies. Des modifications, même circonscrites, ont lieu, mais elles ne paraissent pas dominer l'évolution des structures. Mais, on remarque davantage la dynamique de changement dans les périodes de fluctuations. Les firmes cherchent explicitement et d'une façon résolue à consolider ou à améliorer leur position sur les marchés. Les structures établies paraissent éphémères car non satisfaisantes ou non rassurantes. L'incertitude croissante sur l'avenir rend les interventions de plus en plus agressives. Des méthodes nouvelles sont imaginées et mises en oeuvre, des stratégies de repli ou d'expansion sont entreprises en fonction des anticipations sur l'avenir.

La recherche des formes oligopolistiques ou quasi-monopolistiques n'empêche pas l'existence d'une concurrence potentielle. Mais cette potentialité pousse les firmes établies à ériger des barrières à l'entrée pour renforcer leur domination. Les comportements anticoncurrentiels des firmes s'inscrivent dans une optique d'obtention de positions dominantes par le renforcement de leurs pouvoirs économiques et technologiques. La dynamique entrepreneuriale, tant louée par Schumpeter (1935), correspond avant tout à une logique d'amélioration des positions des firmes dans un environnement fondamentalement conflictuel.

Dans ce chapitre, les stratégies des firmes sur les marchés sont étudiées sous deux modalités particulières. La première modalité consiste à renforcer une position sur un marché donné de façon à augmenter le pouvoir (ou le degré) de monopole. La deuxième modalité correspond à une logique d'expansion. Les

[1] c'est-à-dire lorsque la continuité et la répétitivité dans les relations intra et inter-firmes sont observées.

firmes entrent dans des secteurs nouveaux ou sur des marchés nouveaux.

La première modalité est étudiée dans la première section. Elle correspond aux stratégies de différenciation et de concentration. Les stratégies de différenciation visent à distinguer les produits verticalement ou horizontalement entre eux et à éviter toute concurrence par les prix en imposant aux consommateurs des critères de choix autres que le prix. La prise en compte des aspects social, culturel, psychologique, etc., autorise les firmes à « jouer » sur les caractéristiques distinctives de leur offre. Ces stratégies permettent de prévoir ou de « noyer » les marchés en présentant des produits multiples devant les acheteurs. Du point de vue de la collectivité, la différenciation, qui engendre une concurrence monopolistique, aboutit à une situation sous-optimale lorsque l'on continue de raisonner en termes microéconomiques standard. Mais une analyse plus minutieuse montre qu'il est possible (et plus raisonnable) d'envisager l'existence de profits positifs pour les firmes qui exercent sur un marché de concurrence monopolistique. Quant aux stratégies de concentration, elles consistent à suivre une politique de croissance dans un secteur donné. Elles rendent les firmes plus puissantes et leur donnent un avantage anticoncurrentiel dans la hiérarchie des offreurs dans le secteur considéré.

La deuxième modalité fait l'objet de la deuxième section. Elle correspond à l'extension des activités sur plusieurs marchés. Lorsqu'il s'agit d'élargir le champ d'activité de la firme, ce sont les stratégies de diversification qui sont prises en compte. Celles-ci permettent aux firmes d'être présentes sur de nombreux marchés et de se constituer un « portefeuille d'activités » garantissant, jusqu'à un certain niveau, des compensations entre les résultats d'activités diverses. Bien entendu, la diversification peut être abandonnée comme stratégie optimale lorsque le coût d'extension du nombre d'activités dépasse son niveau de rentabilité à l'égard des variations des marchés. Cette modalité d'expansion correspond à l'émergence de grands groupes, notamment sous forme conglomérale. L'activité des conglomérats consiste à produire des biens et services non substituables. Enfin, une dernière forme d'expansion que nous allons présenter est la multinationalisation des activités des firmes. Cette stratégie ouvre aux firmes les portes de nouveaux marchés à travers une expansion et une présence internationales. Ces modalités d'expansion peuvent présenter des avantages tant du point de vue de la réduction des coûts que du point de vue de l'établissement des situations anticoncurrentielles renforcées.

Les différentes stratégies visent à consolider la position de la firme sur le marché ou à créer des obstacles directs ou indirects au maintien ou à l'entrée des concurrents. Quels qu'en soient les résultats sur le bien-être collectif, ces formes correspondent à des comportements individuels rationnels et traduisent les avantages d'une situation « imparfaitement » concurrentielle pour les firmes[1].

STRATEGIES DE DOMINATION SUR LE MARCHE

Suivant une rationalité privée, les firmes visent à éviter la concurrence et cherchent à obtenir des positions dominantes et/ou stables. Leur stratégie peut alors consister à augmenter leurs gains sur des activités de base. La différenciation des produits, qui occasionne la constitution de sous-marchés particuliers selon les caractéristiques variées des produits globalement identiques, génère des structures de concurrence monopolistique et une multiplication des produits. L'étude de la différenciation, qui est effectuée dans le premier paragraphe, sera développée ensuite par l'étude de la concurrence monopolistique au deuxième paragraphe. Le troisième paragraphe exposera une deuxième stratégie, la stratégie de concentration, qui permet aux firmes d'obtenir ou de renforcer une position dominante dans leur secteur.

La rationalité de la différenciation

La différenciation des produits constitue un des obstacles majeurs à la concurrence. Selon les hypothèses de concurrence pure, il faut que les produits offerts par les nombreux vendeurs soient considérés comme identiques par les consommateurs. Ainsi, si deux firmes offrent sur le marché deux produits qui sont substituables, aussi petit soit le différentiel de prix entre ces produits, le choix des consommateurs se porte exclusivement sur le produit qui est vendu au prix le plus faible. Mais lorsque les consommateurs ne disposent pas d'informations suffisantes pour décider de leur choix en fonction des seuls prix, l'arbitrage du mécanisme concurrentiel s'avère inadéquat. L'ignorance des acheteurs sur la qualité et sur les caractéristiques exactes du produit (le cas d'anti-sélection) est ren-

---

[1] Nous n'allons pas discuter en détail des conséquences que ces stratégies peuvent avoir sur l'économie et sur le bien-être collectif. Ce point est d'une importance capitale, mais notre seule excuse est que l'ouvrage est déjà assez volumineux.

forcée par des politiques de publicité et de promotion des firmes qui peuvent constituer des moyens efficaces de brouillage de l'information disponible sur le marché. Cette ignorance est affectée aussi par des considérations sur la localisation des produits. La distribution d'une information modifiée permet aux firmes de distinguer leurs produits par rapport à ceux des concurrents et rend le prix incapable de véhiculer une information fiable. En effet, si les deux produits ne sont pas perçus comme des substituts parfaits, rien n'empêche qu'à une paire de prix pour laquelle $P_1 \neq P_2$, certains consommateurs persistent à acheter le produit le plus cher. Dans ce cas, le critère de choix des consommateurs ne se réduit plus au couple prix-quantité.

La différenciation des produits peut résulter de la présentation (emballages, service après vente, etc.). Elle peut aussi provenir des caractéristiques intrinsèques physiques des produits vendus (téléviseur couleur ou noir et blanc). La différenciation peut être entièrement ou partiellement subjective au sens où elle résulte exclusivement ou principalement de l'image que le produit éveille dans la perception des consommateurs. Certains produits (cigarettes ou détergents, par exemple), parfaitement identiques du point de vue de leur qualité intrinsèque, se vendent mieux en raison de leur emballage ou de leur marque.

Définissons et étudions alors les différentes formes de différenciation.

a) Définitions

L'analyse de la différenciation montre clairement que sur les marchés, les décisions et stratégies sont largement dépendantes de la définition des besoins et des préférences des agents. Les besoins et les préférences étant infiniment nombreux et divers, mais aussi aléatoires, la meilleure stratégie est encore d'affecter, voire de déterminer les décisions des consommateurs plutôt que d'attendre qu'elles se présentent sur les marchés. La distinction du produit par rapport à ceux des concurrents et la constitution d'un marché propre à la firme, reconnue dans la marque, l'image, etc., sont des moyens qui permettent à la firme d'éviter en partie la concurrence et d'anticiper la demande d'une façon raisonnable. La différenciation consiste donc à établir un type de marché particulier correspondant à un type de demande particulière adressée quasi exclusivement à une firme précise.

Il est possible de distinguer deux types de différenciation, la différenciation objective et la différenciation subjective.

La *différenciation objective* provient de différences réelles des caractéristiques des biens considérés et peut se faire sous deux formes :

1)Deux biens sont différenciés *horizontalement* lorsqu'ils ont des caractéristiques différentes. Les choix des consommateurs dépendront de leurs classements respectifs hétérogènes (les préférences sont hétérogènes). A prix égal, différents consommateurs choisissent différents vendeurs. Comme exemple, on peut considérer le choix entre une voiture familiale et une voiture de sport qui, avec des spécificités et contenus différents, répondent à des besoins différents.

2)Deux biens sont différenciés *verticalement*[1] lorsque tous les consommateurs ou presque, sont unanimes quant au produit préféré si les deux produits ont le même prix. On peut donner l'exemple du choix entre un téléviseur couleur et un téléviseur noir et blanc. Dans ce cas, les préférences sont qualifiées d'homogènes.

La *différenciation subjective* correspond à la modification de la perception qu'ont les consommateurs d'un bien donné. Elle est en général liée à la publicité qui permet aux offreurs d'influer sur le choix des consommateurs entre produits semblables. La publicité peut être persuasive en modifiant le choix des consommateurs sans information réelle. Elle peut aussi être informative en communiquant aux consommateurs des renseignements réels sur les différents produits disponibles[2].

Au sens général, la différenciation provient de l'ensemble des services associés au produit (comme le service après-vente) dans la mesure où ces services créent une image ou un sentiment de confiance et de qualité.

Afin de rendre la notion de différenciation plus complète, il convient de définir ce que l'on entend par le terme « produit ». Depuis Chamberlin (1953) et Lancaster (1966), on considère qu'un produit est défini comme un ensemble de services consommés globalement par les acheteurs[3]. Par exemple, dans le

---

[1] Voir Lancaster (1979).

[2] On remarquera qu'ici apparaît un problème d'asymétrie d'information qui débouche sur l'anti-sélection, les acheteurs ne pouvant pas *a priori* distinguer entre les différents biens proposés. Le signal envoyé par la publicité peut ne pas être en mesure de constituer une solution fiable pour les consommateurs (cf. chapitre II).

[3] D'habitude, la paternité de la définition du produit comme un ensemble de caractéristiques est attribuée à Lancaster. Or, Chamberlin, dans son ouvrage

cas d'une automobile, le service principal rendu par celle-ci est de permettre à son propriétaire de se déplacer au gré de ses besoins. En même temps, ce déplacement s'effectue dans des conditions de sécurité et de confort variables avec le véhicule. Au-delà de ces aspects purement utilitaires, l'automobile permet aussi à son propriétaire de se positionner dans l'échelle sociale. Dans ce cas, la marque de la voiture, sa puissance, sa conception ou son modèle (son *design*) deviennent des éléments déterminants dans le choix des consommateurs. Cette façon de décrire un produit à l'aide de la totalité des services qu'il peut rendre et que l'on appelle *caractéristiques* ou *attributs*, traduit de manière plus précise la notion de produits différenciés. Ainsi, des produits différenciés sont des produits possédant les mêmes caractéristiques, mais dans des proportions variables. Les acheteurs potentiels considèrent les différences entre les caractéristiques des produits étudiés tout en considérant les éventuelles différences de prix.

La différenciation consiste pour les firmes à offrir un produit qui se distingue des produits concurrents (imparfaitement substituables) par des caractéristiques particulières plus ou moins explicites. Les produits sont perçus par les consommateurs comme des ensembles de caractéristiques provenant de leur localisation, leur emballage, leur marque, etc., qui les éloignent les uns des autres. *Le critère de prix n'est pas la seule variable sur laquelle les acheteurs porteront leur attention*, ce qui revient à répéter une affirmation que nous avons utilisée dans les autres chapitres, en fonction d'autres variables.

Dans ce qui va suivre, nous allons étudier deux types particuliers de différenciation. Nous considérerons d'abord la différenciation verticale. Nous traiterons ensuite de la différenciation avec adresse ou de localisation, souvent évoquée dans la littérature, en en simplifiant la présentation.

b) Exemples de différenciation

Lorsque les produits sont différenciés verticalement, tous les consommateurs ont les préférences homogènes car ils sont d'accord sur la composition des caractéristiques préférée et sur le classement des préférences. La qualité en est un exemple. Les consommateurs sont d'accord pour dire qu'une qualité supérieure est préférable même si, pour des raisons relevant de différences de prix et donc de pouvoir d'achat, tous n'achètent

---

de 1953 (1933), remarque que l'on « achète en réalité un faisceau d'utilités où entrent tous ces éléments » : la réputation, la localisation, la couleur, etc. (p.6).

pas le même bien. Un exemple clair de différenciation verticale peut être donné suivant Tirole (1993, pp. 189-191). Chaque consommateur consomme une ou zéro unité d'un bien. Le bien est caractérisé par un indice de qualité s. Considérons, pour simplifier, une qualité et un bien uniques. Le consommateur représentatif a les préférences suivantes :

* s'il achète un bien de qualité s au prix p, son utilité est donnée par : (1) $U=\theta s-p$;

* s'il n'achète pas, son utilité est : $U=0$,

où s est un nombre réel positif qui définit la qualité du bien.

L'utilité est séparable en qualité et en prix. θ est un paramètre de goût (un nombre réel positif, cf. les notations du chapitre II). Tous les consommateurs préfèrent une bonne qualité à un prix donné. Cependant, un consommateur avec un θ élevé est plus désireux de payer pour obtenir une qualité élevée. La modélisation d'une distribution de goûts consiste à supposer que θ est distribué dans l'économie avec une densité $f(\theta)$ et une fonction de répartition $F(\theta)$ sur $[0, +\infty[$, où $F(0)=0$ et $F(+\infty)\to 1$. Ainsi, $F(\theta)$ est la fraction des consommateurs avec un paramètre de goût inférieur à θ.

On peut interpréter les préférences en considérant θ comme l'inverse du taux marginal de substitution entre le revenu et la qualité. En ce qui concerne le choix entre acheter ou non, la préférence du consommateur peut être lue comme :

(1') $U= s-(1/\theta)p$ s'il achète un bien de qualité s au prix p ;

$U=0$ s'il n'achète pas.

Selon cette interprétation, tous les consommateurs tirent le même surplus du bien, mais ils ont des revenus différents et, par conséquent, des taux marginaux de substitution différents entre le revenu et la qualité (donnés par $1/\theta$). Des consommateurs plus riches ont une « utilité marginale du revenu » inférieure ou, de façon équivalente, un θ plus élevé.

Si l'on dérive la fonction de demande pour cette fonction d'utilité particulière, on voit que, lorsqu'une seule qualité est offerte au prix p, la demande pour le bien est égale au nombre de consommateurs ayant un paramètre de goût θ tel que :

(2) $\theta s \geq p$.

La préférence est déterminée par la condition que la satisfaction obtenue de la consommation du bien considéré soit supérieure ou égale à son coût (c'est-à-dire au prix payé par le consommateur pour son acquisition).

La demande pour le bien est :

(3) $D(p) = N[1 - F(p/s)]$

où N est le nombre total des consommateurs.

S'il y a plusieurs qualités offertes sur le marché, les consommateurs choisissent parmi les qualités et décident également d'acheter ou non. Prenons l'exemple des biens de deux qualités, s_1 et s_2 (avec $s_1<s_2$) qui sont vendus aux prix, respectivement, p_1 et p_2 ($p_1<p_2$). D'abord, supposons que le rapport qualité-prix soit supérieur pour la qualité 2 :

$$(4)\ s_2/p_2 \geq s_1/p_1$$

Alors, tous les consommateurs préfèrent toujours la qualité 2 à la qualité 1 dans le cas où ils achètent :

$$(4')\ (\theta s_2-p_2)-(\theta s_1-p_1)=p_2(\theta s_2/p_2-1)-p_1(\theta s_1/p_1-1)$$
$$\geq (p_2-p_1)(\theta s_1/p_1 - 1)$$
$$\geq 0 \text{ (si } \theta s_1 \geq p_1).$$

La demande pour le bien de qualité élevée est :

$$(3')\ D_2(p_1, p_2) = N[1-F(p_2/s_2],$$

et la demande pour le bien de qualité inférieure est nulle. Mais lorsque le bien de basse qualité n'est pas dominé, alors, les consommateurs avec un paramètre de goût supérieur à :

$$(5)\ \theta^* \equiv (p_2-p_1)/(s_2-s_1)$$

achètent le bien de qualité élevée, puisque :

$$\theta s_2-p_2 \geq \theta s_1-p_1 \Leftrightarrow \theta \geq \theta^*.$$

Les consommateurs dont le paramètre de goût est inférieur à θ^* mais supérieur à p_1/s_1 achètent le bien de qualité inférieure, et les autres n'achètent pas. Par conséquent, les demandes sont :

$$(3a)\ D_2(p_1, p_2) = N[1-F((p_2-p_1)/(s_2-s_1))]$$

et

$$(3b)\ D_1(p_1, p_2) = N[F((p_2-p_1)/(s_2-s_1))-F(p_1-s_1)].$$

On remarque que la différenciation verticale dépend de l'hypothèse de substitution entre biens. C'est un problème réel de stratégie commerciale (de *marketing*). S'il n'y a pas de substituabilité entre les différentes qualités pour les consommateurs, alors il n'y a pas de substitution entre les biens différenciés verticalement. Deux biens se différencient verticalement en fonction du taux de substitution. A partir d'un « certain » niveau, deux biens peuvent devenir parfaitement substituables. Lorsque le taux marginal de substitution est fort, les biens sont substituables, lorsqu'il est faible, la différenciation est forte. Dans cet exemple, c'est le paramètre de goût qui reflète ce rapport de substitution.

Un autre exemple de différenciation, que l'on doit à Hotelling (1929), est la localisation ou la différenciation avec adresse qui correspond à une différenciation horizontale puisqu'il s'agit *a priori* des mêmes biens (Salanié, 1998). Lorsque l'emplacement des points de vente est considéré comme un facteur de différenciation, la demande adressée aux firmes dépend seulement des stratégies de prix de leurs concurrents géographiquement voisins. La concurrence est alors dite locale[1].

Reprenons l'exemple de Chamberlin (1953), de Lecaillon (1988) et de Tirole (1993), entre autres, et considérons une ville linéaire[2]. Les consommateurs et les vendeurs sont également répartis le long de la ville. N magasins vendent tous le même produit. Lorsque les producteurs et les consommateurs sont dispersés et séparés géographiquement, les coûts de transport deviennent un argument du prix que l'acheteur accepte de payer. Ce prix (p*) est alors la somme d'un prix de base, p et d'un coût de transport, t. t varie avec la distance : t = d.c (où d est la distance et c est le coût par unité de distance). Par conséquent, nous pouvons écrire :

$$(6)\ p^* = p + t$$
$$= p + d \, . \, c.$$

Chaque consommateur peut se trouver face à un prix différent pour le même produit en fonction de son éloignement par rapport au point de vente du produit considéré. Les différences de localisation des firmes s'interprètent comme des différences de caractéristiques entre les produits. Les consommateurs se répartissent en fonction de leurs préférences sur l'échelle des caractéristiques. La distance d correspond ici à la différence entre les produits disponibles et les produits désirés. On peut alors écrire :

$$(7)\ h = p^*/p$$
$$= (p + d\,c) / p$$
$$= 1 + (dc)/p$$

où h est un *rapport de compensation* qui mesure la perte de satisfaction résultant des différences entre les caractéristiques du produit idéal et celles des biens disponibles.

En reprenant l'exemple d'une ville linéaire avec deux firmes, d'Aspremont, Gabszewicz et Thisse (1979) montrent que, à l'équilibre, les deux rivales se fixent aux deux extrémités de la ville. La distance étant maximisée entre les deux firmes, toute concurrence éventuelle par une baisse de prix, visant à attirer une partie de la clientèle de la rivale, est contenue. Dans ce cas, la différenciation devient maximale ou totale, contrairement à la différenciation qui tend à disparaître lorsque les firmes concur-

[1] Le lecteur remarquera que cet exemple peut être appliqué au cas du choix de localisation des firmes multinationales (voir la deuxième section de ce chapitre).

[2] Salop (1979) considère un modèle de concurrence par la localisation dans lequel les courbes de demande sont coudées et les propriétés de l'équilibre sont de type chamberlinien, mais l'obtention d'un équilibre est tributaire des conditions particulières.

rentes préfèrent s'approcher du milieu de la ville linéaire afin de détourner une partie de la clientèle de l'autre firme. Les deux firmes se retrouvent alors au milieu et les consommateurs sont indifférents entre les deux firmes.

Si l'on suppose que la localisation de chaque firme, autrement dit la définition des caractéristiques de son produit, ne comporte pas de coût spécifiques, chaque firme étant libre de choisir ce produit et son prix, un équilibre est atteint lorsque les N firmes présentes sur le marché sont régulièrement espacées sur l'échelle des caractéristiques. Pour que toutes les localisations soient équivalentes, on admet que cette échelle est représentée par un cercle autour duquel les consommateurs sont eux-mêmes régulièrement répartis. La longueur du cercle étant prise comme unité (la totalité du marché), la distance entre deux firmes (la différenciation) est mesurée par le rapport 1/N[1].

Nous remarquons toutefois que la différenciation par la localisation de biens quasiment identiques ne constitue pas un cas de figure particulier à l'égard du modèle concurrentiel dans la mesure où ce dernier définit un ensemble de biens homogènes comme étant des produits proposés sur le même marché. On se souviendra de la précision d'Arrow et de Hahn (1971, p. 17) et de Debreu (1998, p. 11), qui soulignent que les biens sont définis non seulement par leurs caractéristiques physiques mais aussi par leur localisation dans le temps et dans l'espace (cf. la première section du chapitre I). Lorsque des coûts de localisation sont pris en compte, les prix de deux biens identiques sont différents sans que cette différence infirme la loi du prix unique. Quant à la différenciation verticale par la qualité, elle correspond à une comparaison entre deux biens distincts comme dans le cas des téléviseurs couleur et noir et blanc puisque l'on peut raisonnablement considérer que deux biens peuvent porter le même nom sans que les consommateurs les confondent. De ce point de vue, la différenciation étudiée dans l'économie industrielle et l'hypothèse d'homogénéité des biens du modèle concurrentiel ne sont pas contradictoires. L'intérêt véritable de la prise en compte de la différenciation se situe fondamentalement à trois autres niveaux.

---

[1] Pour tenir compte de l'existence des autres catégories de biens, on peut supposer qu'il y a, pour la catégorie de biens considérée, un seuil (*prix de réservation)* au-delà duquel les consommateurs renonceront à se procurer ces produits pour se tourner vers des produits différents. Pour une analyse de ce cas, voir Lecaillon (1988) et Salop (1979).

1) Le premier niveau correspond à la clarification de la définition du marché. Dans la théorie économique d'équilibre général, le marché n'est pas explicitement un lieu physique particulier. Tous les marchés, qui représentent dans le modèle les différents biens de la nomenclature (en termes de leurs qualités physiques, de lieu et de temps), affectent d'une façon interdépendante, les choix des consommateurs sous la contrainte budgétaire. Or, les différents marchés des firmes, étudiés dans ce chapitre, sont des lieux précis (géographiques) et particuliers avec des caractéristiques distinctes *en fonction des informations disponibles*. Les comportements des consommateurs sont déterminés en fonction des caractéristiques (des informations) du marché considéré. Cet aspect était implicitement présent dans l'étude de la discrimination par les prix par un monopoleur. Il devient ici explicite puisqu'il affecte les stratégies des firmes.

2) Le deuxième niveau est l'apparition des différences dans l'imagination (ou la perception) des consommateurs pour deux biens en réalité identiques (différenciation subjective, effet de publicité, etc.). Une illustration peut en être donnée par la situation du marché des communications américain que la déréglementation a rendu plus contestable. De nouvelles firmes sont entrées sur ce marché auparavant dominé par ATT. Mais malgré un prix pratiqué par les nouvelles firmes de 20% inférieur à ceux d'ATT, cette dernière a sauvegardé une part de marché significativement importante (75% en 1988). Ses dépenses de publicité et de marketing lui ont permis de conserver son image auprès de sa clientèle (Gaffard, 1990). Cette observation traduit l'importance des informations et de leur interprétation par les consommateurs puisque ces derniers sélectionnent d'une façon arbitraire les produits (ou les services) plus chers en raison d'un manque ou d'une différence de perception de l'information sur les nouveaux produits qui paraissent identiques, mais moins chers. La convexité des préférences des consommateurs n'est pas *a priori* respectée (cf. chapitre I).

3) Le troisième niveau concerne la multiplicité des marques et les conséquences qui en découlent sur le bien-être des consommateurs. Le modèle de concurrence monopolistique permet de présenter ce point. Les différents travaux d'Edward Chamberlin (1953) et de Joan Robinson (1975) fondent les modèles de concurrence monopolistique. Ces modèles trouvent leur place ici dans la mesure où le degré monopolistique de la

concurrence dépend du degré de différenciation (ou de substituabilité) entre les différents produits offerts sur les marchés.

Concurrence monopolistique

Le marché est défini comme un marché de concurrence monopolistique lorsqu'il comprend un grand nombre de vendeurs dont les produits sont différenciés[1]. Le modèle est fondé sur l'idée de Chamberlin[2] : il y a très peu de monopoleurs parce qu'il existe très peu de biens pour lesquels il n' y a pas de substituts étroits, mais très peu de biens sont totalement homogènes d'un producteur à l'autre pour ne pas être différenciés. On est en présence d'une large gamme de biens dont certains ont relativement peu de bons substituts. Les produits sont donc légèrement différents et peuvent être considérés dans certains cas comme étant hétérogènes. Chaque producteur s'efforce de différencier son produit pour le rendre unique (par la publicité, l'image, la forme, etc.) :

« Chaque producteur fabrique un produit unique sous certains égards ; c'est là son aspect monopolistique. Chacun laisse le champ libre à d'autres marchandises qui sont presque identiques mais pas complètement ; c'est là son aspect concurrentiel » (Chamberlin, 1953, p. 67).

Cet état provient de la différenciation du produit qui peut être :

« basée sur certaines caractéristiques du produit lui-même, telles que (...) des marques de fabriques, des emballages (...), ou une originalité de qualité (...), de style. La différenciation du produit peut aussi provenir des conditions qui entourent sa vente » (idem, p. 61).

L'intérêt de l'étude de la concurrence monopolistique est clairement souligné par l'auteur :

« Si les marques de fabrique « interdisent le monopole » et « éliminent la concurrence » on peut bien se demander ce qu'il reste » (idem, p. 67).

---

[1] Le lecteur remarquera dans la suite de ce paragraphe que pour déterminer l'équilibre d'un marché de concurrence monopolistique on n'a pas besoin de l'hypothèse de grand nombre de vendeurs. Il suffit que chaque producteur cherche à distinguer son produit par rapport aux produits substituts-concurrents et à attirer la clientèle des autres producteurs de biens et services. Ici intervient encore une fois le problème de définition du marché ou du produit (cf. Introduction Générale).

[2] Sraffa (1926) aussi considère tous les producteurs comme des monopolistes parce que leurs services ne paraissent jamais comme équivalents.

a) Équilibre du marché et inefficacité

Les modèles usuels de concurrence monopolistique font deux hypothèses simplificatrices qui permettent d'éviter les difficultés provenant de la prise en compte des interdépendances entre les firmes :

* On suppose que chaque firme est capable de différencier son produit par rapport aux produits concurrents. Lorsqu'une firme modifie son prix à la hausse, cela permet de penser que les consommateurs ne s'orienteront pas immédiatement vers les produits proches. La différenciation des produits assure à chaque firme un monopole relatif au sein de l'industrie et la met à l'abri de la concurrence ;

* On suppose aussi que chaque firme considère les prix de ses concurrents comme donnés et ignore l'impact de ses décisions de prix sur les comportements des autres firmes.

En conséquence, en concurrence monopolistique, on suppose que chaque firme se comporte en monopoleur alors qu'elle est confrontée, en réalité, à la concurrence des autres firmes. En d'autres termes, les firmes sont supposées ne pas tenir compte de l'asymétrie des réactions de leurs concurrents à la Sweezy alors que dans la réalité, cette asymétrie est potentiellement existante.

Pour simplifier la présentation, on suppose que tous les producteurs ont des coûts identiques. Cependant, chaque firme perçoit sa propre courbe de demande, d_1 (celle qu'elle obtiendrait en modifiant son prix, les prix des concurrents étant supposés inchangés), comme n'étant pas parfaitement élastique car son produit n'est pas un substitut parfait à celui des concurrents. Toutefois, ainsi qu'on l'a signalé dans le modèle de Sweezy (cf. chapitre III), les réactions des concurrents peuvent être asymétriques. Dans ce cas, à une décision de baisse de prix, les firmes concurrentes réagiront en baissant, elles-aussi, leurs prix. D'une façon asymétrique, à une décision de hausse de prix, elles réagiront en maintenant fixes leurs prix. Ceci implique une erreur d'anticipation pour la firme qui doit modifier son prix :

Figure 1 :

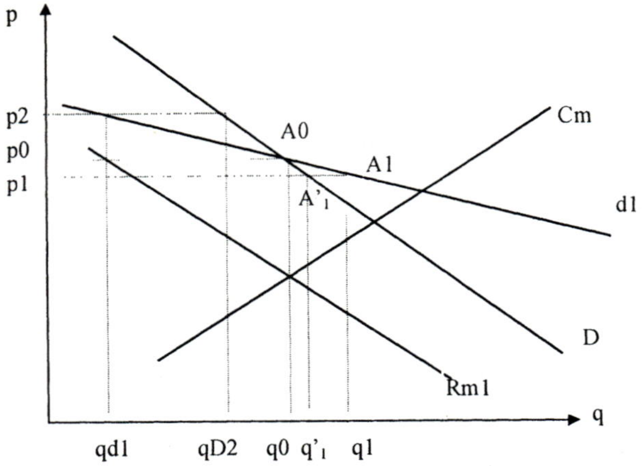

Supposons qu'à la période 0, toutes les firmes de la branche adoptent un prix p_0. Chaque firme vend q_0. D est la demande totale du marché et d_1 la demande perçue individuelle de la firme considérée. Lorsque cette dernière, à la période 1, décide de baisser son prix à p_1, elle espère produire q_1 (donnée sur sa courbe de demande perçue, d_1) au point A1 sous l'hypothèse que les concurrents vont maintenir leur prix au p_0. Mais si les autres firmes suivent la même stratégie de baisse de prix, la demande effectivement adressée par le marché à chacune des firmes sera q'_1 au point A'1 (inférieure à q_1 prévue par la firme 1). A l'opposé, si la firme 1 suit une stratégie de hausse de prix (p_2), suivant les hypothèses de Sweezy, la demande qui lui sera effectivement adressée (qd_1) sera inférieure à celle qu'elle aura prévue (qD_2), puisque cette demande sera déterminée par la courbe de demande individuelle de la firme 1, les concurrents ne modifiant pas leur position.

De la même façon, sur un marché de concurrence monopolistique, si le prix est supérieur au coût moyen (CM), l'existence de profit positif attirera les concurrents potentiels et lorsque le prix est inférieur au CM, un certain nombre de firmes sortiront du marché, *comme dans le mécanisme concurrentiel*[1]. Ce mouvement d'entrée et de sortie continuera jusqu'à ce que le profit s'annule, c'est-à-dire, lorsque P=CM. Mais sur ce type de

[1] On voit qu'ici l'hypothèse de libre entrée et de libre sortie est conservée.

marché, ce point ne correspond pas à la minimisation des coûts dans la mesure où, du fait de la multiplicité des marques et donc, des offreurs, il n'est pas possible pour les producteurs de produire des quantités plus élevées (la taille de la demande est inférieure à la quantité qui permettrait à tous les producteurs de produire jusqu'au minimum du CM comme en concurrence pure et parfaite) :

Figure 2 :

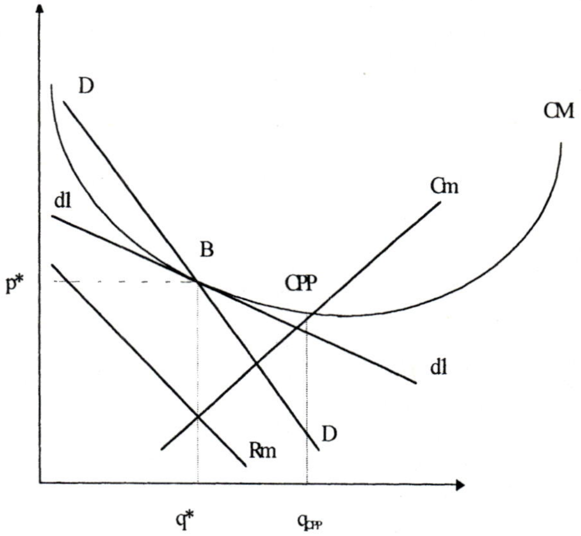

L'équilibre du marché s'établit au point B lorsque les deux courbes d_1 et D se coupent et rencontrent en même temps la courbe de CM, ce qui assure la nullité des profits (on remarquera aussi que ce point correspond à l'égalité entre Cm et Rm). Par rapport aux valeurs de cet équilibre (p* et q*), la production au coût minimum se trouve à q_{CPP} et est supérieure à q*. Non seulement les firmes ne réalisent pas de profits positifs mais, en plus, le niveau de production atteint est sous-optimal car il ne permet pas aux firmes d'employer toute leur capacité pour produire au minimum du coût moyen. Il convient de rappeler que, pour les mêmes raisons évoquées dans l'analyse du monopole (chapitre IV), cette comparaison n'a de sens que si l'on considère les courbes de coûts des firmes concurrentielles et des firmes en situation de concurrence monopolistique identiques.

Dans cet exemple, l'inefficacité du marché de concurrence monopolistique provient de la multiplicité des marques[1]. Toutefois, cette interprétation habituelle du modèle est hâtive. Dans l'analyse de Chamberlin, la situation ci-dessus n'est pas proposée pour démontrer un quelconque processus de tendance vers un équilibre. Chamberlin précise que ce cas de figure est l'une des situations possibles que le marché peut atteindre (1953, p. 101) et que le prix s'établira dans l'intervalle jusqu'au coût moyen en fonction du degré de barrières à l'entrée, qui dépend explicitement du degré de monopole des firmes établies, puisque l'obtention du point B n'est possible que si le mécanisme concurrentiel d'entrée de nouvelles firmes est valable (cf. chapitre I, figures 9 et 10). Chamberlin précise à ce sujet que :

« on peut écarter brièvement une troisième idée fausse. C'est la notion que la concurrence monopolistique ne concerne que le cas où les courbes de coût et de demande sont tangentes donc où il n'y a pas de profit de monopole tandis qu'il conviendrait de classer comme monopoles tous les cas où de tels profits existent. (...) Nous avons souvent rencontré l'opinion que la tangence des courbes de coût et de demande en est le principe central. On peut peut-être expliquer ceci par la place exagérée donnée à cette solution dans notre exposé de la théorie. Il suffira ici d'attirer l'attention sur des passages antérieurs (pp. 89-90, et p. 120 et suivantes. -F. Ü-.) où il apparaît clairement que *la solution de tangence découle d'hypothèses extrêmes, plus loin abandonnées, et qu'elle n'a qu'un champ d'application limitée (...)* » (idem, p. 215)[2].

Contrairement à cette remarque de Chamberlin, la plupart des modèles de concurrence monopolistique repose sur cette hypothèse d'équilibre avec profit nul[3]. Considérons alors un cas de figure qui ne soit pas « particulier » et qui puisse montrer l'intérêt des positions monopolistiques pour les firmes.

b) Conditions d'existence de profits purs positifs

Le schéma d'équilibre d'un marché de concurrence monopolistique obéit aux hypothèses concurrentielles de libres entrée et sortie et d'homogénéité des producteurs et aboutit ainsi à

---

[1] Cependant, si on suppose que les acheteurs tirent effectivement des avantages supplémentaires de cette différenciation des produits, on peut penser que l'effet négatif du grand nombre de produits est compensé par l'effet bénéfique d'une large variété de choix pour les consommateurs.

[2] Les italiques sont nôtres.

[3] Pour un travail de référence dans ce domaine, le lecteur intéressé peut consulter Salop (1979).

l'annulation des profits. Or, sur le marché de concurrence impure et imparfaite, l'existence d'un nombre de producteurs potentiellement concurrents avec des biens légèrement différenciés n'implique pas forcément l'annulation des profits. Lorsque l'on considère que les producteurs sont différenciés au niveau de leur image et des technologies qu'ils utilisent, sur le marché de produits semblables mais non parfaitement substituables, chaque producteur aura une frange de consommateurs (le caractère monopolistique du marché) avec la possibilité de voir sa part de marché menacée par une entrée éventuelle de concurrent de même capacité. Cette menace peut être évitée par une entente tacite ou par des stratégies de publicité, sans que les prix deviennent égaux et les profits nuls.

Il est aussi possible de considérer, sur le marché, la présence de producteurs exploitant des niches différentes de marché et donc s'adressant à des consommateurs particuliers même lorsque l'ensemble des consommateurs sont d'accord sur l'ordre des préférences en fonction des différences de qualité observées. La différence des taux marginaux de substitution (entre la qualité et le prix des biens offerts) permettrait aux producteurs de ne pas baisser leur prix jusqu'au niveau de CM, chaque type de producteur répondant à une demande particulière sur une niche particulière. La production peut être sous optimale à l'égard du critère de minimisation des coûts, mais le profit sera positif. Dans ce cas, *la courbe de demande perçue (d_l) et la courbe de demande du marché (D) seront quasiment confondues avec des pentes voisines, ce qui traduit explicitement le caractère monopolistique des parts de marché respectives de chaque firme.*

Cette situation assure aux producteurs un profit positif donné par l'écart entre le point B et la courbe de coût moyen. L'équilibre obtenu ne peut pas être amélioré dans la mesure où la légère différence entre les courbes de demande (d1 et D) et l'asymétrie des réactions des concurrents empêchent la firme de suivre des stratégies de prix variable.

Par ailleurs, si l'on suppose que le coût moyen des nouveaux concurrents se situe au dessus de celui des firmes du marché, l'entrée des concurrents dans le même compartiment du marché n'est plus immédiatement possible :

Figure 3 :

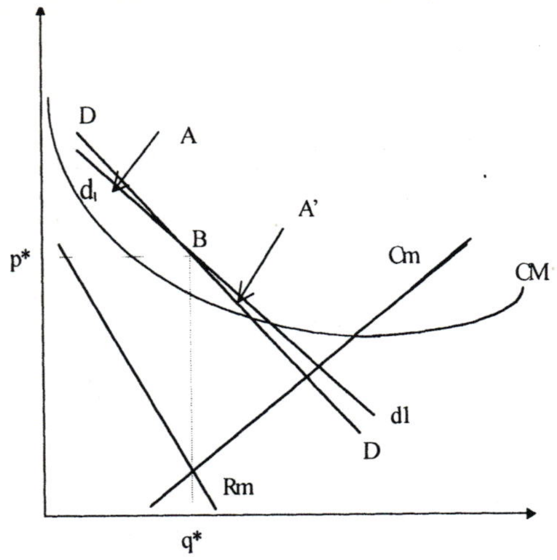

Dans ce cas, on peut aussi considérer des stratégies unilatérales de hausse ou de baisse des prix jusqu'au voisinage de la courbe de coût moyen puisque le profit de la firme qui suit une telle stratégie reste positif (par exemple, au point A ou au point A'). Mais alors l'équilibre *du marché* (l'intersection entre d et D) n'est plus assuré.

Le pouvoir de marché des firmes établies les met à l'abri des concurrents potentiels. L'un des moyens d'assurer une situation globalement protégée sur le marché est la stratégie de concentration qui consiste à accroître le pouvoir de contrôle des firmes dans leur secteur.

Stratégies de concentration et de fusion

Sur les marchés, la nécessité d'éviter la concurrence pousse les firmes à se réorganiser continuellement. L'une des stratégies qu'elles suivent dans cet objectif est la stratégie de concentration et de croissance. De cette manière, les firmes cherchent à augmenter leur poids dans les secteurs où elles sont ou elles veulent être présentes. Une tendance vers une monopolisation du marché, à partir d'ententes tacites ou implicites entre de grands groupes, en découle.

La concentration d'un secteur signifie implicitement qu'il existe des grandes firmes capables d'affecter les données sectorielles et donc les prix du marché[1]. Reprenant le degré de monopole du chapitre IV et suivant Kalecki (1966)[2], supposons que dans la détermination de leurs prix, les firmes prennent en compte, comme référence, le prix moyen du secteur. Lorsqu'une firme réalise une concentration, son prix intervient largement dans la détermination du prix du secteur. Le degré de monopole de la firme augmente alors puisque les prix des concurrents se détermineront désormais par rapport au sien. Cette idée peut être rapprochée de la définition d'un duopole de leadership en prix de Stackelberg dans lequel une firme leader définit un catalogue de prix (la référence) et les firmes suiveuses se positionnent par rapport aux prix du leader. Cette tendance définit la structure du marché considéré et les niches particulières et marginales que les petites firmes peuvent espérer exploiter soit sous forme de production de biens qualitativement différenciés soit sous forme de sous-traitance en relation avec les grandes firmes.

La concentration est effectuée sous des formes diverses avec des conséquences différentes sur la structure du marché.

a) Formes et modalités de concentration

La concentration[3] peut s'appliquer soit d'une façon interne par l'accumulation du capital autour des activités et établissements existants (augmentation des capacités productives par autofinancement ou par apport de capitaux nouveaux), soit d'une façon externe en acquérant des unités existantes appartenant à

---

[1] Voir Porter (1990) pour une analyse sectorielle.

[2] Kalecki pose l'expression du prix comme suit :

$$p=\alpha cv+\beta p^* \Rightarrow p/cv=\alpha+\beta p^*/cv$$

(où p est le prix de la firme considérée, cv est son coût unitaire et p* est le prix moyen de l'industrie, utilisé comme référence par les firmes).
Si p tend vers p* (c'est-à-dire si le prix de la firme concentrée s'impose comme prix optimal), alors

$$p/cv(1-\beta)=\alpha \Rightarrow p=\alpha cv/1-\beta$$

(le prix est un multiple du coût).

[3] Pour les différentes modalités de mesure du phénomène, le lecteur est invité à consulter Lecaillon (1988) et Morvan (1991).Toutefois, on peut montrer que le markup ou le pouvoir de monopole peut être utilisé pour déterminer le degré de concentration d'un secteur donné. Le markup moyen des firmes du secteur, pondéré par leurs parts de marché, est donné par :

$$\Sigma_i s_i (P-C'_i/P)=H/10000\varepsilon \text{ (nombre de firmes, } i=1,\ldots,n)$$

où $H=\Sigma_i(100\, s_i)^2$ est l'indice de Herfindahl. Il mesure la concentration dans le secteur étudié. s_i est la part de marché de la firme i, ε est l'élasticité de la demande des consommateurs du secteur, C'_i est le coût marginal de la firme i. Voir Salanié, 1998, p. 153.

d'autres firmes. La concentration peut tendre vers la croissance[1] qui peut être étudiée au niveau géographique (pays, région) et au niveau sectoriel (dans telle ou telle branche d'activité). L'accumulation accrue du capital ainsi réalisée fait émerger des grands centres de profit en augmentant la taille absolue ou l'importance relative des firmes au sein de l'économie[2].

La concentration est technique si elle porte surtout sur le processus de production et sur les établissements. Elle est qualifiée d'économique lorsqu'elle concerne l'évolution des parts de marché des firmes (Morvan, 1991). De nombreux exemples sont disponibles surtout depuis la fin des années quatre-vingt-dix lorsque la stratégie de concentration a connu une période d'euphorie.

Un premier exemple peut en être donné par la stratégie appliquée par le numéro un mondial des services en ligne America Online (AOL). AOL suit une stratégie de rachat du fabricant de logiciels de navigation sur Internet, Netscape, en complétant ainsi son alliance commerciale avec la firme Sun. Cette stratégie est destinée à permettre à AOL de faire reculer Microsoft en proposant des produits nouveaux dans le domaine de la télévision, du cinéma et de l'information électronique.

De la même façon, le rachat, en janvier 2000, du groupe Time Warner par AOL pour 147 milliards de dollars américains permet à cette dernière d'être présente non seulement sur des marchés relevant de son activité principale, mais aussi d'exploiter le secteur des publications et de la presse écrite.

Toujours dans la même logique, le numéro un américain des médias, Time Warner, renforce ses positions sur le marché de la presse par l'intermédiaire de sa filiale Time Inc. Cette dernière a en effet annoncé en octobre 2000 l'acquisition du groupe Time Mirror Magazines. Le vendeur, Tribune Company, vise à réduire sa dette de 4 milliards de dollars alors que l'acheteur,

---

[1] Ici, nous confondons la croissance et la concentration. Cependant, il convient de préciser que lorsque la dimension du marché s'agrandit en même temps que les opérations de croissance des firmes, par exemple avec l'ouverture des frontières nationales ou l'apparition de nouveaux espaces économiques et géographiques, les opérations de croissance n'impliqueront pas nécessairement une concentration plus élevée du secteur. Puisque la concentration est un indicateur sectoriel, si la taille du secteur augmente en même temps que l'augmentation de la taille de la firme concentrée, le rapport (Firme croissante/Secteur considéré) ne changera pas. Nous rencontrons, encore une fois, le problème de la détermination du marché pertinent.

[2] Toutefois, le processus de concentration/croissance n'est pas commun à toutes les firmes ni dans ses modalités ni dans son ampleur. Certaines firmes croissent plus vite que d'autres, certaines autres préfèrent réduire leurs activités en se recentrant sur des activités de base de taille réduite.

Time Inc., cherche à s'arroger 25% du marché publicitaire des magazines aux Etats-Unis.

Dans le secteur agroalimentaire, le groupe Nestlé, qui suit depuis longtemps une stratégie de croissance externe, acquiert, en octobre 2000, la société canadienne, numéro cinq de l'eau embouteillée en Amérique du Nord, Aberfoyle Springs Ltd. Cette opération renforce la place de leader de Perrier Vittel sur le marché américain. Poursuivant cette stratégie, Nestlé Waters (ex Perrier Vittel), filiale du groupe Nestlé, a annoncé en juillet 2002, l'acquisition de la société russe Saint Springs, numéro un des eaux embouteillées sur son marché. Ce rachat est destiné à renforcer la position de Nestlé en Europe et à lui permettre de disposer d'une base de développement pour ses activités en Europe de l'Est.

La concentration devient financière lorsqu'il s'agit des mouvements de capitaux et de leur polarisation autour des grands groupes bancaires ou industriels.

La Deutsche Bank, première banque allemande et deuxième banque européenne, afin de renforcer sa position dans la banque d'affaires aux Etats-Unis, rachète Bankers Trust en 1999, le huitième établissement américain, pour 9,5 milliards de dollars américains[1]. De même, l'année 2001 a montré l'ancrage des opérations de concentration dans le secteur bancaire et financier au Brésil. Après les rachats de Banco Mercantil par Bradesco et de Goias par Itaù, les trois plus grandes banques brésiliennes, Banco do Brasil (banque publique), Bradesco et Itaù, totalisent un actif (375,8 milliards de reals) supérieur au total des actifs des sept grandes banques qui les suivent dans le classement national.

En théorie économique, de nombreux travaux montrent les avantages de ces consolidations dans le secteur bancaire et financier sur les conditions de financement des activités productives (Cetorelli et Gambera, 1999, Petersen et Rajan, 1995). Ces travaux sont fondés sur l'idée que, avec la réduction de la concurrence, les banques et les firmes industrielles pourraient établir des relations de financement plus stables au travers des contrats à long terme. De telles conditions devraient permettre aux firmes d'échapper aux pressions concurrentielles qui sont susceptibles d'augmenter l'anonymat et la précarité des relations sur le marché et d'engendrer et, par conséquent, de mieux

---

[1] Le groupe issu d'une telle concentration devenait ainsi le numéro un mondial selon la taille du bilan total.

faire face aux problèmes d'information qui rendent les conditions de financement plus difficiles et surtout moins stables.

Ces différentes formes de concentration peuvent être regroupées sous deux types principaux : la concentration horizontale et la concentration verticale.

1) La concentration horizontale concerne la croissance au niveau des mêmes filières d'activité. Elle peut être homogène lorsque les unités existantes et les unités ajoutées produisent le même type de biens ou services.

Lorsque Usinor, groupe sidérurgique français, acquiert 53,7% du capital de son homologue belge, Cockerill, en octobre 1998, il s'élève au premier rang européen dans ce secteur. La fusion, en 2001, de Usinor, Arbed et Aceralia crée, à son tour, un groupe sidérurgiste qui devient le numéro un mondial de l'acier.

De la même façon, la fusion à trois de l'Aerospatiale, du British Aerospace et de DASA, qui débouche sur la constitution d'un grand groupe d'aéronautique et de défense européen, se situe dans ce cadre.

2) Le deuxième type de concentration correspond à l'intégration lorsque les processus existants et rajoutés sont complémentaires (regroupement des producteurs de tomates et des producteurs de sauce tomate, par exemple).

On remarquera que la définition de la stratégie de concentration est liée à la définition précise du secteur (du marché) considéré. Lorsque le secteur est déterminé à un niveau fin, certaines opérations de concentration peuvent apparaître comme des opérations de diversification (voir la section suivante).

Il existe plusieurs modalités de concentration qui passent par le transfert d'actifs, l'établissement de liaisons financières ou l'établissement de liaisons personnelles ou contractuelles. Présentons-les synthétiquement.

1) Transferts d'actifs :

- Fusion : Deux ou plus de sociétés se dissolvent pour former une société nouvelle qui reprend la totalité de leurs patrimoines.

La fusion de Daimler-Benz et de Chrysler (devenus Daimler Chrysler) qui a donné naissance au cinquième plus grand constructeur automobile mondial, en est un exemple.

Dans le secteur bancaire, Wells Fargo et Norwest, deux groupes régionaux, fusionnent, en été 1998, dans une opération estimée à 34 milliards de dollars américains. Cette opération permet à ces deux groupes de constituer un nouvel ensemble qui obtient la septième place dans le secteur bancaire nord-américain.

Dans le domaine de la grande distribution, la fusion de deux groupes, Carrefour et Promodès, en août 1999, élève le nouvel ensemble à la deuxième place mondiale en termes de chiffre d'affaires (55 milliards d'euros) et à la première place en nombre de magasins et de pays d'implantation, loin devant ses concurrents. Il convient de rappeler ici que, face aux difficultés rencontrées sur le marché argentin, en pleine crise économique généralisée, où le groupe semble bien implanté, Carrefour a annoncé en septembre 2002 son intention d'effectuer de nouveaux investissements afin de mieux maîtriser l'évolution d'un marché en proie à des fluctuations incessantes.

Dans le secteur des équipementiers aéronautiques (hors motoristes), la fusion d'Honeywell et d'AlliedSignal, annoncée en juin 2000, a donné naissance à un groupe géant qui devient le numéro un mondial.

Dans le secteur du BTP, la fusion de deux groupes, Vinci et GTM, correspond, au 1er janvier 2002, à la création du numéro un mondial du secteur avec 17 milliards d'euros de chiffre d'affaires et 115500 salariés.

- Fusion-absorption (ou fusion-acquisition) : Une société reçoit les actifs d'une autre qui disparaît. La société absorbante fournit ses actions aux actionnaires de la société absorbée.

Le groupe Lafarge a réalisé en 1998 de nombreuses acquisitions dans le ciment, la plâtre, les peintures routières et la chaux pour 1.2 milliard d'euros étendant ses opérations de croissance externe à plusieurs pays du monde.

En achetant Scania, Volvo est devenu numéro deux mondial du poids lourd en 1999. Dans la même lignée, le conglomérat industriel General Electric a annoncé en octobre 2000 son intention de prendre le contrôle d'Honeywell pour 44 milliards de dollars en surenchérissant ainsi sur l'offre d'un autre prétendant, United Technologies.

Dans un autre secteur, le chimiste néerlandais, DSM, a annoncé en septembre 2002 le rachat de la division vitamines et chimie fine de Roche pour 2.25 milliards d'euros. Si cette opération se confirme après l'examen des autorités européennes de la concurrence, le groupe DSM deviendra le premier producteur mondial de vitamines. Cependant, nous devons souligner qu'à l'opposé, le groupe pharmaceutique suisse, Roche, préfère ainsi se recentrer sur le marché des médicaments et du diagnostic, après avoir été le numéro un mondial du marché des vitamines et enregistré de graves difficultés dues, notamment, aux sanctions qui lui ont été infligées par les autorités de la concurrence l'accusant de s'être entendu illégalement avec les autres grands fabricants sur les prix des vitamines.

- Scission : Cette opération correspond à des regroupements et restructurations. Une société se scinde et fait apport de son patrimoine à des sociétés créées à cette occasion (scission simple) ou à des sociétés préexistantes (fusion-scission).

2) Etablissements de liaisons financières :

Cette forme de concentration correspond à des prises de participation d'une société dans une autre. La firme-acquéreur peut contrôler économiquement l'autre firme lorsqu'elle détient un nombre de titres suffisant. Lorsque la prise de participation est directe, la société détenteur des parts contrôle directement l'autre firme. Lorsque la firme 1 contrôle la firme 2 qui contrôle la firme 3, on dit que la firme 1 a des participations indirectes dans la firme 3. Si une firme détient moins de 50% du capital d'une autre firme, il s'agit d'une participation minoritaire (ce qui ne l'empêche pas de la contrôler si la répartition du reste des actions est très dispersée). Lorsqu'une firme détient plus de 50% des titres d'une autre firme, la première est appelée la société-mère et la deuxième la filiale.

Après l'accord de la Commission européenne, le groupe français Alstom a annoncé le 18 octobre 2000, la prise de contrôle à 51% de Fiat Ferroviara, la filiale ferroviaire de Fiat, l'un des principaux constructeurs mondiaux des trains pendulaires.

3) Etablissement de liaisons personnelles ou contractuelles :

Il peut s'agir de la constitution d'un groupe de fait où des sociétés indépendantes se trouvent liées entre elles par l'identité de la firme dominante. Lorsqu'une firme passe des alliances avec une autre firme, les firmes, juridiquement indépendantes mais travaillant d'une façon étroite avec cette dernière, deviennent liées à la première. On rencontre aussi des réseaux de sous-traitance qui se trouvent contrôlés par une même firme dominante (cf. chapitre VI).

Les alliances stratégiques entre grandes firmes font partie de cette troisième modalité de concentration.

En 1998, le groupe PSA a lancé une coopération avec Ford. D'une façon plus forte, Renault a annoncé à la fin de 1998, un accord avec l'équipementier japonais NTN. On a assisté aussi au mariage des autobus de Renault véhicules industriels (RVI) avec ceux d'Iveco, filiale de Fiat et à la fusion de ses activités fonderies avec celles de Teksid (Fiat). Derrière cette stratégie, Renault suit une logique de recentrage sur la construction automobile en se désengageant du métier d'équipementier dans lequel il avait des retards technologiques et une taille trop petite. L'externalisation de ce métier et son exécution à travers une relation bilatérale est censée permettre au groupe d'acquérir une plus grande maîtrise de l'évolution technologique (avec les atouts de NTN) et un meilleur ciblage de ses capacités propres.

Toujours dans le domaine de la construction d'automobiles, PSA Peugeot Citroën et Toyota ont décidé en 2001 d'installer une usine commune en République Tchèque, destinée à construire, à partir de 2005, 3000 petites voitures par an. Ces deux constructeurs partageront des éléments communs non visibles par le client. Ils proposeront chacun sous leur marque respective des voitures différenciées par les aspects extérieurs. Suivant la même stratégie, Renault et Nissan ont inauguré en décembre 2001 leur première usine commune d'une capacité de 40000 véhicules utilitaires par an, dans le sud du Brésil, qui produira le fourgon *Master* de Renault et la camionnette pick-up *Frontier* de Nissan.

Une autre alliance remarquable a été effectuée en octobre 2000 entre le groupe suisse Novartis et son concurrent américain Bristol-Myers Squibb (respectivement 6ème et 5ème dans le classement mondial en termes de capitalisation boursière fin 2001). Cette alliance est de caractère stratégique sur un médicament, Zelmac, des gênes et douleurs abdominales encore au stade des études cliniques.

En mars 2002, le groupe français Publicis, après sa fusion avec l'américain Bcom3, signe un accord mondial avec le groupe japonais Dentsu. Cette accord, qui prend la forme d'une alliance mondiale exclusive, permet à Publicis de pénétrer le marché japonais puissant et hermétique et de bénéficier de la position de leader de Dentsu sur le marché asiatique. Cette alliance se présente sous la forme d'une complémentarité géographique, mais aussi commerciale pour des annonceurs tels que Nestlé ou l'Oréal et donne à Publicis Groupe SA une position dominante sur trois continents.

Et enfin, l'exemple très contemporain des alliances est celui qui se déroule dans le secteur aérien. Ce secteur est dominé aujourd'hui, dans le monde, par trois grandes alliances dont les membres ne possèdent que rarement des liens capitalistiques. La Star Alliance, sous le leadership de Lufthansa et d'United Airlines, regroupe 12 compagnies et revendique une part de marché mondiale de 23% pour le trafic passagers en 2001 avec 292 millions de passagers transportés et 74 milliards de dollars de chiffre d'affaires. La Star Alliance est suivie par Oneworld (American Airlines, British Airways, Iberia, etc.), par SkyTeam (Delta Airlines, Korean Air, Alitalia, Air France,...) et par Wings (KLM, Northwest Airlines, Continental Airlines). Dans ce domaine, en septembre 2002, Air France a lancé des négociations avec KLM en vue d'un rapprochement avec, probablement, une prise de participation dans la compagnie néerlandaise, visant à permettre à Air France de conserver, avec Delta Airlines, un rôle de leader au sein de l'alliance SkyTeam élargie à l'heure où les grandes manœuvres se développent outre-Atlantique dans un contexte de difficultés, apparues suite aux attentats de septembre 2001.

b) Les avantages du phénomène

La concentration s'opère à des rythmes irréguliers. Par exemple, contrairement au premier choc pétrolier où ce sont les PME qui ont mieux résisté, après le second choc, on observe une vague de concentration avec le développement des opérations de croissance externe (Morvan, 1991). Depuis le milieu des années quatre-vingt, la mondialisation des marchés amène les firmes à se concentrer pour atteindre des tailles adaptées aux nouveaux espaces commerciaux étendus. La création des vastes zone d'échange (Europe, ALENA) et la tendance vers la libéralisation, sur le plan international, des échanges commerciaux et des investissements directs à l'étranger (AMI et OMC) incitent les firmes à s'intégrer, à se restructurer et à se concentrer. L'évolution des technologies (aéronautique, pétrochimie, télécommunication, etc.), qui nécessitent la mise en place de capitaux de plus en plus importants, fait appel à des regroupements de firmes.

Selon la dimension du marché considéré et selon la technologie requise, la grande taille peut présenter des avantages en termes de coût. La taille dépend de l'état de la technologie disponible. Avec les économies d'échelle dues à la dimension des firmes, les coûts sont réduits, ce qui accroît à la fois la compétitivité des firmes et leur position dominante sur le marché. Avec la politique de croissance externe, les firmes augmentent leurs parts de marché ou consolident leurs positions, tandis qu'avec la politique de concentration verticale (intégration verticale et politique de filière), les firmes contrôlent divers stades du processus économique en cherchant à réduire la concurrence (potentielle ou actuelle). A côté de la recherche d'efficacité technique des unités de production ou de la diminution des coûts de production, la logique financière, qui consiste à maîtriser une masse croissante de capital et qui donne aux firmes un poids plus accru sur le marché, les pousse aussi à se concentrer.

Toutefois, cette logique théorique n'empêche pas que les opérations de concentration, initialement bien considérées, aboutissent à des résultats décevants. Par exemple, depuis la fusion entre AOL et Time Warner, les actionnaires du numéro un mondial ont perdu (selon les cours de l'action à New York en mai 2002) 70% de leur investissement et semblent s'inquiéter du manque de synergies entre les deux pôles du groupe.

Outre les formes de pouvoir économique et financier dans des secteurs où les firmes exercent déjà, il existe aussi des stratégies d'élargissement des activités ou de pénétration de nouveaux marchés. Dans cette lignée, la stratégie d'extension des activités sous forme de diversification et de multinationalisation permet aux firmes d'atteindre des tailles et des marchés susceptibles de présenter des avantages monopolistiques.

EXTENSION DES ACTIVITES ET ETABLISSEMENT DES POUVOIRS ÉCONOMIQUES

L'extension des firmes est une stratégie offensive déterminante pour la structure du marché. Lorsque les firmes diversifient leurs activités, elles constituent des « portefeuilles de marchés » leur permettant d'assortir les risques et les avantages d'activités différentes. La diversification assure aux firmes non seulement une présence sur des marchés différents et nombreux mais aussi une disponibilité de ressources diverses pouvant être réallouées d'un domaine à un autre en fonction des modifications stratégiques prévues[1]. Cet argument fonde l'avantage des formes conglomérales. Les firmes peuvent aussi accroître leur pouvoir économique en entrant sur des marchés nouveaux au-delà des frontières nationales. Les modalités de financement de ces opérations deviennent complexes à tel point qu'aujourd'hui, il devient de plus en plus difficile de définir le pays d'origine d'une firme multinationale étendue (dans la mesure

[1] Bien sûr, il faut que cette opération de ré-allocation soit techniquement possible, l'inverse réduit le champ de validité de cette hypothèse.

où une firme originaire d'un pays donné peut être contrôlée par des actionnaires ou des groupes d'actionnaires originaires d'autres pays).

Stratégies de diversification

Pour faire face à une concurrence existante ou potentielle, les firmes peuvent chercher à être présentes sur plusieurs marchés et à diversifier leurs activités. La diversification peut être située autour de l'activité de base et consister à maîtriser des domaines se trouvant en amont ou en aval de cette activité principale. Elle correspond dans ce cas à une stratégie verticale.

Il convient de souligner que la diversification peut aussi s'inscrire directement dans la panoplie d'activités existantes de la firme. Par exemple, le premier distributeur indépendant français d'automobiles, *PGA Motors* (détenu à 50% par *Porsche Holding*), a annoncé fin 2001 le rachat d'une autre société, *Cica*, filiale française du groupe britannique *Jardine International Motors*. L'objectif de PGA est de diversifier son portefeuille de marques dans le secteur de distribution d'automobiles en France.

A l'inverse, lorsque les nouvelles activités entreprises par la firme n'ont pas de lien avec son activité de base, la diversification est appelée horizontale.

La diversification, contrairement à la spécialisation, vise le développement de plusieurs produits ou services avec ou sans liens entre eux.

a) Définitions et formes[1]

L'intégration et l'utilisation efficace des talents et savoirs individuels dans un groupe constitue les bases d'une stratégie de diversification. Lorsque le caractère polyvalent du potentiel productif se prête à une utilisation multiproduits (variée), l'efficacité des ressources augmente avec la diversification.

La diversification peut être déléguée sous forme de partenariat comme la concession de licences ou la vente de savoir-faire à des firmes tierces (Weill, 1992). C'est le système de *master franchise* qui laisse la firme principale consacrer l'essentiel de ses moyens à son activité principale tout en déléguant à la firme franchisée l'adaptation aux circonstances locales des marchés concernés. De la même façon, la *joint venture* (la coentreprise) peut correspondre à une forme de délégation particulière de la diversification avec une autonomie de décision

[1] Pour les différentes mesures de diversification, voir Morvan (1991).

pour les parties concernées. Par exemple Nestlé est allié, au sein d'une *joint venture* 50-50 aux Etats-Unis, avec le glacier Häagen-Dazs afin de renforcer sa présence dans l'industrie agroalimentaire d'outre-Atlantique.

En avril 2002, l'équipementier de télécoms français Alcatel, l'opérateur de satellites SES Global, basé au Luxembourg et la start-up israélienne Gilat, spécialisée dans les technologies des microstations terriennes, ont annoncé leur projet de former une *joint venture* valorisée 200 millions d'euros dans le domaine des satellites qui vise explicitement le marché européen des services de communication.

Bien entendu, en fonction des prérogatives de réorganisation des firmes, ces dernières peuvent préférer modifier leur stratégie antérieure. Une illustration peut en être donnée par l'arrêt de la *joint venture*, début janvier 2002, de la gestion d'actifs entre Deutsche Bank et Kokusai Securities. Cette décision est due, semble-t-il, au changement de stratégie de Deutsche Bank qui consiste à délaisser le marché japonais, qui reste handicapé par un environnement fragile (la crise financière qui sévit en Asie depuis plusieurs années), et à privilégier le marché allemand où la réforme des retraites devrait créer dès 2002 un marché important de gestion d'actifs.

Lorsque la diversification est placée sous l'autorité du système hiérarchique préexistant, elle est dite intégrée. Ici, on s'intéressera principalement à cette dernière forme.

La diversification peut être appréhendée à deux niveaux :

* Au niveau du processus de production lorsqu'elle concerne les matières premières, la technologie de production, etc., caractérisant la base productive ;

* Au niveau du processus de vente lorsqu'elle concerne le réseau de commercialisation, les clients, la distribution, etc., caractérisant la base commerciale.

La diversification est d'autant plus importante que l'activité nouvelle est éloignée de l'activité de base commerciale ou de production de la firme.

La diversification est qualifiée de concentrique lorsque la production de nouveaux biens ou services s'effectue au voisinage des activités traditionnelles soit par rapport à la base productive, comme une société de systèmes informatiques qui commence à offrir des jeux vidéo, soit par rapport à la base commerciale, comme une firme qui commence à offrir des parfums de luxe en utilisant son réseau de distribution structuré pour vendre des produits cosmétiques. La diversification est réalisée à partir de l'utilisation des ressources pour des productions diversifiées[1].

Dans les années vingt, les grandes firmes qui avaient déjà accumulé de vastes ressources en main-d'œuvre qualifiée, en équipement, en savoir-faire, en gestion, etc., ont commencé à se diversifier pour utiliser d'une façon extensive leurs potentiels. General Electric et Westinghouse, qui étaient initialement spécialisés dans la production de matériel électrique, ont diversifié leur production dans une large variété de produits électroménagers. Ils sont ainsi entrés dans l'électronique grand public et l'équipement de radiologie.

Dans la même lignée, dans le désir d'acquisition d'Honeywell par General Electric en octobre 2000, la stratégie vise en partie une diversification afin d'exploiter les synergies éventuelles qui existeraient entre les deux sociétés dans la mesure où dans l'aéronautique, General Electric Aircraft Engines et Honeywell opèrent sur des créneaux sensiblement différents. Le premier est présent sur le marché des gros avions commerciaux et le second fabrique des moteurs pour des jets d'affaires. Cette acquisition marque le retour du conglomérat américain à la stratégie d'expansion puisque General Electric n'avait pas réalisé de grande opération de croissance externe depuis le rachat du fabricant de matériel audiovisuel RCA en 1985[2].

La diversification peut aussi être conglomérale lorsqu'elle s'opère sans rapport avec la base initiale d'activités[3]. Le but de la firme est alors d'exploiter des opportunités d'investissement intéressantes en vue d'équilibrer des activités traditionnelles (marchés arrivés à maturité ou dont l'évolution devient incertaine). La multiplication des domaines d'intervention permet d'anticiper la fin du cycle de vie des produits déjà offerts et de se couvrir contre des retournements de tendance sur les marchés.

---

[1] Bien entendu, la définition de la diversification, comme celle de la concentration, dépend de la définition précise du secteur (du marché) considéré.

[2] Toutefois, dans le cadre de sa stratégie de diversification, General Electric a suivi depuis cinq dernières années une politique d'acquisition constante, surtout dans le secteur des services financiers.

[3] Durant la grande dépression de 1929, General Motors a diversifié son activité dans les moteurs diesel, tracteurs et avions. Les mêmes modifications ont été observées pendant la deuxième guerre mondiale. Les firmes des secteurs électrique, de radio et de machine se sont converties ou ont diversifié leurs activités en passant à la construction de tanks, avions, radars, etc.

b) Les avantages de la diversification

Il est possible de remarquer plusieurs avantages sous-jacents aux stratégies de diversification :

1) Avantages en termes de réduction des coûts :

Dans l'activité des firmes, l'indivisibilité des moyens de production, les erreurs de prévision ou les variations conjoncturelles et saisonnières des activités impliquent à certains moments l'existence de capacités inutilisées. La diversification peut permettre d'exploiter ces capacités révélées excédentaires et de réduire ainsi les coûts des moyens disponibles autorisant la firme à mieux utiliser son potentiel de production ou organisationnel. La stratégie qui consiste à utiliser des matières premières disponibles en quantité plus que suffisante à l'accomplissement de l'activité de base (on peut penser aux différents produits dérivés du pétrole) ou à orienter la technologie (ou le savoir-faire) que la firme maîtrise, vers des utilisations semblables permettant des productions diversifiées, constitue des avantages. Ces avantages sont en général obtenus en termes de la réduction des coûts fixes des investissements ou des coûts d'opportunité qui apparaissent à un moment donné de la technologie ou de la forme organisationnelle adoptée.

2) Avantages en terme de répartition des risques :

Lorsque les marchés évoluent d'une façon non parfaitement prévisibles, il est préférable pour les firmes de diversifier leurs activités afin de se couvrir contre des retournements de situation. Ces retournements peuvent être dus à l'apparition de nouveaux concurrents, à la baisse de la demande ou aux modifications de l'environnement. La diversification répond dans ce cas à un objectif de survie sur des marchés où la position de la firme s'affaiblit et par conséquent, l'activité traditionnelle doit être remplacée par d'autres activités. Le passage « doux » d'une activité à une autre par la diversification est un moyen stratégique en termes de constitution d'une nouvelle image de la firme, ce qui permet aussi de pénétrer de nouveaux marchés. Cette stratégie évite à la firme de supporter les coûts impliqués par la perte de l'image déjà constituée sur son marché traditionnel.

L'exemple de Rhône-Poulenc Agro, qui est tombé du quatrième rang en 1991 au septième rang mondial en 1997 dans son secteur, illustre ce point. La stratégie du groupe a consisté par la suite à diversifier son activité à partir du couplage chimie-biotechnologie afin d'assurer l'avenir de sa branche la plus profitable. Ainsi, Rhône-Poulenc Agro consacrait en 1999, 15% de ses dépenses en R&D aux bio-technologies végétales. Toutefois, le cas de figure de Rhône Poulenc montre aussi la difficulté, pour les firmes, de prévoir avec exactitude l'avenir de leur stratégie. En effet, après la fusion de Rhône Poulenc avec le groupe allemand Hoechst il y a deux ans, le nouveau groupe, Aventis, devenait l'un des leaders mondiaux dans la pharmacie. Mais la diversification très poussée de l'ancienne composante, Rhône Poulenc, et les difficultés rencontrées dans le secteur de l'agrochimie font qu'aujourd'hui Aventis est contraint de céder ses activités d'agrochimie à Bayer. En matière de pesticides, la crise des OGM et les faibles perspectives de croissance de ce marché ont finalement convaincu le groupe de se défaire de ses actifs. A l'opposé, Bayer deviendra en 2002, après l'acquisition des activités agrochimie d'Aventis, le numéro un mondial du secteur. En ce qui concerne l'autre composante d'Aventis, Rhodia, malgré les efforts consentis, l'activité de chimie de spécialités du groupe, en raison d'une taille insuffisante, des produits très sensibles à la conjoncture et d'un endettement élevé qui a entraîné de lourds frais financiers, n'a pas pu échapper aux obstacles sur les marchés. La stratégie actuelle du groupe consiste à céder l'ensemble de ses activités afin de se recentrer sur la pharmacie accompagnant ainsi des coupes importantes dans les effectifs et la recherche. En 1986, la répartition des activités de Rhône Poulenc se dessinaient comme suit : textile et divers 6%, agrochimie 12%, chimie 42%, fibres 18% et santé 22%. En 2001, Avantis avait recentré 74% de ses activités sur la santé et 26% sur les secteurs en voie de cession[1].

Un autre exemple intéressant est celui des Vins de Soif, lancés au printemps 2000 par deux unions de producteurs (du Tarn et du Gers). Face à l'évolution à la baisse de la consommation du vin dans l'alimentation et la restauration quotidiennes[2] au profit de l'eau, cette union de producteurs reprend à son compte l'idée d'un vin léger en alcool et consommable en grande quantité dans la pratique quotidienne. Le lancement publicitaire du produit est fondé sur la notion de tradition retrouvée et modernisée, la mise en valeur d'un produit naturel, authentique-ancestral, mais arrangé selon les goûts et exigences modernes.

En général, de la même manière que la diversification des portefeuilles financiers, la diversification des activités de production des biens et services vise autant une stabilité qu'une

---

[1] Source : *Les Echos*, 26/27 octobre 2001, pp. 50-51.
[2] avec le changement des régimes alimentaires contre « les kilos en trop » ou en raison du risque de fatigue de l'après-midi dû à un déjeuner « arrosé » dans le monde des affaires.

augmentation des profits (Morvan 1991, p. 215). Ceci dépend bien sûr de la plus ou moins grande possibilité de compensation des pertes enregistrées sur un marché par les gains obtenus sur d'autres marchés. Reprenant les exemples du paragraphe précédent, il est possible de remarquer que la diversification peut viser une meilleure utilisation des capacités financières et/ou productives existantes en assurant une croissance externe ou interne.

La diversification peut présenter des avantages en termes de localisation géographique. Selon les estimations annoncées par le groupe DaimlerChrysler, sa participation dans le groupe automobile japonais Mitsubishi (37,3%) devrait contribuer à l'amélioration des résultats du groupe en 2002 grâce à l'évolution positive du marché asiatique.

Dans le même registre, l'activité automobile du constructeur français Renault, pénalisée par une gamme vieillissante, par la hausse des coûts de R&D et par les crises argentine et turque (lui faisant perdre 100 000 ventes en 2001), a vu sa marge opérationnelle se dégrader fortement (0.6% du chiffre d'affaires en 2001 contre 4.9% en 2000). Dans cette évolution négative, c'est Nissan, le partenaire japonais du groupe français, qui a apporté à Renault près de 47% du résultat avec 497 millions d'euros en 2001.

La diversification peut permettre aussi à la firme de compenser la perte ou la stagnation dans les activités de base par des gains dans les activités diversifiées. Ainsi, General Motors, premier constructeur automobile mondial, a enregistré un résultat net de 1,5 milliard de dollars en 2001 alors que le secteur automobile connaissait des difficultés. Ce résultat positif est en grande partie dû aux bénéfices record de 1,8 milliard de dollars de la branche financière, *GMAC*, de General Motors. Gmac accorde des prêts immobiliers mais lance aussi des campagnes de financement à taux zéro afin de soutenir l'activité du secteur automobile du groupe.

De même, le groupe Pechiney parvient à faire face à la détérioration de la conjoncture aux Etats-Unis et en Europe (la baisse du prix de l'aluminium) grâce aux bons résultats de ses activités dans le secteur de l'emballage qui compensent en partie les résultats détériorés du secteur aluminium.

En 2002, la banque d'affaires américaine, Morgan Stanley, a vu ses bénéfices reculer dans le métier « *Securities* » (transactions sur titres, courtage, ventes, conseil). Les résultats décevants sur les revenus générés par les transactions sur obligations et par les placements d'obligations ou d'actions ont été, en partie, compensés par la diversification des métiers de la banque dans la mesure où le métier de gestion d'actifs (*investment management*) et de carte de crédit (Discovery) ont fait progresser les bénéfices nets.

3) Avantages à partir d'atouts commerciaux existants :
Lorsque la firme dispose d'un réseau de distribution et de commercialisation étendu et structuré, la diversification des activités, qui peuvent relever de la même base commerciale, paraît un choix judicieux. En effet, la reconnaissance du produit et le ciblage de la clientèle se feront à moindre coût à partir du réseau existant. En conséquence, la diversification est une stratégie qui peut intervenir en période de crise économique avec la réorientation et la restructuration des activités, la répartition des risques et la redéfinition des stratégies défensives. Elle peut être suivie aussi en période de forte croissance en vue d'élargir le champ d'activité ou de profiter de nouvelles opportunités en influençant la demande et l'évolution des marchés.

En général, les stratégies de concentration et de diversification engendrent la constitution de grands groupes dont une forme particulière mais intéressante à étudier est le conglomérat qui traduit d'une façon extrême la logique des stratégies d'extension (de contrôle ou d'activité) anticoncurrentielles.

Les grandes firmes et les conglomérats

La stratégie principale d'évolution choisie par les grandes firmes ne consiste pas seulement à augmenter leurs parts de marché sur l'activité de base, mais aussi à augmenter leur pouvoir de marché à travers la diversification qui leur permet d'être présentes sur un nombre élevé de marchés.

Avec l'avènement des grandes firmes engagées dans de nombreux aspects de la production et de la distribution à travers un degré de diversification important de leurs activités, des questions inévitables portant sur la logique de leur stratégie et sur les effets de celle-ci sur le bien-être économique se posent.

Un conglomérat est un ensemble d'établissements ou d'entreprises qui produisent sous le contrôle d'une autorité des biens et services non substituables. Une firme qui produit cinq marques de thé différentes ne sera pas appelée un conglomérat.

Pour reprendre un exemple que nous avons déjà évoqué, nous pouvons considérer le cas de General Electric qui compte en 2000, 340 000 personnes et qui est présent dans 20 secteurs d'activités regroupés dans 10 branches. Certains métiers du groupe (comme l'électroménager, l'éclairage, les équipements pour centrales électriques, etc.) sont directement liés à son activité fondatrice de base. Mais le total de ces métiers ne représentait en 1999 que 30% de son chiffre d'affaires (qui était de 112 milliards de dollars). La majorité de ses activités est donnée par les services financiers (49,9% du chiffre d'affaires), par le premier réseau de télévision américain NBC (5%) et par le plastique (6%).

Voyons les explications qui justifient l'apparition des conglomérats avant de rappeler brièvement leurs effets sur l'économie.

a) Conglomérats et coûts de transaction

On sait que les coûts de transaction sont réduits dans le cas d'intégration verticale. Dans le cas des conglomérats, il n'y a pas de transactions sur les biens intermédiaires. L'économie des coûts de transactions provient alors non pas d'internalisation de la production des biens intermédiaires mais d'internalisation de la production de biens différents. Plusieurs hypothèses expliquent cette stratégie particulière des firmes.

1) Hypothèse en termes de marché des capitaux : Cette hypothèse est fondée sur l'idée que les conglomérats peuvent établir des marchés de capitaux internes particulièrement efficaces dans l'allocation du capital à des utilisations alternatives à haute valeur ajoutée. La direction de ce type d'organisation a accès à une information supérieure et détaillée sur les opportunités d'investissement étant donnée sa présence sur une large variété de marchés. Elle peut aussi exercer plus de contrôle effectif sur l'utilisation des capitaux qu'elle couvre. De ce point de vue, le conglomérat, qui dispose d'un grand ensemble d'activités et donc d'un grand montant de capital, se présente comme un mini marché interne de capitaux.

Cette vision en termes de coûts de transaction est fondée sur l'imperfection du marché de capital dans l'obtention de l'information et dans le contrôle des opérations des firmes indépendantes. Par exemple, une firme ordinaire doit convaincre les investisseurs financiers des opportunités qu'offrent ses projets à financer. Cette action implique non seulement des coûts supplémentaires (publicité, envoi de signal, etc.) mais aussi des difficultés dans la transmission d'une information crédible sur les projets. En présence d'anti-sélection, les investisseurs ont le problème de filtrage (*screening*), de tri et de sélection des opportunités d'investissement alternatives qui leur sont présentées. Le conglomérat évite en partie le recours au marché de capitaux ou se présente comme un demandeur plus crédible dans ses signaux et informations transmis sur le marché. Il est, en outre, un interlocuteur privilégié des banques qui considèrent la diversification des activités du conglomérat comme une garantie qui permet de réduire les risques de non-remboursement des prêts accordés. En effet, les conglomérats, avec des activités diversifiées, présentent l'avantage de pouvoir compenser les pertes d'une activité par les rendements positifs obtenus dans un autre domaine d'activité. Cet argument est identique à celui utilisé par les analystes financiers en termes de diversification de portefeuille afin de réduire les risques d'une perte sèche sur un portefeuille de titres homogènes détenu. Les conglomérats peuvent alors offrir des bénéfices en termes de moindre risque financier à partir d'opérations de diversification appropriées de leurs activités.

L'accroissement de la capacité d'endettement confère aux conglomérats d'autres avantages. Par exemple, en réduisant le risque de faillite, le conglomérat peut augmenter son capital sur dettes et engendrer aussi des avantages fiscaux pour ses actionnaires. Par ailleurs, la réduction du risque doit diminuer le taux de rendement requis des investisseurs financiers en réduisant la prime de risque et peut attirer les investisseurs vers les titres de la firme, ce qui représente une source de financement à coût réduit. La croissance des conglomérats est aussi facilitée par des coûts fixes relativement bas associés à l'accroissement du capital (la réduction des coûts d'enquête, d'étude de marché, etc.).

2) Hypothèse d'une meilleure utilisation des ressources disponibles : A côté des avantages que les conglomérats peuvent avoir dans le financement externe et interne de leurs activités, ils présentent aussi une supériorité dans l'utilisation efficace des ressources disponibles. En dehors des obstacles en termes techniques (impossibilité de modifier l'utilisation de tel ou tel investissement), le conglomérat peut avoir l'avantage d'une mobilité de ses facteurs de production pour des utilisations concurrentes mais contrôlées. *Il s'agit d'utiliser ici l'idée d'une meilleure exploitation des ressources à travers l'internalisation d'un certain nombre d'activités par rapport aux transactions sur le marché.* Le marché non-contrôlé est alors considéré imparfait dans l'allocation optimale des ressources.

Dans les modèles fondés sur l'hypothèse de la parfaite divisibilité des biens et des services, une firme emploie des inputs (capital et travail, par exemple) afin de produire un montant donné de produit au moindre coût. La firme utilise les inputs dans une quantité juste suffisante pour produire les produits du montant requis. Contrairement à cette vision, les firmes peuvent être considérées comme des assortiments de ressources plutôt que de simples intermédiaires entre les inputs et les outputs. Les ressources peuvent être indivisibles, c'est-à-dire en quantité supérieure à leur utilisation immédiate pour un volume de production donné. En utilisant ces ressources excédentaires dans d'autres domaines d'activité, une firme peut ainsi assurer une diversification sans contrainte technique en bénéficiant des rendements croissants.

Supposons une firme qui, par une production jointe, offre deux biens. La production jointe existe lorsque les coûts de production des quantités de deux biens, q_1 et q_2, produites ensemble, sont inférieurs aux coûts supportés lorsque ces quantités sont produites séparément :

$$(8)\ C(q_1, q_2) < C(q_1, 0) + C(0, q_2)$$

Cela peut être le cas d'une firme qui possède une capacité de production pour le bien 1 qui peut être utilisée pour la production d'un autre bien 2. Une firme possédant une installation de dépôts frigorifiques et produisant des aliments divers stockés dans ces dépôts, peut très bien stocker de la glace produite par d'autres firmes qui ne possèdent pas de dépôts adaptés. On peut aussi imaginer une firme qui développe une nouvelle technologie pour ses activités de base et qui peut utiliser cette technologie pour produire des biens nouveaux ou différents. Donc, tant qu'un input peut être utilisé pour la production d'un autre bien ou service, les économies de production jointe et d'envergure (*economies of scope*) existent puisque les coûts moyens des installations se réduisent. Mais ceci n'est pas particulier aux conglomérats. On peut réaliser la production jointe à travers une union de firmes (comme la coordination verticale de la production qui ne nécessite pas toujours une intégration verticale). Ce point sera développé au chapitre suivant.

On ajoutera aussi que les conglomérats présentent l'avantage d'une production de savoir-faire en général plus importante de par les moyens financiers et techniques dont ils disposent dans plusieurs domaines d'activité. Les possibilités de R&D, d'innovations et d'adaptation aux modifications de l'environnement sont plus importantes lorsque les firmes sont de grande taille et ont une production diversifiée que lorsqu'elles dépendent d'un secteur donné d'activité et donc d'une technique limitée de production.

b) Effets des conglomérats sur l'économie

Les effets de la formation des conglomérats sur l'économie peuvent être appréhendés de plusieurs façons. Nous allons les rappeler à travers quatre points : nouvelles entrées sur les marchés, la patience mutuelle, les relations réciproques et les comportements de prédateur.

1) Nouvelles entrées sur les marchés : Avec leur savoir-faire et leur expérience en termes de production et de marketing, les conglomérats peuvent facilement entrer sur de nouveaux marchés. Si un marché est en situation de monopole, l'entrée de nouvelles firmes conglomérales impliquera un accroissement de l'offre et donc de la concurrence. Les firmes qui entrent sur un nouveau marché à partir de la diversification de leurs activités ont des avantages en termes de coûts par rapport aux firmes à activité unique. De ce fait, elles ne sont pas contraintes par les barrières à l'entrée et peuvent par conséquent concurrencer les firmes déjà en place et réduire la marge de profit de l'ancien monopoleur.

2) Patience (ou abstention) mutuelle : Contrairement à l'hypothèse précédente, la croissance des conglomérats peut engendrer ce que l'on peut appeler la patience mutuelle ou les sphères d'influence dans l'économie. Les firmes diversifiées tendent à développer des sphères d'influence sur les marchés et à réduire la concurrence. Ceci correspond à une collusion implicite entre les firmes qui cherchent à éviter la guerre des prix. Chaque firme va reconnaître la place et les intérêts de ses adversaires. Dans des secteurs dominés par les conglomérats, on peut alors anticiper une hausse des prix due à l'affaiblissement de la concurrence. Cette hypothèse implique que chaque firme trouve son intérêt dans la collusion et préfère respecter sa part de marché et ne pas affronter directement des concurrents puissants.

On peut observer ce type d'entente sur les marchés nationaux : Farben en Allemagne, ICI en Angleterre et DePont aux Etats-Unis ont conservé mutuellement leurs marchés nationaux dans l'industrie chimique et pharmaceutique pendant la période de l'entre deux guerres.

3) Relations réciproques : Un autre argument de réduction de la concurrence avec la formation des conglomérats est présenté par l'idée d'établissement de relations réciproques entre les firmes conglomérales. Le cas classique de ces relations peut être donné par un exemple.

Considérons un conglomérat achetant une partie importante de l'output X d'une branche et offrant à cette même branche une partie importante d'inputs Y. Dans cette situation, le conglomérat a une influence considérable sur l'activité de la branche considérée. On peut alors imaginer que cette relation « obligatoire » réciproque enlève aux firmes de la branche qui traitent avec le conglomérat la possibilité d'avoir des relations avec d'autres partenaires. Les conglomérats, avec leur activité multiproduits, sont en mesure d'établir un réseau de relations avec d'autres partenaires et de déterminer eux-mêmes l'évolution des marchés concernés, ce qui augmente considérablement leur pouvoir économique et réduit le degré concurrentiel des marchés.

4) Comportement de prédateur : Ce type de comportement survient quand une firme dominante baisse les prix sur le marché afin d'éliminer ses concurrents de plus petite taille et augmente ensuite ses prix et ses profits à long terme en situation de monopole. Le comportement de prédateur, qui provient d'un avantage de coûts par rapport aux concurrents, nécessite une capacité financière considérable qui doit permettre de supporter les coûts de l'opération. On reviendra sur ce point au chapitre suivant.

L'accroissement de la taille des firmes les conduit aussi à multinationaliser leurs activités et leurs marchés. L'augmentation intensive des parts de marché rencontre des limites et pousse les firmes à étendre leur présence sur une zone géographique plus large. Apparaissent alors les grandes firmes multinationales.

Les firmes multinationales

L'importance de la multinationalisation est relative. Lorsque l'on considère ce phénomène sous le seul angle des investissements directs à l'étranger – communément définis comme la délocalisation des activités (ou d'une partie des activités) d'une firme dans un pays étranger lorsque celle-ci contrôle au moins 10% du capital de l'unité délocalisée –, pour 4090 milliards de dollars américains de commerce international, les investissements internationaux ne représentaient que 191 milliards de dollars en 1994 (Buckley et Mucchielli, 1997, p. 6). Avec une croissance régulière en 1995, ils ont atteint le niveau de 270 milliards de dollars. Toutefois, considérer l'extension des activités sous ce seul angle paraît réducteur et dissimule la logique sous-jacente des stratégies de multinationalisation.

Sur la multinationalisation, l'approche traditionnelle est fondée sur une dualité :

* Recherche des parts de marché dans des pays à haut pouvoir d'achat, ce qui implique, par conséquent, un flux d'investissements entre les pays industrialisés, passant par des opérations de concentration ;

* Recherche d'efficacité productive en exploitant les différences internationales des coûts de production.

Ce sont des hypothèses qui fondent une approche duale en termes d'avantages comparatifs. Une autre logique analytique est celle de Schumpeter. Les gains supplémentaires sont liés aux stratégies innovatrices. Les nouvelles combinaisons productives ou organisationnelles détruisent les structures établies et créent des possibilités de nouveaux gains. La multinationalisation est l'une des stratégies qui prennent place dans ce schéma dynamique.

a) La logique de la multinationalisation

Dans sa forme d'origine, la multinationalisation correspond à l'existence d'une production à l'étranger. Mais au sens plus général, il s'agit d'un mouvement d'internationalisation qui recouvre aussi bien la multinationalisation avec production à l'étranger que les relations de sous-traitance internationales et les opérations de contrôle des filiales dans plusieurs pays (réseaux de relations internationales) (Savary, 1991).

La multinationalisation peut être suivie aussi bien selon une logique conglomérale de diversification que selon une logique de concentration des activités de base ou des activités proches.

Lorsque le groupe britannique de téléphonie mobile Vodafone AirTouch lance le 19 novembre 1999 une offre publique d'achat de 123 milliards d'euros sur le groupe allemand Mannesmann, il suit un objectif précis qui consiste à devenir le numéro un européen des télécommunications. Cet objectif n'est pas unique puisque, une fois atteint, il permettra à Vodafone de renforcer sa position de premier opérateur mondial de téléphonie mobile. Le groupe avait déjà entamé son expansion en rachetant en 1998 le groupe américain de téléphonie mobile AirTouch pour 60 milliards d'euros.

Il s'agit, dans l'ensemble, de dépasser les contraintes nationales et concurrentielles à deux niveaux : en ce qui concerne la stratégie industrielle (diminution des coûts) et en ce qui concerne la stratégie commerciale (augmentation des parts de marché ou la pénétration sur de nouveaux marchés).

La particularité la plus intéressante pour notre propos est que les firmes multinationales

« sont des firmes qui internalisent les transactions à travers les frontières » (Rainelli, 1998, p. 134).

Il s'agirait donc en première approximation d'une réponse aux coûts de transaction. En effet, l'implantation à l'étranger des firmes leur permet d'utiliser les disparités internationales des coûts de production, les différences des coûts de la main-d'œuvre, du nombre d'heures travaillées, etc., et les différences fiscales (imposition sur les bénéfices). Ainsi,

« l'implantation d'unités de production à l'étranger permet aux firmes, en jouant sur les avantages liés à la localisation, de créer des avantages de coût » (Rainelli, ouv. cité, p. 132).

b) Une théorie éclectique

On peut élargir l'analyse des firmes multinationales avec la théorie éclectique de Dunning (1995 et Dunning et Howard, 1987) qui justifie la stratégie de multinationalisation par le paradigme « O. L. I. ». Dans cette approche, on retrouve trois logiques que nous avons déjà rencontrées dans les chapitres II et III.

1) La logique de propriété (*Ownership*) : La répartition des droits de propriété bien définis répond aux problèmes d'externalités dus aux activités de firmes diverses. L'appropriation (acquisition de propriété) permet d'améliorer le contrôle sur l'activité considérée. Le contrôle et les gains sont réunis dans les mains d'une même firme. La difficulté d'établir des contrats non ambigus entre firmes différentes donnerait un avantage à la propriété qui pourrait se révéler supérieure aux formes de relation externes comme l'exportation, les licences, etc. Toutefois, Acocella (1995, p. 235) critique cette affirmation dans la mesure où pour l'auteur, cela signifierait l'apparition de monopoles sur tous les marchés, les firmes cherchant à s'approprier la totalité des activités dans lesquelles elles sont impliquées. Or, la plupart des marchés restent oligopolistiques et ne tendent pas forcément vers une monopolisation. On remarquera que cette critique n'est pas triviale dans la mesure où il peut exister des limites à la grande taille en termes d'efficacité de l'organisation. Par ailleurs, l'existence d'autres producteurs, même potentiels, peut rendre la firme multinationale beaucoup plus prudente dans ses choix technologiques et de prix. On peut ajouter aussi l'existence des lois anti-trust et contre ententes tacites de prix et de répartition des marchés qui empêchent les firmes de constituer des monopoles explicites. Un exemple peut en être donné par les décisions prises par la Commission européenne dans les années 2000 à l'encontre des projets de fusion entre grandes firmes européennes et américaines. C'est pourquoi, cet avantage ne doit pas être considéré comme l'élément explicatif déterminant de la multinationalisation mais

plutôt comme l'un des facteurs qui peuvent nous aider à comprendre les multiples aspects de la stratégie d'internationalisation des firmes.

2) La logique de localisation (*Location*) : Elle est liée aux particularités des marchés sur lesquels la firme veut produire ou présenter ses produits. Les différences des lois réglementant les activités économiques[1], les différences de coûts de production[2] et de commercialisation entre les zones géographiques, les différences des consommateurs selon les pays ou régions[3], constituent des arguments en faveur de ce facteur de localisation qui fournit aux firmes des moyens de différencier leur produits ou de diversifier leurs activités afin d'obtenir un assortiment large d'avantages économiques et techniques sur des marchés séparés. Plus généralement, les firmes multinationalisent leurs activités pour être présentes sur de nouveaux marchés.

Par exemple, la chaîne britannique de produits cosmétiques, The Body Shop, dispose d'un réseau mondial de 1783 boutiques dans 49 pays et annonce une stratégie de renforcement de sa présence aux Etats-Unis à partir de l'ouverture de nouveaux points de vente en 2001.

De même, le groupe, formé par Angostura (basée sur l'île de Trinidad) et Todhunter (basée en Floride), spécialisé dans la production et la commercialisation de spiritueux, rachète en octobre 2000 la société landaise Auxil, spécialisée dans la production, l'importation et la distribution d'alcools haut de gamme, afin d'entrer sur le marché français et d'y disposer d'une palette d'alcools qui compléterait la sienne.

3) La logique d'internalisation (*Internalisation*) : C'est le facteur le plus intéressant par rapport à nos développements antérieurs. La stratégie de multinationalisation, qui permet de contrôler des ressources à bon marché ou nouvelles, autorise la firme à intégrer des facteurs et atouts localisés à l'étranger et à

---

[1] en ce qui concerne le travail, la fiscalité sur les sociétés ou encore, les avantages offerts par les communes aux entreprises qui envisagent de s'installer en créant des emplois dans des zones « sinistrées ». Toutefois, cet avantage n'est pas spécifique aux firmes multinationales mais à l'ensemble des firmes qui veulent déterminer une localisation plus avantageuse.

[2] Buckley et Mucchielli (1997, p. 11) montrent que les avantages, souvent soulignés, des pays en voie de développement, en termes de taux de salaire ne sont pas réels lorsque l'on considère les coûts unitaires. Le ratio de 20/1 en termes de coûts de main-d'œuvre en faveur des pays en développement par rapport aux pays riches tombe à 1/1 en termes de coûts unitaires.

[3] ce qui peut permettre à la firme d'appliquer une discrimination par les prix selon les points de vente éloignés (cf. la deuxième section du chapitre IV).

les exploiter en augmentant les avantages comparatifs et en établissant un contrôle sur de nouveaux marchés. L'internalisation à l'étranger permet aussi de faire face à la concurrence en étant présente sur des marchés peu soumis à la concurrence[1].

c) La stratégie de multinationalisation

Il convient de considérer explicitement les facteurs stratégiques qui affectent la production et, par là, la stratégie des firmes. La tentative de création de barrières à l'entrée, la mise en place de capacités excédentaires et d'un investissement constituant une menace crédible contre concurrents potentiels (cf. chapitre VI) sont des éléments stratégiques. A côté de la recherche d'une plus grande efficacité économique dans l'activité de la firme multinationale, on remarque explicitement la recherche d'un engagement stratégique à moyen terme.

La stratégie de « servir le marché étranger » correspond à un ensemble de décisions sur lesquelles les projets de production sont fondés en fonction des caractéristiques du marché étranger considéré et en fonction des moyens et canaux à travers lesquels cette stratégie peut être engagée. La firme multinationale a le choix entre trois modalités pour servir le marché : l'exportation, la licence et l'investissement direct à l'étranger.

La première modalité correspond aux exportations des biens à travers les distributeurs, les détaillants locaux. La production est réalisée dans le pays d'origine et vendue dans le pays d'accueil.

La deuxième modalité, la licence, correspond aux opérations d'investissement direct et de production avec des agences locales. Vente simple d'actifs ou de savoir, production contractuelle, gestion contractuelle et *franchising* font partie de cette modalité. L'opération de licence est considérée comme une modalité transitoire visant à tester, à connaître le marché avant d'y effectuer un investissement direct.

Cette dernière modalité est, en général, une exportation de capital. Toutefois, le principe de l'investissement direct à l'étranger n'est pas la taille mais le contrôle des activités par la firme multinationale. Ce contrôle est exercé par l'actionnariat permettant une gestion directe des avantages du pays d'accueil

---

[1] Toutefois, les trois logiques ci-dessus ne doivent pas faire oublier que dans certains cas ou pour certaines activités (recherche et développement, par exemple, cf. chapitre suivant), la localisation dans le pays d'origine peut présenter des avantages comparatifs supérieurs à la multinationalisation. En cas de concentration de compétences et de savoirs spécialisés et spécifiques, d'institutions et d'infrastructures plus adéquates, de relations et d'informations plus stables et continues, le lieu d'implantation sera déterminé en faveur d'un réseau local existant. Voir Porter (1998).

plutôt qu'un contrôle à travers un contrat spécifique. L'investissement direct est cependant considéré comme une opération risquée en raison des capitaux engagés. Mais ceci est en même temps un moyen d'assurer des parts de marché par une présence massive. Il est considéré comme une arme de stratégie globale sur les marchés mondiaux. Lorsque, pour des raisons de coûts de transfert, il est préférable d'effectuer la production sur le lieu de consommation (la spécificité de l'actif liée à la localisation, cf. chapitre III), l'investissement direct fournit à la firme un avantage en coûts vis-à-vis de ses concurrents. De même, la possibilité de perte du contrôle réel sur les opérations de licence (contrôle de qualité de la production des biens, mais aussi contrôle des services en raison de l'hétérogénéité des intervenants) fait qu'un investissement direct peut être préférable aux autres formes contractuelles.

Il convient de préciser que dans les modalités d'exportation et d'investissement direct, les activités sont internalisées. Dans les modalités de licence et d'investissement direct, les activités sont localisées et dans la modalité de licence, elles sont externalisées. Alibert (1970) montre que le passage des exportations à la licence et aux investissements directs dépend de la taille du marché et de la stabilité des cours de change de la monnaie du pays d'accueil et des tarifs douaniers. Toutefois, à ces critères, il convient d'inclure aussi le coût de l'opération en fonction de la durée prévue d'utilisation des investissements envisagés. On retrouve ici le critère de rentabilité des investissements en actifs spécifiques et la prise en compte de la fréquence de leur utilisation en fonction des objectifs stratégiques de la firme.

Ces opérations nécessitent une connaissance précise du marché aussi bien sur le plan économique et technique que sur le plan de stabilité politique. Dans certains cas, la constitution de filiales, à partir d'un engagement mutuel d'une firme multinationale et d'une firme locale, peut assurer un meilleur contrôle des activités sur des marchés étrangers. Les informations requises sont alors collectées et traitées grâce aux avantages de la firme locale. Ce cas peut prendre la forme d'une *joint venture*.

La logique principale de la délocalisation est la pénétration des marchés dynamiques, soit pour assurer une présence dans une zone en formation (par exemple, une firme japonaise s'installe en France afin d'éviter les barrières à l'entrée officielles ou officieuses susceptibles d'émerger après la constitution d'une union européenne), soit pour contrôler un marché en plein développement. Par exemple, Renault a investi en Turquie pour 2 milliards de francs en trois ans en vue de conserver sa position de deuxième constructeur automobile sur le marché turc, faisant de ce pays le quatrième plus grand centre de production mondial pour le secteur automobile français, devant l'Espagne.

Quelles qu'en soient les modalités pratiques, la logique de la multinationalisation est de nature anticoncurrentielle. Elle correspond à une stratégie de constitution de positions économiques et financières dominantes visant à éviter ou à éliminer les concurrents établis ou potentiels.

CHAPITRE VI : TEMPS, RESEAUX ET DYNAMIQUE D'INNOVATION

Cet article commence par se référer à une vision de l'économie dans laquelle les firmes sont considérées comme des îlots de coordination planifiés dans un océan de relations de marché. Les déficiences de cette représentation des choses deviennent maintenant claires. Les firmes ne sont pas des îlots mais sont liées ensemble par des modalités de coopération et d'appartenance. La coordination planifiée ne s'arrête pas aux frontières de la firme individuelle mais peut être effectuée au travers des coopérations entre firmes. La dichotomie entre firme et marché, entre coordination dirigée et coordination spontanée, est inadéquate ; elle ignore le fait institutionnel de coopération inter-firmes et suppose ailleurs la méthode distincte de coordination que cela peut fournir.

G. B. Richardson
The Organisation of Industry

Au niveau de l'analyse statique, il est facile de démontrer que dans des conditions non concurrentielles – monopole, oligopole et les autres – le profit est supérieur à la norme et la production est inférieure à ce que l'on aurait dû obtenir sous les conditions concurrentielles. Malheureusement, une telle démonstration n'est pas pertinente pour la considération critique des implications des différentes formes de marché. Dans un contexte dynamique, les surprofits, réinvestis dans des projets et équipements ou dépensés en recherche et développement, peuvent engendrer la croissance de la production et de la productivité plus que les petites firmes opérant dans des conditions proches de concurrence parfaite. Ce sont des considérations qui ont été proposées avec force plusieurs années auparavant par Joseph Schumpeter qui avait fait remarquer que les procès d'introduction et de diffusion des innovations – l'un des aspects les plus significatifs de la vie économique moderne- reflètent la « concurrence qui compte » (...).

P. Sylos-Labini
Oligopoly and Technical Progress

Notions-clé :

gestion du temps - flexibilité - séquence principale - réseaux - coopération intégrée - dynamique d'évolution - R&D - efficacité-I - innovation - grappes technologiques - incitation à innovation - menace crédible - prix-limite - financement de l'entrepreneur - capital-risque – crédit bancaire - innovations bancaires – interdépendances entre la sphère réelle et la sphère monétaire

Références :

- AMABLE, B., BARRE, R. et BOYER, R., *Les systèmes d'innovation à l'ère de la globalisation,* Economica, 1997.

* ANTONELLI, C., *The economics of localized technological change and industrial dynamics,* Kluwer Academic Publishers, Dordrecht, The Netherlands, 1995.

* ARENA, R. et al., *Traité d'économie industrielle,* Economica, 1991.

* BAGLIN, G. et al., *Management Industriel et Logistique*, Economica, 2001.

- BALDWIN, W. L., SCOTT, J. T., *Market structure and technological change*, Harwood Academic Publishers, 1991.

* BONANNO, G., BRANDOLINI, D. (ed), *Industrial Structure in the New Industrial Economics*, Clarendon Press, Oxford, 1990.

- DELAPIERRE, M., MILELLI, C., SAVOY, A., Régimes de concurrence, stratégies de coopération et dynamique des structures industrielles, in A. Vinokur (éd), 1998, pp. 56-8.

* DOSI, G., GIANNETTI, R., TONINELLI, P. A. (ed), *Technology and enterprise in a historical perspective*, Clarendon Press, Oxford, 1992.

* GAFFARD, J. L., *Economie industrielle et de l'innovation*, Dalloz, 1990.

- GEROSKI, P. A., Innovation, technological opportunity, and market structure, *Oxford Economic Papers*, 42, 1990, pp. 586-602.

* GUELLEC, D., *Economie de l'innovation*, La Découverte, 1999.

* LASZLO, E., LASZLO, Ch., *Le management évolutionniste*, Economica, 1993.

* LE BAS, Ch., *Economie de l'innovation*, Economica, 1995.

* PACHE, G., PARAPONARIS, C., *Firme en réseau,* PUF, 1993.

* RAINELLI, M., GAFFARD, J.-L., ASQUIN, A. (éd), *Les Nouvelles Formes Organisationnelles,* Economica, 1995.

* RAINELLI, M., *Economie industrielle*, Dalloz, 1998.

- SCHUMPETER, J. A., *Théorie de l'évolution économique*, Dalloz, 1935.
- SCHUMPETER, J. A., *Capitalisme, Socialisme et Démocratie*, Payot, Traduction française, 1974.

Lorsque l'on étudie l'économie en termes dynamiques, le temps est un facteur déterminant de la performance des firmes. Il intervient aussi bien dans l'organisation interne des firmes que dans leurs relations avec l'extérieur. La façon dont les firmes leaders gèrent le temps dans le domaine de la conception de nouveaux produits, de la production et de la distribution constitue une source de faiblesse ou d'avantage sur les marchés. La prise en compte du temps par les firmes correspond à une stratégie d'évolution qui peut déboucher sur l'apparition des réseaux. La constitution des réseaux vise à augmenter la flexibilité des processus productifs et à réduire les coûts de conception et de production. Ces transformations organisationnelles donnent un nouvel élan aux activités d'innovation. Les engagements des firmes dans les activités de R&D créent une dynamique d'innovation fondée sur des structures évolutives.

La première section de ce chapitre est consacrée à la prise en compte du temps dans un environnement qui change rapidement. Nous portons notre attention d'abord sur la mesure du temps et sur la flexibilité. Les avantages et les limites de l'évolution des structures vers une plus grande flexibilité de fonctionnement sont alors étudiés. Nous ne discuterons pas des types particuliers de flexibilité, comme la flexibilité du travail, mais de la logique générale des transformations. Ces transformations rendent nécessaire la restructuration des firmes et les poussent vers un fonctionnement en flux tendu. Cette modalité d'organisation vise à répondre rapidement aux modifications des marchés. Toutefois, on observe un blocage des systèmes flexibles qui ont, peut-être, atteint leurs limites organisationnelles et/ou techniques. Cette affirmation peut paraître surprenante dans une période où plus de 4 millions de salariés en France sont concernés par la flexibilité et où plus de 8000 accords de flexibilité ont été signés dans 34 branches selon les données de fin 1998. Mais la flexibilité engendre ses propres limites dans la mesure où les systèmes de production qui fonctionnent « juste-à-temps » se retrouvent privés de toute élasticité. Cette situation rend les firmes dépendantes des fluctuations des marchés alors que la rationalité anticoncurrentielle nécessite une relative maîtrise de la dynamique d'évolution des structures productives. Qu'il s'agisse d'une politique d'adaptation au marché ou d'un changement stratégique actif du fonctionnement de la firme, une planification cohérente et une élasticité (des capacités et des objectifs) sur les projets d'avenir semblent nécessaires. Cette position est d'autant plus fondée que lorsque l'on considère l'économie du point de vue dynamique, les comportements et les stratégies innovatrices des agents économiques jouent un rôle déterminant dans l'obtention des positions « locomotives » sur les marchés et dans la formation de la structure de ces derniers.

Dans la deuxième section, nous soulignons que la recherche de position dominante à la Stackelberg ne passe pas toujours par des stratégies d'extension de la taille des firmes. L'évolution des marchés peut aussi transformer les structures internes intégrées en des structures plus souples et moins lourdes. L'apparition des modes d'organisation et de gestion bilatérales par la constitution de réseaux de sous-traitance ou de R&D implique un éclatement des formes d'organisation hiérarchique établies. Mais cette nouvelle modalité organisationnelle continue de fournir aux firmes des moyens de fonctionnement quasiment hors marché et anticoncurrentiels. Ce fonctionnement est quasiment hors marché dans la mesure où les liens et rapports ne dépendent pas de négociations anonymes, mais de règles et d'ententes particulières aux parties contractantes. Ce mode de fonctionnement quasi-intégré vise une stabilité dans les relations malgré l'instabilité des activités et de la demande. Il permet aussi aux firmes de réduire les coûts des investissements requis pour l'activité de production des produits ou des savoirs. C'est pourquoi, l'étude de l'organisation et de la dynamique des réseaux revêt une importance capitale pour qui veut comprendre le fonctionnement des marchés oligopolistiques.

La troisième section porte sur la dynamique et le financement des innovations. Nous insistons d'abord sur la nécessité d'un changement de conception concernant la dynamique d'innovation qui est largement absente dans les modèles traditionnels de la théorie économique. Ensuite, nous étudions le rôle de la R&D dans les stratégies d'innovation des firmes et les liens structurels entre les innovations et la taille. Les investissements en R&D des grandes firmes montrent le poids considérable des choix techniques et de croissance. Un exemple de jeu stratégique illustre l'incitation à innover pour une firme donnée. Une position dominante innovatrice peut permettre à la firme de mettre en place des productions à rendements d'échelle croissants (Sylos-Labini, 1993) et d'accepter des coûts élevés amortissables à moyen et long termes.

La possibilité de mettre en place des menaces crédibles ou d'appliquer des prix prédateurs permettent aux grandes firmes dynamiques d'éviter la concurrence potentielle ou d'éliminer la concurrence établie. La situation quasi-monopolistique qui apparaît sur les marchés engendre des controverses entre les économistes mais aussi entre les politiques et les praticiens. Prenant position contre la condamnation de Microsoft par les autorités américaines, Schmalensee souligne, dans un article publié dans *International Herald Tribune* (15 Décembre 1999, p. 10), que les interventions anti-trust des autorités nuisent à la bonne santé des industries innovatrices. La structure du marché non concurrentiel et correspondant à des firmes puissantes mais innovatrices est peut-être le prix que la société doit payer pour avoir une avancée technologique rapide (Nelson et Winter, 1982, Sylos-Labini, 1993).

La mise en place des stratégies innovatrices crée cependant des besoins de financement en partie satisfaits par le système bancaire. Le comportement des banques, à travers les innovations qu'elles mettent en place dans le domaine financier, est un élément inséparable de l'étude de l'évolution économique. Ces deux aspects de la dynamique économique, le comportement des firmes et le système de financement des activités productives, fournissent un schéma d'interdépendance entre les deux sphères de l'économie, la sphère réelle et la sphère monétaire.

LE TEMPS, LA FLEXIBILITE ET LA RESTRUCTURATION

La prise en compte du temps comme un facteur déterminant dépend non seulement de l'évolution des marchés mais aussi des stratégies définies en fonction des moyens et objectifs de la firme. Le temps n'est donc pas seulement le temps d'un marché mais aussi celui d'une stratégie. Il comprend aussi bien le problème de l'horizon temporel de l'organisation que celui des coûts (par exemple, la durée d'amortissement des investissements). Selon la taille de la firme, le temps est considéré différemment. Les modalités d'application des processus flexibles s'inscrivent dans une logique de maîtrise du temps en fonction des modifications de l'environnement ou des stratégies spécifiques, mais elles rencontrent certaines limites.

La mesure du temps et la flexibilité

La mesure du temps s'effectue à plusieurs niveaux en fonction des opérations dont la direction de la firme désire mesurer l'importance dans le déroulement temporel des activités considérées. La mesure correspond à une analyse précise des durées consacrées à chaque opération dans la pratique. Une première analyse porte sur la façon dont les vendeurs gèrent le temps. Il s'agit de supprimer les problèmes de délai provenant des activités de programmation et du bureau d'études afin de laisser aux vendeurs plus de temps pour le client. Une deuxième analyse concerne la comparaison entre le temps passé par chaque lot dans l'usine avec le temps normal prévu. Une augmentation des lots en attente peut être interprétée comme le résultat d'une augmentation de la demande alors qu'il ne s'agirait au fond que d'un retard dans l'accomplissement du cycle production-vente-livraison. En dehors de ces mesures internes, l'analyse peut revêtir aussi un caractère comparatif. Il est possible de prendre comme référence, par exemple, le temps de production des principaux concurrents (*benchmarking* externe). Ainsi, la firme préfère s'aligner sur les mêmes conditions de production temporelles que ses concurrents en vue de réduire ses désavantages comparatifs. La mesure du temps vise donc à mieux maîtriser le temps dans les firmes. Dans ce cadre, une « certaine » flexibilité à la fois interne et externe semble requise.

a) La maîtrise du temps

Sur le plan fondamental, le temps est l'élément premier de la dynamique de changement pour la firme. Sa mesure revêt une importance capitale lorsqu'il s'agit de modifications stratégiques. La question principale qui se pose ici n'est pas seulement de savoir comment réaliser le changement mais quand le faire. Une vision adéquate intégrant le temps comme levier stratégique commence selon H. Mintzberg par une image claire de la situation de la firme ; ses performances vis-à-vis des clients, ses compétences et ses problèmes en matière technologique et organisationnelle, et de l'endroit où il faut aller pour améliorer ou consolider la position de la firme sur le marché[1]. Reconnaître la maîtrise du temps comme élément primordial dans le contrôle d'évolution exige une analyse approfondie des capacités et des limites de la firme. Ceci implique d'abord une analyse interne afin de déterminer les particularités organisationnelles de la firme par rapport aux nouveaux choix. Ensuite, il est nécessaire de procéder à une analyse externe sur l'environnement et sur la

[1] A quelle vitesse et à quelle fréquence, la firme doit développer de nouveaux produits, de quelle variété de produits elle a besoin, dans quels délais les clients doivent être livrés, dans quels délais on peut introduire un nouveau produit, etc., constituent les principales interrogations dans ce domaine.

place que la firme occupe dans cet environnement. Les positions et les réactions éventuelles des concurrents sont ainsi évaluées. La direction générale doit disposer d'une description générale des interactions stratégiques qui font la substance de l'organisation des activités dans la firme. Il faut que cette description mette en évidence le comportement réel du système à partir des pratiques internes, des habitudes, des conflits, etc. Ainsi, il est possible de comprendre non seulement comment la firme fonctionne, mais surtout pourquoi elle fonctionne ainsi.

b) La flexibilité

Les déterminants des différences entre les firmes d'une même industrie constituent un repère privilégié dans l'analyse des performances des firmes. Il est évident que la réussite d'une firme à long terme passe par son efficacité technique et organisationnelle. L'évolution de l'environnement affecte fortement les stratégies que la firme doit adopter afin d'obtenir ou de consolider une part satisfaisante sur un marché changeant.

Comme Piore et Sabel le font remarquer (1982), le modèle organisationnel qui était fondé sur la production de masse des produits standardisés, caractérisé par une rigidité des structures de production, cède sa place aux structures de production plus maniables et adaptables aux changements de l'environnement.

La flexibilité, au sens général du terme, vise à permettre aux firmes d'adopter des changements rapides à moindre coût. Cette notion a été étudiée pour la première fois d'une façon systématique par Stigler (1939) et formalisée par la suite par, entre autres, Mills et Schumann (1985). Lorsque la demande est instable, l'organisation flexible, qui peut correspondre à des coûts d'organisation plus élevés pour des quantités réduites, devient plus profitable dans la mesure où elle permet d'adapter la production aux changements sur les marchés.

La flexibilité est une notion vague et peut être appréhendée sous plusieurs formes[1]. Toutefois, il est possible de réduire ces différentes formes à deux grands types de flexibilité :

---

[1] A côté des formes connues comme la flexibilité dans l'organisation du travail qui nécessite une modulation du temps de travail en fonction de la demande adressée à la firme, comme la flexibilité de volume (possibilité de variation de la quantité offerte en fonction des variations quantitatives de la demande) et la flexibilité dans l'organisation de la production (flexibilité technique), il existe deux autres types de flexibilité relevant du domaine stratégique. Il s'agit de la flexibilité de produits (possibilité d'obtenir des produits variés à partir d'un ensemble d'inputs communs) et de la flexibilité de gamme (la possibilité de modifier les caractéristiques des produits offerts). Ces deux types permettent, respectivement, une production jointe et une diversification sans coûts supplémentaires importants et une différenciation des produits

* La flexibilité qui est fondée sur le processus de production. Elle correspond à la capacité d'adaptation et de modification de la ligne de produit par différenciation. Elle vise à répondre rapidement (à court terme) aux modifications des conditions du marché ;

* La flexibilité qui consiste à améliorer le processus de production ou à développer de nouvelles productions.

D'un point de vue général, la flexibilité s'accompagne d'une flexibilité des savoirs, des qualifications, de la hiérarchie et tend vers une polyvalence dans le travail et dans l'organisation technique (Lévy-Valensi, 1993).

Il est possible d'interpréter l'évolution des organisations vers plus de flexibilité de deux façons : une flexibilité offensive avec la recherche de nouvelles formes de rapport salarial et une flexibilité défensive avec la réponse aux divers chocs affectant le fonctionnement de l'économie (Boyer, 1987).

Le classement proposé par Carlsson (1989) considère la flexibilité en fonction d'une logique stratégique, conduite selon trois aspects.

Un premier aspect se situe sur le plan opérationnel à court terme. La mise en place d'une structure flexible correspond aux possibilités de modifier les séquences de production selon les conditions d'approvisionnement ou de la demande. La restructuration de la firme autour de la séquence principale qui crée directement et en temps réel de la valeur pour le client devient une prérogative de ce type d'organisation (cf. paragraphe suivant).

Le deuxième aspect est la flexibilité tactique. Il concerne les décisions prises avant l'exécution d'un projet. La prise en compte des coûts moyens de long terme, de la taille du marché (de la demande) et du type d'investissement matériel à effectuer est nécessaire. Cette flexibilité est fondée sur le choix de la technologie mais aussi sur la mise en place d'une organisation spécifique qui doit permettre à la firme d'opérer à des degrés variables. Lorsque les ventes baissent sur un marché, la flexibilité tactique vise à permettre à la firme de maintenir un taux élevé d'utilisation de ses capacités productives en déplaçant sa production sur d'autres marchés.

Le troisième aspect de la flexibilité est directement stratégique et concerne la courbe de planification à long terme. Il doit refléter la position de la firme vis-à-vis d'éventuels choix techniques et organisationnels pour le futur. Il s'agit d'une

---

pouvant offrir aux firmes les avantages du marché de concurrence monopolistique.

vision sur l'avenir qui dépend des anticipations des firmes. Plusieurs questions doivent être considérées : comment se repositionner sur tel ou tel marché, comment modifier les stratégies d'évolution pour les périodes à venir, quel type d'alliance faut-il passer avec les concurrents pour ériger des barrières à l'entrée et comment consolider sa position sur les marchés existants ?

La flexibilité nécessite que la firme prenne en compte dans la définition du produit non seulement les caractéristiques techniques de l'organisation mais aussi les attentes (du point de vue de la mode, des tendances, de l'évolution des goûts) et les besoins (cf. chapitre V) des clients. Il convient alors d'effectuer une analyse fine des différents segments de clientèle et de construire le schéma de fonctionnement flexible en conséquence. La définition des marchés répond alors à cette recherche de mise en place d'une matrice précise (Weill, 1992). La segmentation consiste à désagréger une population donnée selon le critère considéré (par exemple, selon le revenu ou selon les groupes d'âge, etc.). Ceci donne à la firme la possibilité de déterminer des groupes homogènes pour chaque produit donné afin de déterminer la taille (l'importance) du marché considéré et de définir une cible rentable et clairement distinguable. Par ailleurs, les domaines stratégiques, aussi bien sur le plan géographique que sur le plan de compétitivité plus large, doivent être précisés en mettant les moyens et les possibilités d'extension (mais aussi de repli) en évidence. La firme doit alors effectuer une typologie qui, partant du niveau individuel, aboutit à une agrégation de la clientèle. Ceci doit faire ressortir les grandes tendances des marchés.

c) L'application de la flexibilité

Dans les années soixante-dix et quatre-vingt, les firmes s'orientent explicitement vers une nouvelle structure, l'usine flexible et, plus tard, les opérations flexibles.

Les fabricants flexibles ont des stratégies qui ne sont pas celles des fabricants traditionnels. Les principales différences portent sur la longueur d'une série de production moyenne, sur l'organisation des composants du processus de production et sur la complexité des procédures de programmation.

Les usines traditionnelles s'efforcent de maximiser la longueur de leurs séries de production afin d'amortir les réglages longs et coûteux sur une quantité maximum de pièces. Les fabricants flexibles, en revanche, visent à raccourcir autant que possible, leurs séries de production. Afin de maîtriser le coût des séries courtes, la firme se concentre sur la réduction de la complexité des opérations, ce qui réduit la longueur et le coût des réglages et des changements. La logique sous-jacente en est que des séries plus courtes permettent une production plus fréquente de chacun des produits et une réponse plus rapide aux variations de la demande des clients.

La disposition des ateliers contribue à la réduction de la complexité du processus productif et donc du temps de production. Au lieu d'organiser la production en départements distincts comme, par exemple, dans l'industrie des produits métalliques (départements séparés de découpage, d'emboutissage, de polissage) où les produits doivent se déplacer d'un département à l'autre et subir des files d'attente, les usines sont organisées par produit afin d'exploiter les avantages d'une meilleure localisation. Ainsi, dans les années quatre-vingt-dix, les constructeurs automobiles[1] ont adopté explicitement un nouveau schéma d'organisation, appelé « parcs industriels fournisseurs » (PIF). Les PIF consistent à rapprocher les fournisseurs de pièces encombrantes (sièges, pare-chocs,...) mais également de plus en plus de sous-ensembles (réservoirs, cockpit,...) de la ligne de montage de façon à améliorer la logistique des approvisionnements. Les chariots se substituent aux camions pour acheminer la pièce en un temps très réduit et au moment requis. Les opérations de finition ou d'assemblage sont aussi réalisées sur le parc. Cette organisation permet d'alléger les stocks du constructeur et de repérer rapidement les défauts et d'effectuer leur correction avant la sortie de chaîne améliorant ainsi la qualité finale.

Dans les usines flexibles, la programmation locale permet aux salariés de prendre sur le lieu de production un plus grand nombre de décisions sans avoir à reporter les modifications envisagées à la direction et à attendre sa décision. Il s'agit d'une décentralisation dans le fonctionnement des unités de la firme. Mais cette décentralisation nécessite une coordination effective des différents départements puisque le risque d'incompatibilité entre les diverses décisions décentralisées est présent.

Afin d'étudier les possibilités de fonctionnement de telles méthodes d'organisation, Aoki[2] présente un modèle unifié des firmes japonaises. Le point de départ est le mode de fonctionnement des structures internes. L'auteur montre que la coordination horizontale entre les unités opérantes est fondée sur le partage du savoir et de l'information plutôt que sur la spécialisation des collaborateurs. A titre d'exemple, la coordination

---

[1] Les parcs de Sandouville de Renault, de Sochaux de PSA, de Hambach de Smart, par exemple.
[2] dans Williamson et Masten (1995). Voir aussi Aoki (1984).

horizontale dans l'industrie automobile japonaise s'effectue comme suit.

Le bureau de planification de la production centrale établit les plans de production périodiques (mensuels ou trimestriels, par exemple) pour chaque unité. Ces plans sont fondés sur les anticipations concernant la demande. Ils déterminent l'orientation générale des activités. Pour sa part, le plan à plus court terme (10 jours) est préparé par le bureau qui supervise les flux de marchandises sur la base des commandes. En réponse à ce plan, le bureau d'ingénieurs de chaque usine prépare une séquence d'échelle de production quotidienne. Cette échelle est ajustée, deux jours avant, à la production actuelle en réponse aux commandes actuelles transmises par les vendeurs à l'usine à travers le réseau informatique. Sur le poste d'assemblage final, différents modèles avec différentes options sont préparés. Le but des opérations est de minimiser les stocks et de répondre, avec une flexibilité accrue, aux variations quantitatives et qualitatives des commandes. Ce processus est organisé et contrôlé selon le système *Kanban*[1]. L'unité de production à l'usine est en relation directe avec les unités en aval et passe des ordres pour la provision des pièces nécessaires. L'automatisation de cette chaîne de circulation de l'information et des pièces vise un processus d'ajustement et de réajustement fin du plan global en termes du temps et de l'effort nécessaires pour le fonctionnement de l'ensemble sans nécessiter une intervention hiérarchique particulière.

Temps réel et séquence principale

Pour une firme qui doit maîtriser le temps, la réorganisation porte sur l'ensemble de la chaîne de création de valeur. On observe en général qu'une grande partie du temps passé dans le processus productif est due aux opérations hors usine, au niveau du traitement de l'information et de la prise de décision[2]. La

---

[1] Shingo (1983) développa la méthode SMED (*Single Minute Exchange Die*) qui consiste en un changement d'outillage en une minute en permettant à l'entreprise (Toyota, en l'occurrence) de s'assurer un avantage temporel compétitif. Ainsi, la durée de l'arrêt d'une machine à emboutir (capot et ailes) dans une usine d'automobile, pendant le changement de la matrice de production, était de neuf minutes alors qu'en moyenne, aux Etats-Unis, cela prenait six heures et en Suède, quatre heures. Et pour changer la taille du lot, chez Toyota, on avait besoin d'un jour contre dix jours aux Etats-Unis et un mois en Suède.

[2] L'exemple de J. W. Forrester (1958, p. 43) illustre parfaitement cette constatation. Dans ce travail de terrain, la part de l'usine dans les délais est de 6 semaines sur 19, les 13 semaines restantes passent dans la chaîne de distri-

réduction du temps doit se faire en termes du temps de réponse aux commandes effectives. Au niveau de la vente, du traitement des commandes et de la distribution, la réduction des durées requises implique une capacité de réponse rapide et cohérente. Par conséquent, l'efficacité des systèmes de production dépend beaucoup de la flexibilité et de la rapidité des systèmes de vente et de distribution. Apparaît ainsi le système de production maigre (*lean production*) qui recouvre la polyvalence, le travail en équipe, le flux tendu et le zéro défaut. En général, ce système entraîne des réductions dans la hiérarchie intermédiaire et confie certaines tâches à des opérateurs moins qualifiés.

L'exemple de Toyota est devenu une référence en la matière. La société Toyota Motors Manufacturing (TMM) fabriquait des voitures qu'elle distribuait et vendait par l'intermédiaire de la société Toyota Motors Sales (TMS). Les usines TMM étaient devenues si flexibles qu'elle pouvaient fabriquer une voiture en 2 jours alors qu'il fallait à peu près 20 jours à la TMS pour transmettre la commande à l'usine et livrer la voiture aux clients. Devant ce gaspillage de temps (qui était responsable en même temps de plus de 30% du prix de la voiture), Toyota a décidé de fusionner les deux sociétés. Cette stratégie a permis, par une restructuration de la TMS au sein de la TMM, la mise en place d'un système de circulation plus flexible. La progression des informations par strates de façon séquentielle et par regroupements successifs, engendrant par là des coûts supplémentaires, a été remplacée par des unités de traitement des informations de taille réduite liées entre elles par un réseau informatique évitant les longues files d'attente entre les différents niveaux d'intervention. Quelques années plus tard, la capacité accrue de réponse du système de vente et de distribution a permis de réduire les délais nécessaires à 6 jours améliorant ainsi les temps de distribution et de vente. Ceci n'a été possible que par une redéfinition et une restructuration de l'organisation en terme de séquence principale. Cette redéfinition consiste à déterminer la contribution de chaque fonction d'une firme (conception, production, commercialisation, etc.) à la valeur ajoutée d'une activité donnée.

La séquence principale est celle qui englobe les activités créant directement et en temps réel de la valeur pour le client. Les firmes qui maîtrisent le temps commencent par identifier les activités directes de création de valeur, les isolent des nombreuses activités de support et les organisent en un enchaî-

---

bution. La maîtrise du temps correspond à la maîtrise des délais dans la chaîne de commandes, de traitement de l'information, de formulation des dossiers clients et de stockage en vue de la livraison finale.

nement clair et cohérent. La chaîne de valeur est décomposée en deux sous-ensembles : activités de support et activités principales. Dans la première catégorie, on trouve l'infrastructure de la firme, la gestion des ressources humaines, la R&D et les approvisionnements. Dans la deuxième catégorie d'activité, on intègre la logistique interne, la production (avec la technologie, les brevets, la qualité, etc.), la logistique externe, la commercialisation et la vente (circuits de distribution, entreposage, transport) et les services (garantie et rapidité des services).

Cette démarche a deux conséquences positives. Tout d'abord, les travaux de préparation et les travaux extérieurs sont écartés de cet enchaînement, de telle façon que l'essentiel du travail direct destiné à délivrer un produit ou un service à un client puisse être effectué de façon linéaire et sans gaspillage de temps. Ensuite, les liens et interdépendances entre les différents départements ou les diverses unités de la firme qui créent directement de la valeur pour le client sont mis en évidence[1]. Le schéma représentatif des interdépendances entre les différents niveaux de décision et de leurs places respectives dans la réalisation de l'activité peut être donné comme suit :

[1] L'exemple des fabricants américains de poids lourds montre combien la maîtrise du temps dans le processus de production et de distribution peut modifier les termes de la concurrence entre les différents producteurs. En effet, pendant très longtemps, les fabricants traditionnels comme General Motors et Ford, qui étaient leaders sur le marché, produisaient selon les méthodes traditionnelles. Plusieurs mois étaient nécessaires entre la réception de la commande et la livraison du produit. Etant donnée la lenteur du processus, les vendeurs essayaient de persuader le client, en lui proposant des réductions de prix, de ne pas demander d'options supplémentaires sur les modèles standard. L'ajout d'options particulières sur un produit dont le temps de production était déjà long impliquait l'allongement des délais entre la réception de la commande, la conception du produit par le bureau d'études, la transmission des caractéristiques à l'usine et la livraison. Dans les années quatre-vingt, de nouveaux concurrents, comme Freightliner et Paccar, sont entrés sur le marché en proposant non seulement des options nouvelles et variées mais un délai de livraison beaucoup moins important que les fabricants traditionnels. Ces deux dernières firmes ont appliqué la méthode qui consiste à maîtriser le temps par l'identification de la séquence principale. Le *facteur X* jouait ainsi en leur faveur.

Schéma 1 :

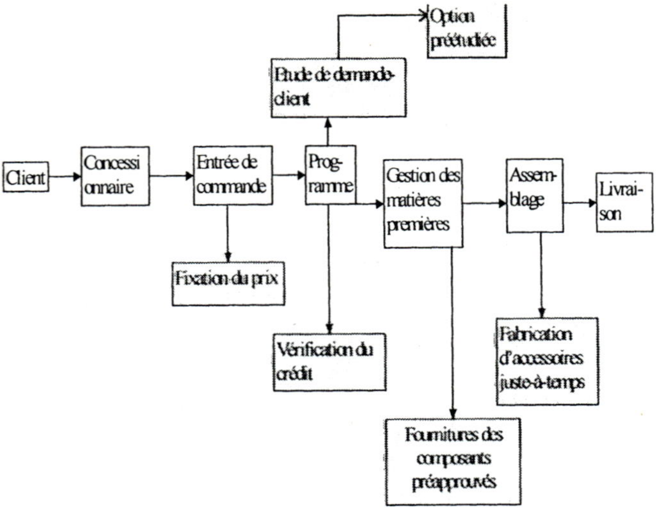

(les cases foncées représentent les activités de support).

Une fois que la séquence principale est identifiée, il convient d'adapter le flux de travail sur cette séquence. En améliorant la régularité du flux, il est possible de réduire la durée du cycle total de production et d'augmenter ainsi le débit potentiel en cas de besoin. Assurer la flexibilité du flux n'est possible qu'avec une grande maîtrise de l'information et une souplesse technique en fonction de la séquence principale. Il faut que les informations et les flux de travail circulent en continu le long de la séquence principale.

La plupart des problèmes de fonctionnement d'une firme apparaissent au fur et à mesure que le travail progresse de l'amont vers l'aval. Par exemple, le développement de nouveaux produits pose habituellement des problèmes dans les dernières étapes. Une vague de modifications techniques et des problèmes de fabrication deviennent alors révélateurs d'une erreur commise en amont dans la façon de combiner le produit, le processus et les matériaux. Il faut donc une fluidité entre l'amont et l'aval, entre les divers fournisseurs, entre le processus de production et la mise sur le marché du produit. En cas de discontinuité, des improvisations incohérentes et des stocks inutilisés apparaissent. De ce point de vue, donner une priorité absolue à l'investissement dans des systèmes de travail, conçus de façon globale, fiable et simple, distingue les firmes qui maîtrisent le temps de celles qui se limitent à lutter contre des goulets d'étranglement répétés. La conception du système et de l'organisation adéquate doit se faire ensemble en équilibrant le travail en amont et en aval, en tenant compte des effets d'un changement éventuel de spécification du produit à la demande des clients. La pré-étude des différentes combinaisons de produits permet d'effectuer des économies en frais généraux et en stocks et augmente la satisfaction de la clientèle. Fournir des informations à jour sur ces différents points et les faire circuler en permanence est le préalable de ce type de fonctionnement organisationnel. Toutefois, l'organisation flexible rencontre un certain nombre de problèmes.

Limites de la flexibilité et du juste-à-temps

Deux problèmes sont à remarquer dans l'étude de l'organisation flexible.

D'une part, le modèle de la firme flexible donne un poids excessif au procès de décentralisation de la production et ne prend pas en compte la concentration des activités de R&D et des ressources financières (et de leur attribution aux différentes unités de production) au niveau des maisons-mères. On remarque que même lorsque la production est décentralisée, le système de contrôle et de supervision reste centralisé en haut de la hiérarchie, surtout dans des industries de haute technologie (Del Monte, 1995).

D'autre part, le fonctionnement flexible, qui autorise une production en flux tendu en effectuant les opérations nécessaires en temps et en quantité voulus, présente aussi des limites qui peuvent provenir aussi bien des conditions drastiques impliquées par la réalisation de cette modalité d'exercice que des réponses défavorables des fournisseurs ou des moyens techniques disponibles.

Le contrôle du marché ou des facteurs qui affectent directement l'activité de la firme est réduit dans les modèles flexibles et la planification vise plus facilement le court terme que le long terme en raison des coûts d'engagement élevés pour des stratégies plus longues. La souplesse obtenue n'est pas alors aussi bénéfique qu'on le croit.

On peut observer l'apparition des dysfonctionnements avec la continuité de l'évolution instable des marchés aujourd'hui. Les premières firmes qui en sont affectées sont aussi les premières qui ont commencé à appliquer la production et l'organisation flexibles au Japon. L'exemple de Toyota, donné par Freyssenet et Shimuzu (1997), peut en présenter une illustration. Lorsque le marché japonais de l'automobile est passé de 3,2 à 5 millions d'immatriculations par an, la demande s'est déplacée vers des modèles de haut de gamme. Toyota a accru le nombre de ses modèles mais n'a pas pu produire le volume demandé. La firme voulait faire passer sa part de marché intérieur de 44% à 50%. En 1993, celle-ci est tombée à 35%! Les problèmes rencontrés par Toyota, l'inventeur principal du juste-à-temps, étaient de plusieurs ordres. La firme n'a pas réussi à recruter rapidement le nombre de jeunes nécessaires à cause des conditions de travail réputées trop dures. Les salariés en place ont refusé d'augmenter les heures supplémentaires puisque le temps de travail annuel atteignait déjà 2315 heures en 1990 pour une durée contractuelle de 1808 heures. Le recours à des travailleurs temporaires (10,4 % des ouvriers de fabrication en 1991) a eu pour conséquence d'accroître les dysfonctionnements. Les chefs d'équipe et les contremaîtres n'ont pas été en mesure d'assurer l'augmentation de la production en raison des manques d'effectifs et de la trop grande diversité de la production :

« A force de tendre vers la production « au plus juste », le système s'est privé de toute élasticité » (Freyssenet et Shimuzu 1997, p. 5).

Les modes de fonctionnement qui sont axés exclusivement sur les fluctuations des marchés se trouvent tôt ou tard confrontés à des difficultés dont ils ne maîtrisent ni les dynamiques ni l'évolution. L'efficacité de l'organisation économique des firmes dépend de l'attention portée au caractère dynamique de leur activité et non seulement de la nécessité de s'adapter aux modifications immédiates et de court terme des marchés.

La flexibilité ne doit pas être entendue en termes des modes de flux tendu mais en termes d'évolution continue. La recherche d'options crédibles à l'égard des capacités des firmes et des opportunités anticipées rend les modifications organisationnelles et/ou technologiques plus cohérentes à moyen et long termes. La dynamique d'évolution ne doit pas être considérée comme un passage d'une forme à une autre dont la durée déterminerait les chances de survie des firmes. Concevoir le changement organisationnel comme un processus puisant ses possibilités et ses limites dans les caractéristiques de la firme étudiée, à travers ses expériences, ses anticipations et son aptitude à s'adapter à l'environnement, permet d'attirer l'attention sur le fait que

« Pour rester évolutives, elles [les firmes] ont une politique organisationnelle qui privilégie la viabilité plutôt que la maximisation, et elles oeuvrent pour influencer l'environnement afin qu'il se rapproche de leurs capacités d'adaptation limitées » (Asquin, 1995, p. 212).

Les structures d'organisation plus souples mais stables et planifiées font partie du schéma d'évolution flexible. La constitution des réseaux, qui mettent en relation des firmes ayant des capacités et compétences différentes, en est une modalité remarquable.

FORMES HYBRIDES DE COORDINATION QUASI-INTEGREE : LES RESEAUX

On a vu que la logique d'internalisation correspondait à une croissance patrimoniale des firmes par accumulation d'actifs corporels et de savoirs qui leur permettait d'éviter ou de « compléter » le marché. La réduction des coûts de transaction au sens particulier et la réduction de l'incertitude au sens général guident ce choix d'organisation. Les stratégies d'intégration et de croissance permettent également aux firmes d'échapper en partie ou en totalité à la concurrence en mettant en place des systèmes de coordination directement contrôlables. A côté des formes intégrées, on remarque aussi des formes particulières de coordination des activités qui se situent entre le marché et l'organisation hiérarchisée-intégrée. Ce sont des formes hybrides qui correspondent à une structure bilatérale de direction/gestion (de *gouvernance*).

Définition

Thorelli (1986) définit le réseau comme étant constitué d'un ensemble de firmes qui sont liées entre elles par des relations d'échange relativement poussées de façon à créer des sous-marchés contractuels stables et durables qui sont organisés autour d'accords assurant une coordination adéquate. Le réseau présente deux avantages, l'un par rapport aux imperfections du marché et l'autre par rapport aux coûts de l'internalisation. En effet, le réseau prend place dans un contexte d'incertitude et est destiné à éviter le marché impersonnel en vue d'une plus grande stabilité et de visibilité des opérations requises pour l'activité de la firme. Il présente aussi des avantages par rapport aux formes parfaitement intégrées lorsque l'évolution du marché devient hautement instable, comme c'est le cas en général en période de stagnation ou de crise. La constitution de réseaux, comme les autres formes d'alliance, évite aux firmes le choix entre le marché et l'organisation intégrée. Il peut exister plusieurs types de relation de réseau comme le réseau de type vertical où le système est hiérarchisé avec une coordination très forte. Il y a aussi des réseaux plus souples comme le réseau de firmes. Ce sont des formes d'alliances qui s'apparentent à des « clubs » dont les membres déterminent leurs stratégies autour de règles tacites à travers la reconnaissance des interdépendances mutuelles. Au chapitre précédent, nous avons déjà évoqué ces formes comme dans le cas de patience mutuelle des conglomérats ou dans le cas des modalités de concentration. De la même façon, on peut considérer comme relation de réseau, les stratégies de partenariat dans le domaine technique et financier. Le réseau peut aussi s'établir sous forme de relation de sous-traitance de capacité (l'entreprise donneuse d'ordre utilise une autre entreprise, la sous-traitante, afin de faire face à une augmentation de la demande) ou de sous-traitance de spécialité (faire appel à une spécialiste disposant d'actifs spécifiques capables de répondre aux besoins de l'entreprise donneuse d'ordre).

Si l'on suit Antonelli (1995, p. 135), une notion de réseau plus générale peut être proposée lorsque l'on prend en compte la possibilité de changement des technologies et lorsque l'on porte l'attention sur la complémentarité entre différentes firmes dans la génération et l'adoption de nouvelles technologies supérieures. De ce point de vue, le fonctionnement en réseau et la dynamique d'innovation sont deux éléments d'un même ensemble opérationnel (Håhansson, 1989). Par conséquent, une approche pertinente de l'innovation doit mettre l'accent :

« sur la nécessité de coopérer entre des firmes appartenant à des cultures technologiques différentes de façon à créer un système efficient dynamique et interactif, d'apprentissage et d'échanges d'information » (Glais 1992, p. 459).

Coopération intégrée

Avec l'évolution des marchés, qui sont devenus de moins en moins prévisibles et de plus en plus exposés aux rumeurs changeantes et incertaines de la demande et qui impliquent des changements techniques et organisationnels en continu, les firmes cherchent à externaliser une partie de leurs activités soit parce que la fréquence de ces activités est réduite et qu'elles demandent moins d'investissements en actifs spécifiques, soit parce que les coûts que leur intégration implique deviennent trop élevés par rapport aux besoins de l'offre. Il s'agit donc, en partie, d'une externalisation pure et simple (retour au marché) et, en partie, d'une externalisation sous forme de transfert des activités vers des sociétés de sous-traitance. Ainsi, les structures lourdes et de grande taille se convertissent en des structures plus flexibles et adaptatives permettant de mobiliser (et non plus de coordonner d'une façon intégrée) un ensemble d'activités et de compétences disponibles ou planifiées. La conséquence en est que le credo « grand est efficace » (*big is efficient*) se transforme en des formes structurelles de réseaux souples et rapidement modifiables, en « grand est efficace dans le réseau » (*efficient big in the network*). Toutefois, on remarquera que cette relative externalisation implique une restructuration contrôlée des activités. Les variations fortes et inattendues des conditions structurelles des marchés poussent certaines firmes multidivisionnelles[1] à abandonner les schémas d'intégration et de verticalisation en recentrant leur activité sur leur métier d'excellence. Les mouvements de concentration, qui créent par fusion ou par absorption de grands groupes industriels ou financiers, se déterminent autour des activités de base et les activités périphériques sont désormais accomplies à l'intérieur d'accords productifs ou commerciaux entre plusieurs firmes juridiquement indépendantes[2]. Dans ce cas, en général, les activités diversifiées sont cédées à d'autres firmes et les groupes se recentrent sur un nombre réduit d'activités de base. À titre d'exemple, on peut donner le cas d'Alcatel dont la stratégie révélée en 2001 est de devenir en l'espace de deux ans une « entreprise sans usine ». En préférant se recentrer sur la R&D et sur les services, le groupe vise à ramener ses sites de production dans le monde de 120 à 10 et à rétrocéder ses activités industrielles les plus lourdes à des sous-traitants. Ce mouvement semble être suivi par la quasi-totalité des groupes du secteur des télécommunications en 2001-2002, suite à la détérioration de la conjoncture mondiale.

---

[1] Bien sûr, il s'agit ici de l'une des modalités de coordination dont il convient d'appréhender la logique. Il n'est pas question de présenter cette modalité comme la forme moderne généralisée de coordination dans la mesure où on est en présence d'une coexistence des différents modes de coordination avec des degrés changeants selon les firmes.

[2] Comme nous l'avons déjà indiqué, l'une des formes particulières de réseau est la *joint venture* qui correspond à la création d'une société spécifique à partir des contributions des sociétés existantes. Elle est soumise à la tutelle des partenaires qui sont, à l'origine, les maisons-mères (voir la deuxième section du Chapitre V). En France, ce sont les sociétés par actions simplifiées (SAS) qui correspondent juridiquement à cette forme de collaboration. Voir Saglietto et Thomas (1995) pour une présentation des *joint ventures*.

Le réseau est un ensemble de relations de production et/ou d'échange qui prend des formes multiples, fonctionnant d'une manière formelle ou informelle, mais étant capable de changer rapidement. Un réseau dynamique est un regroupement des firmes qui sont des spécialistes placés autour d'une firme pivot, le coordonnateur. La firme pivot peut prendre en charge une ou plusieurs activités ou n'être qu'un simple leader assurant l'articulation des activités :

Schéma 2 :

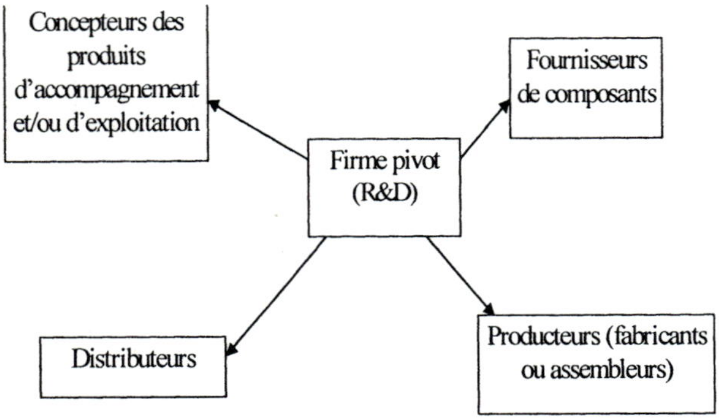

Comme Delapierre, Milelli et Savoy le précisent (1998, p. 67), Intel, sur le segment des microprocesseurs, constitue des barrières qui le protègent grâce à la création d'un espace de compatibilité logiciel autour de l'architecture de ses produits. En s'associant à IBM,

«Intel occupe une position de force par sa maîtrise des standards d'opération de ses processus. Sa stratégie a consisté, dans un premier temps, à favoriser l'établissement de ses procédures comme standards de segment, en fournissant des licences à d'autres constructeurs, comme Advanced Micro Devices ou Nippon Electric Co.».

L'un des avantages de ce schéma est que les firmes ne sont pas obligées de supporter seules l'ensemble des coûts d'investissement de l'activité d'amont en aval. Les investissements spécifiques sont faits par des firmes recentrées sur leur activité/spécialité, les organisations sont moins lourdes et donc plus flexibles et certaines décisions sont plus décentralisées. La production du savoir (ou du savoir-faire) paraît plus faisable par la mise en commun non seulement des compétences respectives mais aussi des capitaux. Aujourd'hui, la coopération entre firmes multinationales s'effectue aussi sous forme de réseaux de R&D, financiers ou commerciaux (Buckley, 1994).

Le réseau dynamique s'appuie sur trois composantes de base : Les acteurs qui sont définis par l'exécution d'activités et le contrôle sur leurs ressources ; les activités qui sont réalisées par des acteurs de telle sorte que certaines ressources sont consommées en vue d'accroître l'utilité des autres et les ressources qui sont contrôlées par des acteurs et leur valeur est déterminée par l'activité à laquelle elles se destinent.

Le réseau correspond à l'établissement de nœuds de pouvoir et de compétences dont le schéma représentatif peut être donné comme suit :

Schéma 3 :

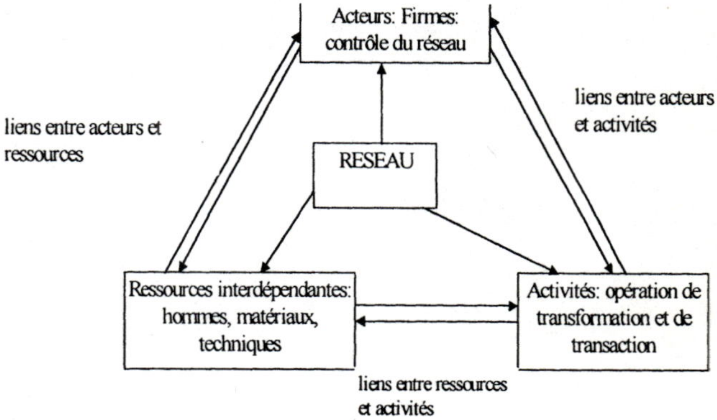

L'organisation du travail en réseau implique une gestion de la production dans le cadre de la planification :

- en amont avec *manufacturing* et *resources planning* à travers l'identification des besoins et des capacités et la programmation de l'utilisation des ressources ;

- en aval (par *Kanban*) en appelant les pièces en fonction des besoins d'assemblage.

L'allocation des ressources est effectuée au moment voulu, ce qui permet une souplesse dans le processus productif qui assure un état de disponibilité aux flux par actualisation des données sur les combinaisons productives. On peut en donner comme exemple, aux Etats-Unis, Campbell Soup, Frito-Lay et P&G qui ouvrent la voie à de nouvelles relations avec leurs distributeurs et autres fournisseurs industriels. Aussi, Rohr Industries lance des projets conjoints de R&D avec le fabricant de moteurs d'avion General Electric, avec Boeing et les compagnies aériennes qui forment la clientèle finale.

Les structures hiérarchiques rigides sont remplacées par des réseaux multiniveaux. La firme noue des relations de coopération avec les autres firmes à travers le partenariat, la sous-traitance, la R&D, etc. La recherche de complémentarité par l'agencement des processus productifs et par le co-développement des activités de spécialisation aboutit à une création de pouvoirs de marché sans supporter la rigidité d'une grande intégration. Jacquemin (1993) souligne que la R&D coopérative peut être considérée comme un moyen à la fois d'internaliser les externalités résultant de retombées significatives de la R&D et d'assurer un partage plus efficient des informations entre les firmes coopérantes. Dans ces conditions, « ce n'est pas le comportement non coopératif ou concurrentiel qui conduit au meilleur résultat » en termes de bien-être social (p. 28).

L'évolution des activités des grands groupes vers des structures en réseau est une observation formelle de la dynamique économique. L'appréhension de cette dynamique nécessite aussi une analyse des structures d'innovation aussi bien dans leur logique stratégique que dans leur possibilité de financement effectif.

LA DYNAMIQUE ET LE FINANCEMENT DE L'INNOVATION

La dynamique économique trouve un domaine d'application privilégié dans le phénomène d'innovation que les comportements stratégiques des agents économiques engendrent en continu.

Dans la pensée économique, la prise en compte de l'innovation s'est en général faite à partir de l'analyse des apports du progrès technique au processus productif que ce soit sous forme de la division technique du travail chez Adam Smith ou à partir de l'impact du machinisme sur l'emploi chez David Ricardo et chez Karl Marx ou, au sens plus général, chez Alfred Marshall. Le sujet a été développé et ce sous des formes multiples par Joseph Schumpeter autour de la notion centrale d'entrepreneur[1]. L'entrepreneur est considéré comme l'élément moteur de

---

[1] La position de Kalecki (1966) est similaire à celle de Schumpeter. Kalecki considère les innovations d'une façon large et ne les assimile pas au seul progrès technique.

l'évolution économique dans la mesure où il est supposé mettre en place des produits nouveaux (innovation de produit), des processus de production nouveaux (innovation de processus) et de nouvelles façons d'organiser le travail.

Sur le plan théorique, la référence à Schumpeter signifie une théorie de la croissance, de l'évolution de la société dont une version contemporaine peut être trouvée dans les travaux des auteurs appelés « évolutionnistes » (Nelson et Winter, 1982).

En économie industrielle, l'étude des innovations est davantage centrée sur les conditions de son apparition au niveau des entreprises du secteur privé. Parallèlement au secteur privé, les grands centres de recherche publics, financés par des dépenses publiques, produisent aussi des savoirs et connaissances permettant de créer des externalités positives sur l'économie. L'université en constitue un exemple remarquable dans la mesure où les centres universitaires de recherche visent comme objectif la production (et la reproduction) des connaissances scientifiques capables d'assurer la continuité des avancées dans tous les domaines du savoir qu'il s'agisse de la technologie ou des sciences sociales et de l'organisation.

Il convient de rappeler que sur la période 1981-1996, les dépenses en R&D des pays de l'OCDE ont été multipliées par 3 et le rôle des dépenses publiques dans la recherche fondamentale, mais aussi dans la recherche appliquée, apparaît crucial. Par exemple, en vue de réduire le retard accumulé par rapport aux Etats-Unis et au Japon, le gouvernement français a augmenté de 2,2% son budget de la recherche en 2001 et en 2002 contre une augmentation de 1,3% en 2000. La moyenne de l'augmentation annuelle était de 0,9% sur la période 1993-97.

De la même façon, les dépenses consacrées à la R&D dans le domaine militaire créent une dynamique de diffusion qui permet l'adoption du dispositif d'innovation à grande échelle. Le gouvernement américain a annoncé, début 2002, une augmentation de 17,3% de son budget de recherche publique militaire et de 15,8% du budget de recherche publique médicale[1]. Guellec note que le nucléaire mais aussi les autres composantes de la défense sont extrêmement intensifs en R&D (1999, p. 12).

Toutefois, dans cette section, nous ferons abstraction des différents systèmes d'innovation fondés sur les différences entre la recherche appliquée (à visée commerciale) et la recherche publique (avec pour objectif la production des connaissances) et

---

[1] Bien sûr, une partie de l'explication de cette évolution est due aux événements de septembre 2001. Le budget de recherche publique contre le bioterrorisme a été multiplié ainsi par 3 entre 2001 et 2002.

les sources de financement (publiques et privées)[1]. Nous nous interrogerons plutôt sur les raisons et les modalités des stratégies dynamiques de changement. Ces stratégies sont en général étudiées à partir des innovations technologiques, mais elles concernent aussi les modifications organisationnelles. Le premier paragraphe définit le concept d'innovation et sa spécificité théorique. Le paragraphe suivant considère la dynamique de R&D et la structure d'innovation par rapport à la taille des firmes. Le troisième paragraphe présente la rationalité anticoncurrentielle des engagements de R&D à l'égard des concurrents potentiels. Il conviendra, au dernier paragraphe d'évoquer brièvement les conditions de financement des innovations.

Changement de conception

Contrairement aux approches néoclassiques traditionnelles, qui considèrent le progrès technique comme un élément exogène au système d'équilibre stationnaire, l'endogénéisation de l'innovation participe aujourd'hui du développement des théories de la croissance endogène, en partie, dans la lignée de Schumpeter (Aghion et Howitt, 2000). L'innovation est définie comme un dispositif « nouveau produit » ou « nouveau procédé ». On peut recenser trois types principaux d'innovation :

1) Innovation du produit : Cette forme permet d'élargir le marché et de favoriser la croissance du secteur. Elle peut aussi renforcer la différenciation des produits. Dans ce domaine, les innovations nécessitent en général de nouvelles méthodes de production, de commercialisation et de distribution qui modifient les économies d'échelle. Comme conséquence, le changement de la base technologique et la nécessité d'investissements massifs modifient la donne du secteur dans lequel l'innovation se produit ;

2) Innovation commerciale: Les modifications dans l'utilisation des canaux publicitaires ou les nouvelles modalités de publicité, la mise en place de nouveaux circuits de distribution, etc., permettent d'atteindre de nouveaux consommateurs en élargissant la demande ou en renforçant la différenciation. Elles augmentent le pouvoir de monopole de la firme innovatrice ;

[1] Ce sujet dépasserait de beaucoup les préoccupations de cette section. Une présentation détaillée des différentes formes et structures d'innovation et de financement peut être trouvée dans Lundvall (1992), R. R. Nelson (1993) et dans Amable, Barré et Boyer (1997).

3) Innovation du procédé : Il s'agit des modifications dans les procédés ou méthodes de fabrication. Ceci a pour effet une variation de l'intensité capitalistique du secteur, une modification des économies d'échelle, une variation du degré d'intégration verticale, etc.

L'innovation est une source de monopole. L'innovation de procédé permet, par exemple, de réduire les coûts et donner ainsi un avantage déterminant à la firme innovatrice dans ses tentatives d'élimination des concurrents par une politique de prédateur à travers l'application d'un prix-limite (cf. paragraphe suivant), tandis qu'avec l'innovation de produit, la firme se trouve seule à fournir un certain bien sans substitut se créant ainsi un marché de monopole.

Dans les nouvelles théories de la croissance (Romer, 1990, Aghion et Howitt, 2000), le changement technique résulte des investissements réalisés par des firmes motivées par le gain. Contrairement aux modèles traditionnels néoclassiques dans lesquels le progrès technique est un facteur exogène (les fonctions de production sont des données pour les firmes, cf. chapitre I), l'innovation en général et le progrès technique en particulier, deviennent des variables endogènes. Dans les modèles de croissance endogène, la technologie est distinguée des autres facteurs de production par l'existence d'économies d'échelle dans la production des connaissances. Cette caractéristique débouche sur des rendements croissants du fait des avantages liés à la taille, source de destruction de la concurrence (Dasgupta et Stiglitz, 1980). Comme la connaissance est considérée non rivale[1] et que la circulation de l'information se fait à un coût direct (de transmission) presque nul (le coût marginal de la connaissance est nul) et partiellement exclusif[2]

« la concurrence par les preneurs de prix ne peut pas être considérée. A la place, l'équilibre est celui d'une situation de concurrence monopolistique » (Romer, 1990, p. S71).

On rencontre deux thèses sur l'apparition des innovations (Dosi, 1984, Kamien et Schwarz, 1982) :

---

[1] en ce sens qu'une même connaissance peut être utilisée un nombre quelconque de fois, par un nombre quelconque d'agents, simultanément et sans se détériorer.

[2] le propriétaire ne peut que partiellement en contrôler l'usage par d'autres agents. Par exemple, une innovation organisationnelle comme la méthode « juste-à-temps » peut être imitée par les firmes concurrentes sans que la firme innovatrice puisse en demander une rémunération aux imitateurs.

1) Innovations tirées par la demande (*demand pull*) : La source des innovations se trouve dans les opportunités créées par le marché. Les consommateurs demandent en fonction de leurs besoins et le producteur recherche, développe et répond aux besoins. Il est aussi possible de considérer les comportements innovateurs des firmes en termes de chaînes d'innovation dont l'origine est une perception (objective ou subjective) d'un nouveau marché (Gabet, 1997). La recherche d'innovation n'intervient dans ce cas que lorsque les connaissances disponibles (le stock de connaissances) ne permettent plus à la firme de satisfaire pleinement son objectif de rentabiliser la nouvelle opportunité commerciale.

2) Innovations poussées par la technologie (*technology push*) : Ce sont les firmes qui, en fonction de la connaissance scientifique disponible et des possibilités de développement, déduisent les domaines de recherche prometteurs et se lancent dans la R&D.

Bien entendu, ces deux éléments peuvent coexister dans l'économie à un moment donné.

Ce changement d'optique met en évidence le rôle dynamique de la firme dans l'évolution économique. L'accent est particulièrement mis sur le processus de recherche et d'apprentissage[1].

Dynamique de R&D

Les organisations, en tant qu'entités vivantes, changent sans cesse dans un processus de modification/adaptation. Elles suivent des trajectoires d'évolution qui se révèlent parfois très éloignées de leur profil d'origine.

L'intérêt de la prise en compte de l'innovation à travers les stratégies de R&D des firmes relève, en premier lieu, du caractère particulier de l'innovation qui ne s'intègre pas dans le model usuel. En effet, lorsque l'on parle de l'innovation en tant que phénomène économique, on ne peut plus considérer les comportements des firmes sous le seul angle de l'allocation optimale de ressources données puisqu'il s'agit maintenant de considérer les firmes comme des producteurs de savoir, de nouveautés, de « non-existants », qui visent à obtenir des

[1] Un autre domaine d'intérêt est la protection de la propriété industrielle. En France c'est l'Institut national de la propriété industrielle (Inpi) qui est le gardien de l'innovation (brevets). En Europe, depuis 1978, c'est l'Office européen des brevets (OEB) qui se charge de cette mission.

positions dominantes et moins incertaines. La fonction de production, qui intègre à la fois la technique et l'organisation, devient une variable déterminée d'une façon endogène par les décisions stratégiques des firmes.

a) Evolution, innovation et R&D

Dans la constitution d'une organisation, l'existence d'un ensemble de règles précises, claires et surtout applicables est nécessaire. Cela conduit à déterminer les obligations et les rôles, mais aussi les critères d'évaluation des performances. En même temps, il peut s'avérer nécessaire de faire évoluer ces règles en fonction des changements observés ou anticipés (Nelson et Winter, 1974).

Dans le choix entre plusieurs options, les règles de décision doivent permettre de comparer les différentes opportunités en fonction de leurs résultats prévus par rapport aux objectifs de la firme. Dans l'évolution, l'organisation est conditionnée par des essais, mais aussi par des erreurs des comportements, toujours en tâchant de déterminer les décisions qui ont réussi dans le passé et en cherchant à éviter ceux qui ont échoué. L'apprentissage est expérimental et est un lieu de confrontation, de négociation et de coalition où les pouvoirs des acteurs et leurs préférences affectent l'issue des marchandages. Ces caractéristiques déterminent une structure de procédures et d'actions évolutives et adaptables.

Chaque processus de changement engendre sa propre trajectoire et dépend de l'intégration de nombreux éléments aléatoires dans un sentier général d'évolution. Un processus évolutionniste[1] englobe la déstabilisation des structures qu'il a créées. Dans l'évolution de la firme, les innovations correspondent à un processus de *destruction créatrice* (innovations sous le poids de l'environnement et modification nécessaire – défensive – des formes). Mais en suivant la voie ouverte par Schumpeter, il paraît cohérent de dire, sans faire de jeux de mots, que les innovations peuvent aussi signifier un processus de *création destructrice* dans la mesure où les stratégies d'innovation peuvent être offensives et anticipatives visant à modifier les structures établies.

Le facteur innovation vient s'ajouter au facteur organisationnel en tant que variable endogène d'importance capitale pour distinguer la firme du monde décentralisé de la firme représentative de l'équilibre général. A côté de l'Efficacité-X,

---

[1] Comme le soulignent Laszlo et Laszlo (1993, p. 25), l'approche évolutionniste porte sur le processus : « les choses ne sont pas telles qu'elles ont été créées; elles sont ce qu'elles deviennent... ».

on doit donc inclure aussi *l'Efficacité-I* dans la mesure où les différences entre firmes semblables proviennent des facteurs organisationnels et de leur capacité d'évolution par le biais des innovations, notamment. Toutefois, si l'on suit le raisonnement schumpétérien, la notion d'Efficacité-X englobe implicitement celle d'Efficacité-I, dans la mesure où l'efficacité de l'organisation est une notion qui se veut dynamique. Elle correspond aussi bien à des modifications organisationnelles qu'à des innovations technologiques.

La R&D industrielle correspond aux activités de recherche dont les résultats ont pour objectif une valorisation marchande (Foray et Le Bas, 1991, p. 630). Ces activités sont orientées vers la création d'innovations introduites par de nouveaux produits ou de nouveaux procédés de production.

Pavitt (1984)[1] observe trois tendances à partir de deux milles innovations recensées en Grande Bretagne :

* L'importance du développement technologique interne aux firmes : le comportement technologique des firmes est le résultat de l'accumulation de leurs expériences et de leurs savoirs-faire ;

* L'internalisation des compétences techniques joue un rôle croissant dans les secteurs où la concurrence entre firmes, ainsi que leurs performances, sont fondées sur le développement technologique et la différenciation des produits. L'évaluation en termes de coût/rendement des investissements en R&D (internalisation de la recherche) crée en général des obstacles pour les firmes de petite taille. Ces dernières doivent alors se positionner par rapport au leader soit dans une relation de sous-traitance, soit sur une niche de marché (sur une petite partie du secteur ou sur un type de produit particulier) non exploitée par la firme innovatrice ;

* Un lien entre l'auto-approvisionnement en technologie et les différentes mesures de l'intensité technologique (dépenses de R&D, innovation, etc.) est remarqué.

Surtout ce sont les secteurs à forte intensité capitalistique (les industries à processus continu comme la sidérurgie et les secteurs à production de masse, comme l'automobile) qui développent un progrès technique endogène grâce à des activités internes de R&D, de conception et d'ingénierie. Ces secteurs exercent des effets d'entraînement sur les secteurs amont et aval (sous-traitants, équipementiers, etc.). Pavitt (1984) estime que les industries tournées vers la science constituent les moteurs de la diffusion et de l'entraînement de la croissance.

---

[1] Voir aussi Quelin (1991).

b) Structure d'innovation et taille des firmes

L'innovation s'effectue dans un cadre dynamique et nécessite une structure d'organisation et de recherche flexible contrairement aux structures bureaucratiques rigides. L'organisation innovatrice doit répondre continuellement à un environnement complexe et imprévisible, elle ne peut pas s'appuyer sur une stratégie unique et inflexible. La planification des actions sous une forme souple est nécessaire. La définition d'une stratégie paraît fragile dans un processus d'innovation qui engendre des réactions non prévues (des marchés mais aussi de l'organisation interne) auxquelles la structure de la firme doit répondre. Comme Mintzberg le souligne (1994, p. 304), la stratégie d'évolution de la firme est définie selon les besoins et consiste à « grignoter » continuellement (s'adapter en permanence) plutôt que de « mordre » d'un seul coup surtout lorsque l'évolution à long terme est incertaine.

Chaque innovation fondamentale introduit de l'information dans son environnement et engendre des modifications dans les structures. Les nouvelles technologies sont en général combinatoires dans la mesure où elles impliquent l'utilisation de savoirs divers. L'intervention coordonnée de plusieurs branches d'activité crée des retombées sous forme d'autres types d'innovation. Les activités innovantes sont évolutives dans la mesure où elles se modifient au fur et à mesure que les agents économiques enrichissent et exploitent un potentiel technologique donné. Elles sont aussi transversales car elles concernent plus d'un métier modifiant un très grand nombre de conditions de production et affectant une large variété de produits (la maîtrise des matériaux transformant l'industrie aérospatiale ou les industries d'énergie, par exemple. cf. Morvan, 1991).

Les systèmes techniques correspondent aux regroupements des techniques en des ensembles caractérisés par une complémentarité et évoluent le long des trajectoires technologiques (Guellec, 1999, p. 29). Ces trajectoires technologiques peuvent correspondre à des technologies génériques qui sont des innovations majeures permettant de créer une filière technologique nouvelle. Une première innovation donne lieu à de multiples innovations subséquentes augmentant ainsi le rendement des engagements initiaux des firmes innovatrices. Ces dernières suivent alors des stratégies de *grappes technologiques* en vue de maîtriser des savoirs scientifiques et techniques en cherchant à les valoriser dans maints domaines d'application. Les grappes technologiques consistent à exploiter un ensemble de technologies, qualifiées de génériques, elles-mêmes déclinées en technologies d'application. Les savoirs scientifiques vont sélectionner les racines (les technologies génériques) et les branches (produits et marchés qui permettent de valoriser le potentiel de la firme) :

Schéma 4 :

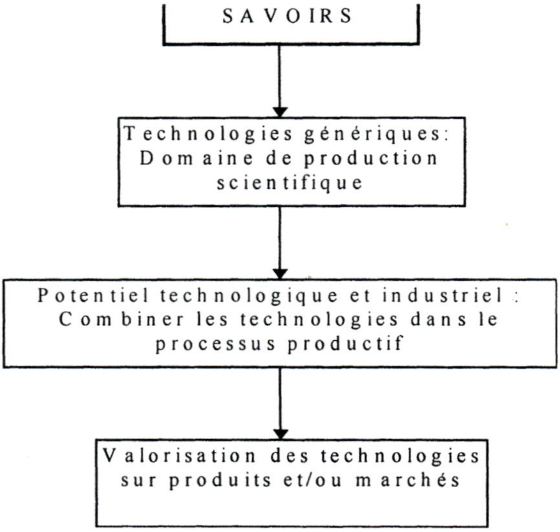

Il existe une interdépendance entre les grappes d'innovation, les modes de gestion et d'organisation et les structures de marché. Dans la lignée de l'approche évolutionniste (Nelson et Winter, 1982), on peut considérer le processus d'innovation et sa diffusion dans le système économique à partir de l'enchaînement suivant. Les firmes adoptent des comportements dans un contexte d'incertitude. Leur capacité d'innovation détermine la trajectoire d'évolution qu'elles pourront définir. Ceci leur permet de présenter au marché de nouveaux produits ou d'être présentes sur de nouveaux marchés. Une rente de situation apparaît alors. Elle est due à la détention d'un savoir scientifique et technologique de pointe. Le développement des systèmes de R&D augmente la vitesse d'innovation et remet en cause les rentes de situation. L'apparition de combinaisons efficaces s'accélère et modifie le système technologique et organisationnel dominant. Les possibilités d'utilisation de nouveaux processus dans de nombreux domaines augmentent et les coûts baissent substantiellement à moyen terme. Les pratiques d'approvisionnement sont multipliées et avec l'établissement de réseaux inter-firmes, les innovations sont diffusées et renforcent le processus d'évolution. La structure du marché s'en trouve dès lors continuellement modifiée.

La question fondamentale qui se pose aux économistes est de savoir comment les firmes et les marchés doivent être organisés pour générer une performance économique optimale. Une hypothèse schumpétérienne est que l'innovation croît avec la concentration du marché. Comme nous l'avons souligné dans l'étude des conglomérats, les imperfections des marchés de capital confèrent un avantage aux grandes firmes (Cohen et Levine, 1989) au niveau de la sécurité de financement des projets de R&D (avec un niveau élevé d'autofinancement ou avec des conditions de financement externe plus stables). De plus, on suppose que le rendement des activités de R&D est plus élevé lorsque l'innovateur a un volume de production et de vente important. L'amortissement des coûts fixes élevés est alors assuré par l'apparition des économies d'échelle dans la technologie de R&D. L'existence des complémentarités entre R&D et autres activités non productives des grandes firmes (le marketing, la planification financière, l'expérience, le savoir-faire accumulé) facilite la réalisation des innovations.

Sur le plan général, la R&D est inégalement répartie entre les firmes. Plusieurs caractéristiques des efforts de R&D font que ce sont en général les grandes firmes qui mettent en place des innovations déterminantes pour la structure du marché (Pavitt, 1996)[1]. Des investissements en R&D impliquent des coûts élevés qui sont difficilement réalisables par des petites firmes.

Les opérations d'innovations comportent des risques quant aux résultats et seules les grandes firmes ont les moyens de faire face aux résultats inattendus des engagements incertains. De surcroît, ces opérations sont, dans la plupart des cas, des engagements de long terme qui obligent les firmes à supporter une attente longue. Avec l'apparition de produits nouveaux, un problème de diffusion apparaît. La mise en place d'un réseau de distribution étendu et varié devient nécessaire et implique à son tour des coûts supplémentaires liés aux innovations.

---

[1] En France, les firmes de plus de 1000 salariés réalisent 70% de la recherche industrielle (pour 84% aux Etats-Unis). 75% des dépenses en R&D sont effectuées dans les secteurs de haute technologie (aérospatial, informatique, pharmacie, télécommunications) qui ne représentent pourtant que 13% de la valeur ajoutée manufacturière dans les pays de l'OCDE en 1996 (voir Guellec, 1999, pp. 14-15).

Toutefois, Acs et Audretsch (1987) indiquent que le rôle de la taille des firmes dans les innovations dépend des conditions de la branche (de la structure du marché considéré). Les grandes firmes sont beaucoup plus innovatrices dans des industries concentrées avec d'importantes barrières à l'entrée alors que les petites firmes innovent davantage dans des branches moins concentrées et plus jeunes qui sont relativement contestables. C'est pourquoi, la R&D est beaucoup plus visible dans des secteurs concentrés avec des firmes de taille importante (Pavitt, 1984, 1996). *A contrario*, lorsque l'industrie est à coefficient de capital faible, la R&D peut être le fait de firmes moyennes. Les caractéristiques des innovations dépendent donc de la particularité, de la nature des secteurs concernés. La conséquence en est que comme le signale Morvan (1991, p. 340), les études empiriques ne sont pas concluantes sur le rôle et le poids des grandes firmes dans les innovations[1].

Il est toutefois certain que les innovations modifient la configuration des industries et deviennent un vecteur stratégique de changement. La constitution d'une avance technologique ou d'un savoir spécifique permet de développer plusieurs stratégies. Avec le changement de perspective due à la nouvelle technologie, il peut devenir possible de régénérer les activités qui se trouvent en phase de déclin. Lorsque le savoir technologique engendre une entrée dans de nouveaux secteurs contrôlés jusque-là par d'autres firmes, les activités de croissance, de diversification ou de différenciation sont renforcées et la répartition du marché entre les firmes est modifiée. Ceci peut augmenter le degré de concurrence sur un marché donné si la firme innovatrice pénètre dans un marché monopolistique ou duopolistique. A l'inverse, lorsque la firme entrante est plus forte que celles qui sont déjà en place, en éliminant ces dernières ou en leur imposant de nouvelles conditions de fonctionnement techniques ou organisationnelles, elle peut réduire la concurrence sur le marché :

« la firme innovante remet en cause les lieux de la concurrence, elle déplace en permanence les frontières des activités en créant de nouveaux espaces de lutte autour de nouveaux produits » (Morvan 1991, p. 350).

La réussite de la firme réside dans le fait de se rendre capable de s'adapter, grâce à un processus continu d'apprentissage, à la complexification des milieux qui l'entourent, mais aussi

[1] Geroski (1990) montre, à partir d'un modèle de régression, que l'hypothèse schumpétérienne de causalité entre le degré de concentration, la R&D et les innovations n'est pas *a priori* vérifiée. Voir aussi Scherer (1992).

dans ses intentions de et ses capacités à modifier l'environnement dans lequel elle agit.[1]

Décisions stratégiques anticoncurrentielles : innovation et menace crédible

Il est possible de considérer que les dépenses de R&D, qui confèrent à la firme une position de leader sur le marché, constituent aussi une menace crédible pour dissuader les concurrents potentiels et pour pérenniser ou pour créer une structure non concurrentielle. Deux arguments sont utilisables en faveur de cette idée.

a) Un jeu d'entrée sur le marché

Un premier argument peut être donné en termes d'un jeu d'entrée à deux firmes (Jacquemin (1985), Tirole (1985), Gaffard (1990), Glais (1992), Rainelli (1998)) où les engagements de la firme en place (investissements importants impliquant des coûts élevés difficilement amortissables à court terme) se présentent comme un obstacle à l'entrée dans la mesure où ils constituent une menace crédible montrant que la firme établie n'accepterait pas le partage du marché avec de nouvelles firmes. La stratégie anticoncurrentielle, lorsqu'elle est déclarée par la firme en place, impose des gains négatifs ou faibles aux concurrents potentiels supprimant par là toute opportunité de profit pour les firmes désireuses d'entrer sur un nouveau marché.

Prenons un exemple afin de montrer que *la rentabilité de l'entrée ne dépend pas uniquement des caractéristiques du marché, mais aussi des comportements stratégiques des firmes en place*, comportements qui visent à déterminer une structure de marché favorable aux firmes dominantes.

[1] Dans l'étude des structures économiques, il convient de ne pas perdre de vue la nature complexe de l'environnement dont l'évolution est rarement régulière et continue. Les théories du chaos (Abraham-Frois et Berrebi, 1992) fournissent aujourd'hui les fondements d'une approche plus complète. Selon ces théories, les cheminements suivis par l'évolution se caractérisent par des « attracteurs » qui définissent la trajectoire temporelle empruntée par les états d'un système dans son évolution. Ces attracteurs peuvent être stables (de façon à ce que le système s'oriente vers un point ou une zone de points), périodiques (états du système revenant de façon cyclique au(x) même(s) point(s)), ou étranges/chaotiques (états complexes et imprévisibles avec des comportements erratiques créant une situation de chaos). L'exemple le plus connu des systèmes chaotiques est l'« effet papillon » de E. Lorenz : un papillon qui agite ses ailes dans le sud de Californie peut créer une petite turbulence d'air qui, par effets cumulés, engendrera des tempêtes dans la mer de Chine.

Supposons deux firmes dont l'une (F2) désire entrer dans une branche où l'autre (F1) produit déjà. La question qui sera étudiée ici est de savoir si la menace de réaction de la firme en place est crédible ou pas. Les résultats possibles dépendent du déroulement des trois étapes (séquences) du jeu :

1) F1 choisit de s'engager ou de rester passive ;
2) Dans un deuxième temps, l'entrant potentiel, connaissant la décision de la firme en place, décide d'entrer ou non sur le marché ;

3) Enfin, F1 choisit sa politique de réaction entre le partage du marché et la guerre contre le concurrent potentiel.

Il est possible de schématiser les différents enchaînements à travers un *arbre de décision* qui traduit, à chacune de ses branches, les combinaisons variées des stratégies particulières :

Schéma 5 :

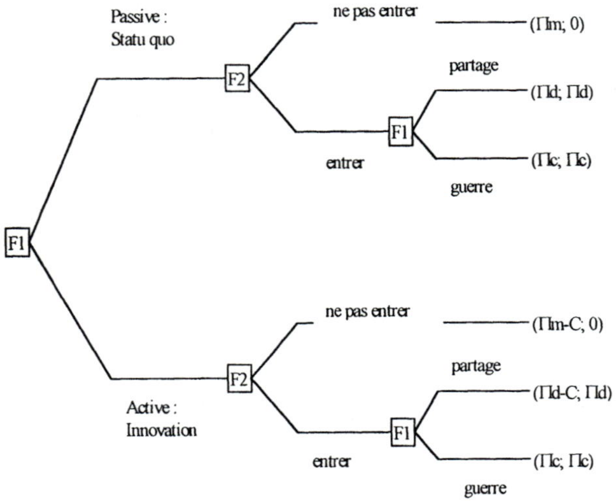

Le jeu est non coopératif et se déroule d'une façon séquentielle en deux étapes. A la première étape, le concurrent (F2) décide d'entrer. S'il n'entre pas dans la branche, la firme en place (F1) obtient un profit de monopole, Πm. Si, au contraire, F2 entre et si F1 choisit une guerre des prix, le profit est, pour chacune des firmes, Πc (situation concurrentielle). Si les firmes partagent le marché, on est en présence d'un duopole avec comme profit Πd (profit de duopole) pour chacune.

On suppose que :

$$\Pi m > \Pi d > \Pi c.$$

(Les gains qui sont donnés entre parenthèses à la fin de chaque enchaînement possible appartiennent respectivement à F1 et à F2).

Dans la partie « passive » (la première branche de l'arbre), la paire de stratégies « guerre si entrée » et « ne pas entrer » (rester en dehors du marché) est un équilibre de Nash[1]. Aucun des deux joueurs ne souhaite modifier sa stratégie étant donnée celle de son adversaire. Mais la guerre ici n'est pas une menace crédible puisqu'elle donne un profit inférieur aux profits des autres stratégies. De ce fait, le nouvel entrant ne peut être découragé car il considère que la seule réaction rationnelle de F1 à son entrée sera de partager le marché et d'obtenir ainsi Πd et non de faire la guerre et de se trouver dans une concurrence qui éroderait le profit puisque Πd > Πc.

L'existence d'un *engagement* permet de modifier ce problème. On suppose que F1 s'engage d'une façon irrévocable dans des coûts, C, pour préparer sa défense (les coûts irrécupérables sont positifs). Prenons comme engagement un investissement en innovation (R&D) qui ne peut être révoqué. Le caractère irréversible de l'engagement est connu avant que F2 ne prenne sa décision. Si l'entrée est effective avec une guerre des prix, on retrouve les gains de la situation concurrentielle. Dans tous les autres cas, les gains de F1 sont diminués du montant C, coûts de l'innovation.

L'engagement d'innovation doit être jugé du point de vue de la firme en place selon deux critères : la rentabilité de l'investissement que l'engagement nécessite et l'impact de l'engagement sur la stratégie de l'entrant potentiel. Il est nécessaire que le gain de F1 soit supérieur à ce qu'il est dans l'autre branche de l'alternative pour qu'elle choisisse de combattre dans le cas où l'entrée a lieu :

$$\Pi c > \Pi d - C.$$

Ce résultat est supposé connu de F2. Celle-ci ne va donc pas entrer sur le marché si F1 s'engage et elle va entrer sur le marché dans le cas inverse. F1 est capable de tenir ce raisonnement en se mettant à la place de son concurrent potentiel. Elle ne va décider de s'engager que si le gain découlant de ce choix (position de monopole avec engagement donnant un gain égal à

[1] Pour une présentation synthétique de la théorie des jeux, voir Demange et Ponssard (1994) et Kreps (1999).

Πm-C) est supérieur à celui obtenu en cas de passivité (duopole avec partage : Πd). Pour savoir si F1 s'engage, il faut déterminer s'il existe ou non un engagement particulier dont le coût C peut être calculé à partir des deux conditions suivantes :
1) La première condition signifie :

$$(1)\ \Pi m - C > \Pi d$$

c'est-à-dire

$$\Pi m - \Pi d > C.$$

Les coûts de R&D (=C), doivent être tels que la rentabilité de la R&D et donc de l'innovation soit supérieure au gain d'un marché de duopole pour F1.
2) La deuxième condition est :

$$(2)\ \Pi d - C < \Pi c,$$

c'est-à-dire :

$$\Pi d - \Pi c < C,$$

ce qui crée une incitation à diverger du statu quo pour F1.

Par conséquent, on doit avoir :

$$\Pi m - C > \Pi d$$

et

$$\Pi c > \Pi d - C.$$

En combinant ces deux expressions, on obtient :

$$(3)\ \Pi m - \Pi d > C > \Pi d - \Pi c.$$

Ce n'est que si cette condition est satisfaite, pour un engagement donné, que F1 emploiera une menace qui soit crédible. L'entrée sera alors empêchée. L'existence d'une barrière à l'entrée résulte dans ce cas de la stratégie de F1. F1 crée cette barrière par son engagement irréversible et obtient ainsi une position de monopole (apparition d'une rente de situation).

L'utilisation des *coûts irrécupérables* (coûts nécessaires pour la mise en place d'une nouvelle production par la nouvelle firme) par la firme déjà en place constitue des barrières à l'entrée. Ces barrières sont liées, dans cet exemple, au comportement anticoncurrentiel de F1 qui suit une stratégie d'innovation en modifiant les conditions de production sur le marché considéré.

b) Comportement de prédateur et prix-limite

Un deuxième argument, qui est lié à l'avantage des stratégies de R&D, peut être étudié à partir d'une stratégie de prix-limite. Il s'agit, pour une firme installée, de décourager l'entrée en fixant un prix bas. Ce comportement est qualifié de comportement de prédateur. Comme Tirole (1995, p. 335) le souligne, le prix fixé par la firme installée a une valeur d'engagement. Les entrants prévoient alors que le prix fixé avant leur entrée sera maintenu par la suite. Mais comme l'entrée sur un marché est un engagement de long terme et comme le prix est une variable qui peut varier à court terme, la crédibilité de l'engagement de prix bas fixe ne paraît pas évidente. En effet, cet engagement dépend du secteur considéré. Pour qu'il y ait une menace crédible, il faut que le prédateur, en fixant un prix faible, oblige son concurrent à réviser à la baisse son estimation de la rentabilité du marché et à se retirer du marché (Milgrom et Roberts, 1982). Une autre façon d'envisager ce résultat est de considérer que du fait de ses investissements en R&D et de ses avancées en matière d'innovation, comme dans l'exemple du paragraphe précédent, la firme « prédateur » dispose d'une technologie supérieure aux technologies des entrants potentiels. Dans ce cas, ayant des coûts inférieurs aux coûts des entrants, l'utilisation d'un prix suffisamment bas permettrait à la firme installée de dissuader toute nouvelle entrée. Cette supériorité du prédateur continue jusqu'à ce que les conditions de production des concurrents potentiels deviennent semblables aux siennes, ce que la stratégie de développement des technologies génériques vise à éviter. Cette situation apparaît aussi lorsqu'une firme qui obtient un avantage d'innovation (sous toutes ses formes) veut éliminer ses concurrents existants sur le marché.

Donc, l'apparition d'avance technologique (ou organisationnelle), permettant de réduire les coûts par rapport aux processus productifs employés par les concurrents potentiels, peut conférer à la firme une position de monopole. Dans cette logique (Bonanno et Brandolini (1990), Lecaillon (1988), Milgrom et Roberts (1997)), on peut considérer la détermination du prix en fonction des économies d'échelle. Une firme présente sur le marché peut prévenir l'entrée des concurrents en déterminant un prix inférieur au coût moyen de ces derniers étant donné le produit additionnel qui sera offert par cette entrée. L'entrée devient alors non profitable :

Figure 1 :

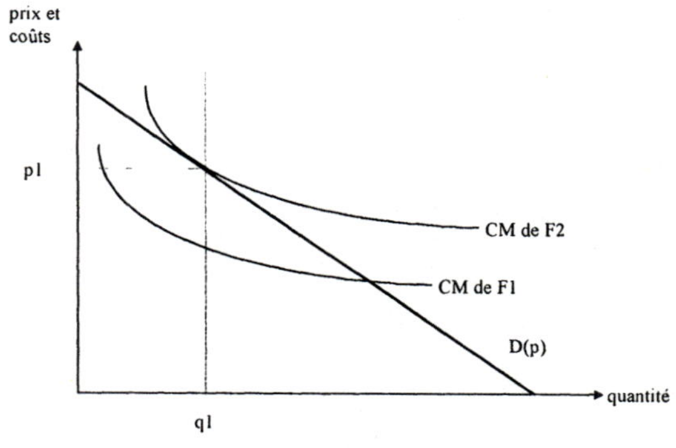

Dans cet exemple, on a utilisé le *postulat de Sylos-Labini* qui suppose que les firmes en place vont maintenir leur niveau initial de production agissant comme le leader de Stackelberg. En raison de la différence des technologies utilisées par F1 et F2 (concurrent potentiel ou présent), CM1<CM2. Cet écart des coûts moyens permet à F1 de produire la quantité q1 et de la vendre à p1 étant donnée la demande D(p) sur le marché. A ce prix limite p1, F2 ne réalise pas de profit et n'entrera donc pas sur le marché (ou bien elle en sortira si elle y est déjà présente).

Il convient de préciser maintenant les conditions de financement des innovations. On ne prendra pas en compte ici le rôle des dépenses publiques ni toutes les modalités de financement observées dans la pratique. On évoquera seulement la dynamique de financement privé des activités innovatrices à travers l'intervention des banques en vue de mettre en évidence un schéma général de fonctionnement de l'économie.

La dynamique et le financement : un aperçu

La dynamique économique est à la fois réelle et monétaire. Elle est réelle lorsque l'on considère les comportements des seules firmes industrielles sans s'interroger sur les conditions de financement et, donc, de réalisation *effective* des projets innovateurs. Or, aucune firme, aussi dynamique qu'elle soit, ne peut s'engager dans des projets de R&D sans financement. La dynamique est aussi monétaire, non seulement parce qu'elle fait intervenir des réseaux de financement comme le système bancaire, mais aussi parce qu'elle est affectée par les innovations bancaires et financières.

a) Innovateur et accès aux moyens de financement

L'attention portée sur le caractère innovateur des firmes anticoncurrentielles et sur les activités de R&D ne doit pas faire oublier que dans l'économie toute opération doit être financée. Ceci est davantage vérifié lorsqu'il s'agit de mettre en place de nouveaux projets qui demandent des investissements considérables et un temps d'amortissement relativement long. L'appui des financeurs, dont le système bancaire, à moyen-long termes apparaît comme une condition *sine qua non* de la réalisation des innovations. Le processus schumpétérien de destruction créatrice ne peut être mis en valeur que si on considère ensemble l'aspect réel et l'aspect financier des opérations productives (Ülgen, 1996, 2001).

Plusieurs modalités de financement peuvent exister (et coexister).

Une première modalité contemporaine est la constitution d'une société de capital-risque. Le financement des opérations d'innovation est considéré comme hautement risqué avec une information stratégique qui ne peut pas être facilement divulguée aux prêteurs. Dans ce cas, faute de pouvoir fournir une information transparente suffisante, il paraît difficile de faire appel aux épargnants-prêteurs sur les marchés financiers. Par conséquent, dans la modalité de financement à partir d'une société de capital-risque, l'innovateur participe avec ses propres fonds à l'entreprise. Le reste du capital est fourni par un fonds spécial alimenté par des investisseurs extérieurs et géré par un organisme intermédiaire appelé le capital-risqueur. Les investisseurs (banques, fonds de pension, firmes, particuliers) sont liés entre eux par des clauses portant, par exemple, sur la durée de vie du fonds. Un des secteurs particuliers où ce type de financement est appliqué aujourd'hui est le domaine des biotechnologies. Plusieurs sociétés de capital-risque, comme CDC Innovation Partners, Atlas Venture ou encore Sofinnova Partners, consacrent en France 40-45% de leurs investissements aux sciences de la vie et aux entreprises de biotechnologie. Bien que l'industrie européenne des biotechnologies arrive à maturité avec les premiers lancements effectués en 2000, le taux de rentabilité immédiat de ces investissements reste encore inférieur à celui des autres secteurs. Les investissements sont plus longs (entre 5 et 7 ans sont nécessaires avant de voir les efforts récompensés) et les risques majeurs technologiques et scientifiques, liés au temps de développement d'un médicament (à peu près entre 7 et 12 ans), sont importants. Mais les investisseurs de ces sociétés de capital-risque suivent une logique de rentabilité à long terme en misant sur l'apparition des rentes de situation lorsque les médicaments stratégiques dans les thérapies de demain apparaîtront sur le marché.

Les sociétés de capital-risque servent aussi des innovateurs qui n'ont pas d'assises financière, technique ou administrative bien établies. C'est le système de *business angels* : Aider les jeunes créateurs de société de haute technologie (de *high-tech*) qui ont des idées originales (innovatrices) dans la résolution de leurs problèmes logistiques, administratifs et financiers. Dans l'exemple d'une société normande établie à Caen, Premiers Pas SA, la société de capital-risque, qui réunit 11 investisseurs dont la Caisse des Dépôts, Cogema, EDF-GDF et Alcatel, offre un fonds total de 1.1 million d'euros pour financer les opérations d'innovation.

La société de développement régional, Expanso, contrôlée par la Caisse d'Epargne d'Aquitaine Nord, a annoncé la création, en 2002, d'un fonds commun de placement dans le cadre de son activité de capital-risque. Une opération semblable est le fonds commun de placement dans l'innovation (FCPI), développé par la société de gestion Sofimac Partners en vue de lever 30 millions d'euros destinés à être investis dans des entreprises innovantes dans les secteurs NTIC, bio-technologies et matériaux nouveaux du Massif central. De surcroît, le gouvernement français a annoncé, en décembre 2001, son intention de créer un fonds de 60 millions d'euros qui co-investira directement dans les start-up en phase d'amorçage. Toutefois, cette modalité de financement est particulière aux activités d'innovation de petite taille et est tributaire des fluctuations des secteurs nouveaux qui n'ont pas encore atteint un degré de maturité satisfaisant à l'égard des incertitudes des marchés. Par exemple, entre 2000 et 2001, les sommes investies en capital-risque (amorçage et start-up) ont chuté de 36% contrairement aux montants qui ont servi à des rachats d'entreprises, qui sont restés à peu près constants. Les investisseurs, à grande échelle, sont plus enclins à financer des produits proches de la commercialisation que des promesses.

Une autre modalité, qui est commune à toute forme d'investissement est l'autofinancement. La capacité de la firme à dégager des liquidités de ses activités antérieures s'ajoute aux avantages de taille et de situation monopolistique et lui permet de financer ses opérations d'innovation.

Nous développerons ici une troisième modalité qui est le financement bancaire. La raison de ce choix est simple mais déterminante. Jusqu'ici, nous avons analysé l'économie en dehors de toutes considérations monétaires et financières. Sans faire une analyse détaillée dans ce domaine, ce qui exigerait un autre livre, il convient de rappeler l'importance des relations monétaires et financières. Nous situerons l'analyse au niveau fondamental et considérerons seulement le système bancaire.

Les relations entre les firmes et les banques (ou le système financier, en général) constituent un moment déterminant dans le fonctionnement économique. L'aptitude de l'entrepreneur à créer une dynamique d'évolution est liée en grande partie aux conditions de financement des opérations de production et/ou d'investissement. La réponse des banques aux besoins de financement des entrepreneurs, dans un contexte d'information imparfaite et/ou incomplète et d'hétérogénéité des comportements, empêche ou entérine la réalisation des projets anticipatifs.

Comme Schumpeter le soulignait (1935), l'action économique ne peut pas être expliquée sans la prise en compte de la monnaie et des relations monétaires. Le système économique que l'on étudie est cette forme d'économie de propriété privée dans laquelle les innovations sont réalisées grâce aux moyens de financement empruntés qui, en général, impliquent une création de monnaie de crédit. L'entrepreneur, le sujet de l'innovation, a besoin de moyens de financement de ses projets en vue d'aboutir aux innovations ou à de nouvelles combinaisons productives, c'est-à-dire à l'objet de la dynamique :

Schéma 6 :

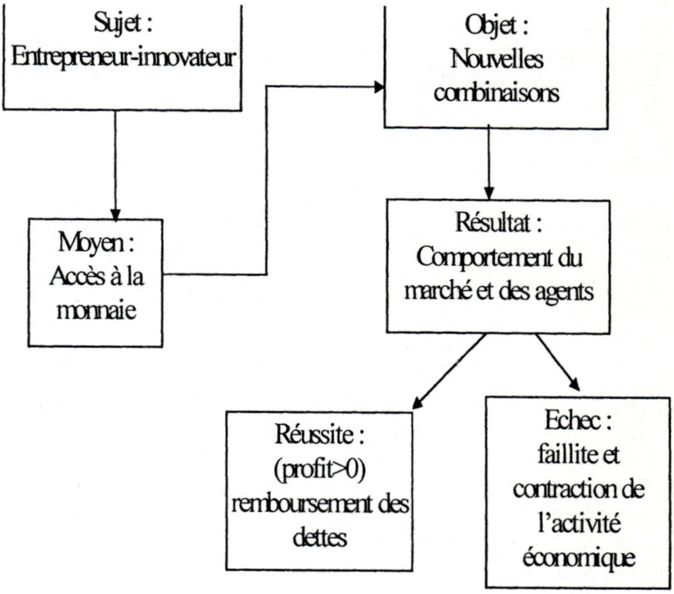

L'accès aux moyens monétaires de financement est le pouvoir de commander le niveau de l'activité économique à un moment donné. Ce pouvoir est donné en partie par l'obtention du crédit bancaire qui autorise l'entrepreneur à aller au-delà des moyens existants.

b) Le crédit, le système bancaire et l'interdépendance du réel et du monétaire

Le système bancaire joue un double rôle dans l'économie. Les banques sont des intermédiaires financiers qui assurent la ré-allocation des fonds d'épargne accumulés dans les mains des agents à capacité de financement. Dans ce rôle, elles se présentent comme des spécialistes qui collectent, traitent et utilisent l'information requise au service des épargnants. Ces derniers ne sont pas en mesure d'acquérir toutes les informations nécessaires à la connaissance de la pertinence des projets dont le financement est demandé par les entrepreneurs. Les épargnants sont face à un problème d'anti-sélection et ont intérêt à passer par les banques dans la mesure où l'obtention de l'information d'une façon séparée et individuelle serait trop coûteuse à l'égard des rendements escomptés, voire impossible. Les banques ont aussi un rôle d'octroyer des crédits à partir de l'opération de création monétaire, permettant ainsi aux firmes de ne pas dépendre des fonds prêtables des ménages[1]. Présentons alors ces deux rôles des banques.

1) Intermédiation financière :

Dans la *Théorie de l'Evolution Economique*, Schumpeter précise que les services proposés par les intermédiaires financiers (mobilisation de l'épargne, évaluation des projets, la gestion du risque, contrôle des gestionnaires, etc.) sont essentiels pour l'innovation technologique et la croissance économique comme un complément monétaire.

Les travaux récents sur la croissance endogène et sur les liens entre les intermédiaires financiers et la croissance économique traduisent le renouveau de l'intérêt porté à ce sujet.

Les modèles élaborés par Greenwood et Jovanovic (1990), Saint-Paul (1992) et Amable et Chatelin (1995), entre autres, montrent que l'intermédiation financière promeut la croissance en assurant un taux de rendement élevé aux capitaux investis et que la croissance réalisée permet, à son tour, de réduire le coût des financements grâce à la baisse des primes de risque due à la baisse de l'asymétrie d'information.

De même, Bencivenga et Smith (1991) soulignent les effets positifs que les intermédiaires financiers ont sur l'économie en encourageant la ré-allocation des épargnes des investissements

[1] Ici, nous ne discuterons pas des problèmes de stabilité de fonctionnement du système monétaire. Les sujets comme le financement sur fonds préalables ou sur crédit bancaire, le décloisonnement des marchés financiers, le fonctionnement du marché monétaire, l'intervention des banques centrales, etc., ne seront pas traités.

liquides mais peu productifs vers des investissements productifs à plus long terme. Il s'agit du passage des placements financiers spéculatifs à des placements dans des projets de production et de développement.

Les marchés financiers développés sont ainsi supposés créer des instruments permettant de diversifier le risque et de canaliser l'épargne vers le système productif. King et Levine remarquent alors que :

« Le lien entre la croissance et l'évolution des financements n'est pas une simple association temporelle. Le financement ne permet pas simplement la croissance, il semble remarquablement l'engendrer» (1993, p. 730).

2) Financement par le crédit bancaire :

Outre la nécessité d'avoir un système financier efficace, capable d'assurer une ré-allocation des ressources d'épargne accumulées, il apparaît que le système bancaire joue un rôle déterminant en accomplissant une tâche particulière qui lui est propre : création de monnaie de crédit. Les banques ont la particularité de pouvoir financer les projets indépendamment des fonds accumulés.

Lorsque le développement économique dépasse le flux circulatoire existant, un écart entre les moyens disponibles et les besoins de financement des innovations apparaît. La structure de crédit élargit alors les possibilités d'évolution économique au-delà des conditions existantes.

Toutefois, les banques ne sont pas en mesure de satisfaire toute la demande de crédit. Les projets à financer présentent des risques divers et les banques cherchent normalement à financer les projets qui présentent moins de risque ou plus de chance de se réaliser et donc de procurer des rendements quasi-certains. Par conséquent, lorsque les banques rationnent le crédit, les projets proposés par les firmes ne peuvent pas devenir effectifs. Le niveau de la croissance économique s'en trouvera alors négativement affecté.

Les banques interviennent aussi comme des innovateurs dans la mesure où elles créent des produits d'épargne ou des modalités de financement particuliers afin de faire face à la concurrence des intermédiaires financiers non-monétaires ou afin de déterminer les conditions de fonctionnement des marchés de financement dans le futur, ce qui leur assure une avance sur leurs concurrents potentiels et peut créer des barrières à l'entrée. En effet, la mise en place de nouveaux produits ou de nouvelles modalités de financement, dans une période de baisse des taux d'intérêt et de fragilité du niveau de croissance économique, implique des coûts mais aussi des risques de remboursement. Dès lors, la concurrence potentielle change de caractère et dépend du degré auquel les banques établies peuvent ériger des barrières à l'entrée par les coûts requis des opérations, par la nécessité d'avoir un réseau élargi de commercialisation, mais aussi de surveillance et d'évaluation des risques.

Les innovations financières, qui permettent de transférer les risques ou de les assortir selon les termes et les montants, créent des produits ou instruments et permettent aux investisseurs de transférer le coût du risque sur des positions financières variées. De surcroît, le soutien et la garantie proposés par les banques (ouverture des lignes de crédit ou leur engagement dans des montages de capital-risque) sur les projets des firmes rendent l'environnement plus rassurant pour les investisseurs financiers et permettent d'améliorer relativement la qualité de la circulation[1] et de l'utilisation des fonds accumulés.

L'utilisation des innovations financières récentes permet l'accroissement du nombre des engagements de financement, crée de nouvelles possibilités de diversifier les positions de risque des financeurs et de nouvelles sources de financement pour les projets d'innovation.

L'évolution des marchés financiers et le comportement du système bancaire qui affecte les conditions de financement de l'économie déterminent en grande partie la trajectoire d'évolution. La prise en compte de la sphère financière nous permet de souligner en termes de dynamique d'évolution les interdépendances cruciales entre l'économie réelle et l'économie monétaire.

Le schéma suivant montre, d'une façon synthétique, le cadre général de fonctionnement de l'économie entrepreneuriale dans ses dynamiques réelles (structures de marché, comportements anticoncurrentiels des firmes, apparition des positions dominantes sur les marchés à travers la R&D, etc.) et monétaires (liens de financement de l'activité entrepreneuriale, intervention active du système bancaire, relations financières innovatrices) :

---

[1] La qualité de la circulation peut être définie comme l'efficacité allocative de l'intermédiation bancaire dans l'attribution des fonds prêtables.

Schéma 7 :

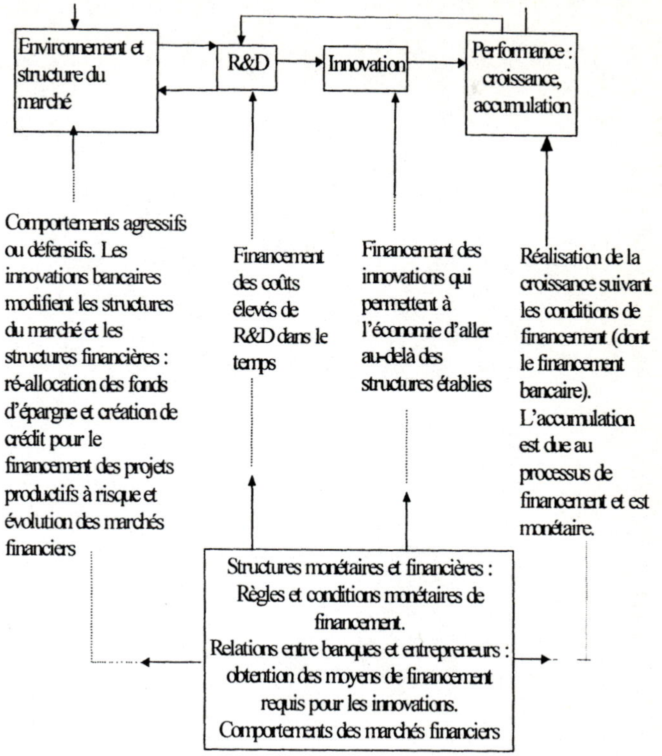

La partie supérieure de ce schéma est bien connue en économie industrielle. C'est une version dynamique du schéma « structure-comportement-performance » qui est transformé en un schéma d'interactions. Nous intégrons à ce schéma la partie inférieure sans laquelle, la réalisation effective des projets ne paraît pas concevable dans une économie « monétaire ».

CONCLUSION GENERALE

Lorsque nous considérons une économie décentralisée, les différences entre les agents économiques, qui se traduisent par des différences d'informations détenues, revêtent une importance capitale dans l'évolution des rapports économiques. L'absence d'un centre d'information et de décision pose d'emblée la question de coordination des décisions séparées. Les informations sont en général privées et leur acquisition peut être très coûteuse, voire impossible. Par conséquent, les décisions prises sont incomplètes et/ou imparfaites et affectent la qualité des résultats obtenus.

Les firmes agissent dans un tel contexte. La raison de leur existence en tant qu'organisation particulière est de réduire, autant que possible, l'incertitude provoquée par les asymétries d'information qui caractérisent la vie économique. Et ce, afin d'atteindre des niveaux élevés de gains à partir des activités de production de biens et de services. La mise en place des structures organisationnelles vise à créer, à partir de rassemblement d'individus différents, un cadre interne de fonctionnement contrôlable et prévisible. Les objectifs ne sont pas les mêmes pour toutes les firmes car elles n'ont pas toutes accès aux mêmes informations et moyens.

La logique de coordination interne influe fortement sur les possibilités d'action des firmes sur les marchés. Les engagements des firmes sont motivés par un objectif de valorisation marchande de leurs activités. Par conséquent, les comportements revêtent un caractère actif, stratégique. La recherche d'un meilleur résultat (un meilleur gain ou une meilleure situation dans le temps) aboutit logiquement à l'apparition des positions dominantes capables de satisfaire cet objectif. La rationalité économique pousse les firmes à agir sur les marchés suivant des stratégies anticoncurrentielles. Le schéma de concurrence pure et parfaite, qui est, par ailleurs, un outil analytique riche, ne semble pas adapté pour comprendre la logique de fonctionnement des firmes dans une économie décentralisée. Pour définir cette dernière, il convient de parler non pas de concurrence mais de compétition, d'une compétition permanente entre stratégies fondamentalement conflictuelles. Les fondateurs de l'économie politique l'avaient déjà remarqué.

Ainsi se comprennent les conditions d'une réussite dans cette compétition :

Réussit, la firme qui a une organisation adéquate et réussit, la firme qui peut dominer les marchés et éviter au maximum la concurrence.

Ces deux conditions visent à réduire, pour la firme, le caractère décentralisé et incertain de l'économie. Il en découle que les formes de marché, considérées comme imparfaites dans la théorie économique conventionnelle, sont en réalité des formes « normales » qui apparaissent en grande partie suite à des comportements économiques rationnels des firmes. C'est là, la caractéristique remarquable du fonctionnement d'une économie de marché, composée d'individus indépendants et libres et d'initiatives privées dynamiques.

BIBLIOGRAPHIE GENERALE

ABRAHAM-FROIS, G., BERREBI, E., *Instabilité, cycle et chaos*, Economica, 1992.

ABRAHAM-FROIS, G., *Economie Politique*, Economica, 1996.

ACOCELLA, N., The multinational firm and the theory of industrial organization, in A. Del Monte (ed), 1995, pp. 232-251.

ACS, Z. J., AUDRETSCH, D. B., Innovation, market structure, and firm size, *The Review of Economics and Statistics*, 74, 1987, pp. 567-574.

AGHION, P., BOLTON, P., Contracts as a barrier to entry, *American Economic Review*, 77(3), 1987, pp. 388-401.

AGHION, P., HOWITT, P., *Théorie de la croissance endogène*, Dunod, Traduction française, 2000.

AIRAUDI, S., Le destin de la globalisation, *Revue Française de Gestion*, Septembre-Octobre, N°100, 1994, pp. 57-61.

AKERLOF, G., The market for 'lemons' : quality, uncertainty and the market mechanism, *Quarterly Journal of Economics*, 84, 1970, pp. 488-500.

ALCHIAN, A. A., Uncertainty, evolution, and economic theory, *Journal of Political Economy,* 1950, pp. 211-221.

ALCHIAN, A. A., DEMSETZ, H., Production, information costs, and economic organization, *American Economic Review,* 62, 1972, pp. 777-795.

ALCHIAN, A. A., Property rights, in J. Eatwell et al., 1987, pp. 1031-1034.

ALIBER, R. Z., A theory of direct foreign investment, in C. P. Kindleberger (ed), *The International Firm*, Cambridge, MIT Press, 1970.

AMABLE, B., CHATELIN, J.-B., Efficacité des systèmes financiers et développement économique, *Economie Internationale*, 61, 1995, pp. 99-130.

AMABLE, B., BARRE, R., BOYER, R., *Les systèmes d'innovation à l'ère de la globalisation*, Economica, 1997.
ANTONELLI, CH. *The economics of localized technological change and industrial dynamics*, Kluwer Academic Publishers, Dordrecht, The Netherlands, 1995.
AOKI, M., *The economic analysis of the Japanese firms*, Amsterdam, North-Holland, 1984.
AOKI, M., Toward an economic model of the Japanese firm, *Journal of Economic Literature*, 28, 1990, pp. 1-27.
AOKI, M., *Economie japonaise : information, motivation et marchandage*, Economica, Traduction française, 1991.
ARENA, R., BENZONI, L., DE BRANDT, J., ROMANI, P.-M. (ed), *Traité d'Economie Industrielle*, Economica, Paris, 1991.
ARROW, K. J., DEBREU, G., Existence of an equilibrium for a competitive economy, *Econometrica,* 22(3), 1954, pp. 265-290.
ARROW, K. J., Economic Equilibrium, in *International Encyclopedia of the Social Sciences*, MacMillan and the Free Press, 4, 1968, pp. 376-386.
ARROW, K. J., HAHN, F. H., *General Competitive Analysis*, Holden Day Inc., 1971.
ARROW, K. J., *Les limites de l'organisation*, PUF, 1974.
ARROW, K. J., Informational structure of the firm, *AEA Papers and Proceedings*, May, 75(2), 1985, pp. 303-307.
ARROW, K. J., NG, Y.-K., YANG, X. (ed), *Increasing Returns and Economic Analysis,* Macmillan Press Ltd., 1998.
ARROW, K. J., *Théorie de l'information et des organisations,* Dunod, Traduction française, 2000.
ASQUIN, A., Une interprétation processuelle de l'évolution des grandes firmes innovantes réputées inertielles, in M. Rainelli et al., 1995, pp. 181-216.
AZARIADIS, C., Implicit contracts and underemployment equilibria, *Journal of Economic Theory,* 1975, pp. 1183-1202.
BAGLIN, G. et al., *Management Industriel et Logistique,* Economica, 2001.
BAIN, J. S., *Barriers to New Competition*, Harvard University Press, 1956.
BAIN, J. S., *Industrial Organization*, John Wiley and Sons, N. Y., 1965.
BALDWIN, W. L., SCOTT, J. T., *Market structure and technological change*, Harwood Academic Publishers, 1991.
BARONE, E., Le ministère de la production dans l'Etat collectiviste, 1908, reproduit in F. Von Hayek (éd), *L'Economie dirigée en régime collectiviste*, Librairie de Médicis, Paris, 1939.
BAUDRY, B., L'apport de la théorie des organisations à la conception néo-institutionnelle de la firme. Une relecture des travaux de O. E. Williamson, *Revue économique*, 50(1), 1999, pp. 45-69.

BAUMOL, W., PANZAR, J., WILLIG, R., *Contestable Markets and the Theory of Industry Structure,* N. Y. : Harcourt Brace Jovanovich, 1982.
BEGG, D., FISCHER, S., DORNBUSCH, R., *Microéconomie,* Ediscience, Traduction française, 1996.
BENCIVENGA, V. R., SMITH, B. D., Financial intermediation and endogenous growth, *Review of Economic Studies*, 58, 1991, pp. 195-209.
BENSIMON, G., L'économie socialiste, in R. Di Ruzza et J. Fontanel (éd), *Dix débats en économie politique*, PUG, 1994, pp. 151-170.
BERLE, A. A., MEANS, G. C., *The modern corporation and private property*, New York, MacMillan, 1932.
BERNOUX, P., *La sociologie des organisations,* Seuil, 1985.
BERTRAND, J., Compte-rendu de Cournot « Recherches », *Journal des Savants,* 1883.
BOLTON, G. E., A comparative Model of Bargaining : Theory and Evidence, *American Economic Review*, 81(5), 1991, pp. 1096-1136.
BONANNO, G., BRANDOLINI, D. (ed), *Industrial structure in the New Industrial Economics*, Clarendon Press, Oxford, 1990.
BOUQUIN, H., *Le contrôle de gestion*, PUF, 1991.
BOYER, R., *La théorie de la régulation : une analyse critique*, La Découverte, Paris, 1986.
BOYER, R. (éd), *La flexibilité du travail en Europe,* La Découverte, Paris, 1987.
BOYER, R., DIDIER, M. (éd), *Innovation et Croissance*, Rapport au Conseil d'Analyse économique, 1998.
BROUSSEAU, E., Processus évolutionnaires et institutions. Quelles alternatives à la rationalité parfaite ?, *Revue économique*, 51(5), 2000, pp. 1185-1213.
BUCHANAN, J. M., YOON, Y. J. (ed), *The return to increasing returns*, The University of Michigan Press, 1994.
BUCKLEY, P. J. (ed), *Cooperative Forms of International Corporation Activity*, Routledge, 1994.
BUCKLEY, P. J., MUCCHIELLI, J.-L. (ed), *Multinational firms and international relocation,* Edward Elgar, U.K., 1997.
BURLAUD, A., SIMON, C., *Comptabilité de gestion*, Vuibert Gestion, 1993.
CABLE, J., YASUKI, H., Internal organization, business groups and corporate performance, *International Journal of Industrial Organization*, 3(4), 1985, pp. 401-420.
CAHIERS FRANÇAIS, *Audit et Management*, N°248, Octobre-Décembre, 1990.
CAHUC, P., *La nouvelle microéconomie*, Repères, La Découverte, 1993.
CAHUC, P., ZYLBERBERG, A., *Economie du travail*, De Boeck, 1996.

CARLSSON, B., Flexibility and the theory of the firm, *International Journal of Industrial Organization*, 7, 1989, pp. 179-203.
CARTELIER, J., Monnaie et comportements au marché : de l'interdépendance à la viabilité, in A. Vinokur (éd), 1998, pp. 129-144.
CASSON, M. (ed), *Multinational Corporations*, Edward Elgar, Publishing Limited, Cambridge, U. K., 1990.
CASSON, M. (ed), *The Theory of the Firm*, Edward Elgar Publishing Limited, Cambridge, U. K., 1996.
CETORELLI, N., GAMBERA, M., Banking Market Structure, Financial Dependence and Growth, *Working Papers Series*, Research Department, Federal Reserve Bank of Chicago, 1999.
CHAMBERLIN, E., *La Théorie de la Concurrence Monopolistique,* PUF, Traduction française, 1953 (1933).
CHANDLER, A. D., *The Visible Hand*, Cambridge, Belknap Press, 1979, La traduction française : *La main visible des managers*, Paris : Economica, 1988.
CHANDLER, A. D., The M-Firm : Industrial groups, American Style, *European Economic Review*, 19, 1982, pp. 3-23.
CHANDLER, A. D., TEDLOW, R. S., *The coming of managerial capitalism*, Homewood, Ill : Irwin, 1985.
CHANDLER, A. D., Organizational capabilities and the economic history of the industrial enterprise, *Journal of Economic Perspectives*, 6(3), 1996, pp. 49-100.
CHEVALIER, J.-M. (éd), *L'économie industrielle des stratégies d'entreprises*, Montchrestien, 1995.
CLARKE, R., Mc GUINNESS, T. (ed), *The Economics of the Firm,* Basil Blackwell, Oxford, 1987.
CLOWER, R., HOWITT, P., Les fondements de l'économie, dans A. d'Autume et J. Cartelier (éd). *L'économie devient-elle une science dure ?*, Economica, 1995a, pp. 18-37.
CLOWER, R., HOWITT, P., La monnaie, les marchés et Coase, dans A. d'Autume et J. Cartelier (éd), ouvrage cité, 1995b, pp. 199-215.
COASE, R. H., The problem of social cost, *Journal of Law and Economics*, 3, 1960, pp. 1-44.
COASE, R. H., La nature de la firme, *Revue Française d'Economie,* 2(1), 1987 [1937], pp. 133-163.
COASE, R. H., The institutional structure of production, in O. E. Williamson et S. E. Masten (ed), vol. 1, 1995, pp. 643-652.
COASE, R. H., The New Institutional Economics, *American Economic Review*, 88(2), 1998, pp. 72-74.
COBB, C. W., DOUGLAS, P. H., A Theory of Production, *American Economic Review*, 18, 1928, pp. 139-165.
COHEN, W. M., LEVINE, R. C., Empirical studies of innovation and market structure, in R. Schmalensee et R. D. Willig (ed), vol. 2, 1989, pp. 1059-1107.
CORIAT, B., *Penser à l'envers*, Christian Bourgois Editeur, 1991.

CORIAT, B., WEINSTEIN, O., *Les nouvelles théories de l'entreprise*, Le livre de Poche, 1995.
COURNOT, A. A., *Recherches sur les principes mathématiques de la théorie des richesses*, Librairie J. Vrin, Paris, 1980 (1838).
CROZIER, M., FRIEDBERG, E., *L'acteur et le système*, Seuil, 1977.
CYERT, R. M., MARCH, J. G. *A Behavioural Theory of the Firm*, Englewood-Cliffs, N. J., 1963.
D'ASPREMONT, C., GABSZEWICZ, J., THISSE, J.-F., On Hotelling's stability in competition, *Econometrica*, 17, 1979, pp. 1145-1151.
D'ASPREMONT, C., CREMER, J., GERARD-VARET, L.-A., Contrats et marches, in X. Greffe, J. Mairesse et J.-L. Reiffers (éd), *Encyclopédie économique*, Economica, 1990, pp. 717-751.
D'ASPREMONT, C., DOS SANTOS FERREIRA, R., GÉRARD-VARET, L.-A., Pricing schemes and Cournotian equilibria, *American Economic Review*, 82(3), 1991, pp. 666-673.
DASGUPTA, P. ET STIGLITZ, J., Industrial structure and the nature of innovation activity, *Economic Journal*, 90, 1980, pp. 266-293.
DEBREU, G., *Théorie de la Valeur*, Dunod, 2e édition, Traduction française, 1987.
DEBREU, G. (ed), *General Equilibrium Theory*, Edward Elgar, 3 volumes, 1996.
DEBREU, G., Existence, in A. Kirman (ed), 1998, pp. 10-37.
DE COSTER, M., PICHAULT, F. (éd), *Traité de sociologie du travail*, De Boeck, 1994.
DEL MONTE, A. (ed), *Recent developments in the theory of industrial organization*, The University of Michigan Press, 1995.
DELAPIERRE, M., MILELLI, C., *Les firmes multinationales*, Paris, Vuibert, 1995.
DELAPIERRE, M., MILELLI, C., SAVOY, A., Régimes de concurrence, stratégies de coopération et dynamique des structures industrielles, dans A. Vinokur (éd), 1998, pp. 56-80.
DEMANGE, G., PONSSARD, J.-P., *Théorie des jeux et analyse économique*, PUF, 1994.
DEMSETZ, H., *L'économie de la firme*, Editions Management-Société, Caen, 1998.
DE VROEY, M., S'il te plaît, dessine-moi... un marché, *Economie Appliquée*, 43(3), 1990, pp. 67-87.
DEWATRIPONT, M., JEWITT, I., TIROLE, J., Multitask agency problems : focus and task clustering, *European Economic Review*, 44, 2000, pp. 869-877.
DODGSON, M., ROTHWELL, R. (ed), *The Handbook of Industrial Innovation*, Edward Elgar, 1996.
DOSI, G., *Technical Change and Industrial Transformation*, MacMillan, 1984.

DOSI, G., Industrial organisation, competitiveness and growth, *Revue d'Economie Financière,* 59, 1992, pp. 27-45.
DOSI, G., GIANNETTI, R., TONINELLI, P. A. (ed), *Technology and enterprise in a historical perspective*, Clarendon Press, Oxford, 1992.
DUNNING, J. H., HOWARD, A., The Eclectic Paradigm and the Growth of UK Multinational Enterprise : 1870-1983, *Business and Economic History,* 16, 1987, pp. 19-49.
DUNNING, J. H., Reappraising the eclectic paradigm in the age of alliance capitalism, *Journal of International Business Studies*, 26(3), 1995, pp. 461-491.
DUNNING, J. H. (ed), *Governments, Globalization, and International Business,* Oxford University Press, 1999.
EARL, P. E., *Microeconomics for business and marketing*, Edward Elgar, 1995.
EATWELL, J., ROBINSON, J., *L'Economique Moderne*, Ediscience-McGraw-Hill, Traduction française, 1976.
EATWELL, J., MILGATE, M., NEWMAN, P. (ed), *The New Palgrave*, The Macmillan Press, 1987.
EDGEWORTH, F. Y., *La théorie pure de monopole*, réédité in A. Cournot, 1980 [1897], pp. 127-155.
ELIASSON, G., The firm as a competent team, *Journal of Economic Behavior and Organization*, 13, 1990, pp. 275-298.
ENDRES, A., QUERNER, I., Aux frontières de l'économie et du droit, *Problèmes Economiques*, N°2268, 1992, pp. 1-6.
FAVEREAU, O., Décisions, situations, institutions, in A. Vinokur (éd), 1998, pp. 153-168.
FERGUSON, P. R., FERGUSON, G. J., *Industrial economics*, Macmillan, 1994.
FISCHER, S., Long-term contracting, sticky prices, and monetary policy : comment, *Journal of Monetary Economics*, 5, 1977, pp. 317-322.
FISHER, F. M., The stability of general equilibrium : Results and problems, in M. J. Artis et A. R. Nobay (ed), *Essays in economic analysis*, Cambridge University Press, 1976, pp. 3-29
FISHER, F. M., *Disequilibrium foundations of equilibrium economics,* Cambridge University Press, 1983.
FORAY, D., LE BAS, CH., Économie de la recherche industrielle, in R. Arena et al., 1991, pp. 625-645.
FORAY, D., ZUSCOVITCH, E., L'innovation entre la production et le système technique, in R. Arena et al., 1991, pp. 580-593.
FORRESTER, J. W., Industrial dynamics : a major breakthrough for decision makers, *Harvard Business Review*, 1958.
FREYSSENET, M., SHIMUZU, K., Toyota abandonne-t-il le toyotisme ?, *Le Monde,* 21 Janvier 1997, p. 5.
FUDENBERG, D., TIROLE, J., *Game Theory*, The MIT Press, 1991.

FURUBOTN, E. G., RICHTER, R., The new institutional economics : an assessment, in O. E. Williamson et S. E. Masten (ed), vol. 1, 1995, pp. 611-642.
FUSS, M. A., MCFADDEN, D. (ed), *Production Economics : A Dual Approach to Theory and Applications,* Amsterdam : North-Holland, 1978.
GABET, C., Innovation et relations de proximité, le paradoxe de la R&D, dans C. Paloix et Y. Rizopoulos (éd), 1997, pp. 199-216.
GABSZEWICZ, J., *La concurrence imparfaite*, Repères, La Découverte, 1994.
GAFFARD, J. L., *Economie industrielle et de l'innovation*, Dalloz, 1990.
GERARD-VARET, L.-A., Eléments pour une macroéconomie de la concurrence imparfaite, *Revue Economique*, 51(3), 2000, pp. 411-434.
GEROSKI, P. A., Innovation, technological opportunity, and market structure, *Oxford Economic Papers*, 42, 1990, pp. 586-602.
GERVAIS, M., *Stratégie de l'Entreprise,* Economica, 1995.
GILLIS, X., 'La nature de la firme' et la théorie des coûts de transaction, *Problèmes Economiques*, N°2268, 1992, pp. 7-10.
GLAIS, M., *Economie Industrielle. Les stratégies concurrentielles des firmes*, LITEC, Paris, 1992.
GLAIS, M., La politique de la concurrence communautaire française au banc d'essai de l'analyse économique, in B. Lassudrie-Duchêne (éd), *Connaissances Economiques. Approfondissements*, Economica, 1998, pp. 265-289.
GLAIS, M., L'utilisation des travaux de la nouvelle économie industrielle par les autorités de la concurrence, *Cahiers d'économie politique*, 37, 2000, pp. 197-223.
GOLEMAN, D., *L'intelligence émotionnelle. Comment transformer ses émotions en intelligence*, R. Laffont, Paris, 1997.
GOULD, J. P., FERGUSON, C. E., *Théorie microéconomique*, Economica, 1982.
GRANDMONT, J. M., Temporary general equilibrium theory *Econometrica*, 45, 1977, pp. 535-72.
GRANGER, T., Le renouveau de la théorie des organisations, *Revue Economique*, 48(1), 1997, pp. 147-180.
GREEN, J. R., Temporary general equilibrium in a sequential trading model with spot and future transactions, *Econometrica,* 41, 1973, pp. 1103-23.
GREENWOOD, J., JOVANOVIC, B., Financial development, growth, and the distribution of income, *Journal of Political Economy*, 98(5), 1990, pp. 1076-1107.
GROSSMAN, S. J., HART, O. D., The costs and benefits of ownership : a theory of vertical and lateral integration, *Journal of Political Economy*, 94(4), 1986, pp. 691-719.
GUELLEC, D., *Economie de l'innovation,* La Découverte, 1999.
GUERRIEN, B., *La théorie des jeux*, Economica, 1995a.

GUERRIEN, B., *La microéconomie,* Editions du Seuil, 1995b.
GUILLAUME, M., *Firme en compétition. Les sources de la compétitivité stratégique*, Editions Corum HEC, St Louis, Belgique, 1993.
HÅHANSSON, H., *Corporate technological behavior: cooperation and networks,* London : Routledge, 1989.
HAHN, F. H., *Equilibrium and Macroeconomics*, Blackwell, 1984.
HALL, R. L., HITCH, C. J., Price theory and business behaviour, *Oxford Economic Papers*, 2, 1938-39, pp. 12-45.
HAMMOND, P. J., The efficiency theorems and market failure, in A. Kirman (ed), 1998, pp. 211-260.
HANNAH, L., KAY, J. A., *Concentration in Modern Industry*, London : Macmillan, 1977.
HARSANYI, J. C., Games with incomplete information played by Bayesian players. Part I : The Basic Model, *Management Science,* 14(3), 1967, pp. 159-182.
HARSANYI, J. C., Games with incomplete information played by Bayesian players. Part II : Bayesian Equilibrium Points, *Management Science,* 14(5), 1968, pp. 320-334.
HARSANYI, J. C., Games with incomplete information, *American Economic Review,* 85(3), 1995, pp. 291-303.
HART, O. D., MOORE, J., Property rights and the nature of the firm, *Journal of Political Economy*, 98(6), 1990, pp. 1119-1158.
HAYEK, F. A. (éd), *L'économie dirigée en régime collectiviste. Le socialisme,* Librairie de Médicis, Paris, 1939.
HAYEK, F. A., L'utilisation de l'information dans la société, *Revue Française d'Economie*, I(2), 1986, pp. 117-140.
HEDLUND, G. (ed), *Organization of Transnational Corporations*, Routledge, 1993.
HICKS, J. R., The theory of monopoly, *Econometrica*, 3(1), 1935, pp. 1-20.
HICKS, J. R., *Value and Capital*, Oxford University Press, 1939 [1946].
HOLLARD, M., La théorie de Stackelberg : équilibre et politique économique, *Cahiers d'économie politique*, 37, 2000, pp. 127-139.
HOLMSTRÖM, B., Moral hazard in teams, in O. E. Williamson (ed), 1996, pp. 162-177.
HORNBY, W., GAMMIE, B., WALL, S., *Business Economics,* Longman, London and New York, 1997.
HOTELLING, H., Stability in competition, *Economic Journal*, 39, 1929, pp. 41-57.
HURWICZ, L., The design of mechanism for resource allocation, *American Economic Review,* 63, 1973, pp. 1-30.
ILLERIS, S., *Services and regions in Europe*, Adlershoot : Gower, 1989.
JACQUEMIN, A., *Sélection et pouvoir dans la nouvelle économie industrielle,* Economica-Gabay, 1985.

JACQUEMIN, A., *Enjeux de la Nouvelle Economie Industrielle Européenne,* Les Conférences François Perroux, IV, Presses Universitaires de Grenoble, 1993.
JENSEN, M. C., MECKLING, W. H., Theory of the firm : managerial behavior, agency costs and ownership structure, *Journal of Financial Economics,* 3, 1976, pp. 305-360.
JORGENSON, D. W., Econometric methods for modelling producer behaviour, in Z.Griliches et M. D. Intriligator (ed), *Handbook of Econometrics*, Amsterdam : North-Holland, 1986, pp. 1841-1915.
JOURNÉ, B., Firme créatrice de savoir, *Analyses de la SEDEIS*, N° 111, Mai 1996, pp. 13-16.
KAHNEMAN, D., TVERSKY, A., Prospect theory : an analysis of decision under risk, *Econometrica*, 47, 1979, pp. 263-291.
KALECKI, M., *Théorie de la Dynamique Economique*, Gauthier-Villars, Traduction française, 1966.
KAMIEN, M., SCHWARZ, N., *Market Structure and Innovation,* Cambridge University Press, 1982.
KING, R., LEVINE, R., Finance and growth. Schumpeter might be right, *Quarterly Journal of Economics*, 108, 1993, pp. 717-737.
KIRMAN, A. P., LAPIED, A., *Microéconomie,* PUF, 1991.
KIRMAN, A. (ed). 1998 *Elements of General Equilibrium Analysis*, Blackwell Publishers
KLEIN, B., CRAWFORD, G., ALCHIAN, A. A., Vertical integration, appropriable rents, and the competitive contracting process, *Journal of Law and Economics*, 21, 1978, pp. 297-326.
KLEIN, B., Vertical integration as organizational ownership : The Fisher Body-General Motors Relationship Revisited, *Journal of Law, Economics, and Organization*, 4(1), 1988, pp. 199-213.
KNIGHT, F., *Risk, uncertainty, and profit,* Harper Torchbooks, 1921.
KOENIG, G., *La théorie de la firme*, Economica, 1993.
KOENIG, G. (éd), *De Nouvelles Théories pour Gérer l'Entreprise du XXI e Siècle*, Economica, 1999.
KREPS, D. M., *Leçons de théorie microéconomique*, PUF Paris, 1996.
KREPS, D. M., *Théorie des jeux et modélisation économique,* Dunod, Traduction française, 1999.
KRUGMAN, P. (ed), *Strategic Trade Policy and the New International Economics*, MIT Press, 1986.
LAFFONT, J.-J., *Economie de l'incertain et de l'information,* Economica, 1991.
LANCASTER, K. J., A new approach to consumer theory, *Journal of Political Economy*, 74, 1966, pp. 132-157.
LANCASTER, K. J., Socially optimal product differenciation, *American Economic Review*, 65(4), 1975, pp. 567-585.
LANCASTER, K. J., *Variety, equity and efficiency*, Basil Blackwell, Oxford, 1979.

LANCASTER, K. J. (ed), *Consumer Theory*, Edward Elgar, 1998.
LANGE, O., On the Economic Theory of Socialism, in B. E. Lippincott (ed), 1938.
LASZLO, E., LASZLO, Ch., *La management évolutionniste*, Economica, 1993.
LAUZEL, P., TELLER, R., *Contrôle de gestion et budgets*, Sirey,1997.
LAZEAR, E. P., ROSEN, S., Rank-order tournaments as optimum labour contracts, *Journal of Political Economy*, 1981, pp. 841-864.
LE BAS, CH., *Economie de l'innovation*, Economica, Paris, 1995.
LE BAS, CH., TORRE, A., Survey sur les Survey d'innovation, *Revue d'Economie Industrielle*, 65, 1993, pp. 80-95.
LECAILLON, J., *Eléments d'Economie Industrielle*, Montchrestien, Paris, 1988.
LECAILLON, J., *Les trois âges de l'économie de l'innovation*, Université de Lyon, doc. ronéo, 1988.
LEE, F. S., EARL, P. E., (ed), *The economics of competitive enterprise,* Edward Elgar, 1993.
LEIBENSTEIN, H., *Beyond Economic Man,* Harvard University Press, Cambridge, Massachusetts, 1976.
LEIBENSTEIN, H., Micro-économie et théorie de l'efficience-X : il n'y a pas de crise, ce n'est pas normal, in D. Bell et I. Kristol (éd), *Crise et renouveau de la théorie économique*, Bonnel-Publisud, 1986, pp. 169-189.
LEVEQUE, F., *Economie de la réglementation,* La Découverte, 1998.
LEVY-VALENSI, S., La flexibilité du travail: nouvelle norme de régulation ou simple avatar de la crise ? *Economies et Sociétés*, Série : Théories de la Régulation, N°7, 1993, pp. 93-117.
LIPPINCOTT, B. E. (ed), *On the Economic Theory of Socialism,* The University of Minnesota Press, 1938.
LIVIAN, Y. F., *Introduction à l'analyse des organisations*, Economica, Paris, 1995.
LUNDVALL, B.-Å. (ed), *National Systems of Innovations*, Pinter Publishers, 1992.
MALINVAUD, E., *Leçons de théorie microéconomique,* Dunod, 1986.
MARRIS, R., Increasing Returns, Constant Returns and Micro-Macro Economics, in K. Arrow et al. (ed), 1998, pp. 219-231.
MARSCHAK, J., RADNER, R., *Economic Theory of Teams*, New Haven : Yale University Press, 1972.
MARCH, J. G., *Décisions et Organisations*, Les Editions d'Organisation, Paris, 1991.
MARSHALL, A., *Principes d'économie politique,* Gordon & Breach, Traduction française de la 4e édition, 2 tomes, 1971.
MARTIN, S., *Advanced Industrial Economics,* Blackwell, Oxford, U.K.&Cambridge, USA, 1996.

MAS-COLELL, A., A model of equilibrium with differentiated commodities, *Journal of Mathematical Economics*, 2, 1975, pp. 263-295.
MASTEN, S. E., MEEHAN, J. W., SNYDER, E. A., The costs of organization, *The Journal of Law, Economics, and Organization*, 7(1), 1991, pp. 1-25.
MATSUMOTO, K., *The Rise of the Japanese Corporate System*, Kegan Paul International, London-New-York, 1996.
MCKENZIE, L. W., General Equilibrium, in J. Eatwell et al., 1987, pp. 498-512.
MENARD, Cl., *L'économie des organisations*, La Découverte, 1990.
MILGROM, P., ROBERTS, J., Predation, reputation and entry deterrence, *Journal of Economic Theory*, 27, 1982, pp. 280-312.
MILGROM, P., ROBERTS, J., *Economie, Organisation et Management,* PUG-De Boeck, Traduction française, 1997.
MILLS, D. E., SCHUMANN, L., Industry structure with fluctuating demand, *American Economic Review*, 75, 1985, pp. 758-767.
MINTZBERG, H., *Le Management*, Les Editions d'Organisation, 1994.
MORGENSTERN, O., Thirteen critical points in contemporary economic theory: An interpretation, *Journal of Economic Literature,* 10(4), 1972, pp. 1163-89.
MORIN, J., *Des technologies, des marchés, des hommes,* Les Editions d'Organisation, 1992.
MORISHIMA, M., *Dynamic Economic Theory*, Cambridge University Press, 1996.
MORVAN, Y., *Fondements d'Economie Industrielle*, Economica Paris, 1991.
MUCCHIELLI, J.-L., *Multinationales et Mondialisation*, Seuil, 1998.
MYERSON, R. B., Optimal Coordination Mechanisms in Generalized Principal-Agent Problems, *Journal of Mathematical Economics*, 10, 1982, pp. 67-81.
NELSON, P., Advertising as information, *Journal of Political Economy,* 81, 1974, pp. 729-754.
NELSON, R. R., WINTER, S. G., Neoclassical vs. evolutionary theories of economic growth : critique and prospects, *Economic Journal,* 84, 1974, pp. 886-905.
NELSON, R. R., WINTER, S. G., *An Evolutionary Theory of Economic Change,* Cambridge, Harvard University Press, 1982.
NELSON, R. R. (ed), *National Innovation Systems. A Comparative Analysis,* Oxford University Press, 1993.
NORMAN, G., LA MANNA, M., *The New Industrial Economics*, Edward Elgar, 1993.
NORTH, D., *Institutions, Institutional Change and Economic Performance,* Cambridge University Press, 1990.

O'BRIEN, D. P., The Evolution of the Theory of the Firm, in M. Casson (ed)., 1996, pp. 655-697.
ORLÉAN, A., *Le Pouvoir de la Finance*, Editions Odile Jacob, 1999.
OKIMOTO, D. I., *Between MITI and the market*, Stanford University Press, 1989.
OSBORNE, M. J., RUBINSTEIN, A., *A Course in Game Theory,* The MIT Press, 1994.
OUCHI, W. G., JAEGER, A. M., Type Z organization : stability in the midst of mobility, *Academy of Management Review,* 3, 1978, pp. 305-314.
OUCHI, W. G., *Theory Z, Readings*, Mass. Addison Wesley, 1981, Traduction française : *Théorie Z : faire face au défi japonais,* Paris, InterEditions, 1982.
PACHE, G., PARAPONARIS, C., *Firme en réseau,* PUF, Que Sais-Je, 1993.
PALLOIX, C., RIZOPOULOS, Y. (éd), *Firmes et Economie Industrielle,* L'Harmattan, 1997.
PARETO, V., *Manuel d'Economie Politique*, Paris : Girard & Brière, 1909.
PAUCHER, P., *Mesure de la performance financière de l'entreprise,* PUG, Grenoble, 1991.
PAVITT, K., Sectoral patterns of technological change : towards a taxonomy and a theory, *Research Policy*, 13, 1984, pp. 343-373.
PAVITT, K., Key characteristics of large innovating firms, in M. Dodgson et M. Rothwell (ed), 1996, pp. 357-366.
PETERSEN, M. A., RAJAN, R. G., The Effect of Credit Market Competition on Lending Relationship, *Quarterly Journal of Economics,* 1995, pp. 407-443.
PICARD, P., *Eléments de microéconomie*, Montchrestien,1991.
PIORE, M., SABEL, C. F., *The second industrial divide : possibilities for prosperity*, N. Y.: Basic Books, 1982.
PLIHON, D., Quelle surveillance prudentielle pour l'industrie de services financiers ?, *Revue d'Economie Financière*, 60, 2000, pp. 17-32.
PLOTT, R., An updated review of industrial organization : applications of experimental methods, in R. Schmalensee et R. D. Willig (ed), 1989, pp. 1109-1176.
PORTER, M. E., *L'avantage concurrentiel*, InterEditions, Traduction française, 1986.
PORTER, M. E., *Choix stratégiques et concurrence*, Economica, Traduction française, 1990.
PORTER, M. E., Localisation et compétitivité, *Sociétal*, N° 19, Mai, 1998, pp. 47-50.
QUELIN, B., La diffusion des innovations : une analyse interindustrielle, in R. Arena et al., 1991, pp. 646-659.
RADNER, R., Repeated Principal-Agent Games with Discounting, *Econometrica,* 53(5), 1985, pp. 1173-1198.

RADNER, R., Hierarchy : the economics of managing, *Journal of Economic Literature*, 30, 1992, pp. 1382-1415.
RAINELLI, M., GAFFARD, J.-L., ASQUIN, A. (éd), *Les Nouvelles Formes Organisationnelles*, Economica, 1995.
RAINELLI, M., La firme multinationale dans la nouvelle économie industrielle internationale, *Problèmes Economiques*, N°2487, 1996, pp. 27-32.
RAINELLI, M., *Economie Industrielle*, Dalloz, 1998.
RICHARDSON, G. B., The organisation of industry, *The Economic Journal,* 82, 1972, pp. 883-896.
RICKETTS, M., *The Economics of Business Enterprise*, Wheatsheaf Books, Brighton, 1987.
RIORDON, H., What is vertical integration ?, in O. E. Williamson et S. E. Masten, vol. 1, 1995, pp. 356-373.
RITTER, J., The transition from barter to fiat money, *American Economic Review,* 1, 1995, pp. 135-149.
ROBINSON, J., *Exercices d'Analyse Economique*, PUF, Traduction française, 1963.
ROBINSON, J., *L'économie de la concurrence imparfaite*, Dunod, Traduction française, 1975 (1933).
ROBINSON, J., *Contributions à l'Economie Contemporaine*, Economica, Traduction française, 1984.
ROMER, P. M., Endogenous technological change, *Journal of Political Economy,* 98(5), 1990, pp. S71-S102.
ROTHSCHILD, M., STIGLITZ, J. E., Equilibrium in competitive insurance markets : an assay on the economics of imperfect information, in O. E. Williamson (ed), 1996, pp. 141-161
RUBINSTEIN, A., Perfect Equilibrium in a Bargaining Model, *Econometrica,* 50(1), 1982, pp. 97-109.
RUBINSTEIN, A., A Bargaining Model with Incomplete Information About Time Preferences, *Econometrica,* 53(5), 1985, pp. 1151-1172.
RUIGROK, W., TULDER, Van R., *The logic of international restructuring*, Routledge, 1998.
SAGLIETTO, L., THOMAS, C., Coopération, complexité et hiérarchie : le cas des joint-ventures, in M. Rainelli et al., 1995, pp. 119-140.
SAINT-PAUL, G., Technological choice, financial markets and economic development, *European Economic Review*, 36, 1992, pp. 763-781.
SALANIÉ, B. , *Microéconomie,* Economica, 1998.
SALANIE, B., Développements récents en économétrie des contrats, *Revue économique*, 50(3), 1999, pp. 611-620.
SALOP, S. C., Monopolistic competition with outside goods, *The Bell Journal of Economics*, 10, 1979, pp. 141-156.
SALVATORE, D., *Microéconomie,* McGraw-Hill, Traduction Française, 1993.

SAMUELSON, P. A., An exact consumption-loan model of interest with or without the social contrivance of money, *Journal of Political Economy,* 66, 1958, pp. 467-82.
SAVARY, J., Les stratégies d'internationalisation des firmes, in R. Arena et al., 1991, pp. 468-481.
SCHERER, F. M., *Industrial Market Structure and Economic Performance*, Chicago : Rand-McNally, 1980.
SCHERER, F. M., Schumpeter and plausible capitalism, *Journal of Economic Literature*, 30, 1992, pp. 1416-1433.
SCHMALENSEE, R., A model of advertising and product quality, *Journal of Political Economy*, 86, 1978, pp. 485-503.
SCHMALENSEE, R., WILLIG, R. D. (ed), *Handbook of Industrial Organization*, Nort-Holland, 2 volumes, 1989.
SCHMALENSEE, R., Antitrust Activism Can Repress Innovation, *International Herald Tribune,* 15 Décembre 1999, p. 10.
SCHUMPETER, J. A., *Théorie de l'évolution économique,* Dalloz, Paris, Traduction française, 1935.
SCHUMPETER, J. A., *Capitalisme, Socialisme et Démocratie*, Payot, Traduction française, 1974.
SCHUMPETER, J. A., *Histoire de l'analyse économique*, Editions Gallimard, Traduction française, 3 volumes, 1983.
SEGRESTIN, D., *Sociologie de l'entreprise,* Armand Colin, 1992.
SHACKLE, G. L. S., *Imagination and the Nature of Choice*, Edinburgh University Press, 1979.
SHEPHERD, W., Contestability vs. competition, *American Economic Review,* 74, 1984, pp. 572-587.
SHINGO, S., *Maîtrise de la production et méthode Kanban*, Editions d'Organisation, 1983.
SHUBIK, M., *Théorie des jeux et sciences sociales,* Economica, 1991.
SIMON, H. A., The architectural of complexity, *Proceedings of the American Philosophical Society*, 106(6), 1962, pp. 467-482.
SIMON, H. A., Rational decision making in business organizations, *American Economic Review,* 69(4), 1979, pp. 493-513.
SIMON, H. A., *Models of Bounded Rationality*, MIT Press, Cambridge, 2 volumes, 1982.
SIMON, H. A., Organisation and markets, *Journal of Economic Perspectives*, 5, 1991, pp. 25-44.
SMITH, A., *An Inquiry into the Nature and Causes of the Wealth of Nations*, N. Y. : Modern Library, 1937 (1776).
SOLOW, R. M., A Contribution to the Theory of Economic Growth, *Quartrely Journal of Economics,* February, 1956, pp. 65-94.
SOLOW, R. M., Technical Change and the Aggregate Production Function, *Review of Economic Studies,* 39, August, 1957, pp. 312-320.
SPENCE, M., Job market signaling, *Quarterly Journal of Economics,* 87, 1973, pp. 355-374.

SRAFFA, P., The laws of returns under competitive conditions, *The Economic Journal*, 36, 1926, pp. 535-50.
STACKELBERG VON, H., *Marktform und Gleichgewicht*, Wien und Berlin, Verlag von Julius Springer, 1934.
STACKELBERG VON, H., *L'erreur dans la théorie des formes de marché*, Traduit par M. Hollard et Ch. Rentzsch, Université Grenoble 2, 1998 (1935).
STIGLER, G. J., Production and distribution in the short run, *Journal of Political Economy*, 47, 1939, pp. 305-327.
STIGLER, G. J., The kinky oligopoly demand curve and rigid prices, *Journal of Political Economy*, 55, 1947, pp. 432-449.
STIGLER, G. J., *The Organisation of Industry*, Irwin, Homewood, Ill., 1965.
STIGLITZ, J. E., WEISS, A., Credit rationing in markets with imperfect information, *American Economic Review*, 71(3), 1981, pp. 393-410.
STIGLITZ, J. E., MATHEWSON, F. (ed), 1986 *New Developments in the analysis of market structure*, MIT Press, Cambridge, 1986.
SWEEZY, P., Demand under conditions of oligopoly, *Journal of Political Economy,* 47, 1939, pp. 568-573.
SYLOS-LABINI, P., *Oligopoly and technical progress*, Cambridge : Harvard University Press, 1993 (1962).
TAYLOR, F., The Guidance of Production in a Socialist State, in B. E. Lippincott (ed), 1938.
TEECE, D. J., Towards an economic theory of the multiproduct firm , in O. E. Williamson et S. E. Masten (ed), vol. 1, 1995, pp. 153-177.
THORELLI, H., Networks : between markets and hierarchies, *Strategic Management Journal,* 7(1), 1986, pp. 37-51.
TIROLE, J., *Concurrence imparfaite*, Economica, Paris, 1985.
TIROLE, J., Hierarchies and bureaucracies : on the role of collusion in organizations, *Journal of Law, Economics, and Organization*, 2(2), 1986, pp. 181-214.
TIROLE, J., *Théorie de l'organisation industrielle*, Economica, Vol. 1, 1993 (Vol. 2, 1995).
TIROLE, J., Incomplete Contracts : Where Do We Stand ?, *Econometrica,* 67(4), 1999, pp. 741-781.
TOOL, M. R. (ed), *Institutional Economics : Theory, Method, Policy*, Kluwer Academic Publishers, 1993.
ÜLGEN, F., Économie monétaire et dynamique schumpétérienne d'évolution économique, *Innovations. Cahiers d'économie de l'innovation,* N°4, 1996, pp. 61-93.
ÜLGEN, F., The Monetary Dynamics of Growth : Credit Economy and Stability, in S. B. Dahiya et V. Orati (ed), *Economic Theory in the Light of Schumpeter's Scientific Heritage,* Spellbound Publications PVT. LTD, Vol 1, 2001, pp. 119-133.

VARIAN, H., *Introduction à l'analyse microéconomique*, De Boeck, 1992.
VINOKUR, A. (éd), *Décisions économiques,* Economica, 1998.
VON MISES, L., Le calcul économique en régime collectiviste, in F. V. Hayek (éd), 1939.
WALKER, D. A., *La Théorie de l'Equilibre Général*, Economica, 1990.
WALRAS, L., *Eléments d'Economie Politique Pure*, Economica, 1988 (1874).
WATERSON, M., *Economic theory of the industry*, Cambridge University Press, 1987.
WEILL, M., *Le management stratégique*, A. Colin, 1992.
WEINSTEIN, O., Modes de coordination interfirmes et modèles d'innovation, in C. Palloix et Y. Rizopoulos (éd), 1997, pp. 389-413.
WILLIAMSON, O. E., *Markets and Hierarchies*, N. Y. : Free Press, 1983 (1975).
WILLIAMSON, O. E., *The Economic Institutions of Capitalism*, N. Y. : Free Press, 1985, Traduction française : *Les institutions de l'économie,* InterEditions, 1994.
WILLIAMSON, O. E., *Organization theory,* Oxford University Press, 1990.
WILLIAMSON, O. E., Comparative economic organization. The analysis of discrete structural alternative, *Administrative Sciences Quarterly*, 36, 1991, pp. 269-296.
WILLIAMSON, O. E., WINTER, S. G., *The Nature of the Firm,* Oxford University Press, 1991.
WILLIAMSON, O. E., MASTEN, S. E. (ed), *Transaction Cost Economics*, Vol. 1, Elgar, 1995.
WILLIAMSON, O. E. (ed), *Industrial Organization*, Edward Elgar, 1996.
WILSON, C. A., Equilibrium in dynamic models with an infinity of agent, *Journal of Economic Theory*, 24, 1981, pp. 95-111.
YOUNG, A., Increasing returns and economic progress, in J. M. Buchanan et Y. J. Yoon, 1994, pp. 33-44.

TABLE DES MATIERES

INNOVATIONS

Cahiers d'économie de l'innovation

Éditions L'Harmattan (Paris)

Revue fondée en 1995

Numéros déjà parus :

n°1 Progrès et ruptures, 1995-1
n°2 Innovation, croissance et crise, tome 1, 1995-2
n°3 Innovation, croissance et crise, tome 2, 1996-1
n°4 J. Schumpeter, *Business Cycles* et le capitalisme, 1996-2
n°5 Structures industrielles et mondialisation, 1997-1
n°6 Karl Marx, *Le Capital* et sa crise, 1997-2
n°7 La valeur du travail, 1998-1
n°8 Petite entreprise, le risque du marché, 1998-2
n°9 Travail et Capital, la mésentente, 1999-1
n°10 Le salariat en friches, 1999-2
n°11 Déséquilibre, innovation et rapports sociaux, 2000-1
n°12 Entrepreneurs, jeux de rôles, 2000-2
n°13 La parade économique, l'État de la libre entreprise, 2001-1
n°14 Joan Robinson, *Hérésies économiques*, 2001-2
n°15 L'économie sociale, laboratoire d'innovations, 2002-1
n°16 Géo-économie de l'innovation, 2002-2

Abonnement annuel : 33,54 €

Renseignements
Dimitri Uzunidis Laboratoire RII
téléphone : 03.28.23.71.35
email : uzunidis@univ-littoral.fr

Collection "ÉCONOMIE ET INNOVATION"
Dirigée par S. Boutillier et D. Uzunidis

Sélection d'ouvrages parus en économie et sociologie industrielles

J-L. CACCOMO, *Les défis économiques de l'information, La numérisation*, 1996.
D. UZUNIDIS, S. BOUTILLIER, *Le travail bradé, Automatisation, mondialisation, flexibilité*, 1997.
Ch. PALLOIX, Y. RIZOPOULOS (sous la direction de), *Firmes et économie industrielle*, 1997.
B. LAPERCHE, *La firme et l'information, Innover pour conquérir*, 1998.
S. SAMMUT, *Jeune entreprise, La phase cruciale du démarrage*, 1998.
T. VERSTRAETE, *Entrepreneuriat, Connaître l'entrepreneur, comprendre ses actes*, 1999.
H. JORDA, *Travail et discipline*, 1999.
R. BELLAIS, *Production d'Armes et Puissance des Nations*, 2000.
S. BOUTILLIER, B. LESTRADE (coordinatrices), *Les mutations du travail en Europe*, 2000.
J.P. CHANTEAU, *L'entreprise nomade, localisation et mobilité des activités productives*, 2000.
B.LAPERCHE (coord.), *Propriété industrielle et Innovation, La "nouvelle économie" fausse-t-elle l'enjeu ?*, 2000.
M. RICHEVAUX, M. CALCIU, E. VERNIER, *Le travail dans la nouvelle économie, aspects de gestion et de droit*, 2002.
R. VOLPI, *Mille ans de révolutions économiques*, 2002.
F. DJELLAL, F. GALLOUJ (éd.), *Nouvelle économie des services et innovation*, 2002.

Série KRISIS

A. NICOLAÏ, *Comportement économique et structures sociales* (1960), 1999.
J. CHAILLOU, *Travail simple, travail qualifié, Valeur et salaires*, 2000.
R. BELLAIS, S. BOUTILLIER, B. LAPERCHE, D. UZUNIDIS (textes recueillis et commentés par), *La femme et l'industriel, Travailleuses et ménagères en colère dans la révolution industrielle*, 2000.
G. HARCOURT, (coord.), *L'économie rebelle de Joan Robinson*, 2000.
H. JORDA, *Le Moyen Age des marchands, l'utile et le nécessaire*, 2002.

Série CLICHES

S. BOUTILLIER, D. UZUNIDIS, *Port et industries du Nord, Clichés dunkerquois*, 1998.
D. HILLAIRET, *L'innovation sportive, Entreprendre pour gagner*, 1999.
CENTRE RECHERCHE UNIVERSITAIRE ET ETUDES ECONOMIQUES, *Propriété industrielle et Rcherche, Guide et Veille*, 2002.
S. BOUTILLIER, B. LAPERCHE (avec N. MUDARD), *Frontaliers du Nord, Europe, Régions, Migrations*, 2002.

Série COURS PRINCIPAUX

S. AÏT-EL-HADJ, *Systèmes technologiques et innovation, itinéraire théorique*, 2002.
J. FAU, *Acteurs et fonctions économiques dans la mondialisation*, 2002.

Achevé d'imprimer par Corlet Numérique - 14110 Condé-sur-Noireau
N° d'Imprimeur : 10358 - Dépôt légal : novembre 2002 - Imprimé sur DemandStream
Imprimé en UE